应用经济学丛书

丛书主编 孙文基

组织行为学

Organizational Behavior

蒋丽 李锐 编著

图书在版编目(CIP)数据

组织行为学 / 蒋丽,李锐编著. —苏州:苏州大学出版社,2018.12
(应用经济学丛书/孙文基主编)
ISBN 978-7-5672-2737-8

Ⅰ.①组… Ⅱ.①蒋… ②李… Ⅲ.①组织行为学 Ⅳ.①C936

中国版本图书馆 CIP 数据核字(2018)第 294670 号

书　　名:	组织行为学
编　　著:	蒋丽　李锐
责任编辑:	薛华强
出版发行:	苏州大学出版社
社　　址:	苏州市十梓街1号　邮编:215006
网　　址:	http://www.sudapress.com
邮　　箱:	sdcbs@suda.edu.cn
印　　刷:	宜兴市盛世文化印刷有限公司
开　　本:	787mm×960 mm　1/16
印　　张:	25.5
字　　数:	418 千
版　　次:	2018 年 12 月第 1 版
印　　次:	2018 年 12 月第 1 次印刷
书　　号:	ISBN 978-7-5672-2737-8
定　　价:	65.00 元

苏州大学版图书若有印装错误,本社负责调换
苏州大学出版社营销部　电话:0512-67481020
苏州大学出版社网址　http://www.sudapress.com
苏州大学出版社邮箱　sdcbs@suda.edu.cn

前 言

组织中的所有人都需要与他人共同工作，而组织行为学提供了与他人共事的知识和工具。对组织行为的了解和掌握有助于管理者更好地理解组织中他人的行为。组织行为学涉及个体、群体、组织三个层面，是一门交叉学科，心理学、社会学等不同学科为组织行为的不同方面提供各自的视角。

虽然人类组织的问题以及解决方法多少年来都没有多大的改变，但管理的重点以及组织所处的外部环境却在持续发生变化。在20世纪70年代，管理者关注企业文化和氛围；80—90年代，管理者关注组织重构，以提高生产率、适应国际市场的竞争和客户对质量的要求。如今持续的全球化、日新月异的技术发展、智能制造、电子商务等都给组织行为学带来了新的挑战。

本书吸收了国内外组织行为学研究的理念与方法，在充分参考国内外重点教材的基础上，本书的章节设计包含：(1) 学习目标，勾勒整个章节的内容框架；(2) 开篇案例，引入本章的主题；(3) 章节内知识点小案例，更直观、具体地展示知识点在实际工作中的应用；(4) 案例分析，帮助学生将理论与实践相结合，更深入地理解相关概念和理论内容，以求活学活用。

本书共15章，写作分工如下：蒋丽负责编写第一章、第二章、第七章、第八章、第十二章、第十三章、第十四章；李锐负责编写第三章、第四章、第五章、第六章、第九章、第十章、第十五章。另外，第十一章由蒋丽与李锐共同编写。孙建群、陈志杰和朱迪参与了本书相关资料的搜集与整理工作。

组织行为学是人力资源管理、工商管理等专业的核心课程。本书不仅适用于各类管理专业的本科生、研究生、MBA的教学，对各类管理人员、管理咨询顾问及组织研究者也适用。

限于编写时间和作者水平，书中难免有错漏之处，欢迎读者提出宝贵的意见与建议。

编著者

目　录 CONTENTS

第一章　　组织行为学概论 / 001
　　　　　　第一节　什么是组织行为学 / 003
　　　　　　第二节　组织行为学的学科特性 / 007
　　　　　　第三节　组织行为学的历史发展 / 011

第二章　　组织行为学的研究方法 / 025
　　　　　　第一节　实证研究 / 027
　　　　　　第二节　实验研究 / 029
　　　　　　第三节　准实验研究 / 036
　　　　　　第四节　问卷调查法 / 040
　　　　　　第五节　案例研究 / 045

第三章　　人格与价值观 / 051
　　　　　　第一节　人格 / 053
　　　　　　第二节　气质 / 067
　　　　　　第三节　价值观 / 071

第四章　　工作态度与行为 / 079
　　　　　　第一节　态度概述 / 081
　　　　　　第二节　典型的工作态度 / 085
　　　　　　第三节　典型的工作行为 / 094

第五章　　情绪 / 105
　　　　　　第一节　情绪概述 / 107
　　　　　　第二节　情绪在组织行为中的作用 / 112
　　　　　　第三节　情绪管理 / 120

第六章　知觉与归因 / 127
　　第一节　知觉概述 / 129
　　第二节　社会知觉 / 138
　　第三节　归因 / 144

第七章　动机与激励 / 153
　　第一节　什么是动机与激励 / 154
　　第二节　内容型激励理论 / 156
　　第三节　过程型激励理论 / 162
　　第四节　当代动机理论 / 170

第八章　健康与安全 / 181
　　第一节　职业健康与安全 / 184
　　第二节　压力的本质与过程 / 187
　　第三节　压力管理 / 195

第九章　群体 / 203
　　第一节　群体概述 / 206
　　第二节　群体的发展历程 / 209
　　第三节　群体的结构 / 213
　　第四节　群体决策 / 222

第十章　团队 / 233
　　第一节　什么是团队 / 234
　　第二节　不同类型团队的管理 / 237
　　第三节　高绩效团队 / 241
　　第四节　团队建设 / 248

第十一章　领导 /257

第一节　领导概述 /259
第二节　领导的特质理论 /262
第三节　领导行为理论 /268
第四节　领导权变理论 /276
第五节　领导理论的新进展 /287
第六节　中国本土领导理论 /296

第十二章　沟通 /305

第一节　沟通的概念与过程 /307
第二节　组织中的沟通 /313
第三节　沟通的管理和改善 /317

第十三章　组织设计与组织结构 /327

第一节　组织设计 /329
第二节　组织设计的原则 /334
第三节　组织结构的设计 /340
第四节　当代的组织设计 /344

第十四章　组织文化 /349

第一节　组织文化的内涵 /351
第二节　组织文化的理论 /354
第三节　组织文化的管理 /361

第十五章　组织变革 /369

第一节　组织变革概述 /371
第二节　组织变革的阻力及其克服方法 /375

第三节　员工面对变革的态度变化过程／381
第四节　组织变革的步骤和模式／383
第五节　组织变革的方法／389

参考文献／395

第一章

组织行为学概论

学习目标

- 描述组织行为学的含义。
- 熟悉组织行为学的内容体系。
- 了解组织行为学的历史沿革。
- 理解循证管理的思想。

引入案例

先入观念与客观证据

假设你在大学里注册了一门微积分基础课。上课第一天，老师让你们拿出一张纸并回答以下问题："如果该函数为凸曲线，当它的一阶导数为零时，为什么它的二阶导数为负？"你可能根本回答不了，并且可能会这样问老师："我怎么知道？我还没学，这正是我要选这门课的原因！"

好，现在换一下场景。假设你在组织行为学的课堂上。上课第一天，老师让你们拿出一张纸并回答以下问题："工作中激励员工最有效的办法是什么？"起先，你可能会不太情愿，而一旦你提笔写起来，对这个有关员工动机的问题还是可以说出点东西的。

上面两个场景表明，在学习组织行为学课程时，你已经有了很多自信以为真的先入观念，你可能认为自己对人类的行为有颇多了解。但在微积分、物理、化学甚至会计学的课程中，不会出现这类情况。因此，与很多其他学科不同，组织行为学不仅要向你介绍全套的概念和理论，还要面对很多已经被接受为"事实"的内容，它们是你多年来对人类行为和组织所形成的解释。例如"你无法教一个老员工学习新技能"，"领导是天生的，不是后天培养的"，"三个臭皮匠，顶个诸葛亮"。这些说法符合事实吗？组织行为学课程的一个目的就是用具有科学依据的结论取代那些流行的、人们不加思考就接纳了的观念。

现代管理与工业生产密切相关，这一点不难理解。

小农生产除了土壤、肥料、种子和水资源的利用外，基本上靠天。

小农经济自给自足，无须太多的管理技巧。工业革命之后，出现了专业分工和大规模生产，这便是工业的兴起。同时，自给自足的现象骤减，出现大规模的贸易,此乃商。现代管理随之出现,"工商管理"一词,便源于此。

第一节 什么是组织行为学

■ 一、组织与行为

要理解组织行为学,首先要明确组织与行为的概念。列出组织的例子比定义"组织"这个名词要容易得多。组织(organization)存在于社会的每个角落,如中国石油(企业)、苏州大学(学校)、某市儿童医院、红十字会等。组织是两个或两个以上个体以特定方式联系在一起,朝着共同目标而工作的群体或社会单位。组织并不是指高楼大厦。组织是一个抽象的实体。虽然它是真实存在的,但要理解组织的含义并不是简单的事。有些学者尝试使用隐喻的方式来阐释组织的意义,如把组织等同于人,像人有皮肤、骨骼系统和循环系统一样,组织也拥有某些特性,例如沟通的方式、集权分权的程度,这些特性与生理上的概念是相似的。但这个隐喻并不完全贴切。皮肤是人与环境的分界线,但组织没有明确的边界特征,组织与环境(政治、经济、社会、技术等)的分界线是松散的、不严密的。

组织自人类开始共同工作时就存在。乔布斯说:"公司是人类历史上最惊人的发明,它基本上是抽象的。当然你必须要用钢筋水泥砌成一个实体使人可以在这里工作,但是从根本来说,公司是我们所创造出的抽象组织,并且它的力量是无与伦比的。"

讲授组织行为学的教师面临着挑战,因为组织行为学并没有与之相关的特定工作,没有哪个组织会设立"组织行为经理",而财务、营销的课程则与具体工作紧密联系,财务经理、营销经理是组织中常见的职位名称。因此初入职场的人有时很难认识到组织行为学知识在工作中的作用。

组织中的所有人都需要与他人共同工作,而组织行为学提供了与他人共事的知识和工具。对组织行为的理解和掌握有助于管理者更好地理解组织中其他人的行为。建立一个团队，激励你的下属，处理工作场所中的纠纷，影响你的上级，这些方面可以通过组织行为学提供一部分知识和技巧。不论组织的规模如何，它们之间至少有一个共同点：任何组织都是由人构成的。这些人以一种有组织的方式相互作用。企业战略的决策是由人做出的，生产产品所需的资源是由人采购的，企业的仓库、信息系统是由人进行管理的。每一位管理人员，不管是大型组织沃尔玛、大众汽车或中国石油，还是红十字会、军队等非营利组织的管理者，或是足球队、医院等特殊机构的负责人，他们都必须努力去理解组织中的成员。对组织和组织中成员的研究构成了组织行为学的研究领域。组织行为学是对组织中人类行为的描述、解释、预测和管理。

二、组织效能的观点

几乎所有的组织行为学理论都把使组织更加有效作为目标。组织效能是组织行为学中的"最终因变量"。但我们面临的第一个挑战就是如何定义组织效能（organizational effectiveness）。早期，组织效能的定义是组织达到其目标的程度。但现在这个观点已经受到质疑，因为一家公司只要设定一个简单的目标就可以很容易地被认为是有效能的，另外，有一些目标比较抽象，难以衡量。比如很难衡量公司对大众的社会责任履行得如何。效率并不会必然转变为效能。效率是正确地做事（do things right），而效能则是做正确的事（do the right things）。例如，一家公司可能在生产产品或提供服务方面很有效率，但是如果这些产品或服务人们不需要，那么它就没有效能。效率通常需要标准化，而公司为了应对不断变化的外部环境则必须保持敏捷和弹性。

利益相关者理论可以帮助对组织效能的理解。组织的利益相关者包括任何与公司有着利益关系的人或团体：员工、股东、供应商、工会、政府、社会团体、顾客以及外部利益集团等。利益相关者理论的本质是认为公司应该考虑其行为将会如何影响相关者的权益。这就要求公司必须理解和管理各方利益。30多年前，弗里德曼说过："对于企业，它唯一的社会责任就是使用它的资源并且参与经过设计的活动来增加利润。"利益相关者观点是将开放系统观点个体化，找出外部以及内部环境中特定的个体和社会实体。同时，利益相关者关系是动态的，它们可以协商和管理，而不是固定不变的状态。

理解和管理利益相关者的利益很有挑战性。利益相关者之间常常会发生冲突，组织通常也没有那么多资源来满足所有利益相关者的利益。因此，管理者就需要决定应该给予每个利益集团多大的优先权。一个较有共识的方法是关注那些最优权力的集团。处理问题，先找影响力最大的直接相关者进行接触，而不是绕圈子找影响力小的外围相关者。当然，权力大小并不是组织制定策略或分配资源时唯一的考虑标准。忽视一些权力较小的利益相关者可能会激发他们结成同盟，或者向政府求助从而变得比以往更强大。特别是如果无视弱者的利益而违背了社会规范和准则，这可能会激怒那些更有权力的利益相关者。

■ 三、循证管理（evidence-based management，EBM）

组织行为学汲取行为科学的理论架构，理解和解释组织中个体、群体的行为。一般行为科学家致力于以下科学标准：

(1) 整体的目的是理解/解释、预测和控制。
(2) 定义是精确的和可操作的。
(3) 测量是可靠的、有效的。
(4) 方法是系统的。
(5) 结果是不断累积的。

和其他行为科学一样，组织行为学也通过公认的科学研究方法积累知识和验证理论。我们每个人都是行为的研究者。回想一下，你可能会有这样的经历：你观察他人的言行举止，猜测他人的动机，以解释其行为；你可能还尝试预测别人在不同条件下如何行动。对一般人来说，在解读他人时，可能会有一些定势思维或偏见，常常导致预测错误。如果使用更为系统的知识来指导你的观察，必定会大大提高你的预测能力。

系统研究建立在这样的理论基础上，行为不是随机发生的，相反，所有人的行为当中存在一致性。我们可以找到这些一致性，然后加以修正以反映个体间的差异。系统研究可以完善直觉。系统的观念并不意味着你用非系统的方式形成的观念一定是错误的。本书中的很多结论是在大量研究成果的基础上获得的，有的不过是支持了你过去视为真理的尝试。但你也可能会发现一些研究结果与你通常所认为的常识相互矛盾。循证管理是对系统研究的补充，是在现有最佳的科学证据条件下做出管理决策。循证医学是希望医生能够根据现有最近的医学发展来对病人做出医疗护理决策。

循证管理思想认为管理者也应当如此，在思考管理问题时，更多采用科学的角度。管理者可能提出一个管理问题，寻找现有最佳的证据，并将预想中与问题或案例相关的知识付诸实践。你可能认为管理者当然应该根据证据来进行决策，但现实是大多数管理决策是"拍脑袋"，或者一窝蜂地赶时髦、追流行而做出的。希望通过本书的学习，你能够运用系统分析的方法，提高解释和预测行为的准确性。

忘掉跟着感觉走的管理方法

对于一般病人来说，"根据症状开药"作为目前健康保健最热门的"运动"似乎相当荒谬。难道不是所有的用药都基于确凿的症状吗？事实上确实不是。为了做出诊断，许多医师都依靠临床经验，通过培训后获得的智慧传承，有时依靠的甚至是过时的研究。近年来，"根据症状开药"在医院和保险公司已获得重视，这一"运动"呼吁更好地将最新的研究纳入日常医疗中。

斯坦福大学商学院研究生部组织行为学教授 Jeffrey Pfeffer 和管理学及工程学教授 Robert I. Sutton 认为在商业管理实践中也可以采用这种类似的做法。在其著作《确凿的事实、危险的片面真理和完全的废话：从实证管理中获益》中，作者担心，管理者对随意样板的偏好（如"通用电气是这样做的吗？那我们也应该这样做"）、过去的经验以及主流意识形态，都有可能会严重伤害他们的组织。

在这个直觉占上风的时代，多亏 Malcolm Gladwell 和他的畅销书《瞬间，确凿的事实》。他在书中有一个有用的提醒，认为直觉往往是捏造的事实。该书对一些广泛应用的管理真理和潮流的解构发人深省，但是会引起一些管理人员，特别是那些引领主导文化的人的不满。

作者努力驳斥管理者们在评价和奖励人才时采取模仿策略的做法。以美国通用电气公司的杰克·韦尔奇所推广的末位淘汰为例，这一过程需要管理者将员工按绩效分为前20%、中间70%和后10%三组，并淘汰绩效最差组。这一策略被多达三分之一的公司所采用。但本书作者却认为该方法有诸多缺点。2004年对200多名人力资源经理的调查发现，他们中有一半以上的人使用了末位淘汰，但认为这种方法导致了生产力下降、员工间产生怀疑、协作减少并损害士气。对绩效最差的10%的员工进行淘汰是很危险的。作者引用美国国家运输安全委员会的研究，指出从这样做的第一天起，73%的商业航空公司飞行员发生了严重错误。

Pfeffer 和 Sutton 也利用一个令人震惊的案例反对目前管理领域中另一个流行的做法，即支付给高绩效者和低绩效者有天壤之别的奖金。许多研究表明，当员工单独工作时，薪酬挂钩能促成好的结果，但这却不能类推到如今大部分公司的协作团队中。作者列举了2005年的一个研究，接受调查的有67个上市公司的高级管理小组。最好和最差主管的薪水差距较大的公司，财务状况也更差。Pfeffer 和 Sutton 批评道，管理者在强烈依赖团队的群体中广泛推广工资差异，忘记了员工会从他们工作所在的社会网络中得到很多满足，而制造这种差异往往会削弱人际信任。

资料来源：鲁森斯. 组织行为学（第11版）. 王垒，姚翔，等译. 北京：人民邮电出版社，2009.

第二节　组织行为学的学科特性

■ 一、组织行为学的学科属性

有一位著名的行为学家总结："上帝把所有容易的问题都给了物理学家。"在物理学中存在简洁统一的定律，这些定律稳定一致，适用范围广泛。在化学、天文学等自然科学中，也是类似的情况。但在组织行为学中，没有绝对的真理。几乎没有简单而普适的原理能够解释组织行为。人类行为是复杂的。因为个体差异，我们很难总结出简洁准确而且使用广泛的定律。同样情境中的两个人表现常常不同，同一个人在不同情境下的行为也会不一样。

这一学科特征表明，组织行为学的理论必须反映情境变量或权变条件，才可能对人类行为做出合理而准确的解释和有效的预测。组织行为学的框架也是基于各种情境建构起来的学科体系，如一般的个体行为、群体情境中的行为和组织情境中的行为。不要寄希望于组织行为学的理论有许多简单而直接的因果关系，这样的理论并不多。组织行为学理论反映了它所研究的客观事物本身的特性。人类是错综复杂的，所以，解释人类活动的理论也应该是复杂的。

二、组织行为学的学科构成

组织行为学是一门交叉学科，是在众多行为学科学分支的基础上建立起来的。不同学科为组织行为的不同方面提供各自的视角和研究领域。

心理学。组织行为学在许多方面综合了其他学术研究领域的成果。其中贡献最大的要数心理学，特别是组织心理学。心理学研究人类行为，而组织心理学研究组织环境下的人类行为。心理学关心的是对个体行为的理解和预测。对组织行为贡献较多的是工业与组织心理学的各个分支，如人事心理学、劳动心理学、工程心理学、组织心理学以及消费心理学等。其中，前三个学科提供了有关组织管理的效率观点，后两个学科则提供了组织管理的满意观点。总的来说，心理学所贡献的领域包括学习、动机、人格、情绪、认知、培训、领导有效性、工作满意度、个体决策、绩效评估、态度测量、员工甄选、工作设计、工作压力等方面。

社会心理学。社会心理学是系统研究人际行为的科学。它探讨的是社会、群体环境中个体及个体之间相互作用的心理活动及行为表现。个体在独立环境和群体环境中的行为是有所不同的，这是心理学与社会心理学的差异。社会心理学对组织行为学的主要贡献在于其对态度和行为改变的研究，以及对沟通、群体过程和决策等方面的研究。

社会学。心理学关注的是个体，社会学主要研究人在社会系统中扮演的角色和人际关系。社会学中群体动力学、群体间行为、正式组织理论等为组织行为学提供了非常有价值的知识。

人类学。人类学（anthropology）研究人类和环境之间的互动，特别是文化环境。组织行为学中对组织文化、组织环境差异、劳动力多样化的研究大多是建立在人类学研究成果基础上的。

政治学。政治学主要研究政治环境中个体和群体的行为。我们通常说政治学是对政治系统如政府的研究。但政治学的研究主题还包括人们为什么需要权力、如何获得权力，以及政治行为、决策和冲突等，这些内容对组织中人的行为的解释和预测也有重要作用。

工程学。工程学也对组织行为学产生影响。工程学一直关注工作、生产力测度、工作流分析与劳动关系等。这些领域同组织行为学有非常直接的关系。

由于各个学科的出发点和看待问题的角度不同,它们对同一内容的观点就会存在差别。比如,心理学家和社会学家对组织内部发生冲突的原因会有不同看法。心理学家认为,冲突的原因来自个体的动机与性格,而社会学家则认为冲突由角色和关系结构所引起。

三、组织行为学的研究内容

组织行为学是对组织中人类行为的理解、预测和管理。具体可以分为三个层面,即个体层面、群体层面和组织层面。

(一) 个体层面

个体层面的内容包括个体差异、个体知觉、归因、情绪、态度与动机等。个体之间存在差异,这种差异不仅表现在高矮、胖瘦这些生理特征方面,还表现在心理特征上。在组织环境中,员工之间的差异随处可见,比如他们工作的努力程度、创造性、对工作安全感的重视程度、对加班和晋升的愿望等方面都会有差异。有的员工喜欢在工作中拥有充分的自由,而另一些员工可能希望上司能够经常对自己的工作提出指导;一些员工喜欢独立工作,而另一些员工如果不能在工作中与他人接触会变得无精打采。一个管理有效的组织通常能很好地利用个体之间的差异,把具有不同特点的员工分别安排到他们能够胜任的岗位上。

(二) 群体层面

群体层面的内容包括群体特征(如群体大小、规范、凝聚力等)、群体决策、团队行为与管理、领导与人际沟通等。一个人在群体中的表现比个体独处时要复杂得多。比如一个非常注重经济利益的人,如果群体成员鄙视这样的价值观,他会在群体活动中尽量掩饰这一特点。组织行为学在这一层次的研究主要是以群体成员之间、群体与群体之间、个体与群体之间的相互作用为对象。这一部分可以揭示群体活动的规律,进而能更好地限制或塑造某些行为,这是组织行为学中非常有价值和吸引力的一部分。

三个和尚

山上有座小庙,庙里有个小和尚。他每天挑水念经、敲木鱼、给观音菩萨案桌上的净水瓶添水,夜里不让老鼠来偷东西,生活过得安稳自在。不久,来了一个高个子和尚。他一到庙里,就把半缸水喝光了。小和尚叫他去挑水,高个子和尚心想一个人去挑水太吃亏了,便要小和尚与他一起去抬水,两个人只能抬一只水桶,而且水桶必须放在扁担的中央,两人才心安理得。这样总算还有水喝。后来,又来了一个胖和尚。他也想喝水,但缸里没水。小和尚和高个子和尚叫他自己去挑水。胖和尚自己挑来一担水,立刻独自喝光了。从此谁也不挑水,三个和尚就没水喝了。大家各念各的经,各敲各的木鱼,观音菩萨面前的净水瓶也没人添水,花草枯萎了。夜里老鼠出来偷东西,谁也不管。结果老鼠猖獗,打翻烛台,燃起大火。三个和尚这才一起奋力救火,大火扑灭了,他们也觉醒了。从此三个和尚齐心协力,水自然就更多了。

资料来源:《三个和尚》,上海美术电影制片厂,1980年.

(三)组织层面

组织层面的内容包括组织结构与设计、组织文化、组织变革。相比个体层面与群体层面,组织层面的内容更为宏观与复杂。

与其他研究领域相比,组织理论比组织行为学更宏观,主要关心组织的结构和设计。组织行为学的第三层次也包括组织理论的主题。组织发展往往比组织行为学更宏观和更具应用取向。人力资源管理比组织行为更有应用性。人力资源管理的功能就像营销、财务或生产职能一样,是组织实践的一部分。实际组织中会聘请人力资源管理人员,并有"人力资源经理"的头衔,但没有"组织行为经理"这样的称呼。而那些运用组织行为学知识的经理,不管是营销经理、行政经理还是运营经理,他们都需要处理组织中与人有关的行为。从这个角度来看,无论经理的技术职能是什么,所有经理都需要具有组织行为学方面的知识和观点。组织行为代表了管理中人性的一面,但并没有包括管理的全部内容。组织行为学并不是要描绘整个的管理。

第三节 组织行为学的历史发展

组织行为学的发展与管理学、工业与组织心理学的历史密不可分。古典管理理论的代表人物有泰勒、法约尔和韦伯。心理学家也在科学管理理论的指导下开始提高生产效率的实践，闵斯特伯格、吉尔布雷斯对工作中人的因素给予了极大关注。霍桑实验则进一步推动行为科学的出现。

一、古典管理理论

泰勒（Frederick W. Taylor，1856—1915）出身于一个相当富有的家庭，父亲是一名律师，家人希望泰勒子承父业，也成为一名律师。泰勒由于在中学时代过度努力学习，导致视力下降并且常常头疼。在以优异的成绩进入哈佛大学之后，他还是决定离开法学院，在费城的一家水压工厂当模具工和机工学徒。在结束4年没有工资的学徒期后，泰勒来到米德维尔钢铁公司。在6年时间中，泰勒从普通工人晋升为书记员、班组长、机械车间的工长，再到负责整个工厂维修和保养的总机械师，最后成为总工程师。

泰勒发现工人并没有受到公司计件工资的激励，产出只达到了最大可能的1/3。泰勒认为工人在磨洋工，并将其分为本性磨洋工和系统磨洋工两种类型。本性磨洋工来自一种自然的本能和人们倾向于松懈的趋势；系统磨洋工则来自工人们更加复杂的二次思考以及对人际关系的权衡。对于本性磨洋工，可以通过管理者的激励或者强制，使工人们达到工作要求。而系统磨洋工则是另一回事。其背后假设是：世界上的工作量是有限的，今天干的活多就意味着明天没有那么多活可干；也就是说，如果你干得太快的话，就可能导致其他工人或者自己失业。按天或按小时计算的工资制度滋长了磨洋工，因为报酬取决于出勤和职位，而不是努力程度。努力工作得不到任何奖励，所以，这种制度实际上是在怂恿工人磨洋工。计件工资为何常常失败，原因在于其标准设定不合理，当工人获得的报酬过高时，雇主就会降低单件价格，所以，工人为了保护自己，往往不会在工作中努力提高效率，以防被管理者发现。当工人获得超过一定量的工资时，管理者都会压低工资。有了多次这样的经历后，工人们在干多少活、挣多少钱方面达成一致，不仅要保护自己的利益，同时也要避免被人嘲笑为能力不足。工人们意识到，管理者预设了一个工资总额的最大值，如果报酬超过了这个数字就会引起单件报酬的降低。泰勒认为这不是工人的错，他认为责任在于工资体系，而不是工人。

工时研究是泰勒制的基础。将每项工作都拆分成尽量多的简单基本动作，消除其中无用的动作，通过观察技术最好的工人，找出完成每个基本动作最快和最好的方法，然后记录动作的过程和时间。考虑到工作中会有耽误和中断，工人对工作的适应与熟悉时间以及休息时间，因此，在此基础上可增加一定比例的时间。泰勒最著名的成就是编写了《科学管理原理》(The Principles of Scientific Management)一书。这些原则可以归纳为：第一，应当用科学方法代替经验；第二，科学地选拔和培训员工；第三，团结合作优于单打独斗；第四，管理者和员工的合理分工。

搬铁块实验

1898 年，泰勒在企业家约瑟夫·沃顿的鼓动下，从米德维尔钢铁公司转到伯利恒钢铁厂工作。来到该厂后，泰勒请来了一些助手，如在一起共过事的亨利·甘特等人，他们发挥各自的特长，取得了实验的圆满成功。

搬运伯利恒钢铁公司货场里的原材料，工人按天计算工资，每天挣 1.15 美元，这是当时的标准工资。工人搬运铁块的平均数每天为 12~13 吨，泰勒就是从这里开始他的实验的。

第一步是科学地挑选工人，他们用了 3~4 天的时间仔细观察和研究其中的 75 个人，从中挑选了 4 个，然后仔细地研究了这 4 个人中的每一个人，调查了他们的历史、性格、习惯和抱负，最后挑选了身材矮小的施密特。此人是个因爱财如命且又十分小气而闻名的人。他们让施密特按照新的要求开始干活，可以使他每天挣到 1.85 美元。他们的研究方法是：

从车上或地上，把生铁搬起来需要几秒钟。

带着所搬的铁块在平地上走一英尺需要多长时间。

带着所搬的铁块沿着跳板走向车厢每步需要多长时间。

把生铁扔下需几秒或放在堆上需几秒。

空手回到原来的地方每走一英尺需要多少时间。

经过仔细研究他们发现，采用科学的方法对工人进行训练，并把劳动的时间与休息的时间很好地搭配起来，工人平均可以将每天的工作量提高到47吨，而且负重搬运的时间只有42%，其余时间是不负重的，工人也不感到太疲劳。而同时采用差别的计件工资制，工人每天在达到47吨标准后，工资也增加到1.85美元。这样，施密特在进入实验后，培训人员告诉施密特何时休息、何时工作，实验的结果是：施密特在第一天很快就搬完了47.5吨生铁，拿到了1.85美元。

资料来源：郭咸纲. 西方管理思想史. 北京：世界图书出版公司，2010.

泰勒的一位助手亨利·甘特提出了工作进度原理，设计了用来掌握生产进度的甘特图，采用直角坐标系，在X轴上表示计划的工作任务及其完成情况，在Y轴上表示所花费的时间。这种图至今仍在工业部门中使用。

泰勒之后，法国的法约尔（Fayol）提出一般管理理论。法约尔曾是大公司的经理，在职业生涯后期，他四处讲学，著书立说，1925年出版了《工业管理和一般管理》一书。他提出了企业的六大活动和管理的五大职能。目前常见的管理定义就出自此：管理就是计划、组织、指挥、协调和控制。目前组织设计中常见的一些内容也来自法约尔提出的管理14条原则。与泰勒相比，法约尔跳出了基层管理的范围，第一次系统论述了管理的职能和原则，使管理具有一般的科学性。

德国的韦伯大约在相同时期提出了行政组织理论，他认为等级严密的官僚组织是商业、政府、宗教、大学乃至军队的最佳组织形式。因为它能保证少数人严格而有效地行使管理和控制，员工们只需要根据纪律的约束执行任务。

一个员工无非是一台运转着的机器上的一个齿轮，整个机器的运转给他规定了基本固定的运行路线。

——韦伯

泰勒、法约尔和韦伯的理论，通称为古典管理理论。古典管理理论为促进生产效率的提高做出了巨大贡献。但随着劳动模式的日渐复杂，该管理模式渐渐衰落。总体来看，古典管理理论将人看作机器的附属物，是被动的工具，忽略了人的情感和社会性。相比之下，心理学家的理论显得更完整、更人性，也更具现代意义。

■二、工业心理学的发展

在 1900 年以前,该研究领域还没有一个确切的学科名称。1897 年,心理学家 Bryan 发表了一篇专业电报员如何提升发送和接收摩斯电报电码技能的文章。但 Bryan 的本意并不是提倡研究工业领域的问题,他在 1904 年的文章中本想提倡大家更多地关注个体(individual)心理学,但误打误撞地写成了工业(industrial)心理学,这样"工业心理学"一词就最早出现在了 Bryan 的文章中。

雨果·闵斯特伯格(Hugo Munsterberg)是一位接受过正统学术训练的德国心理学家。著名心理学家威廉·詹姆斯邀请他来到哈佛大学,用实验心理学的方法研究知觉和注意力方面的问题。闵斯特伯格采用传统心理学的方法研究工业中的实际问题,他出版了《心理学与工业效率》一书。该书主要包括挑选工人、设计工作以及在销售中运用心理学知识三个部分。闵斯特伯格一个最著名的研究是探讨安全驾驶无轨电车的司机应该具备的特征。他系统地研究了这项工作的各个方面,并且设计了模拟电车的实验室实验,结果发现一名好的司机应该能够在驾驶过程中同时注意所有影响电车行驶的因素。20 世纪许多杰出的工业与组织心理学家都站在闵斯特伯格的肩膀之上,他被称为"工业心理学之父"。

吉尔布雷斯是对工业与组织心理学发展有突出贡献的女性心理学家,她是美国第一位获得心理学博士学位的女性。吉尔布雷斯是最早注意到工作压力和工作疲劳的心理学家之一。在 1908 年的产业工程师会议上,她是会议中唯一的女性,所以被要求说说她的想法。吉尔布雷斯说:"人类理所当然地是工业领域中最重要的因素,而这个最重要的因素却没有受到其应有的重视。"工程师所接受的科学培训都是处理没有生命的物体。心理学能够提供许多被工程师们所忽略的知识。她的即兴演讲使科学管理的同行大大开阔了视野,开始关注工程设计项目中能够应用心理学的地方。她更多从人性的角度关注时间管理,她的丈夫弗兰克·吉尔布雷斯侧重于从技术角度提升工作效率。在泰勒和甘特的影响下,弗兰克·吉尔布雷斯在体力劳动的操作方法研究方面有很高造诣,被称为"动作研究之父"。吉尔布雷斯有 12 个孩子,她同时兼顾家庭和事业,被出版商称为"生活艺术的天才"。她的两个孩子写了关于她生平的一本书《儿女一箩筐》(*Cheaper by the Dozen*),1950 年此书拍成了电影,2003 年又进行了翻拍。

> 最大的工作效率来源于人。工具、材料和方法的改革，应该使人的能力获得充分发挥。
>
> ——吉尔布雷斯

效率专家　吉尔布雷斯

吉尔布雷斯在家庭和工作中都是一位效率专家。通过对劳动基本动作和方向的分析，他将垒外墙砖的动作从18个减少到4个。技术工人采用吉尔布雷斯的方法后，可以把他们的工作量提高200%。而在砌内墙砖时，动作从18个减少到2个，使每个人一小时的砌砖数从120块增加到350块。

吉尔布雷斯夫妇为了进行动作研究，曾发明并应用了许多工具和技术。他们是第一个利用动作影片来分析和改进动作顺序的人。在对手部动作过程的研究中，他们把手的工作分解为17种基本动作，如抓、搬运、握等，称为动作的基本元素。正是由于这些研究，吉尔布雷斯被称为"动作研究之父"。

工业心理学早期的研究以个体为研究对象，研究成果主要是对工作中个体差异的测量，以及改进工作方法、建立最佳工作条件等，还未能注意到工作的社会环境、人际关系、领导与被领导的关系，以及组织本身所具有的社会性。

在古典管理理论的指导下，许多管理工作者认为在物质工作环境、工人的健康和劳动生产率之间存在着一种明确的因果关系。如果有良好的通风、温度、照明及其他物质工业条件，工人就处在最理想的工作环境中去从事经过科学测定的作业任务，这时再采用刺激性工资制度进行激励，就能产生提高生产率的效果。

1924年，美国国家科学院的全国科学研究委员会决定在西方电气公司的霍桑工厂进行照明条件与工作效率精确关系的研究。研究一开始指定了两组女工，分别来自两个照明度相同的车间，并且都从事装配电话继电器的工作。其中一个组为对照组，在实验期间照明度、工作环境保持不变；另一组为实验组，由六名工人组成，实验组的照明度有各种变化，由此来判断照明对工作效率的影响。经过仔细设计，对房间的温度、湿度和照明度都做了精细考虑与控制。研究人员对小组进行观察并做出精确的生产记录。

随着研究工作的进展，产生的结果越来越令研究人员感到不可思议：不管照明条件如何，有一次实验组的照明甚至降低到近似于月光的程度，对照组和实验组的产量都不断上升。每个工人每周的平均产量从 2 400 个增加到 3 000 个。研究人员感到迷惑不解，无法解释这个现象。按照经济人的假设，人是由外在环境因素所驱使的，工作环境条件优劣不同，生产率应当有所区别。由于没人能够解释其中的原因，大家都认为这种实验没什么用处而准备放弃了。

哈佛大学从事工业研究的副教授梅奥（Mayo，1880—1949）于 1927 年年末至 1928 年年初在纽约的哈佛俱乐部给一批人事经理做报告。西方电气公司的检验主管潘诺克也是听众中的一员。潘诺克告诉梅奥有关霍桑工厂实验的情况，并邀请梅奥作为研究顾问参与研究。梅奥对研究结果很感兴趣，很快就带着哈佛研究小组来到工厂。梅奥敏锐地指出，解释霍桑实验的关键因素是工人小组中精神状态的巨大改变。他们继续进行实验，终于揭开社会人的假设。

梅奥指导的霍桑实验系列中有几个著名的实验，分别揭示了工作环境及人际作用下人的重要心理品质。

(1) 照明度实验。研究者在厂里选出一些绕线圈的工人，分为两个小组：一组在不同的照明度下工作，称为实验组；另一组仍然在不变的照明条件下工作，称为控制组。实验发现：虽然只增加实验组的照明度，但两个小组都增加了生产；而且当随即减弱照明度时，两组的产量仍然继续上升。研究者得出的结论是：工作场所的照明条件对两个小组的生产率很少或甚至没有什么影响。梅奥认为，实验室中的工人组成为一个社会单位，对于受到研究者愈来愈多的关心而感到很高兴，并培养出一种积极参与实验计划的感觉。正是这种心理上的变化促成了产量的提高。

(2) 福利实验。该实验是第二阶段的研究，历时一年半。梅奥选出五名有经验的女工组成工作小组，让她们在一个单独的房间里从事继电器装配工作。实验开始前，梅奥通过各种渠道同女工们沟通感情，鼓励她们通力合作。在实验的早期阶段，研究者为工人们逐步增加了一些福利措施，如缩短工作日、延长工间休息时间、免费供应茶点、实行计件工资制等，并对工作条件（如车间温度、工间茶点等）做了改善，结果产量得到了提高。按照传统的管理理论，可以顺理成章地把产量的提高归因为福利措施的改善。但是，在继续进行的实验中，研究者取消了各种福利措施，换言之，各产量动因被排除。按传统认识，这种变化必定使产量下降，但是结果与设想相反，产量仍然上升。显然，传统的管理理论无法解释其中隐藏着的更为复杂的动因。研究者得出的结论是：导致产量增加的因素并非福利条件和工资制度，而是士气、监督和人际关系，尤其重要的是工人的社会需要：在实验期间，由于女工们感到自己是被特别选出的一群人，产生一种被重视的自豪感，由此形成积极参与的责任感，从而促使她们不断努力提高产量，而福利措施、工作条件等便退居较次要的地位。

（3）访谈实验。经过上述两个阶段的实验，研究者得出结论：工作的物质条件与生产率之间并没有重要的联系。因此他们提出，工作环境中的人的因素显然比工作的技术和物质条件对生产率具有更为重大的影响。于是，研究者在工厂中开始了访谈计划，请工人对管理当局的规划和政策、工头的态度和工作条件等问题做出回答。但这种规定好内容的访谈计划一开始，研究人员就发现：工人总想就规定提纲以外的事情进行交谈。工人认为重要的事情并不是公司或调查者认为意义重大的那些事。于是，访谈者及时把访谈计划改变成以不规定内容的方式进行，让工人任意发表意见，访谈者的任务就是让工人讲话，每次访谈的平均时间也从30分钟延长到了一个小时至一个半小时。访谈者多听少说，"在他们同工人的个人接触中防止任何道德说教、劝告或情绪"，详细记录工人的不满和意见。访谈计划持续了两年多，收到了意想不到的效果：工厂的产量大幅度提高了。据分析，这是由于工人们长期以来对工厂的各项管理制度和方法存在许多不满，无处发泄，访谈计划的实行恰恰为他们提供了发泄的机会，发泄过后感到心情舒畅，提高了士气，从而提高了产量。

（4）群体实验。该实验是为证明访谈实验得出的结果而进行的。实验选择出14名男工在隔离的观察室中进行中央交换机接线器的装配工作，具体的工作有三种：① 在接线柱上绕线；② 焊接头；③ 检验前两项工作的质量。实行集体计件工资制：以小组的总产量为依据对每个工人付酬，并强调必须进行互相协作。研究者起初设想这种付酬方式可以使工作效率高的职工迫使效率低的职工提高工效，因为他们都想取得最高的经济利益。但观察发现，产量只维持在中等水平。工人们对于什么是"公平的日工作量"有明确的理解，而这个工作量低于管理当局所规定的产量。更令人惊异的是：工厂部门中的社会群体能对各个成员的生产行为进行强有力的控制。调查发现，产量之所以维持在中等水平是因为工人估计到，如果产量超过了约定俗成的非正式标准,工资率将会降低,或者计件工资的计件基准(即管理当局规定的产量标准)将会提高。所以工人面对两种危险:一是产量过高,导致降低工资或提高产量标准;二是产量过低,引起监工的不满。每个工人的共同感觉是:不要超过非正式的标准而成为"生产冒尖者",也不要寄生性地低于约定俗成的标准而成为"生产落后者",使同伴受到损失。这些工人为了维护班组的群体利益,自发地形成了一些内部规范,使每个人的产量在那个非正式"标准"的上下波动。为了使这一内部规范得以实行,群体成员采用了一些内部惩罚措施,如嘲笑、讽刺、"给上两拳"等。规范还规定不许向管理当局告密。这个群体中的工人把相互间的感情看得很重要,为此他们宁可拒绝物质利益的引诱,维系感情实际上成了群体内部的一种激励因素。工人们甚至采取各种秘密措施来维护自己在群体中的资格。如果一个工人产量过高,会隐瞒多余的产量,只报告符合群体规范的数量,并放慢速度,以隐藏的产量补充不足。总的来说,该调查的发现可概括为:① 群体有意地限定产量而不顾管理当局有关产量的规定;② 群体使工人产量报告平均化;③ 群体有一套办法使脱轨的成员就范。

正是根据这些发现,梅奥提出了"非正式群体"的概念,认为在正式的组织内存在着自发形成的非正式群体,这种群体有自己的特殊规范,对其成员的行为起着调节和控制作用。

霍桑实验从1924年至1932年持续了整整九年。1933年,梅奥在《工业文明的社会问题》一书中总结了霍桑实验的结果。梅奥认为人是社会人(social man),社会心理因素是生产率的头等重要因素。由于工业革命及工作合理化的结果,许多工作本身原来的意义不再存在,应寻找工作的社会关系意义。在正式组织中存在着非正式群体。非正式群体有特定的规范,对其成员的行为有较大的影响。管理者不能只重视正式组织而忽视非正式群体。群体中社会力量对工人的影响,比监督和控制的影响更大。在社会人假设的基础上,梅奥提出了人际关系理论。人际关系理论的要点是管理者不应只注意工作、完成生产任务,而应把注意的重点放在关心人、满足人的社会需要上。管理者不应只注意计划、组织和控制,更应重视职工间人际关系、归属感的培养。自霍桑实验开始,管理理论开始从过去的"以人适应物"转向"以人为中心",在管理中从层层控制式转向注重调动工人参与决策的积极性。

1958 年，斯坦福大学的莱维特正式开始用管理心理学代替原来的工业心理学，管理心理学成为一门独立的学科。1964 年，莱维特等人在美国心理学年鉴上发表综述文章《组织心理学》。这一时期，研究者对影响组织行为的社会因素非常关注，"组织变革"和"组织发展"这样的术语经常出现在文献中。1973 年，工业心理学正式更名为工业与组织心理学。在 20 世纪 50 到 60 年代，美国民权运动爆发，少数群体的公平问题受到广泛关注。在 1964 年通过的民权法案中，第七条明确阐明政府应监督和修正就业歧视的问题。1978 年，美国政府起草了就业指导意见，规定雇主必须证明他们所使用的雇用测验没有歧视任何群体。这部法案的出台对工业与组织心理学家具有重要意义，工业与组织心理学学科必须承担两项责无旁贷的工作：第一是进行科学研究，向公众提供服务；第二是接受政府的监察和评估。工业与组织心理学家要为他们的工作承担法律责任和义务。20 世纪 60 年代开始，随着学科从个体到群体再到组织研究的演变，研究机构也开始从大学的心理学系转入管理学系。学科名称也由原来的管理心理学（或工业心理学、组织心理学）逐渐变成组织行为学。

三、人性假设的转变

从演变的历史来看，先后出现的有关人性假设有四种：经济人、社会人、自我实现的人和复杂人。麦格雷戈（McGregor）在 1957 年 11 月的美国《管理评论》上发表了《企业的人性方面》一文，提出了著名的 X 理论和 Y 理论。

麦格雷戈分析了科学管理学派的人性假设，将其称为"经济人"假设。经济人假设从享乐主义的观点出发，把人的一切行为看成是为了最大限度满足一己私利，争取最大化的经济利益，工作就是为了获得经济报酬。麦格雷戈认为这种人性观点是错误的，提出了与之相反的"自我实现的人"，并将这两种观点称为"X 理论"和"Y 理论"。

X 理论人性假设的核心内容是一般人的本性是不喜欢工作的，只要有可能，人就会逃避工作。由于人天性不喜欢工作，对于绝大多数人必须加以强迫、控制和指挥，以惩罚相威胁，以便使他们为实现组织目标而付出适当的努力。一般人宁愿受人指挥，希望逃避责任，较少有野心，对安全的需要高于一切。

以 X 理论的人性假设为基础，必然导致严密控制和监督的管理方式，主要体现为如下特征：

（1）管理工作的重点在于提高生产效率，完成任务，而不是考虑人的情感。管理就是为完成任务而进行的计划、组织、指导和监督。

（2）管理是少数人的事情，与一般员工无关。员工的任务就是听从指挥，努力生产。

（3）在奖惩制度上，主要依靠金钱来刺激员工的生产积极性，同时对消极怠工者给予严厉制裁。

自我实现的人，这一概念最早由人本主义心理学家马斯洛在需要层次理论中提出。所谓自我实现是指人都需要发挥自己的潜力，表现自己的才能，只有潜力充分发挥和表现出来，人才会感到最大满足。马斯洛说："每个人都必须成为自己所希望的那种人。"

麦格雷戈总结Y理论的要点有：运用体力和脑力从事工作，正如游戏和休息一样自然，一般人并不是天性不喜欢工作的。外来的控制和惩罚的威胁并不是促使人们为实现组织目标而努力的唯一方法。人对自己所参与的目标能实行自我指挥和自我控制。对目标的参与是与获得成就的报酬直接相关的，这些报酬中最重要的是自我意识和自我实现需要的满足，他们可以是为实现组织目标付出努力的直接产物。一般人在适当条件下不但能接受，而且会追求责任，逃避责任、缺乏雄心和强调安全是经验的结果，而不是人的天性。在现代工业条件下，一般人的智慧、潜能只是部分得到了发挥。

麦格雷戈认为Y理论是强调个人目标与组织目标的结合。与经济人的假设不同，其重点不是放在计划、组织、监督和控制上，而是要创造适宜的工作环境和条件，给员工更多工作自由，鼓励创造，使员工能够充分发挥潜力和才能，从而达到自我实现。管理者的角色既不是生产指挥者，也不是人际关系的调节者，他们的主要职责是设法为员工的才能发挥创造适宜的条件，减少员工自我实现过程中的障碍。经济人假设认为应通过物质刺激来调动员工的积极性，社会人假设则认为应通过搞好人际关系来调动员工的积极性。麦格雷戈认为，这些都是外在奖励，只有使人在工作中获得知识、增长才干、充分发挥自己的潜力，这种内在奖励才能满足人自我实现的需要，从而调动员工的积极性。

对人性本质的假设，经历了从20世纪初泰勒的经济人假设，30年代梅奥教授的社会人假设，再到50年代麦格雷戈自我实现的人的假设。沙因（Schein）考察了这几种人性假设，认为人类的最大需求不可能都是一样的，而是因人、因时、因地而异的。不可能有纯粹的经济人，也不可能有纯粹的社会人或自我实现的人。实际中存在的是在各种情况下采取不同反应的复杂人（complex man）。

摩尔斯和洛希在1970年发表的《超Y理论》一文，和1974年出版的《组织及其成员：权变方式》一书中，提出了新的人性假设。他们认为无论是经济人、社会人，还是自我实现的人的假设，都有合理性的一面，但都不能适用于所有人。一方面，个体之间存在差异，不同的人有不同的偏好；另一方面，同一个人在不同年龄、时间、地点和环境下也会有不同的表现。因此，人是复杂人，而不是单纯的一种人。

复杂人的假设认为人的需要是多种多样的，会随着人的发展和生活条件的变化而变化。在同一时期，人的各种动机和需要会相互作用，形成错综复杂的动机模式（motive patterns）。随着工作和生活条件的不断变化，人会不断产生新的需要和动机。动机模式的形成是内部需要和外部环境相互作用的结果。由于人的需要不同、能力各异，对于不同的管理方式会有不同的反应，因此，没有一套适合于任何时代、任何组织和个人的普遍有效的管理方法。

根据复杂人的假设，当组织与工作设计和员工的需要相匹配时，工作效率最高。在管理上要根据具体个人的不同情况，灵活采取相应措施，要因人而异、因时而异，不能千篇一律，即根据具体情况采取适当的管理措施。这种管理理论被称为权变理论。

四、组织行为学在中国的发展

组织行为学作为一门独立学科被介绍到中国是20世纪70年代末80年代初的事，但中国心理学家早已注意到这方面的问题，当时多采用"工业心理学""劳动心理学""工程心理学"的名称。

1935年，工业心理学家陈立撰写出版《工业心理学概观》一书，从环境、疲劳、休息、事故与效率等方面系统论述了工业心理学的基本问题。1935年至1937年周先庚与陈立合作，进行职工合理化建议的调查研究。20世纪50年代开始，中国科学院心理研究所成立劳动心理组，对矿山事故、废品问题进行调查研究，并进行职工培训方面的工作。60年代初工作重点转向工程心理学的研究，侧重人—机关系，人—人关系研究较少。60年代中后期，受到"文化大革命"的影响，心理学整个学科发展停滞。

1976年打倒"四人帮"之后，心理学界提出在四个现代化建设中需要开展有关生产管理中的心理学问题研究，如激励、生产气氛，对社会动态进行调查、分析与预测，等等。1980年，中国心理学会工业心理专业委员会的成立，标志着我国组织行为学的起步。有关领导行为与管理决策的研究成为我国管理心理学的主要领域。徐联仓等修订了日本学者的领导素质PM调查表，凌文辁等在此基础上增加了C因素，发展成CPM量表。与发达国家相比，我国组织行为研究在理论创新、研究成果的应用和推广上仍有一定的差距。

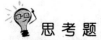

思考题

1. 有人认为组织行为学课程只对那些将来会从事管理的人才有用，讨论这种观点的准确性。

2. 什么是组织行为学的权变理论？

3. 循证管理是什么意思？请描述你听说过的关于企业实施循证管理以及企业遵循那些没有充分证据的流行观点的情形。

4. 什么是效能与效率？它们与组织行为学有什么关系？

5. 假设你需要聘请一名经理，一位候选人的技术技能较强，但人际关系能力较弱，另一位则刚好相反，你会聘请哪一位？为什么？

6. 浏览近期市面上的商业期刊（如《21世纪经济报道》《哈佛商业评论》《中国经营报》等）中的文章，看其中是否涉及组织行为学的概念，如有请详细描述。

7. 用10级量表测量一门自然科学学科在预测某些现象时的复杂程度，数量物理学的等级可能被评为10分。你认为组织行为学会落在这个量表的什么位置，为什么？

案例分析

多年以来，管理人员通过应用不同的管理方法，使汽车生产发生了巨大变化。在1900年以前，人们组成生产小组相互协作，用手工的方式把各种零部件组装成汽车。这种小批量生产系统是非常昂贵的，组装一辆车需要花费大量的时间和精力。工人们一天只能生产很少数量的汽车。为了降低成本、提高产量，早期汽车厂商的管理者们需要具有较高的提高产量的管理技能。

1913年，亨利·福特（Henry Ford）使整个汽车行业发生了革命性的变化，他在底特律开办了高地公园汽车厂，生产T型车。福特与他的生产管理者们开创了大批量生产系统，使得小批量生产系统在一夜之间变得陈旧过时。在大批量生产系统下，传送带将汽车传送到工人面前，流水线旁的每一位工人负责完成一项特定的工作任务。在这里，流水线的速度是控制工人生产活动的主要方式。福特通过试验确定了使每一位工人完成其特定工作最优效率的方式。结果是每一位工人负责一项特定的工作，诸如安装车门螺丝、车门把手等。这样，福特汽车工厂里的工作变得非常具有重复性。

尽管这一大批量生产的跨越对福特公司和千千万万从此能够买得起汽车的美国人来说是一个巨大的经济成功，但对于那些生产这些汽车的工人而言，却存在着许多人性问题和社会问题。

随着工作过程的简化，工人日益痛恨流水线的单调乏味。1914年之前，福特公司的汽车生产厂创下了巨大的工人流失率——经常每年高达300%甚至400%，因为工人不能承受巨大的工作压力而最终离去。亨利·福特认识到这一问题后，做了一项声明：从即日起，为了激励员工，他将把工人每天的工作时间从9个小时减少到8个小时，并且把每天的基本工资从2.5美元增加到5美元。这是一次很大的提高，就像今天宣布明天就把最低工资加倍一样。福特由此成为一位享誉世界的人物，他的新方法也被命名为福特制。

但福特表面上的慷慨，实际上却伴随着对于资源——人力和物力——的高度控制。他雇用了几百名检察员来监督工人，不仅在工厂里，也在工厂外。在工厂里，管理是严密和有限制的。工人不允许离开他们所在流水线的位置，不允许互相说话。他们的工作就是全神贯注于手上的任务。

在工作之外，福特甚至建立起他所谓的"社会部"机构，任务是检查他的工人是如何生活的，是如何支配他们的时间的。社会部的检查人员走访工人家庭，调查他们的习惯和问题，具有与福特标准相抵触的行为（例如经常酗酒或者总是负债）的员工，很可能会被解雇。

资料来源：Gareth Jones et al. 当代管理学（第2版）. 李建伟，等译. 北京：人民邮电出版社，2003.

讨论题：

福特的管理方式体现了哪一种人性假设？

第二章

组织行为学的研究方法

学习目标

- 了解实证研究过程。
- 了解组织行为学研究方法的基本概念。
- 掌握实验研究和准实验研究的设计方法。
- 掌握问卷法和案例研究的一般过程。
- 重点理解不同研究方法的优缺点与适用范围。

引入案例

孙鹏于2013年创建了首家自己的甜品店,靠着周到细致的服务和细腻独到的口味越做越大,到2015年已经拥有3家连锁店。这期间他在店面的布置、甜品的口味和支付方式上都做过调整,每次调整都为他带来了可观的利润。所以一直以来,孙鹏都坚信自己的判断,他的判断依据都并非拍脑袋想出来的,而是源于他的实地调查。孙鹏的甜品店一直有一个传统,就是每次顾客离店的时候,都会简单问一下顾客对于甜品店的建议,可以是任何方面的建议,作为回报,甜品店会赠予一些小礼物。孙鹏每过一段时间就会整理一下顾客的建议,抽取其中共同的问题或者一些紧急的问题加以分析,然后进行调整改进。所以孙鹏每次的调整可以说都是有的放矢,切中要害。

2015年年中,孙鹏在做财务分析的时候发现6月份的利润环比下降了1个百分点,这让他大吃一惊。于是,他翻出了近两个月的顾客反馈意见,想和以前一样从里面找到原因。他发现大多数顾客都觉得还不错,服务周到、甜品好吃是最常见的评价,但是其中有那么几条提出了一点建议,包括店里可以增加点绿植,店里有蚊子,价格如果再降点就好了,等等。于是孙鹏按照这几点建议进行改进,7月中旬他购置了一些绿萝,准备了一些电蚊香,针对某些甜品降低了价格,等等。当孙鹏信心满满地准备迎接收成时,他发现7月、8月、9月这三个月的利润连续下滑,9月份的利润相比6月份下降了近2个百分点,这第一次让孙鹏感到茫然无措。他想知道为什么会出现这样的情况,为什么他以前的办法不奏效了,究竟要怎么做才能找到利润下滑的原因。这就涉及我们本章要讲的研究方法。如果不能科学严谨地使用合适的研究方法,往往难以揭示问题的本质,甚至得出错误的结论。

第一节 实证研究

一、实证研究过程

实证研究从现实出发,通过实验或调查等方式获取数据,通过以统计分析为主的对数据资料的分析,研究变量之间的关系,得出被研究对象的演变规律或相应的结论、理论。图 2-1 呈现了最简单的实证研究过程。

在图 2-1 中,X' 和 Y' 是自变量和因变量的抽象定义,线(a)代表 X' 和 Y' 之间的理论关系,我们需要检验的研究假设是 X' 和 Y' 之间是否存在因果关系。但由于在现实世界中 X' 和 Y' 无法直接观察、测量,所以需要将它们转化为可以直接测量的变量(X 和 Y),线(b_1)和(b_2)即代表转化的过程。这样一个抽象的研究假设便转化为可以进行实证研究的具体问题,通过搜集资料并运用合适的统计方法即可验证 X 和 Y 之间是否存在统计上的显著关系,如线(d)所示。然而,X 和 Y 之间统计上的显著关系并不能直接推断 X 和 Y 之间存在显著的因果关系,做因果推断之前需剔除其他可能导致 X 和 Y 之间产生因果联系的替代解释,经过这样的检验之后,才能有充分的信心推断 X 和 Y 之间的因果关系[即内部效度,如线(c)所示]。最后,还需考虑从研究样本推论到总体,或所得的研究结论在

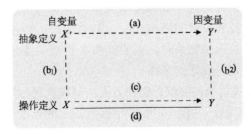

图 2-1 实证研究的一般过程

资料来源:Schwab, D. P. *Research Methods for Organizational Studies*. Mahwah, NJ:Lawrence Erlbaum Associates.

其他情境下是否也能成立（即外部效度）。

通过上述实证研究过程，我们可以区分出四种效度：（1）构念效度（construction validity），评价的是在对构念进行转化时，所测量的变量能否很好地涵盖构念内涵，如图 2-1 中线（b_1）和（b_2）；（2）统计结论效度（statistical conclusion validity），指以统计检验对假设的关系进行解释的可信度，对应的是图 2-1 中的线（d）；（3）内部效度（internal validity），指的是实验的自变量和因变量存在一定关系的明确程度，即因变量的变化多大程度上由自变量引起，与之相对应的是图 2-1 中的线（c）；（4）外部效度（external validity），指的是研究结论能够推论到其他群体、时间和情境中去的程度。

二、研究设计

研究者根据研究目的，经过周密思考而制订出整个研究工作的具体计划和安排，此即研究设计。它是研究工作中十分关键的一步，直接关系到研究的进程、代价，研究结果的可靠性、科学性。

一般而言，研究设计的基本目的有三个：（1）有效地回答研究问题，在实证研究过程中，研究问题通常以研究假设的形式出现，研究设计的目的就是通过数量化的分析，为假设中涉及的构建间的关系提供有效检验；（2）控制变异，研究设计需有效地控制造成因变量产生变化的各种变异量，如系统变异、外生变异和误差变异；（3）保证效度，严格的研究设计可以确保较高的构念效度、统计结论效度、内部效度和外部效度。

在研究设计过程中，为了完成一项高质量的实证研究，研究者需要格外注意选择一个与研究问题相匹配的研究方法。在本章中，我们将讨论四种主要研究方法：实验研究、准实验研究、问卷调查法和案例研究。实验研究强调严格的操控和被试的随机分配，具有较高的内部效度。当研究者主要关心变量之间的因果关系时，需要控制各种无关变量对研究结论的影响，此时，实验研究是最好的选择。

然而，由于现实情境的限制，研究者无法对被试进行随机分配，此时可以选择准实验研究。这仍可在一定程度上保证研究的效度，并且，因其对研究条件的要求较低，可以做到灵活多变，应用的范围较广，外部效度较高。

问卷调查法因其快速、有效、廉价的特点成为使用最为普遍的方法之一。由于它对被调查者的干扰较小，更容易得到企业与员工的支持。但问卷调查法无法对被试进行随机分配，需要通过大样本来保证自变量的随机变化。此外，问卷中还需对可能的干扰变量进行控制，以剔除替代解释对自变量和因变量间因果关系的影响。

最后一种是案例研究，它需要研究者与研究对象进行较为深入的接触，执行难度较大，不太容易得到企业或员工的支持。基于这些难点，案例研究的样本量普遍较小，且主要通过理论抽样的方式来获得。由于案例研究对研究过程的控制程度较低，导致其内部效度不高，但是它可以对所研究的现象提供厚实的描述（thick description）。一般而言，它既可以作为主要数据来源的方式，也可以作为其他研究手段的补充。

总之，各研究类型本身没有优劣之分，对研究类型的选择取决于研究问题的性质和研究者对结果的预期。

第二节　实验研究

一、实验研究及特点

（一）实验研究的类型

实验研究就是通过操纵某些变量，以引发另一些变量的变化，从而为我们揭示变量间因果关系的研究方法。根据不同标准可将实验研究划分为以下不同的类型。

依据实验的场景划分，可以分为实验室实验和现场实验。实验室实验在实验者设定的特定场景中进行，可以实现对实验的精密控制，具有较高的内部效度，从而能够准确地揭示变量之间的关系。这种精密的控制主要体现在被试的随机分配和控制无关变量上。现场实验是在真实的社会场景中进行的实验，具有较高的外部效度，比如人际距离的研究，在真实的社会场景中，通过操控人际距离，来观察、记录、测量被试的反应，其研究结果可以直接用以预测真实情境中人的心理和行为，这是实验室实验无法做到的。当然，由于其对无关变量的控制较弱，因而内部效度较低。

依据实验中操控自变量的多少,可以分为单因素实验和多因素实验,单因素实验就是只操控一个自变量的实验,只能揭示一个自变量对因变量的影响,设计较为简单,结果解释清楚明确;涉及两个或多个自变量的实验就是多因素实验,可以解释多个自变量对因变量的影响,尤其是多个自变量的交互作用对因变量的影响。

此外,依据被试是否参与多个水平的测量,可以分为组间实验或被试间实验,组内实验或被试内实验,以及混合实验。在接下来的实验设计部分我们会对其进行详细说明。依据被试是否随机分配,可以分为真实验研究和准实验研究,两者的界定和区分将在准实验研究部分具体阐述。

(二) 实验研究中的变量

科学研究有四个过程:描述、解释、预测和控制,实验研究因其对因果关系的揭示,可以帮助我们实现科学研究的最终目的——预测和控制。自变量和因变量则是因果关系中涉及的两类最主要的变量。

自变量。能够独立变化并引起因变量相应变化的变量称为自变量。一个实验研究可以有一个或多个自变量,每个自变量又可以分为多个水平。比如光照强度这个自变量可以分为强和弱两个水平。员工的动机这个自变量可以分为高动机和低动机两个水平。自变量所涉及的水平依据我们的研究需要而决定。

因变量。随自变量的变化而变化的变量称为因变量,因变量要具有敏感性,能够迅速准确地反映出自变量的变化,谨防天花板效应和地板效应。比如对员工创造力的测量,如果采用1小时内生成的观点数量作为创造力流畅性的衡量指标,就有可能出现天花板效应,1小时足够被试穷尽所有的可能了;此外,如果采用洞察力问题(insight questions)来测量创造性问题解决能力,一旦问题难度设置过高,就会出现地板效应,出现无人会回答的情况。

无关变量。无关变量会系统地影响我们感兴趣的因变量,但与我们的研究目的无关。很多无关变量对于因变量没有影响,我们可以忽略,但有些无关变量会对因变量产生实质性的影响,混淆自变量对因变量的影响,影响实验的效度,必须加以控制。常见的控制方法有消除法、恒定法、平衡法、统计控制法等。以霍桑效应为例,假设需要控制实验者效应和工作场所的温度的影响,对于实验者效应可以采取消除法,比如双盲实验;对于工作场所的温度可以采取恒定法,保证所有水平下的被试所处的温度都是一样的。

（三）操作定义

操作定义则是在抽象定义的基础上，通过一些直观的、可观测的指标对变量进行定义。抽象定义反映的是变量的内涵本质，可以将不同变量区分开来，但不能直接应用于实验当中，而操作定义是对抽象定义的操作性解释，使得实验操纵和测量得以实现。操作定义必须依据抽象定义的要求，反映抽象定义的内容。举例而言，我们假设员工创造力对组织创新绩效有正向预测作用，其中，创造力的抽象定义是产生新颖的、有用的观点的能力，但这个定义我们无法直接去记录、测量或者操纵，因此，可以将其操作定义为单位时间内产出新颖的、有用的观点的数量。

操作定义的提出具有较强的主观性，因而必须考虑其有效性。常见的效度问题有：一是自变量的操作没有引发我们所期望的变化。比如我们希望了解压力对员工创造力的影响，对于压力的常见操作方法有时间、冲突、催促、评价等。以时间为例，我们将5分钟设置为高压力组，10分钟则为低压力组，然而事实上因为匿名完成测验以及测验结果并不重要，时间长短难以引起被试的不同压力感受。二是自变量的操作引发了一定的变化，但并非是我们所期望的变化。同样以压力为例，如果采用催促来诱发压力，稍有不慎，催促诱发的可能是反感或敌意，而非压力。三是自变量的变化不但引起了我们所期望的变化，也引起了我们所不期望的变化。如果通过评价创造力表现来引发压力，那么除了引发压力外，还有可能产生霍桑效应。针对这些可能存在的效度问题，我们往往需要进行操作检验，操作检验的方式大致可以分为主观评估和客观评估两种。以压力的操作检验为例，时间的设置是否诱发了压力，可以通过测量被试的生理指标，也可以通过询问被试几个问题而发现。

（四）实验研究的效度

1. 影响内部效度的因素

一个完美的实验中自变量对因变量的影响应当是100%，但是实际情况中是不能做到的，各种各样的无关变量会干扰自变量对因变量的影响效果，使我们难以做出正确的因果推论。所以，要尽可能地去控制和消除混淆变量的影响，以提高实验的内部效度。除了混淆变量的影响外，还有一些常见的影响因素：

（1）成熟因素。如果实验的时间跨度较大，那么被试可能在这段时间内发生一些机体变化，比如能力提高、心理素质提高、生理成熟等，这些会对实验结果产生很大的误导。

（2）历史因素。被试在实验过程中遇到了一些特殊事件，影响了被试的行为，这也主要出现在时间跨度较大的实验中。

（3）实验者效应。实验过程中，实验者会根据自己实验的目的有意无意地做出一些偏向性的行为，影响实验的结果。

（4）练习因素。如果实验前侧和后侧的内容很相像，那么被试会因为练习和熟悉而提高测试成绩。

（5）被试选择偏差。实验过程中，被试没有被随机分配到各个实验组，导致实验者本身的差异对因变量产生影响。

（6）统计回归效应。初次测量中获得极端值的被试，在下次测验中其成绩会向均值靠拢。

2. 影响外部效度的因素

外部效度可分为总体效度和生态效度，总体效度指的是实验的结果可以推论到被试所来自的总体的程度，生态效度指的是实验的结果推论到其他实验情境中的程度。影响外部效度的因素大致有以下几种：

（1）样本代表性。这是最重要的一个影响因素，是保证外部效度的基本要素。如果样本选择不能代表总体水平，那么外部效度就会被大大削弱。

（2）需求特性、霍桑效应、安慰剂效应。被试因为意识到自己正在实验当中，所以相较于平时，对测试的反馈会出现一些特殊的变化。

（3）实验情境和实际环境的差异。很多人质疑实验室实验的一个点就是实验室和真实的环境差异过大，我们在实验室中研究的自变量，放到实际情境中可能就被其他更多的自变量淹没了。对此，我们可以在不同的情境下重复进行同一个实验。

■二、实验设计

实验设计是实验研究的一个非常重要的环节，下面我们着重介绍四种类型的实验设计，包括组间设计、组内设计、混合设计和多因素设计。

（一）组间设计

组间设计，又称被试间设计，指的是每个被试只接受一种水平的实验处理。组间设计是最常见的设计，在有足够多被试的情况下，首选组间设计，因为组间设计可以避免被试污染。如果一个被试参加了所有的实验处理，就可能产生以下问题：（1）练习。被试接受完第一个实验处理后，对于因变量的测量题目就比较熟悉了，在接下来的处理中，因变量的测量方式并不会变化，因而测量的结果可能会因为事先的练习而偏高。（2）需求特性。被试会去猜测研究者的意图，并据此做出符合或者背离研究者意图的行为，而如果参加了所有水平的处理，就很容易猜测出研究意图。（3）疲劳。题量很大的时候疲劳的影响更加明显，被试可能因为反复做相同的测试而变得消极怠工。

组间设计可能出现的问题就是被试的差异会混淆自变量对因变量的影响。比如有的被试对压力的调节能力较强，那么相比于容易紧张焦虑的人来说，其压力对创造力的影响就要小，也就是说创造力的变化并非完全是因为我们所操纵的压力。而完全随机分配被试，就可以消除这种被试差异造成的影响。

（二）组内设计

组内设计，又叫被试内设计，指的是每个被试都接受所有水平的实验处理，因而也就不存在随机分配的情况。组内设计可以避免被试差异对因变量的影响，容易呈现显著的效果。仍然以压力对员工创造力的影响为例，如设置了 5 分钟的高压力组和 10 分钟的低压力组，被试首先参加了 5 分钟组的测试，随后又参加了 10 分钟组的测试，那么这就是一个组内设计。

正如上文所述，组内设计会受练习、需求特性、疲劳等因素的影响，从而降低实验的效度，为了尽可能消除这些影响，往往会采取一些措施，比如 ABBA 设计、拉丁方设计、区内随机设计、统计控制等。以拉丁方设计为例，该方法需要打乱原先实验处理呈现的顺序，按照一定的规律重新排列，假设有四个实验组 A、B、C、D，原先所有被试接受的实验处理顺序都是 ABCD，拉丁方设计的排列顺序就是 ABCD，BCDA，CDAB，DABC，ABCD……这样一直循环下去，可以一定程度消除上述影响。

（三）混合设计

混合设计一般涉及多个自变量，其中一部分采用组间设计，另一部分采用组内设计。比如假设压力和任务难度对员工创造力有显著影响，将压力分为 5 分钟组和 10 分钟组，将任务难度分为高难度任务和低难度任务，如果被试被随机分配到 5 分钟组和 10 分钟组，然后每个被试都要完成高难度和低难度两种任务，那么这就是一个典型的 2×2 混合设计。

（四）多因素设计

多因素设计指的是在同一个实验中操控了两个或两个以上自变量的实验设计，既可以是组间设计，也可以是组内设计，还可以是混合设计。多因素设计并非简单的单因素设计的集合，因为不同的变量间存在错综复杂的交互作用。交互效应是多因素设计中非常重要的概念，指的是多个自变量的组合产生的交互作用对因变量的影响。依据自变量的个数，交互作用可以是双重交互作用、三重交互作用、四重交互作用等。主效应探讨的是各个自变量对因变量的独立影响，主效应是否存在和交互效应是否存在没有关联。

我们以最简单的双重交互作用为例，假设压力和任务难度对员工创造力有交互影响，我们设计一个 2（高压力和低压力）×2（高难度和低难度）的多因素实验。高低压力通过是否现场对被试的答案进行评价来操纵。任务难度通过设置不同难度的方案制定任务来操控，低难度任务组的任务是"小明的室友经常在宿舍抽烟，为此小明很烦恼，请帮小明想出一些解决办法"，高难度任务组的任务是"小明的家附近有一座火车站，每天都吵得小明睡不着觉，请帮小明想一些解决办法"。而创造力则通过规定时间内产生的解决办法的数量来测量。假设得到的实验结果如表 2-1 所示。

表2-1：实验结果

	边际均值	压力	
		低压力	高压力
低难度	5	7	6
高难度	7	1	4
边际均值	8	4	/

注：表中数据为创造力的测量值，边际均值指的是每一行或者每一列的平均值。

边际均值就是忽略一个自变量，只对因变量在另一个自变量水平上求均值。比如高任务难度和低任务难度的边际均值分别为 4 和 6，代表着高任务难度下创造力的得分是 4，低任务难度下创造力的得分是 6，这个得分不考虑压力是高压力还是低压力。此外，如果忽略压力，只看任务难度是否对创造力有影响，这就是任务难度的主效应；同样的，忽略任务难度，只看压力是否对创造力有影响,这就是压力的主效应。

任务难度和压力的主效应可以都不存在,但是不代表它们二者的交互效应也不存在。在这个例子中,任务难度和压力的交互效应是存在的,可以通过两种方法来看交互效应,一是通过统计方法看显著性,最常见的统计方法就是方差分析(ANOVA);二是通过二维结构图直观地观察,可以根据表2-1的数据画一张二维图,纵轴是创造力的得分,横轴可以是压力,也可以是任务难度。假设在高压力下,高难度的任务比低难度的任务更不利于创造力,而在低压力下,高难度任务比低难度任务更有利于创造力,那么就将任务难度作为横轴,这样可以得到图2-2。

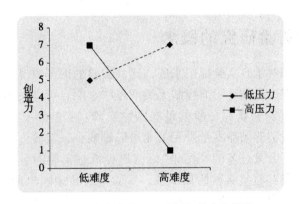

图2-2 实验结果——以任务难度为横轴

类似地,以压力作为横轴,创造力作为纵轴,得到图2-3。

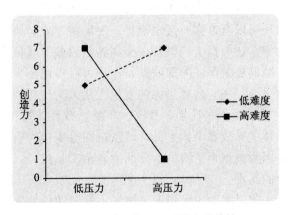

图2-3 实验结果——以压力为横轴

由图 2-2 和图 2-3 可以直观地看到，两条线的斜率存在较大的差异，可以推测实验结果存在交互效应；如果两条线的斜率差异不大，那么就不存在交互效应。

第三节　准实验研究

一、准实验研究的概念

准实验是相对于真实验提出来的，比真实验的内部效度要低，但是通过程序上的合理设计和尽可能控制无关变量的影响，可以做出一定程度上的因果推论。真实验研究一般就是实验室实验。实验室实验是一种"纯净"的研究，所谓的纯净就是受无关变量的影响少，实验内部效度高，因果推论有力，不会受过多的"污染"，这是实验室实验的最大优势。但是我们也不能忽视实验室实验的局限性，实验室实验如同象牙塔里的研究，在小小的实验室里，我们能够对照理论的要求，按照标准的实验程序，控制一切可能的无关变量，但是要从象牙塔里走出去却并非一件易事，因为实验室情境并不能反映组织的真实情境，外部效度有很大的限制，将实验室研究结果推广到实际情况中去不那么容易，要小心翼翼，多方求证。而准实验研究的出现可以有效弥补这个不足。现场实验就是典型的准实验的例子，走出实验室，还原真实场景，在提高外部效度的基础上，仍然尽可能按照实验室实验的要求保证内部效度，这样可以得出最自然、最真实的研究结果。除此之外，一些自然形成的变量无法人为操控，只能选择，比如被试的一些主体变量——性别、身高、年龄、教育背景、教养方式等，文化形态——集体主义或者个体主义，涉及这些自变量的研究也属于准实验研究的范畴，因为被试无法随机地分配到各个实验组，只能根据实际情况选择进入相应的组别。

准实验和真实验最主要的区别就是被试不能够随机地分配到各个实验组。比如我们想要研究安装监控对员工工作绩效的影响，倘若在实验室中，我们可以安排两个一模一样的挨着的房间，一个有监控，一个无监控，然后随机分配被试到两个房间；但是在企业现场，员工都是按照部门进行划分的，不会因为实验而被打散到不同部门，我们只能选择在其中几个办公室安装监控，而员工不做随机调整。

随机分配能较好地平衡无关变量，保证除所要研究的变量外，实验组和控制组在其他无关变量上的水平是一致的，这对于做出强有力的因果推论至关重要。然而准实验受制于具体情境的影响，难以做到随机分配，这就导致很多无关的变量无法进行平衡，从而产生系统误差，混淆自变量对因变量的影响。所以在准实验中必须去思考所有可能的影响因素，通过各种办法去控制，即使不能控制，也要通过一定的设计来降低无关变量对因变量的解释力。接下来具体介绍准实验的一些设计方法，通过这些设计可以提高对无关变量的控制能力。

二、准实验设计的方法

为了更好地理解下述准实验设计的方法，我们首先设定一个准实验案例，我们假设监控会提高员工的工作绩效，监控通过在企业里安装摄像头来实现，工作绩效采用企业人事部门的绩效考核数据，实验是在国内某个从事服务工作的企业中进行的，被试无法随机分配。下面的设计方法都以这个假设案例来说明。

为了更好地分析自变量对因变量的影响，往往需要在实验中加入控制组，但是受实际情况的限制，准实验中有可能无法设置控制组，这种情况我们不做单独考虑。以下几种设计方法均默认加入控制组，如果没有控制组，只要在对应的设计方法里去掉控制组即可。

（一）单后测设计

这种设计没有前测，只有实验处理和后测。

实验组：实验处理──→后测

控制组：────────→后测

单后测设计如果没有控制组，就无法确定被试在实验处理前后是否有所变化，也就难以知道自变量对因变量是否有影响。在设置控制组的时候，应当尽量保证控制组和实验组的被试同质，这样可以尽可能减少被试间差异带来的误差。

如果用单后测设计来研究监控对绩效的影响，对于实验组，直接在一个部门里安置监控，然后测量被试的工作绩效；对于控制组，不做任何处理，在同一个时间点，直接测量另一个部门的绩效，然后比较实验组和控制的工作绩效是否有显著差异。

（二）单前测、后测设计

这种设计在单后测设计的基础上加入了前测，这样可以比较实验处理前后的变化。

实验组：前测——→实验处理——→后测

控制组：前测————————→后测

加入控制组可以控制成熟、练习等因素的影响，提高实验的效度。如果用单前测、后测设计来研究监控对绩效的影响，则在实验处理前，对两个部门的员工的绩效进行测量，随后对于实验组，我们在一个部门安置监控，对于控制组不做处理，然后测量两个部门的员工绩效。这样可以比较实验处理前后工作绩效的差异是否显著，也可以比较实验组和控制组的差异是否显著。

（三）多次前测、后测设计

该设计方法也叫时间序列设计，就是在实验处理的前期和后期进行多次测量，然后分析测量的结果是连续的还是非连续的，从而可以对实验处理的效果进行推断。这种设计形式如下：

实验组：多次前测——→实验处理——→多次后测

控制组：多次前测————————→多次后测

时间序列设计可以很好地控制或平衡成熟、历史、练习等因素的影响。比如被试在实验过程中受到某些特殊事件的影响，或者说被试在这段时间身心成熟了，这就容易使得测验结果出现异常值，如果只是采取前后两次测量，那么极有可能被异常值所混淆，但是时间序列设计看的是总体趋势，而不看具体某个时间点，所以能够在一定程度上容忍历史和成熟因素的影响；再比如被试在先前的测试中对测验内容有了一定的了解，会对下次测量产生练习效应，从而影响实验结果，但是通过在时间序列中的多次测量，被试对测试已经非常熟悉，练习因素则得到了很好的平衡。当然也正因为多次测量，被试有可能会疲劳、懈怠。

如果用时间序列设计的方法来分析监控对绩效的影响，那么我们首先在企业中选取两个部门，一个部门是监控组，一个部门是非监控组。对于监控组,在安装摄像头前,连续2个月对被试进行4次绩效测量,每半个月测试一次,随后在部门中安装摄像头,并且让员工都看到并了解摄像头的存在,然后再连续测试4次,半个月一次,这样就产生了8组数据;对于非监控组,也进行8次测量,半个月一次,只不过始终不安装摄像头。假设最终得出的数据结果如图2-4所示,从图2-4可以清楚地看到,加入监控后绩效的总体趋势是升高的,说明实验处理有一定的效果。如果只看实验处理前后的两次数据,会以为绩效下降了,其实这可能是因为其他因素的影响。

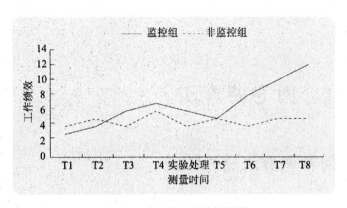

图2-4 时间序列设计结果图

三、准实验的效度

准实验中同样需要保证外部效度,尤其是生态效度。我们在制造业中得出的结论是否能够推论到服务业,在美国企业得出的结论是否能够推论到中国企业,在新兴产业中获得的结果能否推论到传统产业,由于不同的情境中无关变量的影响不同,做出跨情境的推论并不简单,所以外部效度也是需要考虑的。对此,可以参照实验室研究提高外部效度的方法,比如采用双盲实验,对被试和主试隐藏真实的实验意图,这样可以消除实验者效应、需求特性、安慰剂效应等的影响,当然也可以采用加入对照组的方法,平衡这些影响。此外,我们还可以复制实验,即采用不同的被试,或者选取在不同类型的企业,或者在不同文化的国家重复这个实验,至于在何种情境中进行重复取决于推论在多大的范围内进行,如果推论是世界的,那自然要在不同国家进行复制。

准实验的内部效度是最容易被质疑的，虽然我们尽可能控制了一些变量，但是无法知道那些没有被控制的变量对因变量究竟有何影响，也就无法保证那些实验的内部效度。对此，没有特别好的办法，这也是真实验无法被替代的原因。我们能做的只有以下几点：一是阅读大量的相关文献，做好充分的实地考察，找出可能的影响变量进行控制，可以将实验控制和统计控制相结合；二是在做出结论时，只做两者关系的推论，不做精确的因果关系的推论，并且在整个实验过程中也必须时刻保持这样的意识，谨防夸大其词；三是尽可能完善设计方法，从设计上保证准实验的严谨性。

第四节 问卷调查法

一、问卷调查法及其特点

问卷调查法，简称问卷法，是通过问卷搜集各种社会资料并对问卷进行研究分析的方法。问卷法是管理学定量研究中最为普及的方法，它能以较少的人力和时间获得多方面的信息。

一份较为完整的问卷大致包括以下部分：（1）标题，调查者应开宗明义地定下题目，概括被调查的主题；（2）卷首语，对调查机构、研究目的及重要性以及保证为被调查者保密进行说明，并在结尾感谢被调查者的合作与帮助；（3）填写说明，告知被调查者如何正确填写问卷；（4）问卷正文，包括问题的答案；（5）结束语，表示感谢，以及关于不要漏填和复核的请求等；（6）编码，可以在设计问卷时就对答案进行编码，便于数据的录入和统计。

使用问卷法时分为以下步骤：（1）确定研究问题和研究假设，在此基础上确定研究变量，以及调查对象和范围；（2）设计问卷，包括沿用现有量表和自行设计量表；（3）发放与回收问卷；（4）对问卷调查结果进行统计分析和归纳处理。下面将着重介绍问卷的设计环节。

二、问卷的设计

（一）沿用现有量表

组织行为学及其相关学科的研究人员进行了大量的实证研究工作，构建了丰富的量表，这些量表为我们从事实地研究提供了宝贵的条件和手段。现有量表往往已经由不同的研究人员在不同的研究环境和不同的被调查群体中使用过，具有较高的信度和效度。虽然沿用现有量表有诸多益处，但也不可避免地存在种种局限性。

沿用现有量表的局限性首先体现在中西方文化差异上，Gelfand, Raver 和 Ehrhart（2002）在帮助工业与组织心理学家理解世界范围内的工作行为时，指出在西方文化中发展起来的概念也许在其他文化环境中并不适用。在西方文化背景下，持有个人主义（individualism）价值观的人重视个人的独立性（independence）；而持有集体主义（collectivism）价值观念的人较为重视人际间的相互依赖（interdependence）（Markus & Kitayama, 1991）。

其次，现有量表可能存在时间上的局限性。一个量表的"创建→测试→发表传播→进一步测试→成熟化"过程往往是漫长的，在这期间许多环境因素都可能发生变化，从而对现有量表的持续可行性产生挑战。因而，在沿用现有量表时，需考虑此量表所测量的概念是否过时、所依据的环境是否已改变等一系列问题。

最后，沿用西方现有量表常常存在语言上的局限性。Gelfand 等（2002）探讨了在跨文化的工业与组织心理学研究中，概念由一种语言翻译成另一种语言的相等性问题。对此，跨文化研究的专家们为我们提供了许多建议，如回译（back translation, Brislin, 1980），即两个研究人员翻译同一量表。然而，即使经过严格的回译过程，仍不能彻底克服词汇的外延及语义学上的差异等客观障碍。例如，将"ambition"翻译成中文时，有"抱负""志气""野心""奢望""热望"等多种诠释，而不同的词意给予被试完全不同的感受，研究者在词意的选择过程中，也会带入其主观意愿（谢家琳，2012）。

（二）自行设计量表

组织行为学的发展是一个复杂的过程，对相关概念的开发、理解、测量、分析和确定不仅是循序渐进的，而且是相辅相成的（谢家琳，2012）。因而，当现有量表不能满足研究的需要时，研究者必须自行设计量表。例如，李超平（2006）基于对组织行为学文献的整理以及国内管理现状的观察，提出"敬业度"这一有别于西方一系列有关员工对工作的态度以及相应的行为方式的概念，并对国内管理实际有着重要意义，鉴于西方理论并无敬业度相关量表，李超平提出了开发此概念及相关量表的必要性。

此外，为了测试某一源自西方的概念的跨文化应用性，研究者也需自行设计量表。例如，在 Farh，Early 和 Lin（1997）研究中国文化背景下组织公民行为（organizational citizenship behaviors，OCB）的内涵之前，西方管理学对组织公民行为的形成、内容及其维度已有了相当深入的研究，然而有关组织公民行为的跨文化研究却相当有限。Farh 等为了探索组织公民行为是西方特有的现象还是具有普通代表性的现象，开发了组织公民行为的中国本土量表，发现组织公民行为的部分内容没有文化差异，与此同时，也发现了部分具有中国特色的组织公民行为内容（如人际和谐）是西方文献中罕见的。

1. 问题的设计

（1）开放型或封闭型的问题。开放型的问题没有约束，填写者可以任意回答，如"请告诉我们您在工作中感到最满意的五件事"。开放型问题有助于搜集第一手的信息，以及开启和发展理性思维，因而适用于研究者对某一现象只有感性、粗浅的了解的情况。然而，开放型问题的调查结果不能立即转化为统计数据，处理分析也比较困难，填写者也需要更多的时间来回答。

封闭型问题会把所有可能的答案列出，要求填写者任选其中一项或几项适宜的答案。封闭型问题有助于采集系统性的、可立即转化为统计数据的信息，适用于研究者对某一现象已有相当的理性了解和预测的情况。封闭型问题回答方便，答案规范化，便于处理分析，最为经济有效。

（2）正向和反向的问题。在测量某一变量时同时包含正向和反向的问题，有助于警示答卷者集中精力，仔细阅读每一道题。例如，在测量员工心理资本（psychological capital）的量表中，量表的开发者同时使用了正向和反向的句子（表 2-2）。

	非常不同意	不同意	有点不同意	有点同意	同意	非常同意
13. 在工作中遇到挫折时，我很难从中恢复过来，并继续前进（R）	1	2	3	4	5	6
14. 在工作中，我无论如何都会去解决遇到的难题	1	2	3	4	5	6

表2-2：员工心理资本量表示例

问题 13 是反向测量心理资本，问题 14 是正向测量，若答题者在回答这两个问题时同时选择了取值较高的答案，或者同时选择了取值较低的答案，表明答案缺少内在的连贯性，由此可推测答题者或许没有理解问题的含义，或许没有仔细阅读问题。需要指出的是，如果反向问题设计不当，则可能导致混淆，从而使量表的信度下降。另外，通过反向问题搜集的数据须做反转处理（reversed coding）。

2. 量表的尺度

（1）名义法的尺度。在名义法的尺度中，分配给测量对象的数字或符号仅说明其在属性上的不同或类别上的差异，例如性别、工作类型等。使用名义法尺度的量表得到的数据可以进行频次分析和百分比分析，如在100 名参与者中有 45 名女性，名义法尺度的测量让我们了解被试中有 45%的女性。因而，在四种尺度中，名义法尺度是最粗糙、最基本的尺度。

（2）顺序法的尺度。在顺序法尺度中，分配给测量对象的数字，除了代表测量对象类别特征外，还表明了测量对象某种特征的相对顺序。因而，相较于名义法，顺序法所提供的信息更多，该量表尺度不仅可将数据分类，还可将数据按顺序排列。例如，"请标出以下五个工作特质对您的重要性程度，将最重要的工作性质项目排为 1，第二重要的工作性质项目排为 2，依此类推，排出 1、2、3、4、5"。可以看出，使用顺序法尺度的量表得到的数据可以进行频次分析和百分比分析，也可以计算众数和中位数。

（3）等距法的尺度（Likert 尺度）。在等距法尺度中，相等的数字距离代表所测量对象相等的数量差值。例如表 2-2 呈现的 6 点 Likert 量表，1 代表非常不同意，6 代表非常同意，1 到 6 的各数据点间的距离是相等的。不同于名义法和顺序法这两种非数量化的量表尺度，等距法是典型的数量方法，它不仅帮助研究者将数据分类、排序，而且能导向一系列的数理统计，基于此，等距法是组织行为学问卷研究中非常有力的手段。

(4) 比例法的尺度。尽管等距法是组织行为学中应用最为普遍的尺度，然而等距法有一个潜在问题：尺度的起始点是任意的，无法确立一个从零开始的起始值。比例法尺度则有效地解决了此问题，它拥有一个绝对的零点。在四种尺度中，比例法尺度综合了以上各尺度的所有特点，并拥有其他尺度所没有的长处，即在等比尺度中，测量值之间的比值也是有意义的，该尺度常被用于测量年龄、收入等。

表2-3：四种尺度的特征

尺 度	特 征			
	区别性	排序性	数据距离	绝对零点
名义法	√			
顺序法	√	√		
等距法	√	√	√	
比例法	√	√	√	√

■ 三、增强问卷法的有效性

尽管问卷法在组织行为学研究中极受欢迎，但采用此种方法的研究普遍存在共同方法偏差问题。例如，本研究的局限之一在于所有的数据都由一份问卷取得，这使我们难以避免共同方法偏差对研究结果的影响，从而无法确定我们预测的因果关系。

共同方法偏差（common method biases）指的是因为同样的数据来源或评分者、同样的测量环境、同样的项目语境以及项目本身特征所造成的预测变量与效标变量之间人为的共变（周浩，龙立荣，2004）。例如要研究构念 A（组织创新气氛）和构念 B（创新绩效）之间的关系，如果对 A 和 B 的测量采用同样的方法（例如问卷法），那么在考察 B 和 A 的相关性时，就可能由于共同的方法而产生系统误差。

共同方法偏差并非问卷法的天然缺陷，我们可以通过程序控制和统计检验来消除或削弱共同方法偏差的影响，增强问卷法的有效性。控制共同方法偏差、提高问卷有效性的途径大致分为以下三类：

第一类，多群体问卷法。针对某一研究问题，从不同来源去测量预测变量与效标变量。例如，在研究员工的满意度和工作主动性之间的关系时，可以从员工处得到满意度数据，从管理者处得到工作主动性的数据。

第二类，多卷多时点问卷法。在至少两个不同的时间段，用两份同样（或相似）的问卷，搜集同一研究样本的数据。例如，在不同的时间点测量被试对某个事件的态度。

第三类，多来源数据综合法。将研究建立在对自我报告的数据和非自我报告的数据的综合性搜集与分析之上。例如，Xie 和 Johns（1995）研究了工作复杂程度和员工的情绪耗竭及焦虑间的关系，该研究的自变量——工作复杂程度的数据取自于三个独立的数据来源：员工自我报告、职业头衔手册和职业声誉手册。

第五节 案例研究

一、案例研究及其意义

组织管理领域的顶级期刊 AMJ 在"主编的话"栏目陆续刊登了与案例研究相关的讨论，包括质性研究（Gephart，2004）、扎根理论的建立（Suddaby，2006）、研究丰富性的探讨（Weick，2007）、提升单案例研究的说服力（Siggelkow，2007）和采用多案例研究来建立理论（Eisenhardt & Graebner，2007）等议题。这是由于在当前的时代背景下，管理问题日益复杂和多元化，案例研究因其能够掌握现象的丰富性（richness；Weick，2007），能对现象进行厚实的描述（thick description；Tsui，2007），而成为能够考察复杂性的最恰当的方法之一。

案例研究虽然越来越受欢迎，但进行案例研究不是一件简单的事。Eisenhardt 于 1989 年发表于 AMR 上的论文《由案例研究构建理论》堪称案例研究方法的实战指南手册，该文将案例研究定义为一种研究策略，其焦点在于理解某种单一情境下的动态过程（Eisenhardt，1989），包含了非常完整的研究方法、特有的设计逻辑、特定的资料搜集与分析方法。因此，案例研究并不只是一种资料搜集的方法或是一种资料分析的方式，也不只是一种研究设计的特征而已，而是包括了三者的一项周延而完整的研究策略（Yin, 1989）。较之其他研究方法，案例研究能够对案例进行厚实的描述与系统的理解，而且对动态的互动历程与所处的情境脉络亦会加以掌握，从而获得一个较全面与整体的观点（Gummesson, 1991）。

案例研究可以分为三种类型：探索型（exploratory）、描述型（descriptive）与因果型（causal）（Yin, 1994）。探索型案例研究是指当研究者对于个案特性、问题性质、研究假设不是很了解时所进行的初步研究，从而为正式研究提供基础；描述型案例研究是指研究者对案例特性和研究问题已有了初步认识，而对案例进行的更详细的描述与说明，以提升对研究问题的了解；因果型案例研究则旨在观察现象中的因果关系，以了解不同现象间的确切函数关系（郑伯埙、黄敏萍，2012）。

二、案例研究的步骤

根据 Eisenhardt（1989）的架构，将案例研究过程分为八大步骤：启动、案例选择、研究工具和程序设计、进入现场、数据分析、形成假设、文献对比、结束研究，如表 2-4 所示。

表 2-4：案例研究的执行步骤

步骤	工作内容	理由
启动	定义研究问题	将工作聚焦起来
	尝试使用事前推测的相关构念	为构念测量提供更好的基础
案例选择	不预设理论或假设	维持理论与研究弹性
	确定特定总体	限制额外变异、强化外部效度
	理论抽样，而非随机抽样	聚焦有理论意义的案例
	通过概念类别来复制或扩展理论的案例	
研究工具和程序设计	采用多种数据搜集方法	通过三角证据来强化理论基础
	组合使用定性和定量数据	运用综合性视角审视证据
	多位研究者参与	采纳多元观点，集思广益
进入现场	反复进行资料搜集与分析，包括现场笔记	加速分析过程，随时对数据搜集进行有益的调整
	采用灵活、随机应变的数据搜集方法	帮助研究者抓住涌现的主题和案例的独有特征

续表

步　骤	工作内容	理　由
数据分析	案例内分析	熟悉资料，并初步构建理论
	运用多种不同方法，寻找跨案例的模式	促使研究者摆脱最初印象，透过多种视角来查看证据
形成假设	运用证据迭代方式构建每一构念	精炼构念定义、效度与可测量性
	跨案例复制逻辑，而非抽样逻辑	证实、拓展和精炼理论
	寻找变量关系背后的"why"证据	建立内部效度
文献对比	与矛盾的文献互相比较	建立内部效度、提升理论层次并精炼构念定义
	与类似的文献互相比较	提升普适性、改善构念定义及提高理论层次
结束研究	尽可能达到理论饱和	当边际改善变得很小时，则结束研究

（一）启动

界定研究问题对于案例研究非常关键，这有助于确定哪些类型的组织可以作为研究对象，以及一旦进入实地，需要搜集的数据种类。此外，在启动阶段还需根据推测事先确定一些构念，这么做的价值在于帮助研究者在研究过程中更加精确地测量构念。如果随着研究的进行，这些构念被证明是重要的，那么形成理论的实证根基就会更加坚实。虽然事先确定研究问题和可能的构念是有益的，但需要指出的是，它们都带有试验性，任何构念都不一定会保留到最后的理论中，同样，在研究过程中研究问题也可能会发生变化。

（二）案例选择

尽管研究者应事先界定研究问题，甚至参照现有文献来确定一些潜在的重要变量，但同时应尽量避免预设理解和假设，以保留理论构建的灵活性，尤其是在研究过程的最初阶段。案例研究中总体定义了研究样本所来自的实体集，恰当的选择总体能在一定程度上控制外部变化，有助于限定研究发现的适用范围。案例研究采用的是理论抽样的方法，即所选择的案例是出于理论的需要，而非统计抽样原因（Glaser & Strauss, 1967）。理论抽样的目标是要选择那些可能复制或者拓展新型理论的案例。

（三）研究工具和程序设计

借助案例研究通常会综合采用多种数据搜集方法，比较普遍的有访谈、观察和借助文档资料，但并不局限于此，如 Bettenhausen 和 Murnighan（1986）的案例研究运用了实验数据。运用多种数据搜集方法的道理和假设检验研究一样，即基于多种数据搜集方法的三角测量使得构念和假设具有更坚实的实证证据。需要特别强调的是定性和定量数据的综合使用。虽然定性研究和案例研究常常被当成是可互换的概念（Yin, 1981），但是案例研究可以只使用定性数据或只使用定量数据，或两者同时使用（Yin, 1984），而且能产生协同效应。此外，案例研究需要组建多成员的研究团队，如此可以增强结论的可信度。

（四）进入现场

案例研究的一个显著特点就是数据搜集和数据分析常常重叠进行，这不仅使研究者的数据分析有个好的开始，更重要的是，可以发挥数据搜集灵活的优势。现场笔记（field note）作为研究者自己或研究团队的现场工作记录，是数据搜集和分析的重要工具。案例研究的目标不是产生一系列观察的统计结论，因此，如果在研究过程中出现了新的数据搜集机会或者有新思路涌现，那么通过调整数据搜集方法来利用它们就是合理的，前提是这个调整可能会使理论的根基更扎实或提供新的理论视角，以完善最终的理论。

（五）数据分析

数据分析是案例研究的核心，研究者在这一环节需要面对海量数据，如何从大量的现场笔记中得出最后的结论，也极难说清楚。尽管如此，案例内的数据分析还是有章可循的，包括以下步骤：建立文本（text）、发展编码类别、指出相关主题、数据聚焦与检验假设、描绘深层结构（Carney, 1990）。

除了案例内的分析外，在进行多案例研究时，也需要进行案例间的比较。在进行案例比较时，需要突破对单一案例分析所形成的意见，即研究者需要突破最初的印象，使用结构化和多样化的视角来分析数据。跨案例分析方法提高了发现准确、可靠的理论的可能性，增加了研究者捕捉到那些可能存在于数据中的新发现的机会。

(六) 形成假设

通过案例内分析和跨案例分析，研究者已对数据产生了总体印象，试验性的主题、概念甚至变量间的关系开始逐渐清晰。形成假设过程需要系统地比较形成的框架与各案例中的证据，通常包括构念的测量和关系的验证两个步骤。在提炼构念时，首先需要完善构念的定义，在此基础上，通过建立证据以在每个案例中度量该构念。形成假设的第二步是验证构念间的关系是否与各案例中的证据相符，其潜在的逻辑是把一系列案例当成一系列实验，每个案例都可以支持或不支持假设（Yin，1984），不支持假设的案例则提供了完善和拓展理论的机会。

(七) 文献对比

文献对比的主要目的是将形成的概念、理论或假设同现有文献进行比较，包括探究有什么相似之处、有什么矛盾之处，以及原因是什么。当研究结果与过去的研究类似或支持现有理论时，代表证据更为强而有力，理论所具备的内部效度更为坚韧、外部效度更强，同时构念的可信度和正当性更高。而与现有文献冲突则意味着机会，对冲突结果的比较迫使研究人员采用比没有比较时更具创新性、突破性的思考模式。结果既能对形成的理论和与此相矛盾的文献进行更深入的思考，也能精确界定当下研究结论的适用范围。总体而言，将案例研究形成的理论与现有文献相联系，有助于提高案例研究的内部效度、普适性和理论水平。

(八) 结束研究

准备结束研究时，有两个问题很重要：一是何时停止增加案例，二是何时结束理论和数据的反复比较。对于第一个问题，在立项的情况下，当理论达到饱和时研究者应该停止增加新的案例（理论饱和就是在某个时点上，新获得的知识增量变得极小，因为研究者看到的现象都是以前看过的。Glaser & Strauss，1967）。对于第二个问题，何时停止理论和数据的反复比较，饱和度同样是核心判断标准，也就是当进一步改变理论的可能性达到最小时，就停止比较。

思考题

1. 在使用问卷法的过程中如何克服共同方法偏差？
2. 影响实验研究效度的常见因素有哪些？

3. 案例研究的适用条件及其执行步骤是什么?
4. 选择你感兴趣的研究问题,并进行相应的研究设计。

 案例分析

徐经理的困惑

半个月前,徐经理刚刚被提拔为经理。上任后他踌躇满志,想要有一番作为,于是他约谈了公司大部分基层员工,想听听他们对公司的意见,尤其是不满,从而采取一些改进的措施。但是,大部分员工都表示公司各方面做得还不错,少部分员工表达了一些意见,但是并没有表示不满。这让徐经理有点纳闷,因为自己以前在基层的时候经常听到各种抱怨,难道公司近来的一些改革举措起到了效果?

然而事实并不是这样,徐经理某天无意中听到了员工间的讨论,里面充斥着各种对公司不满的言论,比如工资太低,比人家某某公司差太多了;年终奖就是个摆设,才两三千;福利太差,人家公司过年过节都会发东西,每年还有出境游;某经理就是靠关系上去的,没啥能力,还整天瞎嚷嚷……这让徐经理着实郁闷,为什么在之前谈话的时候他们不说呢?私下里说又有什么用呢?难道是因为员工更愿意向同事表达不满,而不愿意向领导表达不满吗?

徐经理对这一现象充满困惑,他也一直在寻找原因:"或许他们那天比较沮丧,不太愿意跟他人交流";"或许他们仅仅是不愿意跟我表达不满";"会不会因为刚上任,员工对我缺乏信任";"会不会因为我比较严苛,员工认为对我吐露不满没什么用"……

问题:

1. 如何将徐经理的困惑"员工更愿意向同事表达不满,而不愿意向领导表达不满"转化为假设?
2. 为了解决徐经理的困惑,你将如何设计研究来证明假设?
3. 如果用问卷法,应该问哪些问题?如何从程序上避免共同方法偏差?
4. 如果用实验法或者准实验法,研究设计中应控制哪些变量?
5. 还有哪些变量也能解释员工不愿向领导表达不满的行为?

第三章

人格与价值观

学习目标

- 掌握人格的概念和特点。
- 了解不同的人格结构划分理论。
- 掌握组织行为学中的人格结构。
- 掌握气质的概念和特点。
- 理解人格与气质的关系以及气质与人格其他部分的区别。
- 熟悉不同的气质类型学说。
- 掌握价值观的概念及内涵。
- 了解价值观的功能及其不同的结构划分观点。

引入案例

五个聪明能干的技术工程师

王冰是一家计算机公司的产品开发部经理。某年年初，为了集中力量开发一种新型号的计算机，他从其他项目组选出了五个聪明能干的技术工程师组成了一个新的开发小组，王冰亲自担任小组负责人。五个成员都是大学本科毕业，在各自的工作中都取得了良好的成绩。王冰相信他的新小组一定会成功地完成开发任务。

但是，已经过去一个多月了，新小组的工作进展远远落后于开发计划，而且每周一次的全体成员会使每一个与会者都备受折磨，已快变成两个相对阵营之间的紧张对抗了。

王冰信奉参与性管理，他要求他的组员在做出决定时意见要达成一致。问题是刘工和郭工很快就能拿定主意，于是便要求进行下一个议题。而吴工则认为不能贸然进行下一步，他要求进一步讨论，要求更多的资料、更多的时间去进行思考。张工和朱工讲话没有吴工那样多，但他们支持吴工。

王冰尽力在双方之间进行平衡。刘工和郭工办事有时似乎是有点鲁莽，未能仔细考虑所做决定的全部细枝末节。另外，吴工确实也有点慢慢吞吞的，且有使全组陷入没完没了的分析的危险。王冰很难决定支持哪一边好，因为两边都做出过许多高质量的决策，都取得过良好的开发成绩。

为什么五个聪明能干的技术工程师凑到一起却带来这么多困难？王冰

陷入了沉思……

资料来源：付永刚（主编），郭文臣、乔坤（副主编）. 组织行为学. 北京：清华大学出版社，2017.

第一节　人　格

一、人格的概念

人格（personality），从英文"personality"可以追溯到拉丁语"persona"这个词，代表演员在舞台上表演时所戴的面具。把面具引申为人格，意味着一个人存在两面性——公开可见的一面，以及隐藏较深而不为人知的一面。

在当代心理学和管理学领域，人格一般是指人类心理特征（例如性格、气质等）的整合、统一体，是一个相对稳定的结构，会在不同时间、情境下影响着人的内隐和外显的心理特征和行为模式。因此，通过人格特征，我们可以在一定程度上预测人类短期的行为模式。

这里需要强调的是，在日常生活中我们其实经常会用到人格这个词。例如我们说张三很虚伪、人格卑鄙，李四其貌不扬但人格高尚，这里所讲的人格主要是指一个人的品德；我们评价某个人的时候不仅看他/她的天资和外貌，还看他/她的人格是否有魅力，这里所说的人格其实是指个体受欢迎的程度等；我们说某个人有良好的人格，这通常是指此人能与他人和谐相处，给他人留下积极的印象。然而这些说法与心理学上所说的人格含义是不同的。

二、人格的特点

人格具有以下几方面的特点：

（一）独特性

人格的独特性是指一个人的人格有别于其他人，即具有可区分性（distinctiveness）。由于人格结构组合的多样性，每个人在人格上都有所不同，此种不同构成了个体之间的重要差异，亦即每个人的人格都是独特的。当然，由于人类文化造就了人性，因此同一民族、同一群体或同一阶层的人会具有相似的人格特征。例如，受传统儒家文化的影响，世界各地的华人都具有很多相似的人格特征。不过相对而言，心理学家更重视的是人格的独特性。

（二）整体性

人格作为一个整体的概念，涉及内在需求、信念、价值观、态度等，而非单独的、零星的行为组合。现实中一个人的行为并不仅仅是某个特定人格特征影响的结果，而是人格各特征紧密联系、协调一致影响的结果。换言之，一个正常人的心理是多样性的统一，是有机的整体。一旦个体的精神内部发生分裂，其人格统整性将会丧失，此即精神分裂症。精神分裂症患者的心理与行为就像一个失去指挥的管弦乐团。

（三）稳定性

人格的稳定性是指人格的表现并不是随机、意外的发生，而是具有一定的持久性或持续性。虽然人格会受遗传与环境变化的影响，但在发展过程中会相对稳定。人格的稳定性主要表现为两个方面。一是人格的跨情境一致性。它是指一个人经常表现出来的稳定的心理与行为特征。例如，一个内向的员工不仅在单位里不善交往、不喜欢结识朋友，在单位外也会排斥交际或聚会。二是人格的跨时间持续性。在人生的不同时期，人格具有较高的稳定性和持续性。当然人格的稳定性是相对的，并不是说它完全不会发展和变化。实际上，随着年龄的增长，我们的人格表现方式可能会有所不同。例如同样是特质性焦虑，我们在少年时代、成年时代和老年时代的表现和聚焦点是会发生变化的。另外，对个人有重大影响的机体因素（如严重疾病）和环境因素（如移民）也都有可能引发其人格的某些特征的改变。

（四）社会性

人格的社会性是指通过社会化将人变为社会性动物。构成人的那些本质的因素，是为人所特有的，失去它们人就不能称其为人，这类因素即是人的社会性因素。作为人类特有的人格就属于这类因素。实际上，即使是人的生物性需要和本能，也要受到人的社会性制约。

（五）用行为来测量

行为是个体针对外在环境刺激所做出的反应。人格差异的呈现外显于行为，所以观察外显行为有助于我们了解个体内在深层的人格结构特征。

三、人格的结构

截至目前，人格心理学家围绕人格这一议题进行了广泛研究并提出了大量理论。在诸多人格理论中，有一些理论将人格划分为不同的部分或层次，学者们将这些理论称为人格结构理论。在这里我们选择其中几种较具代表性的理论进行简要介绍。

（一）大五人格模型

学者们对人格的分类工作大约是从 20 世纪 50 年代开始的，诺曼（Norman）以及艾尔伯特（Allport）等学者在 1963 年提出了大五人格模型（The Big Five Model）的分类方法。目前最为学术界所接受和重视的大五人格特质分类项目是由科斯塔（Costa）和麦克雷（McCrace）所提出的。

科斯塔和麦克雷在 20 世纪 90 年代初以已有的理论和量表为基础，发展出人格的三大维度，即外倾性（extraversion，也有译为外向）、神经质（neuroticism）和经验开放性（openness to experience）。后来，他们发现必须加入另外两个因素——宜人性（agreeableness）和责任心（conscientiousness），才能够代表更为完整的人格。科斯塔和麦克雷以"OCEAN"来简称大五人格特质。麦克雷曾说："如果我们能从人格理论的研究历史中学到什么的话，那就是：许许多多不同的途径最终都通向了五因素模型——这是（人类）共通的人格维度。"后续的很多元分析研究结果都支持了大五人格模型的理论观点。大五人格的出现给人格心理学研究注入了活力。同时，这一理论在社会心理、工业与组织心理等心理学分支中的应用也迅速普及开来。

1. 外倾性

这项特质主要被用于代表人们在人际关系方面的个体差异性，在人际互动上调节自己与自我肯定的能力，以及是否善于交际、应酬。外倾性高的人精力充沛、积极主动，经常体验到正向的情绪。他们喜欢寻求刺激，在面对不确定性情境时勇敢果决，喜欢投入人群而且在人际情境中开朗、健谈，但是也喜好竞争并具有较强的支配欲。内倾性高的人在人际情境中缺乏自信，与陌生人在一起会感到不太自在。他们不喜欢在别人面前表现自己，在社会交往上显得沉静和被动。

外倾性特质之下的人格次级维度包含合群交友（gregariousness）、温暖热情（warmth）、自信果断（assertiveness）、正向情绪（positive emotion）、活动力（activity）、寻找兴奋刺激（excitement-seeking）等。

内向者在职场上一定会处于弱势吗？

雇主一般比较喜欢雇用外向而非内向的人，如今的职场似乎是"外向人"的天堂，不仅要会做事，更要会说话、会做人，"沟通技巧"和"人际关系"取代了"专业能力"，成为关键词，"团队合作"和"头脑风暴"成了显学，开放空间变成所有办公室设计的最高指导准则。至于个性内向的人，是否真如职场恐龙，只能等着被淘汰？

内向的人格特质

* 喜欢孤独：喜欢有独处的空间，一个人的时候可以充分充电、思考。

* 说话前先思考：内向者三思而后言，也会谨慎地聆听别人的看法，回话前会先停下来反思，他们懂得如何运用暂停的力量。

* 隐藏情绪：内向者很少把自己的情绪或感受表现出来。他们的心思很难捉摸，也因此他们的感受经常被错误解读。

* 重视深度：内向者对于深度的追求更胜于广度。在转移到新话题之前，他们喜欢深究议题和想法，比起肤浅的谈话，他们更容易被有意义的对话吸引。

* 喜欢书写：内向者喜欢书写更胜于口语表达，用文字抒发自己的思绪。

* 看重隐私：内向者不喜欢"被挖掘"，对于不熟悉的人，通常不会讲太多私人的事情。

谁是安静的影响者？

乔布斯（苹果公司联合创始人之一）：言简意赅不废话，是他相当鲜明的个人风格，这种风格有助于探究事情时单刀直入。尽管他是个安静的人，但很明显，他同时也是个充满力量的影响者。通过选择运用自己安静的有效风格造成改变，助长了一种新的思维方式，引领苹果这个拥有不可思议创造力与成功的公司前进。

安静影响者的力量

*专注倾听：大部分外向的人很爱聊天，在讨论中会迫不及待地抢着发言；而内向的人倾向于先细心聆听，花点时间思考，整理思绪后才会开口。

*认真考虑不莽撞行事：内向的人不会未加思考就着手去做，会尽可能地提前准备，因为他们不希望突然看到不好的结果。

*敏感：是优势也是劣势。当处于某种严肃的关系中需要保持敏感的时候，则是优势。对于主管而言，这是宝贵的财富，因为他们能够周到地考虑到下属的需求。

*不对下属摆出高人一等的姿态：不少内向的人也有不错的管理能力，因为他们善于聆听和给予建议，不会以"恩主"自居对待下属，并懂得欣赏下属的努力。

*需要时不介意变身"外向者"：有些内向的人，在工作时可以变身"社交王"，在派对上谈笑风生，不过下班后或在环境容许的情况下，又会变回安静模式，做回自己。

结论

展现热情并不一定需要非常激昂的文字或是丰富的肢体语言，对于内向影响者来说，藏在内心的火焰能点燃勇气、创造力、韧性，并且还能作为撑起影响力的驱动来源。所以内向的人其实不用过于担心，一味想要改变自己成为外向者，这样一来只会假装得很痛苦，何不让天赋自由，拥抱接受自己的个性，当一位成功的安静影响者呢？

资料来源：内向的人在职场上真的处于弱势吗？http：//obatnsysu.blogspot.com/2016/10/blog-post_23.html. 略做修改。

2. 责任心

责任心是大五人格特质中被用于评价个体自律、可信赖的程度，以及坚毅和一丝不苟以达成目标的可能性。高责任心者具有高度的自我控制能力，严谨尽责、遵守纪律，并具有高度的责任感，以达成既定目标为己任。低责任心者则对工作持一种放松或者懒散的态度，缺乏组织、计划能力和坚毅的态度来执行任务或完成工作目标。

责任心这一特质上的个体差异，反映在更为细微的人格维度上，包括恪尽职守（dutifulness）、规律性（order）、胜任力（competence）、自律（self-discipline）、深思熟虑（deliberation）、追求成就（achievement-seeking）等。

3. 经验开放性

经验开放性是指个体追求新经验和学习的倾向，在面对新经验或学习时是否能容忍不确定性，以及是否用探索的态度来面对陌生的情境。经验开放性高的人喜欢新鲜事物，求知欲强，具有开阔的心胸以及丰富的想象力，习惯于一些不切实际的想象，勇于求新求变，经常走在变化趋势的前沿，对于外部世界的多样性保持高度的好奇心。相反，经验开放性低的人生活经验较为单一。他们不敢挑战权威，在社会、政治或道德上的观点偏保守而且不愿意改变，喜欢循规蹈矩，内在和外在世界较为狭隘，异质性经验较少。

经验开放性的次级维度包括幻想（fantasy）、想法理念（ideas）、价值（values）、美学（aesthetics）、感受力（feelings）和行动力（actions）等。举例而言，开放性特质倾向高者思想流利、对艺术敏感、感受细腻、重视学习与生活中的不断变化。

4. 宜人性

宜人性是指个体在人际互动中真诚一致、亲切热心、理解他人的特质。此种特质反映了一个人愿意同情他人和热心助人的态度。高宜人性者在人际互动中愿意调整自己和从别人的立场考虑，富有合作精神，因此在人际交往中比较受欢迎，给人以有礼貌、可信赖、慷慨大方的印象。相对而言，低宜人性者在人际互动中往往不遵从规范，对他人猜忌心重，经常与他人对立，难以沟通和被说服。他们不愿意主动做出利他行为，在处事方面比较不考虑别人的立场或感受。

宜人性特质不仅反映在思想或者观点上，而且也会在个体的情绪或行为上有所展现。宜人性的次级维度包括利他主义（altruism）、心肠软（tender-mindedness）、坦率（straightforwardness）、顺从（compliance）、信任（trust）和谦逊（modesty）等。

5. 神经质

神经质也称作情绪不稳定（emotional instability），主要反映的是一个人在面对和处理负向情绪（如害怕、挫折感、罪恶感、愤怒）时的调适倾向。换言之，个体在此项人格特质上的高低代表了其情绪化的程度。高神经质者情绪敏感而且不稳定。他们难以承受情绪刺激，容易出现焦躁、紧张或沮丧等方面的情绪状态。低神经质者则情绪稳定，在面对情绪刺激时能主导和管理自己的情绪状态，不易受到情绪化的影响，所以给人以稳定、冷静的印象。

神经质可以通过以下人格次级维度来进行评估：沮丧（depression）、焦虑（anxiety）、易受伤害（vulnerability）、害羞不自然（self-consciousness）、愤怒的敌意（angry hostility）和冲动性（impulsiveness）。

大五人格模型目前在组织管理领域得到广泛应用，例如被用来预测工作绩效。研究发现，责任心这一人格特质对工作绩效具有较为稳定和一致的预测效果。另外，不同的人格特质可以契合不同的工作领域的需求，例如外倾性的人格就比较适合于需要人际互动的工作领域。

（二）MBTI人格类型

MBTI的全称为"Myers-Briggs Type Indicator"，它是一种自我报告式、迫选型的人格测评工具，用以衡量和描述人们在获取信息、做出决策、对待生活等方面的心理活动规律与人格类型表现。MBTI以荣格（Jung）的心理类型理论为基础，由美国的布瑞格斯（Briggs）和梅耶斯（Myers）母女共同开发而成。

MBTI的理论基础是心理类型理论。该理论由荣格在《心理类型》一书中最先提出，旨在揭示、描述和解释个体行为表现方面的差异。在该书中，荣格阐述了他经由临床观察和心理分析而得出的个体行为差异的三个维度：

（1）外向（extraversion）—内向（introversion）。前者偏向专注于外在的人和事，倾向于将能量向外释放；后者则专注于自己的想法及印象，倾向于让能量往内流。

（2）感觉（sensing）—直觉（intuition）。前者着眼于当前事物，习惯于先使用五感来感受世界；后者则着眼于未来，注重可能性和预感，从潜意识及事物之间的关联来理解世界。

（3）思考（thinking）—情感（feeling）。前者偏好用"是－非"以及"如果……就"的逻辑作为分析结果或者做决定；后者偏好使用价值观及自我中心的主观评价来做决定。

布瑞格斯和梅耶斯在上述三个维度的基础上又添加了一个新的维

度，即：

（4）判断（judging）—知觉（perceiving）。前者倾向于井井有条及有组织的生活，而且喜欢安顿好一切事物；后者则倾向于自然发生及富有弹性的生活，对任何意见都持开放态度。

这样一来，布瑞格斯和梅耶斯就用四个维度描述个体的行为差异。其中，"外向 E—内向 I"代表着心理能量的不同指向；"感觉 S—直觉 I""思考 T—情感 F"表示个体通过感知活动获取信息以及经过判断做出决策时不同的用脑偏好；"判断 J—感知 P"是针对个体的生活方式而言的，它表明个体是以一种有计划的（确定的）或是随意的（即兴的）方式来适应外部环境。以上每一人格维度都有两种不同的功能表现形式，经组合可以得到 16 种人格类型。

（三）"大七"因素模型

由于文化和遗传方面的差异，中、西方人格结构存在明显的差异。研究表明，中国人在描述人格特点时有自己独特的角度。鉴于此，我国学者王登峰、崔红和杨国枢等人按照人格研究的"词汇学假设"，根据中文人格特质形容词对中国人的人格结构进行了探索，并最终确定了中国人人格结构的"大七"因素模型。

1. 外向性

它反映的是人际情境中活跃、积极、主动和易沟通、温和、轻松等特点，以及积极乐观的心态，是外在表现与内在特点的结合。外向性包括活跃、合群、乐观三个小因素。

（1）活跃：反映的是人际交往中的主动性和人际技巧特点。高分者在与人交往过程中积极、主动、活跃、自然和擅长组织协调；低分者不善言辞，在社交场合拘谨、沉默。

（2）合群：反映的是人际交往中的亲和力特点。高分者待人温和、亲切、易于沟通和受人欢迎；低分者不易亲近和不受他人欢迎。

（3）乐观：反映的是个体积极乐观的特点。高分者积极、乐天和精力充沛；低分者情绪消极和低落。

2. 善良

它反映中国文化中"好人"的总体特点，包括宽容、对人真诚、关心他人，以及诚信、正直和重视感情生活等内在品质。该因素包括利他、诚信和重感情三个小因素。

(1) 利他：反映的是个体友好和关注他人的特点。高分者对人宽容、友好和顾及他人；低分者容易迁怒、自私和为达目的不择手段。

(2) 诚信：反映的是人际交往中的信用特点。高分者诚实、言行一致和表里如一；低分者在人际交往中常做出虚假和欺骗行为。

(3) 重感情：反映的是对情感联系或利益关系的看重程度。高分者正直、重感情、情感丰富；低分者注重目的和以利益为重。

3. 行事风格

它反映个体的行事方式和态度，包括严谨、自制和沉稳三个小因素。

(1) 严谨：反映的是工作态度和自我克制的特点。高分者做事认真、严谨和踏实；低分者做事马虎、不切实际、缺乏合作和难缠等。

(2) 自制：反映的是安分、合作的特点。高分者自我克制、安分、合作和淡泊名利；低分者做事不按常规、别出心裁和与众不同。

(3) 沉稳：反映的是做事谨慎沉着的特点。高分者凡事小心谨慎和深思熟虑；低分者粗心和易冲动。

4. 才干

它反映个体的能力和对待工作任务的态度，包括决断、坚韧和机敏三个小因素。

(1) 决断：反映的是决断能力。高分者敢作敢为、敢于决断、思路敏捷、个性鲜明；低分者遇事犹豫不决、无主见和紧张焦虑。

(2) 坚韧：反映的是做事的毅力特点。高分者做事目标明确、坚持原则、有始有终且持之以恒；低分者做事难以坚持、容易松懈。

(3) 机敏：反映的是自信、敏锐的特点。高分者工作投入、热情敢为和积极灵活；低分者回避困难、遇事退缩。

5. 情绪性

它反映的是情绪稳定性特点，包括耐性和爽直两个小因素。

(1) 耐性：反映的是情绪控制能力和情绪表现特点。高分者情绪稳定、平和，能够控制自己的情绪；低分者情绪急躁、冲动、冒失，容易发脾气和难以控制情绪。

(2) 爽直：反映的是情绪表达的特点。高分者心直口快、急性子和对情绪不加掩饰；低分者情绪表达委婉、含蓄。

6. 人际关系

它反映的是对待人际关系的基本态度，包括宽和与热情两个小因素。

(1) 宽和：反映的是人际交往的基本态度。高分者待人温和、宽厚、友好和知足；低分者斤斤计较、暴躁易怒、冷漠和以自我为中心。

(2) 热情：反映的是人际沟通特点。高分者沟通积极主动、活跃，行事成熟、坚定；低分者被动、拖沓和盲目。

7. 处世态度

它反映的是对人生和事业的基本态度，包括自信和淡泊两个小因素。

(1) 自信：反映的是对理想、事业的追求。高分者对生活和未来坚定而充满信心，工作积极进取；低分者无所追求、懒散和不喜欢动脑筋。

(2) 淡泊：反映的是对成就和成功的态度。高分者无所期求、安于现状、退缩平庸；低分者永不满足、不断追求卓越和渴望成功。

总的来看，王登峰等人的研究再一次明确了中国人人格结构的独特性，也说明了系统探讨中国人的人格特点及其与各种心理因素关系的必要性。

（四）组织行为学领域的一些人格构念和理论

上述主要介绍的是人格心理学家针对人格结构的一些重要理论。在组织行为学领域，针对工作场所的特殊现象，学者们也提出了一些人格构念和理论，例如核心自我评价和前瞻性人格。

1. 核心自我评价

(1) 核心评价和核心自我评价的概念。派克（Packer）将核心评价（core evaluations）界定为人们内隐持有的基本评价和基本结论，这些评价涉及个人生活的三个基本领域：自我、他人和现实。不同的评价处于不同的水平，那些与特定情境相关的评价会受到更为基本的核心评价的影响。派克用树来做类比：个体的核心评价犹如树干，树枝和树叶则代表着与特定情境相关的评价。就像树干的特性会决定枝叶的发展类型一样，一个人的核心评价也影响着其他所有的次级评价，是所有其他评价的基础。诸如"人生来本无好、坏，每个人都可以创造自己的价值，包括我在内"（积极核心评价），"生活是一场权力的斗争，由于弱小，我注定会失败"（消极核心评价），都是常见的核心评价。

为了使人格特质能够更好地预测工作满意度和工作绩效，贾奇（Judge）等学者在综合了八个领域（哲学、人格心理学、社会心理学、临床心理学研究、临床心理学实践、儿童发展、工作满意度和压力）的研究结果后，借鉴派克核心评价的概念，于1997年首次提出了核心自我评价

(core self-evaluations, CSE)这一人格概念,并将其定义为个体所持有的对自身能力和价值的最基本的评价。它是一种潜在的、宽泛的人格结构。

核心自我评价能够潜意识地影响一个人对自己、对外在世界以及对他人的评价和判断,即使个体在行动过程中并未意识到这种影响的存在,他也可以通过事后的内省而以自我报告的形式提出来。个体对具体领域的评价(比如说对工作、同事的评价)都会受到核心自我评价的影响。

(2)成为核心自我评价组成因素的条件。贾奇等人认为,能够成为核心自我评价的特质必须符合或满足三个条件:

首先,评价聚焦(evaluation-focus),亦即该特质必须是评价性的(evaluative),而非描述性的(descriptive)。例如,自尊是一个人对自己最基本的评价,而自信则是描述一个人是怎样表现的。

其次,根源性(fundamentality),亦即该特质必须是根源性的或基础性的(fundamental),而非表面性的(superficial)。例如对自我的评价和对侵略性的评价,前者要更为基本,后者则可能是自我怀疑与挫折感的反映。

根据卡特尔对人格特质的分类,根源特质指的是那些相互联系并且以相同原因为基础的行为特质。

最后,广泛性,亦即该特质是宽泛的(wide),而非狭窄的(narrow)。例如对自我的评价在范围上肯定比对自己某种能力的评价更为广泛。根据奥尔波特提出的首要特质和次要特质的概念,首要特质能够更大范围地影响个体的态度和行为,因此更有可能对工作领域的一些变量产生影响。

(3)核心自我评价包含的特质。贾奇认为,有四种特质符合上述的三个标准,即自尊(self-esteem)、一般自我效能感(generalized self-efficacy)、控制点(locus of control)和神经质(neuroticism)。这四种特质在心理学研究中,不管在广度、深度上还是在数量上,都占据着重要地位。

自尊是个体对自身最广泛的核心评价;很多研究都认为自尊是一种相对稳定的人格特质,它形成于青少年的后期,之后便不再容易改变。

一般自我效能感指个体在行动过程中是否觉得自己有能力调节和分配任务所需要的认知资源和动机。个体自我效能的判断可以在强度、水平和一般性(普遍性)三个维度上变化。由于一般自我效能最类似于特质(亦即很少依赖于具体的情境),因此贾奇等人仅对一般自我效能这一维度进行研究。

控制点反映的是个体在多大程度上认为自己能够控制生活中将要发生的事件。该概念由罗特（Rotter）提出，他把个体分为内控型和外控型两种。内控型的个体将行为结果视为自身能力、努力等内在因素作用的结果；外控型的个体则将行为之后的结果视为机遇、运气等外部因素作用的结果。

神经质是与自尊相反的消极情感，一方面是指个体情绪的波动性，另一方面是指个体调节自己情绪的能力。

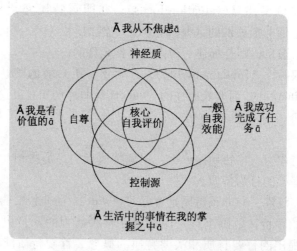

图 3-1　四个核心特质以及核心自我评价之间的关系

元分析和结构方程模型的研究结果一致表明，上述这四种特质两两之间均存在中等程度以上的相关，因素之间的区分性较差，四个因素同时负载在一个深层次的特质结构上，四个因素组合起来的潜在结构比单独使用各因素能更加简洁、有力地预测工作满意度和工作绩效等指标。

（4）中国人的核心自我评价的理论构想。甘怡群等人认为中国人的核心自我评价结构可能完全不同于西方，了解中国人的核心自我评价结构需要研究中国人的人格。由于中国人的人格具有特性，所以他们认为中国人的核心自我评价应该从中国本土的人格维度出发，如此才能反映中国人核心自我评价的独特性。通过对中国人人格结构与核心自我评价的理论分析，甘怡群等人以王登峰等人提出的中国人大七人格模型为基础，提出中国人的核心自我评价的理论构想包括四种核心特质，即善良、才干、处世态度和集体自尊（见图3-2）。

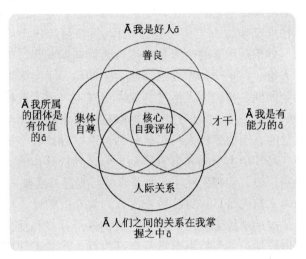

图3-2 中国人核心特质的构想以及假设的核心自我评价之间的关系

2. 前瞻性人格

(1) 前瞻性人格构念提出的背景。在过去几十年中，员工在组织中一般都是执行严格限定的工作角色。而在21世纪，由于全球竞争日趋激烈、技术创新速度加快以及新的生产、管理理念的不断涌现，工作性质也随之发生了巨大变化——工作变得越来越动态化和自主化。这在一定程度上要求员工更具主动性，积极创造自己的成长和发展机会。另外，组织成员的主动性和前瞻行为（proactive behaviors，即个体积极采取的用以改善当前环境或创造新环境的具体行动）也逐渐成为组织成功与否的关键因素之一。例如，随着淡化监督功能的管理形式的出现和广泛采用，组织越来越依赖于员工个人的主动性以发现和解决问题；而一些组织的日趋分散化，也促使工作场所中对前瞻行为和灵活的角色定位的强调，如今很多组织甚至将前瞻行为视为一种基本的角色要求。

那么在组织中，为什么一些人会主动寻求变革，而另一些人则更愿意墨守现状？究竟是哪些因素导致了工作场所中个体的前瞻行为？组织行为学家贝特曼（Bateman）等人在1993年的一项经典研究中首次提出了前瞻性人格（proactive personality）的概念，并将之看作是决定个体主动性和前瞻行为的主要因素。此后，工业与组织心理学家开始就前瞻性人格及其对个人和组织的影响等问题进行了广泛而深入的探讨。

(2) 前瞻性人格的内涵。根据互动论（interactionism），人并不总是环境制约因素的被动接受者；相反，他们可以有意识地和主动地改变外部环境（既包括物理环境，也包括社会环境）。贝特曼等将个体主动改变环境的行为视为一种相对稳定的个人特质或行为倾向的结果，他们将这种特质称为前瞻性人格，意指个体不受情境阻力的制约，主动采取行动以改变其外部环境的倾向性。前瞻性人格是其他人格理论（如大五模型）所未涉及的一种独特的人格特征。人们在主动采取行动以影响周围环境的倾向性上是存在着差异的，而前瞻性人格正是一种可以解释此种个体间差异的人格特质。另外，与其他类型的人格特质相类似，尽管具体的前瞻行为可能存在着一定差异，但它们都反映了一种基本的行为趋势或倾向。

(3) 前瞻性人格的特点。贝特曼等人认为具有前瞻性人格的个体喜欢挑战现状而不是被动地接受自己的角色；他们善于寻找和捕捉机会，能主动而果断地采取行动，并坚持不懈直至自己的行为产生了预期的效果；他们是开创者，能够积极变革组织的目标和发现并解决问题；他们依靠自己而不是他人来对周围世界产生影响。与之相对，前瞻性倾向较低或不具有前瞻性人格的个体则展现出相反的行为模式：他们不能识别机遇，更不用说抓住机遇来改变环境；他们总是显得相对被动，宁愿消极地适应环境甚至为环境而改变自己也不愿主动地改变环境；他们习惯于并喜欢依靠他人来推动变革。

此外，坎贝尔（Campbell）在总结以往相关研究的基础上，认为具有前瞻性人格的个体具有以下五方面的核心特征：

① 能够胜任自己的工作，展现出高水平的专业技术、组织能力和问题解决能力以及卓越的绩效；

② 具有人际胜任力、领导能力和可信赖性；

③ 表现出高水平的组织目标承诺和对组织成功的责任感，具有与组织相一致的价值观和积极的工作态度；

④ 拥有积极进取的品质，如主动性、独立判断、高水平的工作投入（engagement）及工作卷入（involvement）、勇于说出自己的想法等；

⑤ 展现出正直、诚信的品质，并具有更高的价值追求。

第二节 气 质

一、气质的概念和特点

气质（temperament）一词源于拉丁文"temperamentum"，是调和均衡的意思。至于其起源，在西方可以追溯到古希腊罗马时代以人体的热、寒、干、湿四种体液来区分气质类型的观点；在东方可以追溯到印度的梨俱吠陀（Rig Vedas）和中国的气的概念。气质最初的含义是指与体质有关的心理因素或习惯。后来，有些心理学家将气质视同人格，但大部分心理学家将气质视为人格的一部分。人格中的气质是指个体在生活早期就表现出来的稳定的个性差异，也就是那些主要由遗传决定的心理和行为特征。这个概念与我们日常生活中所说的"禀性""脾气"近似。在现实中，我们会发现有的人总是安静稳重、反应缓慢；有的人总是活泼好动、反应灵活；有的人做任何事情都会显得十分急躁；有的人的情绪总是非常细腻深刻。个体的这些特点都是其气质的体现。

哈佛大学心理学家卡根（Kagan）总结指出，气质包括下列四个特点：① 气质具有个体差异性；② 气质主要受基因的影响；③ 气质在个体早期即会出现；④ 气质在不同时间或情境下，具有较高的稳定性。

巴斯（Buss）和普罗明（Plomin）将气质的特征概括为三项：① 活动性（activity），指个体是好动还是好静；② 情绪性（emotionality），指个体情绪反应的强度；③ 交际性（sociability），指个体是否好交际。

二、气质与人格其他部分的区别

气质与人格中的其他部分（例如性格）是存在一定区别的，具体而言：

（1）气质是由遗传（生物因素）决定的，很少发生改变；人格的其他部分则通过个人的生活经验而形成，因此更容易因新见识和新经验而发生变化。

（2）气质在个体生命的早期（如婴儿期）就已经表现了出来，而人格的其他部分出现相对较晚。

（3）气质是从个体的言谈举止、情绪反应中流露出来的，不涉及行为的具体内容，而人格其他部分可能与行为的具体内容相关。

（4）受较高级认知过程控制的行为主要与人格其他部分有关，而与气质关系不大。

（5）我们在动物身上也可以观察到气质，但动物没有性格。

三、气质的类型

（一）体液学说

古希腊医生希波克拉底（Hippocrates）认为人体内有四种体液，即血液、黏液、黄胆汁和黑胆汁，不同的人体内占优势的体液存在差异。古罗马医生盖仑（Galen）进一步采用这种体液学说来解释气质，认为占优势的体液会决定一个人的气质。后续学者在此理论的基础上，逐步形成了气质类型学说。根据该学说，每一种体液都具有热—寒、干—湿两种性质，根据个体体内占优势的体液可以区分以下四种气质类型。

1. 多血质（sanguine temperament）

它是指血液占优势。血液具有热而湿的性质，因而具有这种气质的人像春天一般热情。他们思维敏捷但不求甚解；情感丰富、外露但不稳定；热情大方，活泼好动，善于交往但交情不深；行动敏捷，适应能力强。他们的缺点是缺乏毅力和耐心，稳定性差，容易见异思迁。

2. 胆汁质（choleric temperament）

它是指黄胆汁占优势。黄胆汁具有热而干的性质，因而具有这种气质的人像夏天一般暴躁。他们情绪体验强烈，爆发迅猛，平息快速；思维灵活但粗枝大叶；精力旺盛，勇敢果断，争强好斗；为人热情直率，表里如一，朴实真诚；刚毅顽强，行动敏捷，生气勃勃。这类人遇事经常欠思量，冒失鲁莽，容易感情用事、刚愎自用。

3. 抑郁质（melancholic temperament）

它是指黑胆汁占优势。黑胆汁具有寒而干的性质，因而具有这种气质的人像秋天一般忧伤。他们情绪体验深刻、持久、细腻，情绪抑郁，多愁善感；想象力丰富，思维敏捷；不善交际，孤僻不合群；自制力强，踏实稳重。他们的不足是行为举止迟缓，胆小软弱，优柔寡断。

4. 黏液质（phlegmatic temperament）

它是指黏液占优势。黏液具有寒而湿的性质，因而具有这种气质的人像冬天一般冷漠。他们情绪平稳，表情平淡；思维灵活性略差，但考虑问题周到、细致；踏踏实实，安静稳重，沉默寡言，乐于沉思；自制力和耐受力均较强；交往适度、交情深厚。这类人行为的主动性相对较差，行动迟缓，缺乏生气。

这些气质是混合在每个人的人格内的，只是比例不同。有的人在四种特质上显得很平均，有的人则会明显地表现出某种特别强烈的气质。多血质和胆汁质是相对较为外向的气质，另外两者则是相对较为内向的气质。

（二）高级神经活动类型学说

1935年，巴甫洛夫在《人和动物的高级神经活动的一般类型》一文中指出，不同动物的高级神经活动的兴奋和抑制过程具有独特的、稳定的结合，从而构成不同的高级神经活动类型。高级神经活动类型的划分主要是依据神经过程的基本特性。

1. 高级神经活动过程的基本特性

动物的高级神经过程有三种特性，即强度、均衡性和灵活性。

（1）强度。强度指的是神经细胞和整个神经系统工作的性能，亦即承受强烈刺激和持久工作的能力。在一定的限度之内，神经细胞的兴奋能力与刺激的强度相符：弱刺激引起弱兴奋，强刺激引起强兴奋。然而在面对强烈的刺激时，并非所有的动物都能够以相应强度的兴奋对其产生反应。兴奋强的动物能够形成条件反射，已形成的条件反射也可以继续保持；而兴奋弱的动物对于强烈的刺激则很难形成条件反射。类似地，抑制过程强的动物能够忍受持续较久的抑制过程，而抑制过程弱的动物面对这种情况就有可能发生抑制过程被破坏的情形。

（2）均衡性。均衡性是指兴奋和抑制两种神经过程之间的相对关系。神经过程均衡的动物其兴奋和抑制过程的强度较为接近；神经过程不均衡的动物表现为要么兴奋过程相对占优势，要么抑制过程相对占优势。

（3）灵活性。灵活性是指兴奋过程与抑制过程相互转换的速度。如果两种过程能够迅速转换，就表明神经过程灵活性高；反之则灵活性低。研究发现，神经过程灵活性高的动物能够顺利改变已经形成的条件反射，而神经过程灵活性低的动物的条件反射一旦形成就很难改变。

2. 高级神经活动类型

根据上述神经过程的强度、均衡性和灵活性三个特性,巴甫洛夫将人类和动物的高级神经活动类型划分为四种,即兴奋型、活泼型、安静型和抑制型。

(1) 兴奋型(强、不均衡):这种类型的特点是兴奋、抑制过程都很强,但兴奋过程稍强于抑制过程,属于易兴奋、奔放不羁的类型。

(2) 活泼型(强、均衡、灵活):此种类型的特点是兴奋和抑制过程都较强,并且容易相互转换,反应敏捷、表现活泼,能够适应外界环境的变化。

(3) 安静型(强、均衡、不灵活):此种类型的特点是兴奋和抑制过程都较强,但两者之间的转换较为困难。这是一种安静、沉着、反应较迟缓的类型。

(4) 抑制型(弱型):其特点是兴奋和抑制过程都较弱。这类个体在面对过强的刺激时容易产生疲劳感,甚至出现神经衰弱、神经官能症等症状,并以胆小畏缩、反应速度慢为主要特征。

巴甫洛夫认为,上述四种高级神经活动类型分别与胆汁质、多血质、黏液质和抑郁质相对应。

(三) 体型学说

德国精神病学家克雷奇默(Kretschmer)在对精神病患者的表现和体型进行分析的基础上,提出体型学说。他把人的体格类型分为三种:肌肉发达的健壮型、高而瘦的瘦长型和矮而胖的矮胖型,并认为不同体型的人具有不同的气质。

(1) 矮胖型(pyknic type):身体特征包括健壮、腿短、胸圆、矮胖,对应的气质类型为躁狂性气质,具体特征包括善于交际、表情活泼、亲切热情等。

(2) 瘦长型(asthenic type):体型瘦长、胸窄、腿长、孱弱,对应的气质类型是分裂性气质,主要特征包括神经质、多思虑、不善交际、孤独等。

(3) 健壮型(运动型)(athletic type):身体强壮、肌肉结实,对应的气质类型是黏着性气质,主要特征为认真、固执、理解问题慢等。

克雷奇默还对很多名人的资料进行了研究,结果发现,哲学家、神学家和法学家大都具有瘦长型的体格（约占 59%），存在精神分裂的特征；自然科学领域的学者和医师大都具有矮胖型的体格（约占 58%），存在躁郁症的特征。

第三节 价值观

一、价值观的定义

社会心理学家罗克奇（Rokeach）是对价值观相当有研究的一位学者，他认为价值观是一种持久的信念，该信念使个体和社会偏好某种特定的行为方式或存在目的。价值观是人类特有的一种心理构念。它居于人格和认知结构的核心位置，成为人类大部分态度和行为的决定性力量。例如它可以指引个人的行为，包括个体采取什么样的评估准则和做出什么样的决策等。

华人心理学家张春兴认为价值观有以下两方面的含义：一是个人选择或评断人（包括自己）、事、物的适当性、重要性或社会意义时，所依据的价值标准，而后个人再依循该标准进行价值判断；二是个人自认或社会公认的、据以评断是非善恶的标准，符合该标准就具有价值。

另外，价值观是有组织的体系。价值观虽然指的是某种行为方式或存在目的，但人类的行为并不是个别孤立的事件，各种行为方式或存在目的之间有着彼此影响的关联性。因此，个体对各种行为方式或存在目的的选择与喜好，就具有轻重缓急的分别。这种先后顺序的排列或重要程度的层次结构，即价值观体系。

二、价值观的本质

罗克奇对价值观的本质提出如下看法。

（一）价值观是一种信念

罗克奇认为价值观就是个体对其所欲求事物的一种认知。不管个体对某件事物喜欢与否,他都会表现出他的情绪。假如一个人对某件事物感兴趣,他就会展现出行为。价值观就像所有的信念一样,具有认知、情意和行为等成分。

(二)价值观是一种偏好,也是一种对所偏好事物的概念

偏好是个体在事物之间进行比较之后所做的选择。也就是说,偏好可以界定为个体对某一件事物的喜好程度高于对另一件事物的喜好程度。

(三)价值观是一种较为持久的特质

如果价值观是完全不稳定的,那么人类的人格和社会的持续性也就不可能存在。相反,如果价值观是完全稳定的,那么个人和社会将不可能有所改变。所以,价值观就像人格一样,不是完全不变的,但也有相当的连续性和持久性。

(四)价值观是一种关涉事物的概念,而此事物是个人或社会所偏好的

某一价值观如果能为社会上大多数人所认可,就表示存在着普遍性。不过由于价值观牵涉到个人或社会的不同偏好,有的时候价值观也会因个人或社会不同的选择而有所差异,此即价值观的特殊性。

三、价值观的功能

价值观的主要功能在于引导行为结果,其具体作用包括作为行事准则、作为解决冲突和决策的通则以及发挥动机性功能。

(一)价值观作为行事准则

价值观可以作为个体判断是非、对错的依据,从而在存在分歧的问题或议题(特别是与意识形态相关的议题,例如对社会议题、宗教或政治的看法及偏向)上选择自己的立场。价值观也会决定个体向外界的表现方式,并通过比较和判断人我价值表现的差异,进一步传播自己的价值观以说服或影响他人。

(二)价值观作为解决冲突和决策的通则

人们的内心经常会出现价值观冲突的现象。例如既想表现独立又想依赖别人。在这种情况下,通过习得的原则和常规所形成的价值观体系,可以帮助个体在可能的选择方案中做出决策以解决冲突。

(三) 价值观具有动机性功能

人们所秉持和坚守的价值观都含有动机的成分，亦即应该去做某事或采取某种行为的驱动力，借此来满足自我的需求。价值观的动机性功能可以分为三类：适应性功能（adaptive function）、自我防卫（ego-defensive）以及自我实现功能。

■ 四、价值观的结构

(一) 罗克奇的观点

罗克奇曾针对价值观进行了系统研究。他将价值观区分为工具或功利价值（means or instrumental values）和目的或终极价值（end or terminal values），前者涉及个人的行为模式，后者涉及较高层次的存在目的。

工具价值观可以分为道德价值观（moral values）和能力价值观（competence values）。前者主要涉及一个人的行为，而且是比较偏向人际间的，例如诚实、爱；后者也被称为自我实现的价值观，它比较偏向个人的而不是人际间的，例如丰富的想象力、逻辑性。

目的价值观可以进一步分为个人价值观（personal values，如救赎）和社会价值观（social values，如四海之内皆兄弟）两类。例如，求得个人内心的平静是个人的终极价值，而求得世界的和平则是社会的终极价值。

(二) 斯普兰格的观点

斯普兰格（Spranger）最早采用价值观来区分人的类型。他根据人们生活所追求的方向，区分出六种价值观，具体如下：

(1) 理论型价值观（theoretical values），或称"理论人"。持此种价值观的个体具有智慧和兴趣，求知欲强，富于幻想，注重用批判和理性的方法去追求真理。

(2) 经济型价值观（economic values），或称"经济人"。持此种价值观的个体具有务实的特点，追求财富，对有用的东西非常感兴趣。

(3) 审美型价值观（aesthetic values），或称"审美人"。持该种价值观的个体追求世界的和谐，以美的原则（如对称、均衡、和谐等）来评价事物。

(4) 社会型价值观（social values），或称"社会人"。持该种价值观的个体热心社会活动，尊重他人的价值，具有利他精神和注重人文关怀。

(5) 政治型价值观（political values），或称"政治人"。持这种价值观的个体追求权力、影响和名望，喜欢支配和控制他人。

(6) 宗教型价值观（religious values），或称"宗教人"。持这种价值观的个体认为最高的价值是统一和整体，相信神与命运，寻求把自己跟宇宙联系起来。

上述这六种价值观只是六个维度，并不代表真的有这六种典型的人存在。现实中每个人都具有这六种价值观，只不过这六种价值观对于每个人的相对重要性有所不同。

（三）施瓦茨的观点

施瓦茨（Schwartz）认为价值观是一连串的情境目标，依据个人或团体的利益而展现在动机或价值中，成为个人行为的重要指导原则。作为基础的价值观包含十种：

(1) 自我导向（self-direction）：强调独立的思想与行为，如选择、创造、探索。

(2) 刺激（stimulation）：强调生活中的刺激、新奇和挑战。

(3) 享乐主义（hedonism）：强调自我的愉悦与感官的满足。

(4) 成就（achievement）：强调依据社会标准来证明能力与个人成功。

(5) 权力（power）：强调控制或支配他人与资源的社会地位和声望。

(6) 安全（security）：强调安全、和谐以及社会、关系和自身的安定。

(7) 顺从（conformity）：强调压抑那些可能会侵扰或伤害他人、违反社会期待或规范的行为与倾向。

(8) 传统（tradition）：强调尊重、承认和接纳传统文化或宗教的习俗、看法。

(9) 仁慈（benevolence）：强调保护和促进群体内成员的福祉。

(10) 普遍主义（universalism）：强调理解、欣赏、容忍和保护自然与人类福祉。

施瓦茨指出根据上述十种价值观之间的关联性强弱可以构建出隐含自我超越（self-transcendence）/自我提升（self-enhancement）与乐于改变（openness to change）/保守（conservation）两大维度的环形结构（如图3-3所示）。

图 3-3　施瓦茨的人类基本价值观框架

（四）当代中国人价值观的结构

金盛华等人以事实驱动作为方法学切入点，系统研究了中国人的价值观结构及特点等问题。他们的实证研究结果发现，当代中国人的价值观是一个八因素结构，具体包括品格自律、才能务实、公共利益、人伦情感、名望成就、家庭本位、守法从众和金钱权力。

（1）品格自律：其内容含有对社会与个体道德、行为认同基础之上的自身心理与行为的主体监控。

（2）才能务实：其主要内容包括对教育和健康的渴望、对知识和人才的尊重等。

（3）公共利益：包含的主要内容有对国家、社会、社区事宜的责任意识以及对其他生命的尊重和对生存环境的关注。

（4）人伦情感：其涉及的内容主要有个体对爱情、友谊及家庭幸福感等情感重要性的认知评价与渴望。

（5）名望成就：主要内容包括个体对出人头地、事业成就和光宗耀祖等的意识倾向与心理态度。

（6）家庭本位：其内容包括对家庭的倚重、工作学习的目标导向及生活态度。

（7）守法从众：其内容主要涉及有关制度、法律法规的遵从和认同心理及社会普遍行为对个体的引导趋向。

（8）金钱权力：其主要内容涉及金钱、地位、物质、权利的心理、态度以及与此类表述相关的行为选择。

在当代中国人的价值观结构中，"品格自律"具有最为突出的地位，显示出中国民众对品格自律人生价值的重视。紧随"品格自律"的是"才能务实"，这进一步证明传统文化价值在当代中国民众价值结构中的重要地位。中国人价值观结构同时出现了"人伦情感"与"家庭本位"这两个与家庭高度关联的维度，这意味着家庭和人伦价值在当代中国民众价值体系中依然具有重要地位。"名望成就"则反映出中国作为一个权威主义传统深厚的社会，人们对名望的重视和追求。在整个价值观结构中，"守法从众"和"金钱权力"两个维度的认同度处于相对较低的水平。

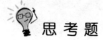
思考题

1. 我们在日常生活中常形容某人具有"人格魅力"或"高尚人格"，请问这里所说的人格和心理学概念"人格"的含义相同吗？请概述后者的内涵及特点。

2. 大五人格模型包括哪五个维度？请查阅相关文献，简述"责任心"对工作绩效的影响。

3. 按照自己的实际情况，试从"自尊""一般自我效能感""控制点""神经质"四个方面总结形成自己的核心自我评价，并在日常学习及工作行为中检验其准确性。

4. 具有"前瞻性人格"的员工在工作场所深受领导喜爱，试举实例分析原因。

5. 何为气质？简述气质与人格的关系及其与人格其他组成部分（如性格）的区别和联系。

6. 气质无好坏之分，虽对个体行为不起根本性作用，但它以一种固有的方式影响和决定着人们参与社会实践活动的效率。请查阅相关文献分析"体液学说"描述的四种气质分别适合何种类型的工作岗位。

7. 价值观和价值体系是决定人的态度与行为的心理基础，且人的价值观决定了其人生观和世界观。设想你作为某公司的项目经理，现在需要为新项目临时组建一个工作团队，你希望挑选具有哪些价值观（结合金盛华等人提出的适用于中国人价值观的八因素结构）的员工作为队员？分析这些价值观在团队合作中的作用。

案例分析

一个精密的圈套?

宜人性的一个负面效应是高宜人性的人其事业成功度较低。尽管宜人性并未显示出与工作绩效相关，但是高宜人性的人的确收入相对较少。我们不太确定为什么会这样，可能是因为高宜人性的个体在最初的薪水谈判和要求加薪的谈判中进取心不强。

然而有明显的证据表明，宜人性是雇主看重的一项特质。最近出版的一些书赞同"友善的力量"（Thaler & Koval, 2006）和"仁慈的革命"（Horrell, 2006）。有关商业报道的其他文章提出，美国通用公司的伊梅尔特和波音公司的麦克纳尼等 CEO 所体现出的敏感、随和标志着商业文化的转向（Brady, 2007）。在许多文化里，我们劝诫希望在事业上成功的个体要学会"赞扬"，要"友善"，要"慷慨"（Schillinger, 2007）。

以拥有 500 名员工的 Lindblad 探险公司为例，在做出雇佣决定时它强调宜人性。人力资源副总裁评论道："你可以教会员工任何技术技能，但是你无法教会他们如何敞开心扉，变得热心和慷慨。"

因此，尽管雇主想要高宜人性的员工，但是高宜人性的员工并没有在工作绩效中表现得更好，也没有在事业上更成功。当你注意到雇主由于其他原因看重高宜人性的员工时，我们也许可以解释这个矛盾：人们很乐意和这些员工相处，而且他们可能会用在工作绩效上反映不出来的方式帮助他人。但是过去的一个观点说得很有道理，即高宜人性的人更受欢迎，但高宜人性的个体是否真正更多地帮助他人还不清楚。对关于组织公民的文献进行的一项综述揭示了员工的宜人性与其帮助他人之间只有很弱的关联。

2008 年对 CEO 和 CEO 候选人的一项研究显示，这种矛盾同样适用于组织领导者。运用一家猎头公司对候选人的等级排名，这些研究者研究了 316 名公司 CEO 候选人的人格和能力，包括收购和风险资本交易。他们发现使 CEO 候选人受到聘用的因素不是令他们"有效"的因素。具体来说，在"善良"特质上（如尊重他人、发展他人和团队合作）得分较高的 CEO 候选人更容易被雇用。但是，对于风投公司的 CEO 来说，如果具有这些相同的特征，尤其是团队合作和尊重他人，会导致自己领导的公司不那么成功。

资料来源：斯蒂芬·P. 罗宾斯，蒂莫西·A. 贾奇. 组织行为学（第14版）. 孙健敏，李原，黄小勇译. 北京：中国人民大学出版社，2012.

问题：

1. 你认为雇主对员工的希冀（高宜人性的员工）和员工实际表现好（低宜人性的员工）之间存在差异吗？为什么？

2. 通常来看，人格的影响取决于有关条件。你能想出一些宜人性起重要作用的工作条件吗？

3. 在我们已经进行过的一些研究中发现，宜人性对男性收入的负面影响大于女性（亦即宜人性对男性收入的破坏大于女性）。为什么会发生这个情况？

第四章

工作态度与行为

学习目标

- 掌握态度的概念和成分及其三种成分之间的关系。
- 了解态度的特性和功能。
- 掌握三种典型的工作态度即工作满意度、组织承诺和敬业度。
- 掌握工作绩效和组织公民行为的概念。
- 熟悉三种不同的组织公民行为的维度划分模型。
- 掌握职场偏差行为的定义及分类。
- 掌握建设性偏差行为的概念及维度。

引入案例

拼凑自己的职业生涯

在今天的"临时"经济中,有自雇劳工、兼职劳工、契约劳工、微型创业者、临时劳工以及自由劳工。《彭博商业周刊》(*Bloomberg Businessweek*) 资深撰稿人布莱德·斯通 (Brad Stone) 便是一个实例。他通过工作任务中介经纪公司 TaskRabbit, Postmates 及 Cherry 接工作,是个微型创业者。这看起来似乎是梦想中的好工作——钱赚得快、时间自己安排而且极富弹性。但这样的安排方式,是否让工作者满意呢?

这似乎取决于个人期望。最近加拿大的学者研究了工作一致性的概念,也就是个人理想期望的工时与其实际工时的吻合状况。研究发现,如果工作一致性增加,尤其是希望工时增加者的工时被提高时,工作满意度也会增加。

找一份工时符合期望的工作,似乎是工作满意度的关键,但这并不是全部的重点。有些临时劳工的工时分量十足,但多加班却没有加班费,亦即对工作付出额外的时间,这些额外时间却没有报酬。没有报酬的加班在许多国家十分普遍。针对英国 735 个工作场所 4 530 位劳工进行的一项研究发现,兼职劳工(占劳动力的 27%)每周大约有 10 个小时的加班工时是没有报酬的,尤其是专业性和管理性的工作。该研究也发现,一样是超时工作而没有额外报酬,兼职劳工比全职劳工可能更容易丧失工作满意度,也更容易旷工及辞职。

美国临时劳工占总劳动力的 20%,伴随着工时过少而带来的收入不足，致使工作满意度降低。许多临时劳工表示，他们无法找到有足够工时且具有稳定收入的工作来养活自己，也因而缺乏安全感。阿恩·卡伦伯格（Arne Kallenberg）教授承认，"工作已经变得更缺乏保障，更不稳定了"。

中国的一项大型研究发现，工作保障和工作满意度密切相关，亦即工作保障愈低，满意度可能就愈低。为了协助数百万没有雇主的医疗保险保障者，美国平价医疗法案提供了一项安全措施，而一些人力银行业者（例如TaskRabbit）也提供其"微型创业者"保证时薪之类的福利。耶鲁大学政治学者雅各布·海克（Jacob Hacker）指出："在非常弹性、非中央集权经济体制中，如果我们希望一般人能安心转换工作，就需要提供他们一些基本保障。"

福利固然有所帮助，但有些学者认为，对数百万临时劳工而言，安全感以及工作满意度完全来自工作的一致性——可以得到能提供足够报酬的工作以及工时排程，以满足劳工的需求。斯通也同意这个观点。他算计着自己身为微型创业者每天大约67美元的收入时表示，"我三天的收入也不够家人一天的生活开销"。从2008年开始，一点一滴替自己生涯打拼的自由工作者海瑟·伯德特（Heather Burdette）曾在2005年宣告破产。她吐露："事实上现在的我安心多了，因为我了解，一切随时都有可能归零。"

资料来源：拼凑职涯. www. hwatai. com. tw/App_Script/file. ashx? pdf＝組織行為-CH03. 略做修改。

第一节 态度概述

■ 一、态度的概念

西方文化中态度（attitude）一词源于拉丁语中的"aptus"，后者含有"合适"（fitness）的意思。从18世纪开始，态度被用来表示身体姿势，即人对其他事物的身体上的倾向。同样在18世纪，生物学家达尔文在生物学意义上使用这一词，并赋予它"在身体上表达情感"或"情感的外部表露"之类的意思。事实上，即使到了20世纪，仍然有很多研究者主张把态度与趋近或回避某一事物的身体或生理倾向相联系。

在心理学和管理学领域，态度被界定为个体对人或事物的积极或消极的评价性反应，它通常根植于个体的信念，表现于个体的感受或者行为倾向中。因此，一个人可能对香烟持有消极的态度（他讨厌香烟）；对俄罗斯持有中立的态度（他对俄罗斯谈不上喜欢也谈不上讨厌）；对单位里的某位同事持有积极的态度（他很欣赏这位同事）。

二、态度的成分及其关系

研究者认为态度包含三个构成成分，即认知、情感与行为。态度中的认知成分是个体对某事物的描述或信念。例如某个员工说："我的工资很低。"认知成分是态度其余成分的基础。情感成分是态度中较为关键的部分，反映了态度中情绪或感受的层面，体现了对事物的喜或恶。例如某个员工说："我对如此低的工资感到很生气。"情感有正、负或积极、消极之分。正向或积极的情感包括喜欢、尊重、同情、爱等；负向或消极的情感包括害怕、轻视、反感和仇恨等。此外，情感还具有强弱程度上的差异。感情往往会进一步导致行为结果。态度中的行为成分是指个体有意识地针对特定人、事、物而展现出的行为。在上述例子中，如果该员工表示"我要去找个工资较高的工作"，就是属于行为成分。

态度中的认知、情感和行为成分是紧密联结的。例如在图4-1所示的例子中，一位员工本来预期自己这次会获得职位的晋升，但最终希望却落空，实际获得晋升的是他的一位同事。所以这位员工对主管的态度反应可能如下：原本认为自己这次会升职（认知），但是如今只剩下对主管的强烈不满（情感），于是愤愤然地要另谋出路（行为）。尽管我们通常认为认知塑造情感，而情感进一步导致行为，但在现实中这三者是密不可分的。

不过需要指出的是，态度中的认知成分影响行为成分相对比较容易理解，但行为成分反过来影响认知成分则没有那么直观和容易理解。海默里（Haemmerlie）与蒙哥马利（Montgomery）的一项研究揭示了这种现象。两位研究者找了一批性别取向正常的内向腼腆型男生做被试，告诉他们要做一些特定的测试。然而当这些被试到了测试现场，却被告知进行测试的房间里有其他人员正在接受测试，需要等一会才能结束，希望他们在外面等待一下，等待所花费的时间会给报酬做补偿。

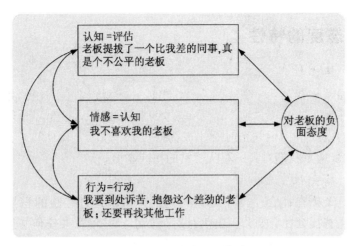

图 4-1　态度三成分之间的关系

当某被试在外面等待时，有一位漂亮的女生（其实是研究者的助手，即假被试）也在外面等候，让被试误以为美女跟他一样是在等着进行测试。于是男生与女生坐在一起 12 分钟，而女生的任务是与这个内向腼腆的男生聊天，并假装对男生说的话很有兴趣，两人互相倾听和提问。12 分钟的聊天结束后，女生进入房间进行测试。这时又一个女生（同样是假被试）过来"等候"，与内向男生又聊了 12 分钟。在总共约 72 分钟的谈话中，有 6 个女生分别对内向腼腆的男生产生兴趣并愉快地聊了天。最后终于轮到男生进入房间做了测试。第二天，同样的流程再次进行了一遍（即还是在总共 72 分钟内，6 个女生分别对男生的谈话内容产生兴趣）。

研究者在接下来半年里进行的追踪调查发现，这些内向腼腆型男生中很多人都觉得自己已经不再羞于与女生说话；那两天的测试之后很多男生开始尝试约会，且多数都交到了女朋友。研究人员告诉这些男生，其实当天那些女生都是实验者的助手，她们对男生产生兴趣都是事先安排的。尽管得知了这一情况，那些已经"脱胎换骨"的男生已经不再受影响，可以继续与异性愉快地相处，开启了良性的循环。实际上，两天成功地与 12 个女生愉快地聊天这种行为，改变了内向腼腆型男生对自己的认知（即原来我在女生眼里这么有魅力，原来跟女生聊天没有那么困难）。

三、态度的特性

(一) 具体性

态度通常是针对某一个人、某一件事或某一观点而言的。例如我们所熟悉的"伟大""高尚""勤奋",这些本身其实都不是态度,而只有当它们与具体的人或事物相联系时,才成为态度。例如,"中国人民解放军真勇敢",就表达了我们对人民军队赞赏的正向态度。

(二) 社会性

态度是个体在社会生活中经过一定的体验,通过经验的积累而形成的,因而具有社会性。婴儿刚出生时对外界事物并不存在任何态度,而在社会环境的影响下,他们的个人意识开始出现,生活经验也逐渐累积,才慢慢形成和发展出对各类事物的态度。

(三) 协调性和稳定性

态度的认知、情感和行为三种成分是互相结合、协调一致的,而不是散漫的。一旦三者之间不协调,那就还不能被称为稳固的心理倾向,也还没有形成态度。

四、态度的功能

态度在我们的日常生活中具有重要意义,其功能主要如下。

(一) 工具性功能

由于态度是针对具体的态度对象而言的,因此态度能够促使个体指向为达到目的而服务的客体,从而起到工具性或功利性的作用。例如,一个人如果表达某种态度就会赢得周围人的支持、尊敬和喜欢,那么此时态度就成为一种工具。

(二) 价值表达功能

态度有助于个体表达自我概念中的核心价值。例如一个人对志愿者的工作持有正向的态度,那是因为这些工作可以使他表达自己的社会责任感,而此种责任感正是他自我概念的核心,表达这种态度可以使他得到内在的满足。

(三) 知识功能

在汇集经验、事实并进行观察以及推理、思考的时候,态度提供了重要的结构，使这些有关知识变得富有意义，具有倾向性和连贯性。换言之，态度有助于个体组织有关的知识，使他眼中的世界变得富有意义。另外，对有助于我们获得知识的那些态度对象，我们更有可能向其报以积极的态度。

（四）适应功能

此种功能使得个体寻求奖赏以及他人的赞许，从而形成一些与他人要求相一致并与奖励紧密联系的态度，而避免形成一些与惩罚相联系的态度。

（五）自我保护功能

态度也有助于个体应对情绪冲突和保护自尊。特别是当受到他人的威胁时，个体常常会产生自我防卫的态度。例如某个员工自身的工作能力不足，但他却老是抱怨领导和同事。实际上，他的这种消极态度可以掩盖真正的原因，即他的能力低下。

第二节 典型的工作态度

一、工作满意度

（一）工作满意度的概念

霍波克（Hoppock）于1935年最先提出工作满意度的概念。他认为工作满意度是指工作者身心两方面对环境因素的满意感受，也就是工作者对工作情境的主观反应。韦斯（Weiss）等学者于1967年进一步将工作满意度分为内在、外在和整体三个部分。其中内在满意度是工作者对工作本身所提供或由工作本身所引发的成就感、责任感、社会地位、职能地位以及运用能力的机会的满意程度；外在满意度是工作者对自己从工作中所获得的升迁、薪资，与上司、同事、下属之间的互动情况，以及对公司政策及其实施方式等方面的满意程度；整体满意度是工作者对内在与外在整体情况的满意程度。可见，个体的工作满意度取决于其对整体工作情境的评估，包括工作本身、工作环境以及公司政策。

(二)工作满意度的特征

工作满意度具有如下三方面的显著特征:

(1)主观性。工作满意度代表了一种个体自身主观认定的工作满意状态。换言之,对于同一份工作,不同的个体其满意度体验可能会存在一定的差异。

(2)可衡量性。这是指工作满意的程度是可以衡量的。我们既可以从整体性或一般性的满意度角度来衡量,也可以从分类性维度(如薪资、晋升机会、人际关系、工作环境等)的满意度角度来衡量。

(3)受客观环境的影响。外在工作环境的改变会使个体对工作满意度的主观判断产生或显著或细微的变化。

(三)员工表达对工作不满的方式

当员工对工作产生不满之后,他们会做何反应?根据鲁斯布尔特(Rusbult)和洛维(Lowery)的观点,员工表达对工作不满时可能存在四种反应,即建言、离开、无视和忠诚。这些反应可以根据建设性/破坏性和主动/被动两个维度来划分(如图 4-2 所示)。

(1)建言(voice)。它是指通过主动和建设性的方式,来谋求改善现状。例如当员工觉得自己的薪水过低时,他可以直接向领导表达不满和要求加薪。

(2)离开(exit)。这种行为以离开组织为目的,包括离职,积极寻找其他的工作机会。

(3)无视(neglect)。采用这种方式的员工态度被动,任由事态继续恶化而不闻不问。

(4)忠诚(loyalty)。采用这种方式的员工以被动但乐观的态度等待现状得到改善。

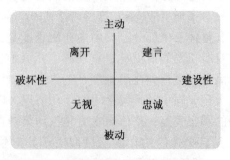

图 4-2 员工在工作不满足时的反应

（四）工作满意度的影响因素

研究表明，工作方面、个体方面、组织方面的大量因素都会影响个体的工作满意度水平。这里我们仅介绍其中几个较具代表性的因素。

(1) 公平的待遇。每个员工都希望组织的薪酬制度、晋升政策可以做到公平、公正。例如，薪酬如果能根据工作的要求、个人的技能水平以及社会一般的支付标准来确定，员工的满意度就会比较高。

(2) 挑战性的工作。员工一般都喜欢能发挥自身能力及才华并且任务自由度及反馈性较高的工作。缺乏挑战性的工作会令人厌倦，不过挑战性过高也会带来挫折感。因此，适度的挑战更能让员工感到快乐和满足。

(3) 个人与工作匹配。员工的个人特征如果能和工作相匹配或契合，亦即其才能、特长、性格正好符合工作的要求，将能较好地胜任工作，因此也更有可能从工作中获得满足感。

(4) 支持性的工作环境。员工重视的工作环境包括开展工作的便利性和个人的舒适感。通常来讲，多数员工喜欢工作地点能离家近一点，希望工作环境干净舒适，工作设备及辅助工具较为先进或现代化。

(5) 支持性的社会环境。对多数员工而言，工作也是满足社交需求的重要途径。所以如果能与同事融洽相处、相互支持和相互体谅，无疑也能提升员工的工作满意度。另外，直接上司如果能体恤及关爱员工，在他们表现良好时给予鼓励和褒奖，同时愿意倾听他们的心声，那么员工的满意度无疑会显著提高。

除了上述因素外，个体自身的认知因素也是其工作满意度的重要影响因素。艾莉·克朗（Ali Crum）和艾伦·兰格（Ellen Langer）的研究即揭示了认知因素对满意度的影响。艾莉为了完成自己的毕业论文，去一家酒店分别跟那里的两组清洁工一起工作。她跟两组清洁工都强调了运动的重要性，然后测试两组清洁工的各项生理指标（包括身体脂肪、体重、血液样本等）和心理指标（如沮丧、焦虑等）。

其中一组（对照组）测试完之后艾莉就没再和他们进行其他交流或互动，但是另一组（实验组）却不同。艾莉对这组的清洁工说，他们在酒店所做的清洁工作实际上就是一种运动。她计算了收床单、抖床单然后铺在床上及用吸尘器清洁等工作所消耗的卡路里数值，然后她说："你们做的这些工作其实就是健身活动。"两个月之后，艾莉又对两组清洁工进行了同样的测试，结果发现对照组没有任何显著变化，但实验组清洁工的血压、血脂和体重均显著下降，精力水平显著上升；另外，这些人的自尊心显著增加，沮丧程度和焦虑水平则显著下降。实验组和对照组的工作内容并没有什么差异，唯一的区别在于认知的变化。实验组的清洁工认识到清洁房间不仅仅是自己的工作，也会对自己的身体健康大有裨益。换言之，实验组从工作中找到了除薪水之外的其他意义。所以尽管工资没有增加，但他们工作时变得更快乐，工作满意度也上升了很多。

■ 二、组织承诺

（一）组织承诺的概念

组织承诺（organizational commitment）是指体现员工和组织之间关系的一种心理状态，隐含了员工对于是否继续留在组织中的决定。该概念最早源自怀特（Whyte）于1956年发表的一篇题为《组织人》的文章。后来，莫迪（Mowday）等人将之发扬光大，用以代表个体对其所属组织的忠诚和贡献的决心。长期以来，组织承诺一直都是管理学研究者所关心的重要问题，他们认为员工高水平的组织承诺对组织是有利的，高承诺的员工更愿意从事角色以外的行为（如创新行为等）。

作为一种工作态度，组织承诺不但会影响到员工对组织投入的强度，而且同时代表着员工个人与组织之间的一种联结关系。这种关系将有助于组织维持其竞争力，也有助于降低员工的工作流动率和提高生产率与工作质量。

（二）组织承诺的分类

1. 斯道（Staw）的分类

斯道将组织承诺分为行为性承诺和态度性承诺两大类。

（1）行为性承诺：是个体受制于自己过去的行为，而经由这种行为形成一种信念，以支持他对组织的投入。比如当一个员工进入组织一段时间后，他会投入相当多的成本，在这种情况下如果离开该组织，就会产生相当大的损失。年资越久的员工其成本越高，因而会越不愿意离开组织，从而对组织的行为承诺越高。

（2）态度性承诺：这是指个体对组织的认同与投入的强度，它包括以下三个因素：① 价值承诺，即个体对组织目标与价值观的信仰和接受。② 努力承诺，即个体愿意为达成组织目标而付出努力。③ 留职承诺，即个体希望继续成为组织中的一分子。

2. 波特（Porter）等人的分类

波特等人将组织承诺分为认同承诺、努力承诺和留职承诺三类。

(1) 认同承诺：组织成员接受组织的目标和价值观，并对其有一种强烈的认同感，而且努力使个人目标和组织目标渐趋一致。

(2) 努力承诺：组织成员接受组织的目标，并愿意为组织目标的实现贡献自己的力量。

(3) 留职承诺：组织成员愿意留在组织中，渴望继续成为组织的一分子。

3. 艾伦（Allen）和梅耶（Meyer）的分类

加拿大学者艾伦和梅耶对以前有关组织承诺的诸多研究结果进行全面分析和回顾，并在自己的实证研究基础上将组织承诺分为情感性承诺、持续性承诺和规范性承诺三大类。这一分类在组织承诺截至目前的文献和研究中影响最大，接受度也最高。

(1) 情感性承诺（affective commitment）：指个体对组织产生感情依附、认同和投入。员工对组织所表现出的忠诚和努力工作的决心，主要是由其对组织的深厚感情所驱动，而非受物质利益所驱动。

(2) 持续性承诺（continuance commitment）：反映的是个体根据其他外在就业机会的多少以及自己在公司内所投入的成本等形成的自己离开组织会造成多少损失的认知。这是员工为了不失去多年的投入所换来的待遇而不得不继续留在组织内的一种承诺。

(3) 规范性承诺（normative commitment）：指员工对于继续留在组织内和为组织做贡献的义务感。它是员工由于受到社会影响而形成的社会责任感使他留在组织内的一种承诺。

4. 凌文辁等人的分类

凌文辁等人以中国员工为对象，通过因素分析获得了一个组织承诺的五因素模型。他们对各因素命名和定义如下：

(1) 感情性承诺：对单位认同，感情深厚；愿意为单位的生存与发展做出奉献，甚至不计较报酬；在任何诱惑下都不会离职跳槽。

(2) 理想性承诺：重视个人的成长，追求理想的实现。因此，非常关注个人的专长在该单位能否得到发挥，单位能否提供各项工作条件及学习提高和晋升的机会，以便实现理想。

(3) 规范性承诺：对企业的态度和行为表现均以社会规范、职业道德为准则；对组织有责任感，对工作、对单位尽自己应尽的责任和义务。

(4) 经济性承诺：因担心离开现单位会蒙受经济损失，所以才留在该单位。

(5) 机会性承诺：待在这个单位的根本原因是找不到别的满意单位，或因自己技术水平低，没有另找工作的机会。

上述五因素模型包括了西方学者的三因素模型的内容（即感情性承诺、规范性承诺和持续性承诺），这反映出不同文化背景下组织承诺的共性成分。但该模型又比西方三因素模型多了"理想性承诺"和"机会性承诺"两个因素。

（三）组织承诺的前因后果

1. 斯蒂尔斯（Steers）的理论模型

斯蒂尔斯在探讨组织承诺的前因时，通过实验研究发现三个主要变量，即个人特征、工作特征和工作经验，而受组织承诺影响的三个后果变量分别是留职意愿、出勤率和工作绩效。前因变量具体如下：

(1) 个人特征：指在特定环境下的各种人口统计学变量（例如年龄、教育程度）与人格特质（如成就动机）。

(2) 工作特征：包括工作环境、福利、薪资、人际关系，以及工作本身的一些特征，例如工作挑战性、工作反馈性、技能多样性、工作自主性等。

(3) 工作经验：包括对组织的态度、组织的可依赖性、工作声望、个人期望被满足的程度、个人所知觉到的组织对其重视程度等。

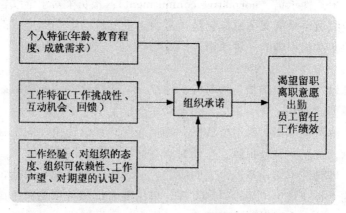

图 4-3　斯蒂尔斯（1997）组织承诺之前因后果变项

2. 莫迪的理论模型

莫迪在斯蒂尔斯提出的模型基础上，发展出更具体的组织承诺的前因后果模型（如图 4-4 所示）。其中前因变量包含四个方面：

（1）个人特征：包括性别、年龄、教育程度、年资等。

（2）有关角色的特征：包括工作范围及挑战性、角色冲突及角色模糊等。

（3）结构性特征：包括正式化程度、控制幅度、分权程度、决策参与程度、组织工会介入等。

（4）工作经验：包括组织可依赖性、期望程度、群体规范、个人重要性等。

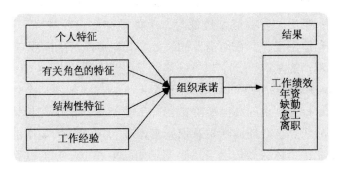

图 4-4　莫迪的组织承诺前因后果模型

3. 艾伦和梅耶的研究结果

上述两个理论模型在探讨组织承诺的前因时，都没有按照组织承诺的不同类型或维度进行区分。艾伦和梅耶认为，不同的员工所形成的承诺类型会有所不同，导致员工产生不同承诺的原因也存在差异。在一项研究中，艾伦和梅耶对组织承诺的几十种影响因素进行了实证研究，结果发现影响感情性承诺的因素主要包括工作的挑战性，职位的明确度，目标的明确度，目标难度，管理层对新观点、新思想的接纳程度，组织的可靠性、公平性，同事间的亲赖性，个人的重要性，等等；对持续性承诺产生影响的因素主要包括所掌握技术的应用范围、改行的可能性、教育程度、个人对组织的投入状况、福利因素、找到别的工作的可能性、在本地居住时间长短等；对规范性承诺的最关键影响因素是组织的承诺规范的要求、受教育类型、员工的个性特征等。

三、敬业度

（一）敬业度的概念及结构

关于敬业度（job engagement）的内涵和结构，目前还没有一种大家所公认的观点。学者们从不同的角度出发，提出了不同的敬业度定义及维度理论。

作为这一概念的最早提出者，卡恩（Kahn）将敬业度定义为"组织成员控制自我以使自我与工作角色相结合"。在卡恩看来，自我与工作角色实际上处于一个动态和相互转化的过程中：当敬业度较高时，个体会将自己的精力投入角色行为中（self-employment），并在角色中展现自我（self-expression）；相反，当敬业度较低时，个体则会将自我抽离于工作角色，以避免自己创造出工作角色所需要的绩效，并有可能产生离职意愿。

在上述观点的基础上，卡恩进一步将敬业度分为生理（physical）、认知（cognitive）和情绪（emotional）三个维度。生理敬业指个体在执行角色任务时能保持生理上的高度唤醒；认知敬业指个体能够保持认知上的高度活跃及唤醒状态，并能清晰地意识到自己在特定工作情境中的角色和使命；情绪敬业指个体保持自己与其他人（如同事和上级）的联系以及对他人情绪情感的敏感性。上述三个方面是相对独立的，例如个体虽然保持生理上的高度敬业，但认知和情绪却可能处于欠活跃状态。但总的来讲，个体在某一维度上的敬业度越高，其总体敬业度也相应越高。

在工作倦怠研究方面颇有建树的学者马斯拉奇（Maslach）等将敬业度和倦怠视为一个三维连续体的两极，其中敬业度以精力（energy）、卷入（involvement）和效能感（efficacy）为特征，而这三个方面刚好分别是枯竭（exhaustion）、讥诮（cynicism）和专业效能感低落（lack of professional efficacy）等倦怠维度的直接对立面。投入高的个体具有一种精力充沛的感觉，能有效地进入工作状态并能与他人和谐相处，而且自我感觉能够完全胜任工作上的各种要求；与之相对，倦怠高的个体则有一种无效能和耗竭感，并与工作及他人处于一种疏离的状态。

而斯高菲利（Schaufeli）则采用另一种途径来定义敬业度的概念。尽管敬业度仍被视为工作倦怠的对立面，但他将之建立在幸福感（well-being）的两个维度，即快乐（pleasure）和激发（activation）这一更易理解的分类系统基础上。按照此框架，工作倦怠以低水平的快乐和激发为特征，而敬业度则以高水平的快乐和激发为特征。在理论推演及实际访谈的基础上，斯高菲利等将敬业度定义为一种与工作相关的积极、完满的情绪与认知状态。这种状态具有持久性和弥散性的特点，而不是针对某一特定的目标、事件或情境。敬业度本身就是一种正性体验，体现了工作中的高能量水平和强烈的认同感，精力专注而不涣散。在敬业度的结构方面，斯高菲利等认为它包括活力（vigor）、奉献（dedication）和专注（absorption）三个维度。活力是指个体具有充沛的精力和良好的心理韧性，自愿为自己的工作付出努力而不易疲倦，并且在困难面前能够坚持不懈；奉献是指个体具有强烈的意义感、自豪感以及饱满的工作热情，能够全身心地投入工作中，并勇于接受工作中的挑战；专注的特点表现为个体全神贯注于自己的工作，并能以此为乐，感觉时间过得很快而不愿从工作中脱离出来。

此外，布利特（Britt）等以申克尔（Schlenker）的责任三维模型为理论基础，认为敬业度包括责任感（perceived responsibility）、承诺（commitment）和绩效影响知觉（perceived influence of job performance）三个维度，相应地将敬业度定义为个体对自己的工作绩效的强烈责任感和承诺意愿，并感到工作绩效的优劣与自身关系重大。

（二）敬业度与相关构念的关系

1. 敬业度与工作卷入的关系

工作卷入（job involvement）是指个体在心理上认同工作的一种认知或信念状态。在这种状态中，工作被视作具有满足个体主要需求和期望的潜力。可见，工作卷入主要是一种认知上的判断，即个体判断出某项工作满足自己需求的程度有多大。敬业度与工作卷入的不同之处在于，前者强调个体在工作时如何控制和展现自我，亦即除了认知成分之外，敬业度还包含了情感和行为层面的内容。相较而言，工作卷入较偏向于"静态"的解释，而敬业度则是一种"动态"的情况。个体即使认识到工作已经满足了自己的需求，仍有可能产生不敬业（disengaged）的情况，因此敬业度可被视为工作卷入的前因变量，即当敬业度较高时，个体将会更加认同自己的工作。

2. 敬业度与组织承诺的关系

组织承诺通常是指个体认同组织的目标和价值观，愿意为组织付出努力并希望继续留在组织中。卡恩认为，尽管组织承诺有助于理解个体如何看待自己、自己的工作以及这二者之间的关系，但这种理解太过宽泛，与人们在特定工作情境中的日常表现和体验过程相距甚远；而敬业度则聚焦于个体对工作和工作情境的心理体验如何影响他们在任务执行过程中的自我展现。一般而言，敬业度高的个体往往也具有较高的组织承诺，但有时人们可以具有较高的敬业度而组织承诺却较低，或具有较低的敬业度而组织承诺却较高。

第三节　典型的工作行为

一、工作绩效

在管理学和心理学领域的文献中，狭义的工作绩效是指任务绩效 (task performance)。根据坎贝尔提出的一般工作绩效理论，这类绩效系指组织成员为达成组织的期望、规范和角色需求而在分内工作上做出的行为表现。它们是基于组织规定，以职务说明书规定的范围为根据的，其完成具有强制性。员工工作绩效的好坏通常通过其工作表现的质与量、工作完成的准确性和速度、目标达标率以及总体有效性加以评判。在很多组织中，员工的工作绩效会决定他们是否能升职、加薪、承担更大的责任或者被辞退等。

狭义的工作绩效（即任务绩效）具有如下几个方面的特征：第一，这类绩效直接针对组织的技术层面。第二，这类绩效会随组织中工作和职位的不同而有所差异。不同的工作往往有不同的内容和要求。第三，知识、技巧、能力是熟练完成任务活动的基本要素，也就是任务绩效的基本要素。第四，任务绩效是角色内行为 (in-role behaviors)，因而会被清晰地列入工作职责范围之中。

那么，组织应如何来准确评估员工的工作绩效呢？这其实是一个非常复杂的工作，此处我们无法详细探讨。但一般而言，企业组织如果能以一个连续的过程来描述员工的工作表现，会比以某一特定的时间点作为资料搜集来源更准确。尤其重要的是，反馈给个体的绩效评估结果，往往会直接影响他们随后的表现。这不仅说明工作绩效可以是过程导向的（process-oriented），更充分显示出工作绩效的动态性特征。

另外，随着组织自身的日益变动以及外部环境的剧烈变化，组织对于其成员工作表现的探讨，不再仅以工作绩效作为单一的考核指标，而是采取多元表现的取向。这是因为大量研究发现，并非仅仅是员工的工作绩效可以为组织带来效益，员工其他方面的一些行为表现也可以提升组织的效能，例如接下来我们将详述的组织公民行为。

二、组织公民行为

（一）组织公民行为的概念

巴纳德（Barnard）认为，组织是每个人愿意合作并付出努力而形成的一个合作群体。个人对于合作体系做出的自发和必要的贡献愈多，组织的运作就愈稳定。因此，"愿意合作"的概念可以说是组织公民行为的起源之一。

卡茨也指出，组织如果要有效运作，员工必须表现出三种行为：（1）"参与并留任于组织中"，即员工加入组织且很少缺勤及离职；（2）"达成角色内绩效"，即员工的表现符合组织所制定的绩效标准（包括数量与质量等）；（3）"执行创新及自发性的行为"，即员工主动执行超越其工作角色要求的、对组织目标有益的行为，例如保护组织系统，提出增进组织成效的建议，与同事协作，自我训练以提高工作能力，营造对组织有利的环境，等等。第二类行为属于角色内行为，第三类行为则属于角色外行为（extra-role behaviors）。之后，丹尼斯·欧根（Dennis Organ）等学者将角色外行为正式定名为"组织公民行为"（organizational citizenship behaviors，OCB）。

组织公民行为并非组织强制规定员工所应表现的行为，而是员工自发地表现出的有利于组织的行为。这类行为对组织绩效有积极的意义。但是即使员工没有表现出组织公民行为，组织也不会惩罚他们，因为这并不是他们应尽的角色内义务。所以组织公民行为的重要特征即是自发性和非强制性。表现有利于组织的角色外行为的员工，即扮演着组织中"好公民"的角色。

（二）组织公民行为的维度

1. 欧根的五维度模型

欧根在其研究中发现组织公民行为包含五个维度：

（1）尽职行为（conscientiousness）：是指组织成员表现出的某些角色行为超过组织所要求的最低标准。例如主动维持和加强个人办公环境的整洁，出勤率超出组织可以接受的最低水平，遵守组织的时间规定，等等。虽然这些行为多数与组织规范有关，但一般组织都有一定限度的容忍范围，只要员工的行为达到了组织所要求的最低标准，组织通常会"不满意但能接受"。如果员工自发性地超出这些最低标准，则可视为"尽职"。

（2）利他主义（altruism）：强调为组织内的成员（如同事或上司）或组织外的人员（如供货商或顾客）提供协助或解决问题。协助的事与组织有关，而且出自行为者的自由意愿。例如当同事不在时帮他接听电话或处理主管临时交办的事务。

（3）谦恭有礼（courtesy）：包括预先通知、提醒、传递一些信息给同事，以及提供咨询、简报或建议。这些行为可以协助他人预防某些问题的发生。例如，销售代表主动提前告知生产部门，有一个订单必须尽早安排。谦恭有礼与利他主义的区别在于，前者是在问题尚未发生前协助他人或者是预先采取某些步骤来缓解问题，而后者则是针对正在发生的事件为他人提供协助。

（4）公民美德（civil virtue）：这是指"负责任地参与组织的政治生活"。表现出这种行为的员工会负责和富有建设性地参与和投入群体或组织所面临的议题中去。例如，阅读组织内部所发行的各种简讯，参加非强制性的说明会或讨论会，用私人时间参与议题讨论，主动参加投票，等等。

（5）运动家精神（sportsmanship）：员工在组织中偶尔会遇到一些意料之外的事件或压力，使自己遭遇小挫折或不便。小事如上司交办的临时工作、冷气设备损坏等；大事如生产方法改变、工作重新分派等。如果个体面对组织偶然出现的这些不快事件时能自我克制，而不随意抱怨或小题大做，即可视为具有运动家精神。

2. 威廉（Williams）和安德森（Anderson）的两维度模型

威廉和安德森认为组织公民行为可以分为两大类，其一为利于组织的组织公民行为（OCB-organization，OCBO），也就是表现出有利于组织的组织公民行为。例如，不能来工作时事先通知，按非正式规则维持秩序。其二为利于个人的组织公民行为（OCB-individuals，OCBI），也就是表现出有利于个人（例如同事或上司）的组织公民行为。例如帮助缺席的同事，做有利于同事或上司的事，等等。尽管这些行为的直接受益者是特定的个人，但它们也会间接地对组织做出贡献。

3. 樊景立的中国员工组织公民行为模型

我国香港学者樊景立在1997年以我国台湾员工为样本的研究发现，台湾员工组织公民行为包含五个维度，分别为：

（1）组织认同：指员工积极参加公司活动，努力维护公司形象，主动提建议等对公司有利的行为。

（2）利他：指员工在工作上帮助同事，并主动进行协调沟通的行为。

（3）敬业精神：指员工工作认真、遵守公司规定等超越组织一般性要求的行为。

（4）人际和谐：指员工不会为了个人利益而从事可能破坏组织和谐的政治行为。

（5）保护公司资源：指员工不会利用上班时间及公司资源来处理私人事务或谋取私利的行为。

在这五个维度中，组织认同、利他和敬业精神与西方组织公民行为中的相关维度相近，西方文献中的运动家精神和谦恭有礼两个维度没有出现，而人际和谐和保护公司资源是西方文献中未曾提及的。

1998年，樊景立等人又在北京、上海、深圳和杭州四个城市调查了包括国有、集体、私营、合资等类型在内的75家企业，用归纳性分析的方法得出在中国组织情境下的组织公民行为的十一个维度，其中积极主动、帮助同事、建言、参与群体活动、树立企业形象五个维度在西方文献中出现过；另外六个维度，即自觉学习、参与公益活动、节约组织资源、保持工作环境整洁、人际和谐、遵守社会规范，则是中国组织所特有的。

三、职场偏差行为

员工的工作行为一直以来都是学术界与实践界关注的焦点之一。不过以往关于员工工作行为的研究大都侧重于积极工作行为的探讨，例如组织公民行为、工作绩效等。然而在工作场所中，员工所展现出的工作行为并非仅有光明面（bright side）。鉴于此，从20世纪90年代开始，很多组织行为学研究者开始探讨员工工作行为的阴暗面（dark side），例如反生产行为（counterproductive work behaviors）、失能工作行为（dysfunctional work behaviors）、职场偏差行为（deviant workplace behaviors）等。其中职场偏差行为所引发的关注和讨论最多也最深入。美国学者的相关研究指出约有 33% 至 75% 的企业员工曾经在组织中做出过职场偏差行为；这类行为每年已经为美国企业带来约 20 亿美元的巨额损失。

（一）职场偏差行为的概念

早期学者卡普兰（Kaplan）提出职场偏差是一种员工自愿性的行为，而且员工缺乏动机去遵守社会规范或期许，或者形成动机去故意违反社会规范。费尔德曼（Feldman）进一步认为这些规范可能包含正式或非正式的政策、规定和程序。职场偏差研究领域的权威学者罗宾森（Robinson）和本尼特（Bennett）则将职场偏差行为界定为组织成员故意展现出明显违反组织政策、规范或规则，并且威胁到组织或其他组织成员福祉的负面行为。典型的例子包括对同事说谎、虚报出差费、隐瞒必要的信息、偷窃、不当收礼、嘲弄同事等。

（二）职场偏差行为的分类

1. 罗宾森和本尼特的分类体系

罗宾森和本尼特通过运用多维表法，并基于偏差行为的严重性和偏差行为的指向，发展了一个工作场所偏差行为二维分类体系（如图 4-5 所示）。

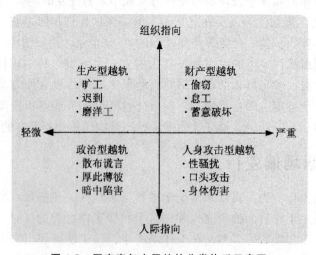

图 4-5　罗宾森与本尼特的分类体系示意图

这一分类是基于偏差行为的严重性和偏差行为的指向而做的。偏差行为的严重性指的是偏差行为违反的规范是重要的组织规范，还是不太重要的组织规范；偏差行为的指向则是指偏差行为是针对组织还是针对组织中的其他成员。在针对组织的两类偏差行为中，罗宾森与本尼特认为生产型偏差（如员工反复迟到或故意装病不上班以及管理者将自己分内的事推给同事来完成等）属于较轻微的；而财产型偏差（如收受回扣、挪用公司钱财、泄露公司机密以及故意损坏生产设备等）则属于比较严重的。

在针对组织其他成员的两类偏差行为中，罗宾森与本尼特认为政治型偏差（包括散布同事的流言，管理者为自己的过错找替罪羊，高级管理者在用人时厚此薄彼、任人唯亲等）是较为轻微的；而人身攻击型偏差（包括公开羞辱或诬蔑下属、威胁伤害他人身体、性骚扰等）则是较为严重的。

2. 马尔斯（Mars）的分类体系

马尔斯认为根据群体参与度的高低和规则/分工的强弱，可以将偏差行为者划分为"鹰""驴""秃鹫""狼"四种类型（如表 4-1 所示）。

表4-1 马尔斯的分类体系

分工程度	群体参与程度	
	低	高
弱	鹰	秃鹫
强	驴	狼群

马尔斯的上述分类体系反映的是组织结构和文化对个体行为的影响。其中"鹰"是喜欢竞争的个人主义者，他们地位较高而且不喜欢适应规则，希望规则反过来适应他们。为了达到目的，这类个体可以不择手段。"驴"代表的是地位较低者。此类个体缺少自主性和团结性，经常通过违反规则、暗中搞破坏和欺诈等方式来发泄心中的不满和满足一己之需。"秃鹫"代表的是群体劳动者，但群体内并无严格的等级分工，也无明确的领导，而且不需要相互支持与合作。"狼"代表有着结构清晰、分工严密的集团盗窃者。

■ 四、建设性偏差行为

工作场所偏差行为通常被认为是组织成员在自利性或破坏性动机驱动

下违背组织规范的行为，这种偏差行为会造成组织的经济损失、影响决策过程、降低生产率等诸多负性后果。尽管员工遵循组织规范有利于组织的平稳运作，但是刻板地坚守各类规范和规章制度，则可能会导致其主动性和创造性受到抑制，进而阻碍员工寻找创新性的问题解决方法。此外，组织内外部环境是不断变化的，一些规范本身也会因"不合时宜"而需要变革和发展，墨守成规只会损害组织的利益或阻碍组织的发展。因此，我们时常可以看到员工出于亲社会性意图而做出违背组织规范的行为，这种行为往往能促进组织创新，是组织面对困难表现坚韧的保证。

（一）建设性偏差的概念

每个组织或者每个社会里，总有一部分人试图运用自己独特的行为方式来更好地解决问题，这种行为就是建设性偏差。沃伦（Warren）认为建设性偏差是超越组织规范但服从于世界范围内普遍认同的价值观或信仰的一种行为。斯普莱泽（Spreitzer）和索南沙因（Sonenshein）强调令人尊敬的意图是识别建设性偏差的重要标准，即建设性偏差是一种以受人尊敬的方式违背组织行为规范的故意行为。加尔珀兰（Galperin）聚焦于组织内成员，将建设性偏差定义为一种为了提升组织或组织利益相关者福祉而违背重要规范或规章制度的自愿行为。还有学者认为建设性偏差是一类背离参照群体规范，同时符合超规范的行为总称，包括创新绩效、问题解决、亲社会性规则违背等。

（二）建设性偏差的结构

加尔珀兰的研究显示，建设性偏差包含三个维度：① 创新性组织偏差行为，指以使组织受益为目的的创新行为和非常规行为；② 挑战性组织偏差行为，指以使组织受益为目的的表面上挑战或打破组织现有规范（或者规则）的行为；③ 个体建设性偏差，指为了事半功倍的结果而违背主管的命令或挑战工作群体的行为。后来，加尔珀兰又将该三维结构精简至二维结构：指向组织和指向个体的建设性偏差。可以发现，建设性偏差的三维结构与二维结构均可以从指向性上分为指向组织和指向个体，在行为性质上，二维结构更强调建设性偏差的挑战性（打破现有规范）而非创新性（对现有规范的完善）。

（三）建设性偏差与相关概念的关系

建设性偏差、亲社会性规则违背（pro-social rule breaking）与组织公民行为（OCB）都是出于亲社会性意图的自发行为。莫里森（Morrison）

将亲社会规则违背定义为：为了提升组织或利益相关者的福祉，有意违背组织正式的政策、规章或禁令的行为。莫里森认为亲社会规则违背是建设性偏差的一种形式，聚焦于明确的、正式的组织政策和程序，而不涉及非正式规范。

组织公民行为主要包括聚焦于提升人际关系的亲和行为（如助人行为），不太可能破坏人际关系，行为风险较小。由此可见，建设性偏差和亲社会规则违背因违反规范而具有明显的风险，组织公民行为一般并不涉及对规范的违背。建设性偏差与亲社会性规则违背的区别在于规范的范围，前者不仅关注组织中的正式规范，还强调非正式规范的重要性，其内涵外延更广。

思 考 题

1. 态度由哪三个要素构成？结合实例简述三者之间的关系。

2. 结合自己的生活经验，试对近年的热点如"双一流高校和学科的划分""无人商店的应用"等话题阐明自己的态度，并进一步分析态度的功能体现在哪些方面。

3. 工作满意度和组织承诺作为组织行为学的研究热点常用来预测工作行为，请查阅相关文献，简述工作满意度和组织承诺对哪些工作结果（如员工工作绩效、离职意向等）产生何种影响，并分析其原因。

4. 简述任务绩效和组织公民行为的区别和联系，请分别列举出至少三种不同的工作岗位的任务绩效行为和组织公民行为。

5. 组织公民行为一定有利于组织的发展吗？请查阅相关文献进行思考，如果不一定的话请举反例分析。

6. 我们常见的职场偏差行为有哪些？请给组织管理者提几条建设性建议用于避免或减少员工做出职场偏差行为。

7. 建设性偏差行为是一种亲社会性的偏差行为，请列举出三种职场建设性偏差行为，并分析建设性偏差行为、亲社会性规则违背行为以及组织公民行为之间的区别和联系。

案例分析

工作态度和产量的联系

有一家印刷工厂，主要印刷信笺、办公表格等产品，该厂有50多名工人。桑德管理整个工厂，帮助他管理的还有3名主管。也许是由于该工厂领导自由松散，原材料的浪费现象和失窃现象十分严重，许多工人都在业余时间经营自己的小生意，利用公司的原材料印制办公表格、信笺等物，卖给当地的商人。印刷车间的工作时间从上午8时到中午12时，下午1时到5时，但是几乎所有工人在上午11时30分就准备去吃午饭，下午4时30分就准备下班了。该工厂生产成本之高使公司总部意识到其浪费问题的严重性，总部打算采取一些补救措施。赵军被公司总部的人看作是专门解决麻烦的人，是一位效率专家。他被任命为桑德的顶头上司。

赵军注意到厂内原材料和时间的浪费问题，于是决定实行一系列改革来提高工作效率。赵军来工厂一周，就做出了以下决定。① 午饭时间缩短为30分钟，工人在12时30分之前不准离开车间。② 下午4时50分之前，工人不许清理机器准备离开。③ 每名工人使用的原材料都要经过登记。例如，如果一名印刷工要印刷4 500份印刷品，他可以登记领到4 500张纸，如果由于在印制时报废了一些纸需要多领些，他就必须填写一份表格说明原因。

工人们的工作态度在两周内发生了很大的变化，他们不停地抱怨新的工作规定，还经常说赵军简直不知道自己在做什么，工人们的行为也开始发生了较大变化。例如，装订车间有一件工作是整理书页，大约9名工人要在一个大长方形的工作台旁不停地巡行，把从机器中输送出来的书页搜集起来，整理成一本本书或小册子，整理书页的工作非常单调，在以前工人们总是借闲聊来打发时间。

赵军到工厂三周后，工人们开始在工作时间尖声怪叫或吹口哨，尽管工人们的工作态度比以前更糟，产量却达到了前所未有的水平。

乔达是装订车间的头，他决定采取一些行动来让赵军下不了台。一天下午，乔达对其他装订工人说："喂，我们没必要忍受这些规定，我们来一次疯狂大罢工吧！"工人们都表示赞成，但是，那些已婚的工人却没法说服他们的配偶，让她们相信这是个好计划。

工人们的态度更加糟糕了，工人们之间开始频繁地争吵，偶尔甚至还会拳脚相加，产量开始下降。公司的一位人事关系主管得知此事，决定让张特以公司全权特使的身份来工厂帮助解决这场纠纷。张特的第一步行动就是召开一次印刷车间的员工会议，赵军也到了会。

张特说："我叫张特，我之所以召开这次会议，是因为我听说这里存在着极其严重的问题，自从我入印刷这一行以来——也就是从大学毕业以来——我从未听说过任何一家印刷厂出现过这种情况。我从各种渠道听说这里工人们的工作态度很不好，这种情况没有任何理由再继续下去了。赵军，你难道没有意识到工作态度和产量之间存在着一种必然的联系吗？如果你让工作态度再继续变坏，你认为工厂的产量会怎样？"赵军开始紧张地颤抖了。"赵军，这不是管理工厂的办法，这些雇员也是人，你没有意识到这一点吗？除非你能得到他们的合作，否则你永远不可能顺利有效地进行管理，这儿必须有所改变。赵军，我会在厂里两个月左右，我想看到一些成果，你明白吗？"

一些雇员后来对赵军在会上的遭遇表示关切，而另外一些人则认为早该这样了。

赵军取消了他的一切改革规定，工人们的工作积极性很快又提高了，同时他们又开始对浪费问题漠不关心了。

资料来源：李剑锋. 组织行为学. 北京：首都经济贸易大学出版社，2002.

问题：

1. 工作态度和产量之间存在怎样的关系？

2. 员工为什么会对赵军制定的改革措施产生不满情绪？如果你是赵军，你会采取哪些措施来改变员工的工作态度？

3. 这家印刷厂存在的主要问题是什么？你是否有更好的办法来解决这些问题？

第五章

情　绪

学习目标

- 理解情绪的概念、维度和类型。
- 掌握情感事件理论并了解其应用。
- 了解情绪与工作效率的关系。
- 描述工作场所中情绪的作用。
- 了解情绪劳动与情绪调节的策略。

引入案例

热衷于快乐：公司希望员工感受到积极的情绪

瑞契音响（RicherSounds）拥有每平方英尺零售额的世界纪录，但这家英国高保真连锁店也同样作为一个快乐工作的地方而闻名。每位员工每月都会收到在下班后与同事交往的准许令。总部放满了古怪的艺术品，包括一张真人大小的猫王（Elvis）画像。如果员工在销售音响设备时感到压力太重的话，瑞契音响公司就会提供几间度假屋让员工免费居住，这些度假屋分散在从威尼斯到圣特鲁佩斯（St. Tropez）的各地。"这种想法会使工作愉快，"瑞契音响的招聘培训总监约翰·克莱顿（John Clayton）说道。

开心工作？听起来好像矛盾，但为了吸引并激励宝贵人才，公司正在寻找创造性的方法以便在工作场所产生积极情绪。缅因州第一国民银行的员工在休息室举行高尔夫击球入洞比赛；马来西亚的PJI工程服务股份公司最近请员工到吉隆坡附近的一个环礁湖主题公园玩耍嬉闹一天，并进行了团队比赛（即户外竞技游戏）和才艺展示；霍恩集团（The Horn Group）波士顿办公室的员工最近组织了一次全城摄影寻宝；加拿大渥太华诺迪安公司（MDS Nordion）的员工举行年度冬季联欢，包括接力赛跑、模仿相扑摔跤和拉雪橇。

这些欢乐活动也许看似愚蠢，但一些公司领导非常认真地看待它的价值。"很简单，"一位戈贝可公司（Quebecor）的主管说道，"如果你想挣最多的钱，你必须吸引最好的人才。为了得到最好的人才，公司必须是最开心的工作场所。"

案例来源：史蒂文·L. 麦克沙恩，玛丽·安·冯·格里诺. 组织行为学(第3版).井润田,王冰洁,赵卫东译.北京:机械工业出版社,2007.

第一节 情绪概述

现行的商业文化和礼仪常常不允许人们流露出过于明显的情绪。员工需要克制他们失落、害怕、愤怒、热爱、憎恨、欢乐、悲伤以及其他类似的情绪,因为这样的情绪被认为有悖于理性,并有可能降低他们的工作绩效。显然,企图将情绪与工作相分离是不可能的,或者是收效甚微的。一方面,情绪是人们对环境做出的一种不自主的生理和心理反应,它在工作中是不可避免的;另一方面,人们经历的情绪影响着组织绩效、顾客忠诚度和员工行为。

既然无法将情绪排除于工作之外,我们不妨来探讨一下,情绪在职场行为中的作用是什么?所有形式的情绪是否均具破坏性?同一情绪是否总对工作相关结果有负面影响?本章将系统介绍有关工作情绪的知识。首先,了解情绪的内涵、结构和类型;接着,介绍情绪影响组织行为的理论基础(情感事件理论),讨论情绪与工作效率的关系,以及情绪在组织行为中的具体作用;最后,我们还将介绍情绪管理的相关行为(情绪劳动)、情绪管理能力(情绪智力)以及情绪调节策略。

一、什么是情绪

工作场所中,随时随地都会产生喜怒悲惧等情绪,员工的一切活动无不打上情绪的印迹。积极的、快乐的情绪使员工充满动力和生机;焦虑、痛苦等消极的情绪则使员工沮丧消沉。情绪像是催化剂,使员工的工作活动加速或减速进行。那么,情绪究竟是什么?

(一)情绪的定义

所谓情绪(emotions),是指人们对于客观事物是否满足自己的需要而产生的态度体验。此定义具有三层含义:

(1) 需要是情绪产生的条件，是将客观事物与人连接起来的桥梁。情绪不是自发的，没有需要便没有情绪。比如，一般情况下，铃声、喇叭声不会引起我们的情绪体验，但当我们需要安静思考时，这种声音就会像噪音一样使我们觉得厌烦。

(2) 态度也是情绪产生的条件。一般而言，需要得到满足，产生积极的态度；需要没有得到满足，则产生消极态度。比如，一个正急需用钱的人得到100元奖金，很高兴，但如果只发给他脸盆、毛巾等日用商品，那他将持一种无所谓的态度，甚至认为是对其工作的一种贬低。

(3) 体验是情绪产生的心理和生理基础。也就是说，并非每种需要和态度都能产生情绪，只有那些达到一定强度的需要和态度，才能引起相应的生理反应和心理意识，从而产生情绪体验。

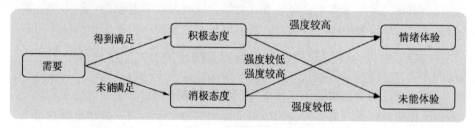

图 5-1　情绪产生过程

（二）情感、情绪以及心境的概念区分

情感、情绪和心境是三个密切关联的概念，图 5-2 展示了情感、情绪和心境之间的关系。如图所示，情感（affect）是一种统称，区别于认识活动并同人的需要相联系，包括人们体验到的所有感情，也包括情绪和心境在内。

情绪是一种直接指向客观刺激的强烈情感，而心境（moods）则是一种更微弱并通常不因具体的某个事件而产生的情感。两者的差异很微小，主要区别在于：① 情绪更有可能由具体事件引发。例如，对某件事感到快乐，对某个人感到愤怒，对某个东西感到害怕；相反，心境并不指向具体的人或事。② 情绪比心境来去更迅速。例如，你因某人对你粗鲁而感到愤怒，这种强烈感觉或许来去都特别快，甚至只是几秒钟的事情；但当你心境不好的时候，则可能持续几个小时。③ 情绪更具有行动导向，引导我们立即采取行动；而心境更具有认知性，会让我们思考或沉思。

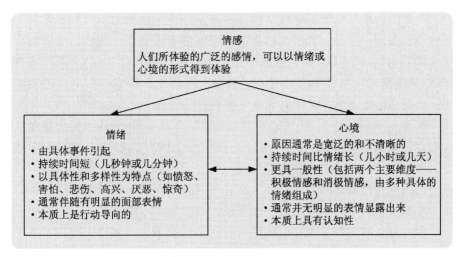

图 5-2　情感、情绪和心境的关系

情绪和心境并非是独立存在的两种状态，两者紧密联系且相互影响。当你不关注产生感觉的事件或客体时，情绪就会转变为心境，同时，无论是好的或坏的心境都会让你对某一事件的反应更加情绪化。例如，得到梦寐以求的工作会让你产生高兴的情绪，同时也会让你连续几天都有一个好的心境。同样，当你心境很糟时，同事对你与客户的谈话方式提出批评，你可能会对他的评论暴跳如雷，而正常情况下，这只会引发你轻度的反应。

虽然情感、情绪和心境在理论上是独立的，但在实践中，这些差异并不十分明显。事实上，情感、情绪和心境都是一种感情性反映，在一些领域，研究人员更多研究的是心境，而在另一些领域，主要研究的是情绪或情感。因此，当我们回顾组织行为学中情绪的研究主题时，会同时涉及情感、心境方面的研究。

■二、情绪的维度和类型

（一）情绪的维度

情绪的维度是指情绪在其所固有的某种性质上，存在着一个可变化的度量。例如，紧张是情绪具有的一种属性，而当不同种类的情绪发生时，在紧张这一属性上可以有不同的幅度。情绪的维度具有极性（polarity），即维度不同幅度上的两级。例如，紧张这一维度的两极为"松缓—紧张"。

冯特的情绪三维理论是最早的情绪维度理论，他认为情绪可在愉快—不愉快、激动—平静、紧张—松弛这三个维度上被度量。随后，美国心理学家施洛伯格（Schloberg）依据面部表情对情绪实行分类研究，于20世纪50年代提出了情绪的三个维度：愉快—不愉快、注意—拒绝和激活水平，由这三个维度水平的不同组合可得到各种情绪。

20世纪60年代末，美国心理学家普鲁特奇科（Plutchik）提出情绪具有强度、相似性和两极性三个维度，并用一个倒置的锥体说明这三个维度。普拉切克认为，所有情绪都表现出强度的不同，如从忧郁到悲痛；任何情绪在与其他情绪相似的程度上都有不同，如憎恨与愤怒比厌恶与惊奇更为相似；任何情绪都有相对立的两极，如憎恨与接受、愉快与悲伤。

伊扎德从对情绪情境作自我评估的众多数据中进行筛选，确定了四个维度：愉快度、紧张度、激动度和确信度，其中愉快度表示主观体验的享乐色调；紧张度和激动度均表示情绪的神经生理激活水平；确信度表示个体胜任、承受感情的程度。伊扎德的四维说根据客观测量，在一定程度上与冯特的三维说相一致。

学界对情绪维度的探讨虽各有不同，却存在一定程度的相似性。接下来，我们将就其共性，介绍情绪的几个常用维度：

（1）情绪的强度，指情绪出现时的强弱等级的变化，如从忧郁到悲痛、从愉快到狂喜、从微愠到暴怒、从担心到恐惧等。

（2）情绪的紧张度，表示个体对情绪情境的突然出现缺乏预料和缺少准备的程度，如大考前的高度紧张情绪和考试之后紧张状态解除所出现的轻松、愉快的体验。

（3）情绪的愉快度，即情绪活动进行时所表现出来的愉快程度的变化，如悲伤、羞耻、恐惧和恼恨是明显的不愉快情绪，而高兴、满意则明显是愉快情绪。

（4）情绪的激动度，指人的情绪活动进行时所表现出来的兴奋程度。激动的情绪表现为强烈的、短暂的，然而是爆发式的体验，如狂喜、绝望、激愤；而平静的情绪则表现为缓和的、持久的，然而却是深沉的体验，如轻松愉快、自信等。

（二）情绪的类型

人类有多少种情绪呢？如果到词典里找的话，可以找到数百个与情绪有关的词语。如此纷繁多样的情绪使得它的分类成为一个复杂而困难的问题。尽管如此,古今中外的学者从不同角度,依不同根据,对情绪分类进行了许多有益的尝试。

1. 我国的情绪分类

对于情绪问题,我国古代哲学家、思想家们的著作中早有论述。如,《礼记》记载,人的情绪有"七情"分法,即"喜、怒、哀、欲、爱、恶、惧";《白虎通》记载,情绪可分为"六情",即"喜、怒、哀、乐、爱、恶"。

近代的研究中,常把快乐、悲哀、愤怒、恐惧列为情绪的基本形式。快乐是盼望的目的达到后继之而来的紧张解除时的情绪体验,快乐的程度取决于愿望满足的意外程度;悲哀是所热爱的事物失去和所盼望的东西幻灭时所产生的情绪体验,悲哀的强度依存于所失去事物的价值;愤怒是由于遇到与愿望相反或愿望不能达到并一再地受到妨碍,从而逐渐积累了紧张的情况而产生的情绪体验,它可以从轻微不满、生气、愠、怒、忿、激愤,到大哭、暴怒;恐惧是企图摆脱、逃避某种情景时所产生的情绪体验,这与快乐、愤怒是企图接近或达到引起快乐和愤怒的目标不一样,是由于个体缺乏处理或摆脱可怕事物的力量和能力而企图逃避某种情景。

2. 普鲁特奇科的情绪轮

普鲁特奇科通过对大量情绪词语评分的分析得出八种基本情绪的结论。普鲁特奇科将这八种基本情绪安排在如图 5-3 所示的情绪轮的内环,处于相对位置的情绪是相反的,比如快乐与悲伤。处于相连位置的情绪可以结合成更为复杂的情绪,这些情绪显示在情绪环的外环上,比如,爱是快乐和接受的结合。其他没有显示的一些情绪,诸如嫉妒和后悔,也是由情绪轮上的基本情绪组合而成。

3. 克雷奇的情绪分类

美国心理学家克雷奇(Krech)、克拉奇菲尔德(Crutchfield)和利维森(Livson)等人把情绪分做以下四类:

(1) 原始情绪。将快乐、愤怒、恐惧、悲哀视为最基本的或原始的情绪。

(2) 与感觉刺激有关的情绪。包括疼痛、厌恶和轻快。这类情绪可以是愉快的,也可以是不愉快的。

(3) 与自我评价有关的情绪。包括成功的与失败的情绪、骄傲与羞耻、内疚与悔恨等,这些情绪决定于一个人对自身行为与客观行为标准的

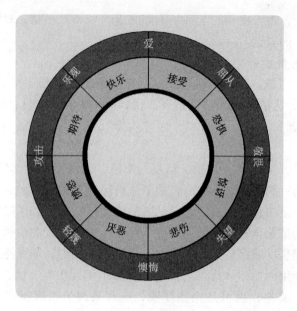

图 5-3 情绪轮

关系的知觉。

（4）与他人有关的情绪。发生在人与人之间的情绪种类似乎无限繁多，按照积极的与消极的维度，可以把它们分为爱和恨两个大类。

第二节 情绪在组织行为中的作用

■ 一、情感事件理论

情绪、情感是我们生活中的重要组成部分，但是情绪、情感如何影响工作态度、工作行为呢？Weiss 和 Cropanzano（1996）提出了一个旨在探讨组织成员在工作中经历的情感事件（affective events）、情感反应（affective reactions）与其态度及行为关系的理论，即情感事件理论（affective events theory，AET）。该理论指出，员工会对工作中发生的事情产生情绪反应，这些反应又影响到他们的满意度和工作绩效。

AET（Weiss & Cropanzano，1996）关注个体在工作中情绪反应的结构、诱因以及后果。如图 5-4 所示，工作环境包括工作的自主性、是否能够得到晋升的机会、福利待遇、领导风格等工作要素。稳定的工作环境特征（work environment features）会导致积极或者消极工作事件（work events）的发生。积极的工作事件令人振奋，消极的工作事件令人烦恼，前者有助于实现工作目标并与积极情绪反应相关，后者妨碍工作目标的实现并与消极情绪反应相关。特别要指出的是，并不是所有的工作事件都能诱发情绪反应，如一些温和的事件，它们与个体自身的目标、价值并不相关，这类事件也就不会诱发情绪反应，更多地则是对心境产生影响。另外，员工对于工作事件的情绪反应强度是各不相同的，员工的个人特点可以调节工作事件与情感反应的关系，如具有积极心境的个体对积极的情绪刺激（事件）更为敏感，因此可能会有更多的积极情绪反应，而具有消极心境的个体则相反。最后，由这些工作事件引发的个体情绪反应又进一步影响个体的态度与行为。

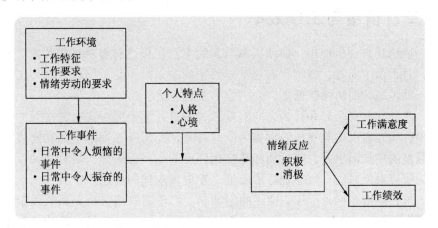

图 5-4 情感事件理论

情绪反应对行为的影响存在两条路径：一是直接由情感反应驱动的行为，即情感驱动行为（affect-driven behaviors）。如员工被领导批评，产生挫折或不愉快的情感反应，次日仅因心情不好而迟到或旷工。二是通过影响员工的工作态度（如工作满意度、组织承诺等）间接影响行为，称为判断驱动行为（judgment-driven behaviors），又称态度驱动行为。如员工离职一般不只是出于情绪冲动，更可能是长期消极情感体验的累积而导致工作满意度、组织承诺等工作态度的变化，深思熟虑之后对工作形成总体的评价判断，如"觉得这样不会有发展前景"，进而做出决策（Weiss, 2002）。

比如，一个常见的情境是，压力较大的工作条件（环境特征）易导致领导对组织成员的公开批评（工作事件），组织成员体验到愤怒或挫折（情绪反应）。当然，此时那些具有消极心境的人也许比具有积极心境的人更易体验到这种气愤或挫折（特质调节）。接着可能会直接导致当场与领导公开争吵（情感驱动行为），也可能因员工对工作有了更多的不满意（工作态度），而降低其继续留在公司的意愿并最终离职（判断驱动行为）。

总之，情感事件理论告诉我们两个非常重要的信息：第一，情绪帮助我们了解工作场所中令人烦恼及令人振奋的事件是如何影响员工的绩效和满意度的；第二，即便看起来微不足道，员工和管理人员也不能忽视情绪以及引起情绪的事件，因为它们会聚少成多。

二、情绪与工作效率

情绪具有动机作用，情绪状态与人的工作积极性有着密切的关系。那么，对于员工而言，情绪状态与工作效率的关系是不是情绪越高昂，工作效率就越高，而情绪越低落，人们的工作效率就越低？

心理学家对唤起和行为之间的复杂关系进行了研究。在有关学习的实验中，研究者以实验室里的动物为研究对象，发现其表现水平起初随着唤起强度的增加而上升，随后便随着唤起强度的增加而下降。研究者又以人类为研究对象对这一规律进行了验证，发现该规律同样适用于各种情况下的人群，其中包括处于压力之下的运动员。心理学家把这种关系叫作倒U形函数（inverted U function）（图5-5）。这意味着，过高或过低的唤起水平会让表现水平降低。那么，唤起水平取何值才能获得最佳工作效率呢？有两个要素需要考虑：

其一，不同任务的最优唤起水平是不同的。正如在图5-5中可以看到的那样，对于简单而熟练的任务，我们需要较高的唤起水平才能获得巅峰的表现。而对于需要许多思考和规划的复杂任务，我们达到巅峰表现的最

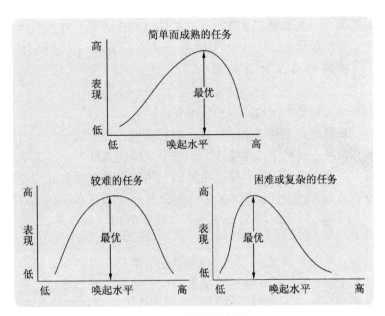

图 5-5 倒 U 形曲线

优唤起水平较低。所以,喝彩对篮球运动员来说也许是好事,但对进行脑外科手术的医生而言就不是了。

其二,不同个体的最优唤起水平是不同的。例如,有些人很享受诸如攀岩和跳伞这类危险运动所带来的刺激,而这些活动足以让大多数人产生过高的唤起水平,甚至让他们不知所措。马文·祖克曼对那些被称为"感觉狂"(sensation seeker)的人进行了研究,他认为这些人在生理上对高水平的刺激具有很大的需要。

总之,情绪的唤起水平与工作表现之间的倒 U 形曲线告诉我们,过高或过低的唤起水平都对工作表现无益,工作表现的好坏会随着任务的难易程度和唤起水平的高低而产生变化。对于简单或熟练的任务而言,较高的唤起水平能够改善员工的工作表现;对于困难或复杂的任务而言,较低的唤起水平反而能使员工获得更好的工作表现;适中的唤起水平对难度适中的任务是最佳的选择。

三、工作场所中情绪的作用

情绪在工作场所中的作用逐渐得到越来越多学者的关注,有些研究关注情绪对员工自身的影响，也有些研究关注情绪在人际互动中的作用。接下来，我们将从个体内、人际间两个层次来讨论工作场所中情绪的作用。

（一）情绪对员工自身的影响

1. 动机

关于情绪如何影响动机，存在以下观点：

其一，积极的心境和情绪能够显著增强动机。持有这一观点的研究强调了心境和情绪在动机中的重要性。其中一项研究是让两组人猜字谜，通过让一组人首先观看有趣的视频，使他们在猜谜之前有个良好的心境；另一组人没有看短片，直接就开始猜谜。结果显示，拥有积极心境的那一组更相信自己有能力猜出字谜，从而付出更多努力，最终解出了更多的字谜。

其二，情绪或心境对助人行为和绩效评估都存在显著促进作用。一项研究观察了中国台湾地区保险销售员的心境。拥有良好心境的销售员会给同伴提供更多帮助，而且自我感觉更好。这些因素反过来导致较高的绩效，包括更高的销售额和上级给出的高绩效评级。

其三，"情绪或心境—工作绩效—绩效反馈"存在着一个循环。具体而言，工作绩效的反馈——无论是真实的还是虚假的，都会影响人们的情绪或心境，情绪或心境又会反过来影响他们的动机水平。即愉快的情绪或心境使人们更具创造性，因此他们会获得更积极的工作反馈。积极的反馈进一步强化了他们愉快的情绪或心境，这种积极的情绪又让他们的绩效变得更好。

2. 工作态度

情感事件理论已从理论视角分析了情绪影响工作态度的原理，两者的关系也得到了一些实证研究的证实。例如，有一项研究检验了情感反应影响工作态度这段路径。该研究首先从其他量表中抽取了一些描述情感反应的项目，最终形成并概括了共 16 个项目（其中描述积极与消极情绪方面的项目各 8 条）的工作情绪量表（job emotions scale，JES），随后采用经验抽样的方法对 124 名员工进行了实证研究，结果发现员工在工作过程中的积极情绪和消极情绪出现的频率、强度与总体工作满意度密切相关，且较之强度，频率与工作满意度的关系更为密切。

3. 创造性

关于情绪和创造性之间的关系，还没有定论。有的研究认为，相较于情绪或心境糟糕的员工,情绪或心境好的员工更富创造性。这些员工会有更多的想法,他们的想法也更容易受到他人的认可,因而,他们倾向于做出更具创造性的选择。为什么心境愉悦或情绪积极的人更具创造性?一种解释是他们更灵活变通、思想开放。基于此,有些组织提倡快乐的工作氛围,或者采取举措让员工保持快乐,因为积极的情绪会带来更好的心境,良好的情绪和心境又会提高他们的创造性。但是,也有研究认为,积极的心境并不会使员工更有创造性。这是因为,处于积极情绪或心境中的员工,他们会认为"诸事进展顺利,我不需要考虑新的想法",此时,他们会比较放松,不会用批判性思维思考问题,而这种思维方式无疑是创造性所必需的。

出现矛盾观点的原因可能在于对情绪和心境的看法存在不同。我们可以考虑将积极或消极的情感概念化为活化情感(active feelings)和钝化心境(deactivating moods),愤怒、害怕或者欣喜等都是活化情感,无论它们积极与否,都会带来更多的创造性;悲伤、失望或者平静等都是钝化心境,无论积极与否,都会产生较少的创造性。

4. 决策

组织中决策研究的传统方法强调理性的作用,排斥情绪的影响,研究者们热衷于建立理性决策的数学模型。自 Kahneman 和 Tversky 提出前景理论后,产生了以预期情绪为主的后悔和失望理论,以及主观预期愉悦理论。组织行为学领域的研究者开始发现,情绪和心境对决策具有重要影响。

近年来随着对情绪与认知关系研究的深入,对情绪影响决策过程的认识也逐渐全面与深刻。Loewenstein 等人提出的风险即情绪模型(如图 5-6)在目前具有代表性:它表明决策过程中不仅存在受认知评估影响的预期情绪,还存在不受认知评估影响的即时情绪。这些情绪可以直接影响决策行为,影响认知评估。

5. 工作场所中的不良行为

工作场所中的不良行为普遍存在,并对组织或个人造成严重的消极影响。反生产行为和偏差行为是两种比较常见的工作场所中的不良行为。已有研究逐渐认识到情绪对这些行为的影响,比如在充满压力和不公平的组织环境中,员工会产生消极的情绪(如气愤),进而更有可能产生反生产行为,而员工的高公平感等积极情绪则可能促使员工产生更多的组织公民

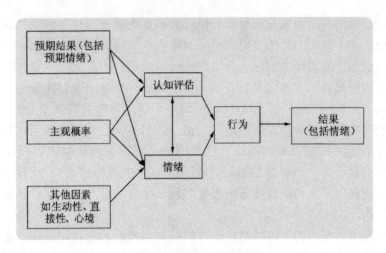

图 5-6　风险即情绪模型

行为。

在组织中，我们也常常可以遇见因组织资源分配不公而产生负面后果的情况，而情绪则在其中起了中介作用。例如，当你怨恨别人得到了你没有得到而又十分渴望的东西（如较好的工作任务、更大的办公室、更高的收入）时，就会产生嫉妒心理。它会导致怀有恶意的偏差行为，如以卑鄙的手段陷害别人，恶意歪曲别人的成功，夸大自己的成绩。

需要指出的是，并非所有消极情绪都将导致不良行为。一项针对巴基斯坦电信和 IT 从业人员的调查显示，愤怒会引起激进的不良行为，但悲伤的情绪却不会产生这样的结果。因而，管理者需要认真对待员工表现出的愤怒情绪，因为愤怒的员工可能对他人采取激进行为，一旦攻击开始，其他人也会变得愤怒和咄咄逼人，不良行为就会恶化升级。

6. 工作中的安全与伤害

一些研究将消极情感和不断增加的工作中的工伤联系起来，并发现，如果能够保证工人在处于糟糕的心境时不去进行具有潜在危险的活动，雇主则可以提高员工的健康和安全水平（也减少了成本）。糟糕的心境为何易导致工作中的伤害，原因有以下三点：（1）处于消极心境中的人更加焦虑，这可能会使他们不能有效地处理危险；（2）一个总是担惊受怕的人会对安全防护措施持更悲观的态度，因而他觉得自己无论如何都会受到伤害，这种消极的预期和心境将使其在面临威胁的时候惊慌失措；

（3）消极的心境也会分散人们的注意力，而注意力的分散显然会导致粗心的行为。

（二）人际互动中情绪的影响

1. 领导者情绪

组织中的领导者通过面部表情、语气语调、肢体动作等非言语行为表现自己的情绪，这种情绪为员工所感知并进而影响其行为。根据情感事件理论，领导者情绪及其情绪表现是员工环境中的重要情绪事件，会引发员工的情绪反应。在个体层面上，领导者情绪可以通过情绪传染影响下属情绪，也可以通过领导行为间接作用于下属情绪，进而影响其工作结果，包括员工的任务绩效、组织公民行为和工作满意度。领导情绪也可以通过情绪感染和交叉等机制来影响团队情绪基调。团队情绪基调一方面可能反过来对下属个体情绪产生影响，另一方面可以通过影响团队过程变量，最终作用于团队绩效。一项研究表明，通过分享彼此的情绪，变革型领导可以鼓舞追随者的积极情绪，从而获得更好的任务绩效。

2. 谈判

谈判是一个情绪化过程，但是我们经常会说一个有技巧的谈判者"面无表情"。英国 Poker Channel 的创始人格里斯平·尼伯尔说："这是一场虚张声势的游戏，各种有趣的人类情绪和紧张感都会在这里体现……"一些研究发现可以通过假装愤怒获得谈判优势。这是因为愤怒的情绪表现会使对手得出结论：谈判者已经做了所有能做的退让。然而，表现愤怒的手段并不适用于所有情况，当谈判者拥有的信息较少或者不如对手强大时，会得到更糟糕的结果，因为强大且消息灵通的人士并不愿意遇到一个愤怒的对手。

3. 客户服务

员工的情绪状态会影响他们的客户服务，客户服务又会影响业务水平和顾客满意度。基于情绪感染（emotional contagion）的视角，员工的情绪会转移到顾客身上，也就是顾客可以从员工那里受到情绪的"感染"。那么，情绪感染是如何产生的呢？主要的解释是：当某人情绪积极并且冲你大笑或微笑时，你倾向于以积极的方式回应他。因此，当员工表达积极情绪的时候，顾客就会积极回应。情绪感染之所以重要，是因为当顾客受到员工的积极心境或情绪感染的时候，他们的购买行为就会更长久。消极情绪和心境又将产生何种影响呢？它们也具有感染力吗？绝对如此。比如说，当员工感到自己受到组织的不公平对待时，他将产生消极的情绪和心境，并很难展示出组织所希望的积极情绪，进而影响顾客的情绪和购买行为。

需要注意的是，提供高质量的客户服务是组织对员工提出的要求，而这常常会让他们处于情绪失调状态。随着时间的推移，这会带来一些负面影响，比如，导致工作倦怠、降低工作绩效和工作满意度等。

第三节　情绪管理

情绪对组织及其成员都有重要意义，积极的情绪会激发人们工作的热情和潜力；而消极情绪若不适时疏导，轻则败坏兴致，重则使人走向崩溃。如何在工作场所中正确把握情绪是一个重要议题。情绪管理就是以最恰当的方式来感知和调整情绪，换言之，是在适当的时间和适当的场合，对适当的对象恰如其分地表达情绪。

一、情绪劳动

随着服务业在整个国民经济中的比重不断提高，大部分员工通常都被期望在工作中管理自己的情绪。在人们因工作需要与顾客或其他人进行频繁长期的语言交流或面对面接触时，他们会感受更多的情绪劳动。例如，看护室的护士在隐藏自己疲乏、愤怒和其他真实情绪的同时，必须表现出礼貌，提高积极情绪，控制内在情绪。在那些要求员工表现出多种情绪（如高兴和愤怒）或者强烈情绪（如欣喜若狂，而不是浅浅微笑）的场所，情绪劳动更具有挑战性。

（一）情绪劳动的概念

情绪劳动其实质就是员工与顾客的相互交往，在面对面、声音对声音的交往中，员工都被要求表达适当的情绪。例如，空姐被要求即使面对傲慢无礼的乘客也必须表示友好；护士必须对病人表示同情；银行职员必须以良好的情绪状态而不是板着面孔来显示对他人的信任；商场营业员必须以微笑来面对顾客。Morris 和 Feldman（1996）把情绪劳动定义为"在人际交往中，员工为表现出令组织满意的情绪所进行的努力、计划和控制"。

情绪劳动应具备以下特征：

（1）情绪劳动是员工与顾客、供应商或其他人之间互动的产物。情绪劳动必须建立在员工与顾客或其他人面对面、声音对声音的基础上，涉及较多的情绪控制、产生及表现问题。

（2）情绪劳动是通过有目的地表现情绪来影响他人的情绪、态度和行为的过程。情绪劳动的目的就是按规定影响他人的情绪。例如，医生的主要任务是诊断与治疗疾病，有些诊断和治疗方法会导致病人感到害怕甚至恐惧，这时，医生就必须通过情绪劳动来改变病人的情绪，使之得到安慰。

（3）情绪的表现要遵循一定的规则。情绪表达规则实际上是一种行为规范，许多公司虽然没有明确制定情绪表达规则，但常常把它包含在组织文化或工作描述以及任务说明书中。服务性企业则往往明文规定一些情绪表达规则。

（二）情绪劳动的策略

情绪劳动主要是员工按照组织的要求对自己的情绪加以控制和表达的过程。那么，在工作中员工如何进行情绪控制呢？Ashforth 和 Humphrey（1993）提出了四种策略。

（1）自主调节。这种策略把情绪看作是一种自主的体验过程，此时，情绪劳动是以自动模式来完成的，不需要有意识地努力。如护士看见一个受伤的孩子自然会表现出对孩子的同情，这种同情心是一种自然的反应。

（2）表面扮演。该策略是指员工尽量调控表情行为以表现出组织所要求的情绪，而内心的感受并不发生改变，此时，员工内心的感受与外部表情之间是分离的。我们常说的"陪笑脸"说的就是表面扮演。

（3）深层扮演。深层扮演策略就是指为了按要求进入角色，尽量去体验必须产生的情绪，此时，表情行为是发自内心的，员工要对表情行为和内心感受同时进行管理，做到表里如一。例如，一名售货员在家与丈夫吵了架，心情抑郁、气愤，但在面对顾客时，她就必须努力排除抑郁和气愤的心情，在内心体验到真诚的快乐，脸带笑容地面对顾客。

（4）失调扮演。这种策略要求员工保持平静的中性心情去应对各种环境刺激以便集中精力去完成主要任务，此时，员工内心的体验与外部的情绪表达是不一致的，表面上表现出职业所需的情绪，而内心仍保持中性。

例如，一名银行经理在为一个几百万元的贷款项目进行谈判时，尽管在谈判过程中有各种各样的表情，但内心却一直保持镇静和中性。

二、情绪智力

情绪劳动有助于组织目标的实现，有利于协调和改善与顾客的关系，企业组织首先期望通过培训来指导员工表达出适当微妙行为情绪。随着培训的深入，一些公司领导开始认为支持情绪劳动最好的方式就是雇佣表现出期望情绪的自然趋势的员工。也就是说，我们接下来所要讨论的情绪智力将帮助员工更好地表现出组织所期待的情绪。

（一）情绪智力的概念

Salovey 和 Mayer 把情绪智力看作是个体准确、有效地加工情绪信息的能力集合，认为"情绪智力是觉知和表达情绪、情绪促进思维、理解和分析情绪以及调控自己与他人情绪的能力"，并在此基础上概括出情绪智力所包括的四级能力：

(1) 情绪的感知和表达能力。它是指从自己的生理状态、情感体验和思想中辨认和表达情绪的能力；从他人、艺术活动、语言中辨认和表达情绪的能力。

(2) 情绪对思维的促进能力。它是指情绪促进认知行为使解决问题、推理、决策和创造性行为更为有效的能力，包括情绪对思维的引导，情绪对信息注意方向的影响，心境的起伏对思维的影响，情绪状态对问题解决的影响等多方面的能力。

(3) 情绪理解能力。它是指认识情绪本身与语言表达之间关系的能力。例如对"爱"与"喜欢"之间区别的认识，理解情绪所传送的意义的能力，理解复杂心情的能力，认识情绪转换可能性的能力，等等。

(4) 情绪管理能力。它是指根据所获得的信息，判断并成熟地进入或离开某种情绪的能力，觉察与自己和他人有关的情绪的能力，调节与别人的情绪之间的关系的能力，等等。

这四种能力在发展与成熟过程中有一定的次序先后和级别之分。情绪的感知和表达能力处于最底层，是最基本和最先发展的能力，同时也为其他能力提供了基础。情绪对思维的促进能力和情绪理解能力在此基础上不断递进。情绪管理能力比较成熟而且要到后期才能发展。

（二）情绪智力与工作绩效

情绪智力与工作绩效的关系已成为工业与组织心理学领域的一个重要研究课题。基于情绪智力的不同理论模型，采用情绪智力的不同测验方法和测验工具，研究者针对情绪智力与工作绩效的关系开展了大量研究，积累了丰硕的研究成果。在实践应用领域，为了帮助员工更好地适应工作岗位、表现出良好的工作绩效，管理者在员工招募和培训等环节也广泛应用了情绪智力与工作绩效关系的相关理论和研究成果。

一般而言，情绪智力与工作绩效间存在显著的正向关系。情绪智力代表一套能力，它使我们善于感觉、理解以及调节自己和他人的情绪，这有助于产生较高的工作绩效。一项研究考察了11位美国总统的成败——从富兰克林·罗斯福到比尔·克林顿。研究用六项特征来评估他们：沟通、组织、政治技能、愿景规划、认知风格、情绪智力。研究发现，区分成功总统（如罗斯福、肯尼迪、里根）与不成功总统（如约翰逊、卡特、尼克松）的关键品质是情绪智力。

然而，也有研究指出，情绪智力并不会总是有利于工作绩效。Joseph和Newman（2010）的一项元分析指出，情绪智力与工作绩效间并没有一致性的关系，即当工作需要倾注大量的情绪时，情绪智力越高，绩效越好；反之，对于不需要倾注过多情绪的工作，高情绪智力可能是缺点而非优点。Grant（2014）对情绪智力之于工作绩效可能的负面效应做出了解释，即在无须过多情绪活动的工作中，高情绪智力的员工在本应专心完成任务的时候，把注意力放在了情绪上。比如，在分析数据或修理汽车的工作中，察言观色会分散注意力。Khanna & Mishra（2017）也提出了类似的观点，认为情绪智力并不会总是有利于工作绩效，尤其是在对情绪需求较少的工作中，例如，对于机械师、科学家、宇航员等而言，高情绪智力是缺点而非优点。

三、情绪调节

你是否曾在情绪低落的时候试图让自己振作起来，或者在愤怒的时候努力使自己平静下来？如果你有过这样的经历，那就说明你曾调节过自己的情绪。情绪调节虽然属于情绪智力的范畴，但是越来越多的人开始将它作为一个独立的概念进行研究。情绪调节领域的研究通常关注人们在改变自己的情绪时所采用的策略。从目前的结果来看，有效的情绪调节技巧包括调节认知、适度宣泄、转移注意、放松身体等。每个人可以根据自己的实际情况，选择最为恰当的方法。

（一）调节认知

情绪的产生是受认知影响的，对于生活事件的不同评价往往让人产生不同的情绪体验。对于一个中性的生活事件（或者一个积极因素与消极因素并存的生活事件），当人们尝试对其做出积极解释时会更多地体验到积极情绪；当人们尝试对其做出消极解释时，则会更多地体验到消极情绪。负面情绪的产生，通常会和某些特定压力因素的客观存在有关。这种情境下，个体倾向于对压力因素做出消极解释，或夸大事件的消极意义，漠视事件中的积极意义。事实上绝大多数工作、生活事件对于我们而言都是积极意义与消极意义并存的。因此，当工作、生活中压力事件降临时，学会正确分析，从消极因素中发现积极意义是解决情绪困扰的一种重要策略。调整认知也常被称为"光明思维"。

（二）适度宣泄

正确认知是解决情绪困扰的一种有效策略，但对于有些已经陷入某种消极情绪体验中的人而言，可能一时难以调整好。此时，比较好的方法是在合适的场合发泄出来。当员工出现不良情绪时，可以采取两种主要宣泄形式：一是谈话，通过谈话，他可倾泻心中的郁闷、不满，卸掉心理上的沉重负担；另一种是建立情绪发泄室，员工可在其中尽情发泄，直到情绪得以缓解。此外，有研究表明把消极的体验记录下来，如通过写信、写日记、绘画等形式发泄自己的不满，也能取得比较理想的宣泄效果。一般说来，在消极情绪下，个体容易变得思维狭窄、固执、偏激，缺乏对行为后果的预见性。通过适度发泄，可以缓解心理压力，有利于恢复正常的认知、情绪状态。

（三）转移注意

遇到烦恼苦闷之事，有时也可以采取暂时回避的方式，把注意力从引起消极情绪的事情上转移到新的活动中。活动可以是多种多样自己感兴趣的事情，如尝试看看电影、听听音乐、散步、购物、旅游……在这些活动中，人们极有可能忘却不愉快，使情绪恢复到常态。

（四）放松身体

身体的放松也是解决情绪困扰的一种有效手段。情绪体验通常都是和某些平时我们不太可能意识到的生理变化联系在一起的,通过放松练习,调节生理规律,有助于恢复情绪的平静。常用的放松手段有深呼吸放松、冥想放松、肌肉放松等。

需要指出的是,虽然从某些方面来看调节情绪有一定的好处,但研究表明,改变自己的真实感受也存在某些弊端。改变情绪就意味着付出努力,这个过程可能会让人筋疲力尽。有的时候,试图改变某种情绪反而会使这种情绪变得更强烈。比如,说服自己不要害怕某个事物的同时,你也在强调它,这会让你更加害怕。从另一个角度来看,研究表明,回避消极情绪不太可能带来积极情绪,与其这样,不如主动寻求积极的情绪体验。比如,和朋友交流更有可能为你带来积极的心境,这比回避同事之间的不愉快交谈更有效。

思 考 题

1. 区分情感、情绪和心境。
2. 举例说明情感事件理论在工作中的应用。
3. 简述情绪与工作效率的关系,试列举实例分析说明。
4. 在当前大学校园内,经常听到学生说"郁闷"一词,你对此有何感想?结合本章的学习,你觉得可以采取哪些措施有效地加以改善?

案例分析

工作的时候大哭合适吗?

正如本章所示,情绪在工作中是不可避免的。与此同时,人们还无法毫无顾忌地在工作中表达情绪。也许是因为现行商业文化和礼仪不允许人们流露出过于明显的情绪。问题是:组织能否提高情绪管理的能力?在工作中叫喊、大笑或者哭泣,这些行为合适吗?

有人质疑,在工作场合表达更多的情绪是否真的有好处。正如本章指出的,情绪是人们对环境做出的一种不自主的生理反应,因此,情绪很难控制。22岁的客服代表劳拉参与了一项案例研究,她指出,恐惧和愤怒常被用来控制员工,这种用情绪来操纵他们的方式令员工非常不满。在另一项案例研究中,一个主流电视网的主席在工作中只要出现任何差错,就会对员工大喊大叫,使员工在情感上受到伤害,对公司也缺乏忠诚度。和劳拉一样，这家公司的员工不愿对老板的情绪爆发做出真实的反应，因为害怕被贴上"软弱"或者"没用"的标签。这些人工作的环境似乎非常情绪化，但实际上，工作场合可以表露的情绪是很有限的。在许多组织中，比起悲伤的情绪，人们更能接受愤怒，而愤怒可能造成严重的后果。许多人发现，如果有人对他们发脾气的话，他们会因此消极很久，难以专注于工作，而那些大喊大叫的人则显得情商很低。

还有人认为，能有效识别并处理情绪的组织更具创造力，更令员工满意，生产力也更高。例如，劳拉说，如果她可以无所畏惧地表达自己在情感上受到的伤害，她对工作的满意度将会大大提升。换句话说，劳拉的公司所面临的问题不在于表达了什么样的情绪，而在于没能很好地应对情绪的表达。其他人指出，利用情绪方面的知识——如读取并理解他人反应的能力——对不同的工作者来说都是至关重要的，无论是销售人员、客服代表，还是经理、高管。一项调查发现，88%的工作者认为，能够敏锐地察觉他人的情绪是种宝贵的资产。管理顾问文瑞卡·安德森指出："对于工作时大哭的行为，人们的态度正在转变，这也许可以打开改变的大门。"那么接下来的问题是，组织如何做到逐步允许情绪表达，但又不至于打开潘多拉魔盒，引起情绪的爆发。

资料来源：斯蒂芬·P. 罗宾斯, 蒂莫西·A. 贾奇. 组织行为学（第16版）. 孙健敏，李原译. 北京：中国人民大学出版社，2017.

问题：

1. 你是否认为有策略地使用和表达情绪有保护员工的效果？或者说，如果在工作中掩饰真实的情感，带来的问题会比解决的问题多吗？

2. 在你的经验中，有没有哪家公司把情绪作为管理的一部分？根据你的经验，描述这种方式的优点和缺点。

3. 研究表明，同事和管理者的行为导致的负面情绪（分别占37%和22%），比客户引起的负面情绪（7%）要多。劳拉所在的公司可以通过哪些措施来改变整个情绪氛围？

第六章

知觉与归因

学习目标

- 理解并掌握知觉、归因的定义。
- 掌握直觉加工的途径及影响因素。
- 了解社会知觉的含义以及几种社会知觉偏差。
- 了解常见的印象管理的策略。
- 理解并掌握归因以及关于归因的理论。

引入案例

刻板印象产生的知觉偏差

对农民工歧视的结果会损害组织的利益与员工个人的利益,然而这种现象却大量地存在于企业组织中。无论媒体如何宣传农民工对城市建设的贡献有多大,很多人仍然持有对农民工的偏见,这是知觉中的刻板印象所致。这种现象导致LD建筑公司产生了一场风波。

这场风波的导火索来自一位前维修队的农民工李迪。李迪向法院起诉公司对他的解雇行为。根据对现在和以前的员工进行的一系列调查和询问,以及公司的法庭陈述,在李迪工作的公司及维修队内部存在着大量的对农民工的歧视行为。例如,做同样的工作,农民工拿到的工资只是固定工的1/3;在就餐标准、住宿条件等方面农民工的待遇也相当差。前不久,李迪在工作中与一位管理者因为工程质量问题发生口角,这位管理者用极其下流的语言对李迪进行侮辱,并动手打了李迪。事后,这个管理者还在小黑板上写了一些针对农民工的歧视性口号。李迪在这个维修队工作了5年,由于技术好,工作绩效不错,在维修队的威信较高。这件事,引起了维修队里农民工们的强烈不满。为了平息事态,避免维修队中的农民工闹事,公司解雇了李迪。

李迪被解雇的事情,在公司和维修队引起了不同的反应,一些人认为,农民工没有资格和权利过问工程质量问题,更没有理由与管理者就一些问题进行争论;另外一些人认为,解雇李迪是错误的决定,对于留住有用人才,提高工作绩效都是不利的。

资料来源:周菲. 组织行为学. 北京:机械工业出版社,2007.

第一节　知觉概述

■ 一、知觉的含义

从广义上讲，知觉是指理解环境中客体和事件的总过程，包括感觉它们，理解它们，识别和再认识它们，以及准备对它们做出反应。与知觉高度相关的一个概念是感觉，它是人脑对直接作用于感觉器官的客观事物的个别属性的反映。而知觉是人脑对客观事物的整体反映。亦即知觉一般是人脑在感觉信息的基础上，结合知识、经验，对客观事物做出解释的认知过程。

肯基的知觉体验

肯基在非洲位于赤道附近一个叫俾格米的部落中长大，自出生以来就只居住在茂密的热带森林中。有一天，他第一次和人类学家科林·托恩布尔一同乘车穿越一个开阔的平原。后来，托恩布尔这样描述肯基的反应：

"肯基远眺平原上几英里以外大概一百头左右正在吃草的一群野牛，问我那是哪一种昆虫。我告诉他它们是比他所认识的森林野牛大一倍的野牛。肯基大笑着要我别讲这样的蠢话，并再次问我它们是哪一种昆虫。然后他自言自语，为了找出更合理的比较，试图把那些野牛比作他熟悉的那些甲虫和蚂蚁。

当我们坐上汽车向这些野牛吃草的地方行进时，肯基还在做这样的比较。尽管肯基和其他俾格米人一样勇敢，当他看到那些野牛变得越来越大时，坐得离我越来越近，嘴里嘀咕着说一定有什么魔力……终于当他认识到它们真的是野牛时，他不再害怕了，但仍然感到困惑，为什么刚才它们看起来那么小，是否刚才真是那么小而现在突然变大了，或者是不是有什么骗术？"

资料来源：格里格，津巴多著. 心理学与生活（第19版）. 王垒，王甦等译. 北京：人民邮电出版社，2016：102.

二、知觉的类型

根据知觉反映的客观事物的特性的不同,我们可以把知觉分为空间知觉、时间知觉和运动知觉。

空间知觉:是对物体的大小、形状、方位、远近等空间特性的知觉。它包括大小知觉、形状知觉、方位知觉和距离知觉等,是多种感受器协同活动的结果。

时间知觉:是对客观事物的延续性和顺序性的反映。

运动知觉:是个体对物体空间移动以及移动速度的反映。例如,鱼在水里游、鸟在天上飞等。运动知觉让人们可以分辨物体的运动和静止以及运动速度的快、慢。

三、知觉的加工

知觉的加工主要可以分为两种途径,分别是自下而上加工(bottom-up processing)和自上而下加工(top-down processing)(如图6-1所示)。前者是指我们的知觉表达来自感觉输入的信息。换言之,我们将一个个细小的感觉信息加以拼凑和整合,进而形成完整的知觉。例如在听音乐的时候,当我们听到一段很有特色的旋律时,我们可能会突然发现这支曲子是贝多芬的作品。后者是指我们的知觉表达受到自己先验知识、期望、动机及其他高级精神活动的影响。也就是说我们通过自己所拥有的既有知识、经验等,找到若干关键特征,并把各种感觉特征组合成一个有意义的整体。例如当我们在游乐场等自己的朋友时,我们不会把每个路人都与自己的朋友做比较,而是我们的脑子里有一个自己朋友的整体形象,当走过来的人符合该形象时,我们才会进一步辨认是不是自己的朋友。

设想我们去欣赏毕加索的名作《格尔尼卡》的情景。当我们第一次观赏时,我们所使用的是自下而上的加工:从各项特征中,我们可以辨识出被扭曲或简化的公牛或者人体。之后我们再一次观赏这幅画时,我们使用的是自上而下的加工,亦即受到先前经验和记忆的影响,我们可以立刻就看到画面中所呈现出来的那些东西。

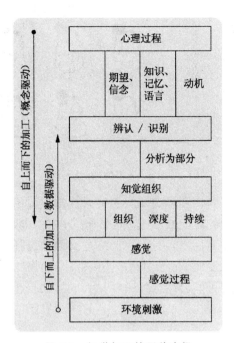

图 6-1　知觉加工的两种途径

■ 四、影响知觉的因素

在很多时候，不同的人对于相同的事物会产生不同的知觉。这是因为很多因素都会影响到个体知觉的形成。这些因素大致可以分为知觉者、知觉对象、知觉情境三个方面。

影响知觉的知觉者因素包括人格、兴趣、动机、经验、态度和期望等。例如，你可能会预期知识分子是文质彬彬的，老年人是古板守旧的，地铁上不主动给老人、孕妇或小孩让座的年轻人是缺乏公德的。在这种情况下，即使他们实际上并不具有这些特质，你也会如此感知他们。

再比如图 6-2 中的两幅图。如果我们一开始将图 6-2（1）知觉为一位男士的脸，那么我们将图 6-2（2）一直知觉为一位男士的脸；相反，如果我们一开始是将图 6-2（1）知觉为一位女士，那么我们对图 6-2（2）的知觉结果很可能也一直不会发生变化。但实际上如果没有图 6-2（1）这个先前经验的影响，我们很多人会将其知觉为一位男士的脸。

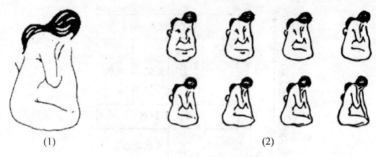

图 6-2　男性/女性

　　知觉对象的特点同样会影响知觉的结果。知觉对象与环境或背景的对比度越大，被注意到的可能性就越大。因此那些体积较大、强度较高、运动变化、色彩鲜艳的事物更容易被人们注意到而被选择为知觉的对象。相反，那些体积小、强度低、静止不动、色彩昏暗的事物则容易被忽略。比如，一个远足者更有可能会注意到一棵长大成材的松树，却不太可能注意到一棵幼树。再比如，在人群当中，漂亮的人和丑陋的人更容易引起他人的注意。

　　每一种知觉都是在特定的情境中产生的，因此情境的特征也会影响个体的知觉。典型的情境特征包括我们感知客体或事件的时间、地点、光线和温度等。例如在周末晚上的舞会上，一位打扮妖娆的年轻女性可能并不会引起他人太多的关注，而一位身着学生装的年轻女性则格外扎眼。而如果这两位女性以同样的穿着出现在周一上午的组织行为学课堂上，则前者很容易引起其他人的注意，后者则大概不会让人注意到。这其实就是因为情境发生了变化。情境的影响主要体现在三个方面：一是知觉者选择什么样的刺激；二是知觉者如何解释刺激；三是知觉者对刺激的添加和想象。

　　另外，个体出生的文化背景也决定其很多生活经验和知觉过程。例如一项研究发现，日本、中国台湾、墨西哥和美国企业的管理者在对准时的认知方面存在着显著差异。一般而言，美国企业的管理者认为一个同事在过了约定时间七分钟后才到达一个重要的商业会议的现场就是迟到了。其他三个国家和地区的企业管理者则对迟到现象有更高的容忍度，他们认为一个同事比约定时间晚到十到十二分钟才会被认为是迟到了。

五、知觉的特性

（一）知觉的整体性

尽管知觉对象由许多个别属性组成，但我们不会把它感知为若干相互独立的部分。相反，我们倾向于将之感知为一个统一的整体。即使有的时候知觉对象在客观上是不完整的，我们也以自己的过去经验来补充当时获得的感觉信息，使之成为具有一定结构的完整整体。古语有窥一斑而知全豹的说法，也就是通过豹子的一个斑点，可以得出这个动物是豹子。这体现的就是从部分推整体的过程，此即知觉的整体性。

图 6-3 达尔马提亚狗

（二）知觉的选择性

作用于我们感官的客观事物是纷繁多样的，我们不可能在瞬间全部清楚地感知它们。相反，我们按照自身的某些需要和目的，主动而有意地选择少数事物（或其一部分）作为知觉的对象，或无意识地被某种事物所吸引，以之为知觉对象，对之产生清晰、鲜明的知觉印象，而把其余事物作为知觉的背景，只产生比较模糊的知觉印象。

知觉的选择性既受知觉对象特点的影响，又受知觉者本人主观因素（如兴趣、爱好、态度、情绪、知识经验、能力等）的影响。

图 6-4 老妇人/少女

（三）知觉的组织性

人体接收到感觉信息后，必须通过组织才能形成一个有意义的知觉。其中最简单的方式就是把感觉信息建构成一个背景和背景之上的图形，即背景—图形组织，它是我们人类的一种天生的能力。组织性对于人类而言是非常重要的，如果没有组织性，我们就无法辨识出物体。知觉的组织所根据的是完形法则，具体分为：

相似原则：我们习惯于把颜色、形状、大小相似的物体视为一组。

邻近法则：我们习惯于把空间上较为接近的事物视为一组。

闭合原则：我们的知觉会把实际上并不完整的图形视为一个闭合的图形。

连续原则：我们的知觉偏好连续的图形，而不喜欢支离破碎的图形。

同域原则：我们容易将处于同一地带或同一区域的物体视为一组。

对称原则：我们习惯于把对称的图形视为一组。

（四）知觉的理解性

所谓知觉的理解性是指我们根据已有的知识经验对感知到的事物进行解释的过程。换言之，我们在感知一个对象或现象时，不仅直接反映其整体形象，还会根据自己以往获得的知识经验来解释和判断这一对象或现象，并用语言来描述它，使它具有一定的意义。典型的例子就是"1 000个人眼中有1 000个哈姆雷特"。正是由于人们的知识经验的不同，因此对于同样的人物"哈姆雷特"就会有不一样的认识和理解。再比如，一位老师带着学生去黄山春游。走到某处，这位老师告诉学生该处一块石头叫"金鸡叫天门"，学生一开始觉得不像公鸡，但后来却越看越像。

（五）知觉的恒常性

各种形式的视觉信息被我们的视觉器官接收时，常常会发生各种变化，从而使我们的视觉结果有所不同。不过由于知觉的恒常性，即使物体特征发生变化，我们也知道该物体是不变的。知觉恒常性包括形状恒常性、大小恒常性、亮度和颜色恒常性等。

形状恒常性。当我们看物体的视角不同时，物体投射到我们眼中的形状也会发生改变。然而我们并不会觉得物体的形状发生了改变，此即形状恒常性。例如，不论坐在教室的哪一个座位上，我们看到的教室房门总是长方形的，而不会因为观看角度不同造成它在视网膜上的影像不同而认为它变成了菱形或梯形。

大小恒常性。在知觉过程中，虽然物体投射在我们视网膜上的大小在变化，但我们的知觉会认为物体的大小没有发生变化。大小恒常性可以帮助我们更好地了解物体变化的意义。设想一个人从你身边慢慢向前走远，你看到这个人的影像会越来越小，但你知道这并不意味着那个人真的变小了，而是因为他越来越远离你。

亮度和颜色恒常性。有的时候，虽然视觉结果告诉我们物体的亮度或颜色正在变化，但我们的知觉却仍旧认为其亮度或颜色并未变化。例如，不论是在中午的强光下还是在傍晚的暗淡光线下，我们看到的粉笔总是白的，煤炭总是黑的，国旗总是红的，不会因光照的不同而变化。

颜色恒常性。有的时候，虽然视觉结果告诉我们一些熟悉的物体的颜色正在变化，但我们的知觉却仍旧认为其颜色并未变化。例如，除非色盲者，我们一般人戴上太阳眼镜后，即使外界的物体颜色有所改变，我们也不会因此而对熟知物体的颜色做出错误判断。

亮度恒常性。这是指当物体表面反射到我们眼中的光线数量不同时，我们的眼睛尽管感觉到亮度不同，我们的知觉却认为亮度没有发生变化。例如，一支粉笔无论是放在明亮处还是放在昏暗处，我们都知道它是白色的；一张相片中一个人的脸部一半晦暗一半明亮，我们知道那是拍照时角度与明度不同所致，而不会误认为此人是"黑白郎君"或者面部伤残者。

六、错觉

（一）错觉的内涵和表现

错觉是人们对客观事物错误的知觉，是知觉对客观刺激的歪曲反映。人类很早就已经发现了错觉现象。例如《列子》中记载：孔子东游，见两小儿辩斗，问其故。一儿曰："我以日始出时去人近，而日中时远也。"一儿以日初出远，而日中时近也。一儿曰："日初出大如车盖。及日中则如盘盂，此不为远者小而近者大乎？"一儿曰："日初出沧沧凉凉，及其日中如探汤，此不为近者热而远者凉乎？"孔子不能决也。两小儿笑曰："孰为汝多知乎？"这就是我们非常熟知的两小儿辩日的故事，也是错觉的一个非常典型的例子。心理学文献中记载的第一个错觉现象被称为亚里士多德错觉。亚里士多德发现，将食指和中指交叉，中间加上圆珠，就会有两个圆珠的感觉。这其实是皮肤错觉所致。

不同的感觉都可以发生错觉现象，最常见的错觉是视错觉。以下是一些视错觉的例子：

长短错觉：相同长度的东西，因为放置的方向不同或存在一些环境因素，看起来长短不一样。缪勒-莱依尔错觉就属于这一类。

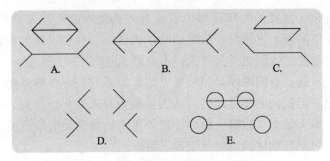

图 6-5　缪勒-莱依尔错觉的不同版本

大小错觉：相同的面积或体积，由于放置在不同的环境中，会使一些面积或体积显得更大，一些面积或体积显得更小。爱宾豪斯错觉（图 6-6）、违反透视规律产生的错觉均属此类。

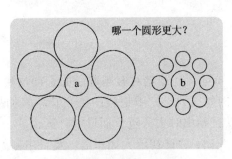

图 6-6　爱宾豪斯错觉

图 6-7　扭曲运动错觉

运动错觉：是指在一定条件下人们把客观上静止的物体看作运动的物体的一种错觉。例如坐在高速行驶的火车内，我们会觉得铁路两边的房屋、树木都在快速移动。有的时候运动错觉可能源自我们内心的感觉。例如当我们久蹲之后突然站起来时，就会感到房间好像在摇晃。

变形错觉：把某些线或图形放在另一些线或图形中，看起来原来的线或图形就会产生变形，原来的方形不方了、圆形不圆了，原来平行的直线不平行了。佐尔拉错觉（图 6-8）、厄任斯错觉、福瑞塞旋转错觉等都属于这类错觉。

第六章
知觉与归因

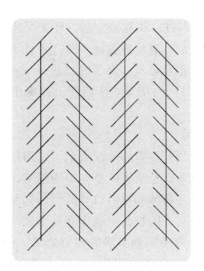

图 6-8 佐尔拉错觉

色彩错觉：把色彩的冷暖、深浅、动静、薄厚、进退等不同心理效应加以对比，或者把不同色相、纯度、明度的色彩分别加以对比，都会产生色彩上的视错觉。例如，把相同宽度的冷色、静色、缩色同暖色、动色、胀色放在一起，冷色、静色、缩色就显得窄，暖色、动色、胀色则显得宽。法国国旗的不同宽度比例就是利用这种视错觉设计的。

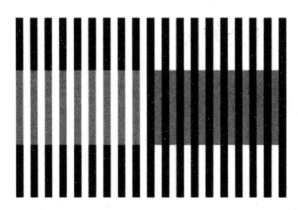

图 6-9 颜色深浅错觉

除了上述的视错觉之外，我们也经常会经历时间错觉。时间既可以错觉为非常短暂，也可以错觉为十分漫长。于是就有了"光阴似箭，日月如梭"以及"一日不见，如隔三秋""度日如年"等说法。李清照《醉花阴》

137

中写道:"薄雾浓云愁永昼,瑞脑消金兽。佳节又重阳,玉枕纱厨,半夜凉初透。东篱把酒黄昏后,有暗香盈袖。莫道不消魂,帘卷西风,人比黄花瘦。""永昼"多用以形容夏日,而当时已是昼短夜长的深秋时节,所以"永昼"应当是一种对时间的错觉。李清照借此点出了自己独守空闺时度日如年的感受。

(二)错觉的运用

错觉并非绝对毫无用处,有的时候人们可以通过控制错觉来获得期望的效果。例如,黑、红等深色给人以重、窄的感觉,而绿、蓝等浅色给人以轻、宽、大的感觉。建筑师和室内设计师利用知觉的原理来创造空间中比其自身看起来更大或更小的物体。超市在墙上装一面镜子,可以通过光线折射产生店面宽阔、商品陈列丰满的视觉效果。一个面积较小的房间,如果墙壁涂上浅色涂料,在房间中央(而不是靠墙)放置一些较低的椅子、沙发和桌子,房间看起来会变得更宽敞。此外,个体也可以利用错觉选择服饰。例如身材肥胖的人选择竖条的衣服就会显得苗条,瘦小的人选择横条的衣服就会显得丰满。

第二节 社会知觉

■ 一、社会知觉的内涵

社会知觉(social perception)指个体对某些社会线索的检测、察觉与了解,并根据这些线索做出适当判断的能力。社会线索包括:(1)他人口语及肢体语言:他人脸部表情、声调、动作、姿态等肢体语言;(2)同理心(sympathy):站在他人立场思考他人感受的能力,也可以称为感同身受能力;(3)社会情境线索:包括人际互动的情况、气氛、场景布置等。

我们的社会知觉主要有两种方式:① 快速下判断。这是指只根据少数的信息和先入为主的观念就很快地对别人做出评判。通常这种评判并不准确,但是我们经常这样很快地对别人下表面判断。② 系统性评估。当被评判的人关系到我们切身的利益或福祉时，我们就会采用系统性评估，也就是会观察别人在各种不同情境下的行为反应，也会将之跟其他人的反应做比较。

二、社会知觉的信息来源

人们在进行社会知觉时所依赖的信息来源主要包括以下几个方面：

外表：虽然我们都知道不能"以貌取人"，但我们却经常这么做。我们常以一个人的外表，如身高、体重、肤色、脸型等对其进行评断。

语言表达：我们会根据对话中别人说了什么来评断他们。例如他/她披露了多少关于他/她自己的事以及如何评价别人等，都是我们形成对他人印象的重要数据源。

行动：因为人们常常言不由衷，所以我们也会根据其所作所为来评断这个人。

非语言信息：脸部表情、眼神、身体动作、手势等非语言的沟通是我们形成对他人印象的另一种信息来源。某些时候我们还会依赖这些非语言的行为来判断一个人是否说谎，因为语言太容易作假了。

情境：行为发生时的情境也可以为我们提供重要的信息。如果没有情境线索，我们可能无法判断一个人哭是因为高兴还是因为悲伤。

三、常见的社会知觉偏差

（一）首因效应

首因（primacy）是指首次认知客体而在脑中留下的"第一印象"。首因效应（primacy effect）是指个体在社会认知过程中，通过"第一印象"最先输入的信息对客体以后的认知产生的影响作用。第一印象作用最强，持续的时间也较长，比以后得到的信息对于事物整个印象产生的作用更强。卢钦斯（Luchins）设计了两段描写一个叫吉姆的男孩一天活动的文字。其中一段（简称 E）描写吉姆与朋友们一起去上学，喜欢走在温暖的阳光下，在商店与熟人聊天，与前几天刚认识的女孩打招呼等场景。这一段文字将吉姆描写成一个活泼外向（extroversion）的人。而另一段（简称 I）则将其描写成一个沉默内向（introversion）的男孩，如吉姆放学独自一人回家，走在街道阴凉的一边，在商店里静静地等候买东西，见到前天刚认识的女孩也不打招呼等。研究者将两段文字分别作 E-I、I-E、只有 E

和只有I四种排列,让被试看完文字描述后在人格特质表上评价吉姆是一个什么样的人。四种情况下被试认为吉姆友好外向的百分比分别为78%、18%、95%、3%。这一结果证明了首因效应的存在,即前面一段信息对被试印象的形成起了很大作用。

仅凭第一印象就妄加判断,往往会造成不可弥补的错误。例如,《三国演义》中凤雏庞统当初准备效力东吴,于是去面见孙权。孙权看到庞统相貌丑陋,心中先有几分不悦。又见他傲慢不羁,更觉不快。最后,以广招人才著称的孙仲谋竟把与诸葛亮齐名的奇才庞统拒于门外。尽管鲁肃苦苦相劝也无济于事。众所周知,相貌、礼节与才华并不存在必然的联系,但是礼贤下士的孙权都未能避免这种偏见。

总的来看,在社会生活中第一印象是很重要的。因为人们一旦对某人形成了某种第一印象,以后不仅难以改变,他们还会寻找更多的信息或理由去支持这种印象。尽管以后这个人所表现出的特征或行为并不符合原先的印象,人们仍然要坚持,这就是信念固着偏见。因此在与人交往时,应注意自己给他人以好的第一印象。

(二)近因效应

所谓"近因"是指个体最近获得的信息。近因效应(recency effect)与首因效应相反,是指在多种刺激一次出现的时候,印象的形成主要取决于后来出现的刺激,即交往过程中我们对他人最近、最新的认识占了主导地位,掩盖了以往形成的对他人的评价。例如多年不见的朋友,在自己的脑海中的印象最深的其实就是临别时的情景;一个朋友总是让你生气,可是谈起生气的原因,大概只能说上最近或最后发生的两三条,这也是一种近因效应的表现。

卢钦斯曾对上面提到的首因效应实验条件进行了改变,其一是提醒被试不要受第一印象的误导,要全面地进行评价;其二是将E、I两段描述隔开呈现给被试。念完一段后花5分钟时间让被试做无关的工作,如做数学题、听故事等。然后再将另一段描述呈现给被试。在这种条件下,大部分被试根据后面一段的描述去评价吉姆的特征,这证明了近因效应在起作用。

(三)晕论效应

晕轮效应(halo effect)又称光环效应,是指当人们对某个人的某种人格特征形成好或坏的印象之后,会倾向于据此推论这个人其他方面的特征。如果认知对象被标明是"好"的，他就会被"好"的光圈所笼罩，并被赋予一切好的品质；如果认知对象被标明是"坏"的，他就会被"坏"的光圈所笼罩，他所有的品质都会被认为是坏的。这就像刮风前月亮周围的大圆环（即月晕或称晕轮）是月亮光的扩大化或泛化一样。

在戴昂（Dion）等人的一项实验中，研究者分别让被试看一些很有吸引力的人、一般人和缺乏吸引力的人的照片，然后请他们评定这些人的一些特点，而这些特点与有无吸引力并不存在直接的关系。结果发现有吸引力的人得到了较高的评价，而缺乏吸引力的人则得到了较低的评价（具体见表6-1）。

表6-1 晕轮效应的作用

特征评定	有吸引力的人	一般人	无吸引力的人
人格的社会合意性	65.39	62.42	56.31
职业地位	2.25	2.02	1.70
婚姻美满状况	1.70	0.71	0.37
做父母的能力	3.54	4.55	3.91
社会与职业幸福程度	6.37	6.34	5.28
总的幸福程度	11.60	11.60	8.83
结婚的可能性	2.17	1.82	1.52

注：表中数字越大，表示所评定的特征越积极。

现实中晕轮效应的例子非常常见。例如《韩非子·说难篇》中有这样一个故事：卫灵公非常宠幸弄臣弥子瑕。有一次弥子瑕的母亲病了，他得知后连夜偷乘卫灵公的车子赶回家中。然而按照卫国的法律，偷乘国君的车子需要处以刖刑（把脚砍掉）。然而卫灵公不但没有惩罚他，还夸奖弥子瑕孝顺母亲。又有一次，弥子瑕与卫灵公同游桃园，他摘了个桃子吃，觉得很甜，就把咬过的桃子献给卫灵公尝。卫灵公不仅没有动怒，还表扬了他的爱君之心。后来，弥子瑕年老色衰，不受宠幸了，卫灵公由厌恶他的外貌而厌恶他的其他品质，甚至以前被他夸奖过的两件事，现在也成了弥子瑕的"欺君之罪"。

俄国大文豪普希金也曾经因为晕轮效应而栽了大跟头。他狂热地爱上了被誉为"莫斯科第一美人"的娜坦丽，并跟她结了婚。娜坦丽虽然美貌惊人，但与普希金志不同道不合。当普希金每次把写好的诗读给她听时，她总是捂着耳朵说:"不要听!不要听!"而她却总是要普希金陪她游乐,出席一些豪华的舞会、晚会。普希金为此丢下了文学创作,弄得债台高筑,最后还为她决斗而死。一颗文坛巨星就此早陨。在普希金的心目中,一个漂亮的女人必然也有非凡的智慧和高贵的品格,实际上并非一定如此。

晕轮效应具有表面性和弥散性等特点。这种效应往往产生于个体对某个人的了解还不深入,也就是还处于感、知觉阶段,因而容易受感、知觉的表面性、局部性和知觉选择性的影响,从而对于他/她的认识仅仅聚焦于一些外在特征上。例如仪表堂堂的人未必是正人君子;看上去笑容满面的人未必面和心慈。晕轮效应的弥散性体现在,我们对一个人的整体态度还会连带影响到跟这个人的具体特征有关的事物上。成语中的"爱屋及乌""厌恶和尚,恨及袈裟"所讲的就是这个道理。

(四) 自我实现预言

有的时候知觉者的预期真的可以改变知觉对象的行为。这种因为预期而导致别人真的做出符合预期的行为的现象被称为自我实现预言。自我实现预言一般通过三个步骤形成:首先,知觉者对某个人有一个先入为主的印象(例如主管觉得小王很有能力);然后,知觉者会根据这个预期对当事人采取行动(主管会关心小王的工作情况,鼓励他好好工作并称赞其工作表现);最后,当事者会对知觉者的行为做出反应,让知觉者感觉这个行为符合其预期(小王因而在工作上表现优异)。

值得注意的是在上述过程中双方都不知道这个过程正在起作用,知觉者根本没有意识到他有特定的预期,也不知道这个预期会影响知觉对象的行为,他会对别人的行为做内在归因(小王的工作能力真的很强)而非外在归因(他们本身的预期)。

不过以下三种情况可能会阻碍自我实现预言:① 当知觉者希望对别人的印象是正确的;② 当事人察觉到知觉者对他/她的预期很不符合他/她对自己的观点,他/她就会努力去改变知觉者的预期,并且通常都能成功地扭转知觉者的观点;③ 当事人对自己的观点非常有信心,那么他/她就不太可能因为知觉者的看法而改变自己的行为。

(五) 刻板印象

刻板印象是指只因为某人隶属于某个群体,就认为这个人拥有某些特征。最典型的例子是一听到某人是客家人,就觉得他克勤克俭。最普遍存在的刻板印象是有关性别的,一般人会觉得男性是有权力的、勇于冒险的、独立的,而女性则是柔顺的、多愁善感的、迷信的。在组织中,我们也常常会听到一些以性别、年龄、种族甚至是体重为基础的刻板印象言论,如"男性对照顾孩子不感兴趣""女性不会为了晋升而调动工作""老年人无法学会新技能""亚裔移民勤奋而负责""肥胖者缺乏纪律性"等等。

一般来说,生活在同一社会文化背景下或同一地域中的人,在心理、行为方面确实会存在一些相似性;同一年龄段或同一职业的人,他们的观念、社会态度和行为也可能比较接近。比如在地域方面,人们有美国西部牛仔、英国绅士、观念保守的东方人、原始生活中的非洲人等印象;在年龄方面,老年人比青年人更加守旧等;在职业方面,人们会想到教师的文质彬彬、医生的严谨或商人的奸诈等。人们在认识社会时,会自然地概括这些特征,并把这些特征固定化,这样便产生了刻板印象。

我们通常通过两种途径形成刻板印象。一种是我们直接与某些人接触,然后将这些人的特征加以概括和固定化。例如我们从生活中可以直接获得关于干部、工人、教师、商贩的印象。另一种是通过间接材料而形成的。比如大众媒介的描述、他人的介绍等。在现代社会中,大众媒介为我们塑造了大量的刻板印象。我们从电视和其他媒体中看到了我们无法实际接触到的各种类型的人,进而对他们形成特定的印象。

为何刻板印象会一直保留着呢?其中一个原因是刻板印象会让我们节省认知资源。另外,当我们对某个群体有偏见时,就会选择性地搜集他们符合我们预期的反应。还有一个可能的原因是自验预言,亦即我们对别人的信念会引发他表现出符合我们预期的反应。

克服刻板印象的具体方法有两种:一种是深入具体的群体中去,与群体中的成员进行广泛接触,并重点加强与群体中有代表性、典型化的成员的沟通,不断地检索验证原先刻板印象中与现实不符的信息,以获得准确的认识;另一种是要善于用"眼见之实"去核对"偏听之辞",有意识地重新审视和关注与刻板印象不一致的信息。

(六)投射效应

投射效应是指人们在日常生活中常常假设其他人与自己具有相同的属性、爱好或感受等,认为其他人理所当然地知道自己心中的想法。这也就是把自己的特性和想法投射到他人身上的一种认知倾向。比如,一个经常算计别人的人会觉得别人也在算计他;一个心地善良的人会以为其他人都是善良的;喜欢妒忌的人常常将别人行为的动机归结为妒忌。

心理学家罗斯曾做过一个实验来研究投射效应。他在 80 名参加实验的大学生中询问意见,问他们是否愿意背着一块大牌子在校园里走动。结果显示,48 名大学生同意背着牌子在校园里走动,并且认为大部分学生都会乐意这么做。而拒绝背牌子走动的学生则普遍认为,只有少数学生愿意这么做。这些学生都是将自己的态度投射到了其他学生身上。

由于投射效应的存在,我们很多时候可以从一个人对他人的看法中推测这个人自身的心理特征或真正意图。由于人们有一定的共同点,有相似的欲望和要求,所以在很多情况下,我们对别人做出的推测都是比较正确的。但是,"人心不同,各如其面",人与人之间毕竟存在差异,如果不考虑个体之间的差异,简单、胡乱地投射一番,就容易出现错误。

第三节 归 因

一、归因的概念

归因(attribution)指的是人们针对生活中观察到的自我或他人的行为,解释和推论其所发生的原因的这样一个过程。人们通过归因不但可以知道观察所见的行为与事件的发生原因,还能借此建构并理解、认识自己所身处的世界。也因此,归因深深地影响着人们与他人、与社会以及与这个世界进行互动的方式。

二、归因的过程

荷尔瑞格等人提出了一个归因过程的基本模式(如图 6-10 所示)。该模式认为,人们对自己所观察到的他人行为原因的推断常常在很大程度上决定着他们对这些行为的反应。而这种推断通常会受到以下几方面因素的影响:① 知觉者对人和情况掌握的信息以及该信息如何被认知者组织;

② 知觉者的信念（内隐人格理论、人们在类似情况下做何反应等）；③ 知觉者的动力（例如做出准确评估对认知者的重要性）。知觉者的信息和信念取决于其之前的经历并受知觉者性格的影响。

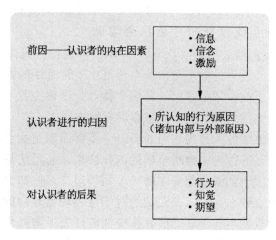

图 6-10　归因过程

根据信息、信念和动机，知觉者常常会对行为的内、外因进行区分。换言之，人们做出某件事或产生某个行为是因为迫于具体情境的压力还是出于自己内在的愿望。行为原因的归结（无论是内部的还是外部的）有助于知觉者赋予所发生的事情以意义，对知觉者理解之后产生的结果非常重要。这一归因过程的结果包括知觉者针对他人的行为而产生的行为，对知觉者情绪、情感的影响，以及对知觉者对未来事件或行为的期望的影响。

三、归因理论

（一）海德的归因理论

海德（Heider）认为人类存在归因的基本需求。通过归因，人们可以赋予周遭世界以意义，使它们的前因、后果清楚分明、有迹可循。海德将归因分为两种：内部归因（internal attribution，也可以称为个人归因）和外部归因（external attribution，也可以称为情境归因）。在前一种归因中，个体倾向于将观察到的行为归因于当事人的人格、能力、态度等内在的因素；而在后一种归因中，个体则倾向于将某一行为归因于情境状况、社会压力、他人的行动、运气等情境因素。

例如，一个员工有一天在单位中心情突然特别好，不时地哼歌、开玩笑，与平时不苟言笑的表现简直判若两人。当你看到这样不寻常的改变时，会如何解释他的行为？你的推论有可能是：该员工突然性情大变（内部归因）；或者该员工刚刚得知自己的孩子被名牌大学录取了（外部归因）。

（二）琼斯和戴维斯的对应推论学说

琼斯（Jones）和戴维斯（Davis）提出对应推论学说来详细解释人们如何判断一个人的行为是由于个人特点还是由于暂时性的情境影响而产生的。该理论概述了社会知觉者如何利用个体行为出现的背景来推断行为究竟是环境暂时影响的结果还是个人特点影响的结果。

社会知觉者推断他人行为原因的第一个重要因素是社会赞许性。我们可以从社会不赞赏的行为中推断个体的内在性格，而无法从社会赞赏的行为中去做此推断。例如张明想要应聘一个销售岗位，他知道人际交往能力是这个工作的重点要求，所以在面试的时候他表现出外向的行为。在这种情况下我们就很难判断他是真的很有社交性还是为了增强积极印象而故意为之。但是，如果张明在面试中表现很得内向，那么面试者就有信心推断张明的确有些内向。

第二个推断行为原因的因素是看个体的行为是自由选择的还是被情境强迫的。如果是出于个人自主性的选择，则行为应该比较能反映行动者内在的性格，而非外在环境的逼迫。

第三个考量因素是看行动者所选择的行动是否超越了一般社会的规范或欲求。一般人都希望选择钱多、事少、离家近的工作，然而张三却在众多不同性质的工作机会中选择了一个钱少、事多、离家远的工作。在这种情况下，我们可以推论张三是一位有理想、执着、能择其所好的员工。

第四个考量因素是看行动的选择是否具有不寻常的效果（noncommon effects）。例如李四选择了一位其貌不扬、毫无地位与财富的人作为终身伴侣。如果这个对象没有一个不同寻常的特点，我们就很难理解这个人的选择。而如果这个对象具有某种独特的能力，我们就比较好解释李四的行为。

（三）凯利的归因理论

凯利（Kelley）对海德的归因论进行了扩充和发展，并对人们的归因过程做了更加细致的逻辑分析和解释。他认为，人们对行为的归因主要涉及三个因素：客观刺激物、行动者、所处的情境。其中客观刺激物和所处的情境相关因素属于外部归因，行动者相关因素属于内部归因。对某一行为做何种归因取决于对以下三种行为信息的判定（如图 6-11 所示）：

区分性（distinctiveness）：指行动者的行为是否只在特定的情境下才会发生。例如，一个员工只是在特定的任务上表现不佳，在其他任务上则表现很好，那么这件事的特殊性就比较高，易做外部归因（所属情境）。

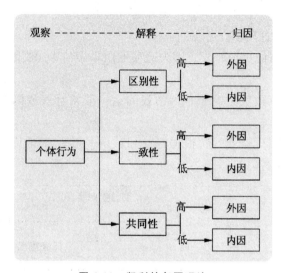

图 6-11　凯利的归因理论

一致性（consistency）：指行动者是否在任何时间点和任何情境中都对同一事件或刺激物做出相同的反应。例如，一名员工的工作表现无论何时都是稳定的，即一致性高，那么主管就会将之归因于他认真工作所致（内部归因，行动者）。

共同性（consensus）：指其他人面对同一事件或刺激物是否也做出与行为者类似的反应。如果大家面对相同的情境都有类似的反应，就可以说该行为表现的共同性较高。例如，所有走相同路线的员工都迟到了，则迟到行为的共同性就高。

依据三种行为信息的情况可以决定做何种归因。例如，甲很喜欢玩某一款游戏但不喜欢玩其他游戏（区分性高），而且不管时间、地点、心情如何都很喜欢玩（一致性高），其他人也很喜欢玩该游戏（共同性高），则甲玩这款游戏可以归因为该游戏确实很好玩（客观刺激物）。

（四）维纳的成功与失败归因理论

维纳（Weiner）运用海德的归因理论对成功与失败的归因问题进行了

较为深入的研究。他认为个体的成功或失败可以归因于四个方面的因素，即努力、能力、任务难度和运气。

- 我成功（或失败）了，因为我工作的时候足够努力（或因为我工作的时候不够努力）。
- 我成功（或失败）了，因为我具备做好这项工作所需的技能（或因为我不具备做好这项工作所需的技能）。
- 我成功（或失败）了，因为这项工作非常容易（或因为这项工作太难了）。
- 我成功（或失败）了，因为我的运气非常好（或因为我的运气非常差）。

上述这四个因素又可以根据三个维度（即内因—外因、稳定—不稳定、可控—不可控）进行归类（如表6-2所示）。

表6-2 成败归因的维度和因素归类

三个维度	因素归类	
内外因	内因……………………………………外因	
	努力、能力	任务难度、运气
稳定性	稳定……………………………………不稳定	
	能力、任务难度	努力、运气
可控性	可控……………………………………不可控	
	努力	任务难度、运气、能力

对成功与失败的原因做出不同的归因判断，会相应地产生不同的结果。就成功事件而言，如果把成功归结为内部因素（能力强、努力够），则个体很可能会体验到满意和自豪；而把成功归结为外部因素（任务容易、运气好），则个体可能会产生感激、惊讶和侥幸的感受。就失败事件而言，如果把失败归结于内因（能力差、努力不够），个体可能会产生内疚和无助感；而把失败归结为外因（任务困难、运气不好），则个体可能会感到气愤，产生敌意。

如果把成功归结为稳定因素（任务容易、能力强），则可以提高个体在今后的工作中成功的信心水平；把成功归结为可控因素（努力），则能提高个体继续努力的积极性；而把成功归结于不稳定并且不可控的因素（运气好），则个体可能会产生侥幸心理，对提高其今后工作的积极性作用不大。如果把失败归结为稳定因素（任务难、能力差），则会降低个体以后工作的积极性；而将失败归因于不稳定因素（运气不好、努力不够），则可以减少失败给个体带来的挫折感，提高其以后工作的积极性。所以综合来看，无论是针对成功事件还是失败事件，做努力归因的后果都是最积极的。

四、归因偏差

归因偏差是指人们在特定情境下总是倾向于做出某类归因的现象。这样的归因做起来速度较快。归因偏差尽管并不必然是错误的，但是与前述几种归因理论所描述的审慎推理过程相比，其做法确实相对比较大而化之。

常见的归因偏差包括以下三种。

（一）基本归因错误（fundamental attribution error）

人们在对他人行为发生的原因进行解释时，通常倾向于做内部归因（如性格、态度），而容易忽略外部环境因素的作用，也就是常会认为那只是个人的因素造成的，从而低估情境因素的影响。假设你在商场购物，在去收银台结账时收银员对你很不礼貌，根据基本归因错误，你很可能会做出内部归因，认为该收银员是个脾气不好或不懂礼貌的人。再比如，在高圆圆主演的电影《搜索》中，一开始主人公在公车上没有给老人让座，实际原因是她在绝望的情绪中挣扎（查出癌症，而保险公司又拒绝理赔），实在顾及不到周围是否有老人需要座位。而愤怒的网民则认为她竟然拒绝给老人让座，一定是人品有问题。

研究表明基本归因错误也会受到文化的影响。与其他文化相比，美国和西欧文化影响下的个体更容易对行为做出内部归因。在米勒（Miller）的一项研究中，研究者请来一些不同年龄的美国人和来自印度的印度教徒对一些常见的事件进行解释。她发现美国人更倾向于做内部归因，而印度人则更多地关注外部环境的影响。例如一位美国人对于一位剽窃学生观点的教授的看法是："他是个自我中心的人，只关心自己。"一位印度教徒在解释一个拿了1 500卢比建筑工程预付款却不动手干活的男人的行为时认为："他失业了，他没有办法还钱。"

（二）行为者—观察者偏差（actor-observer bias）

同样的行为出现时，行为者会倾向于用外部原因来解释自己的行为，而观察者倾向于用内部因素（如能力、性格、态度等）来解释行为者的行为。例如，你的项目不顺利是因为你能力太差，我的项目不顺利是因为运气不好；你拒绝担任志愿者是因为生性自私，而我拒绝担任志愿者是因为时间实在不允许。

在尼斯贝特（Nisbett）等人针对行为者—观察者偏差的一项研究中，研究者要求学生写一段话，内容是他们最喜欢与之约会的女性的特点以及为什么选择自己目前的专业，然后从自己好朋友的角度对这些关于自己的问题再次做出回答。结果发现对自己的行为，被试提供了更多的情境因素（例如"她很聪明有趣""化学界赚钱很多"）；如果以朋友角度作答，被试则更多地提供了特质原因（如"我需要与能使我放松的人在一起""我对化学专业特别感兴趣"）。

导致行为者—观察者偏差的一个原因是不同的视角造成了误差。观察者的视野被行为者的行为占据，从而导致对个体特质的过度归因。行为者不仅关注自身行为，而且会关注整个情境——环境、他人以及他们的期望等。另一个原因是行为者和观察者接触到的信息不同。行为者了解自己在不同情境下的行为表现的历史信息，所以更倾向于把行为归因于情境因素。

（三）自我服务归因偏差（self-serving attribution bias）

人们在对自己的行为进行归因时，会倾向于将积极的结果做内部归因，而将消极的结果做外部归因。例如，你在组织行为学期末考试中获得了较佳的成绩，你会归功于运气好，还是归功于自己的认真努力？根据自我服务归因偏差，你大概会选择后者。再比如，有的人打球赢了认为是自己技术好，输了则会认为是状态不佳。自我服务归因偏差可以保护我们的自尊和自我价值感，并维持我们对生活的掌控感。

自我服务归因偏差可能实际上具有一定的适应性功能。例如在一项研究中，当失业工人把被解雇归咎于外部因素时，他们会做出更多努力来寻找新工作，并且实际上他们的确更容易找到新工作。而当失业工人把失业原因归于自身特点时，他们付出的寻找新工作的努力以及找到新工作的可能性都要低得多。

 **思 考 题**

1. 试论述知觉的几种特性并举例说明。
2. 什么是晕轮效应？举例说明晕轮效应是怎样造成知觉失真的？
3. 什么是印象管理？你对印象管理的看法是什么？
4. 凯利的归因理论的内容是什么？它在解释组织行为方面有什么意义？

 案例分析

客人拍桌子的原因

小康向小梁请教分析客人早餐时拍桌子的原因。

小梁说："这样吧，假设我的客人在吃早餐的时候拍桌子，发脾气，我说说我的思路。第一，要看有多少客人在发脾气；第二，要看发脾气的客人是不是经常这样发脾气；第三，是不是总在同一个地方发脾气；第四，是对着谁在发脾气；第五，是不是经常对着同一个对象发脾气。这样才能缩小范围，找到真正的原因。现在我们再来看看有哪几种可能性。"

"如果全团只有一位游客拍桌子，而且他一路上经常拍桌子，也不管是在什么场合，如果是这样的情况，你说，原因在哪儿呢？"

小康说："那当然应该从那位发脾气的游客身上找原因。"

小梁接着说："如果全团只有一位游客拍桌子骂人，骂的是餐厅的一位服务员，但是他以前并没有这样骂过人，你说，会是什么原因呢？"

小康说："我想是那位服务员的服务没有针对性，没有把服务工作做好。"

"如果全团只有这位游客拍桌子骂人，他以前也没有这样骂过人，但是他骂的不是某一位服务员，而是见到哪一位服务员都骂，那会是什么原因呢？"

"我想，那就是这个餐厅的服务员没有针对性，没有把服务工作做好。"

"如果全团的游客都拍桌子，而且是在整个旅途中经常拍桌子，看不出有特定的对象，那会是什么原因呢？"

"那大概就是这个团里的游客都对旅游计划不满了。"

"对。不过也可能是游客拉帮结派，帮派之间的矛盾扩大化了。好，我们再接着往下说。如果全团的游客都拍桌子，但以前并没有这样，只是在今天早晨才这样，而且大家是冲着同一位服务员，那会是什么原因呢？"

"是这位服务员的服务态度出了问题。"

"如果全团的游客都拍桌子，也只是在今天早晨才这样，但并不是都冲着同一位服务员，那会是什么原因呢？"

"那肯定是这个餐厅出了严重的差错，比如，把自助餐改成了桌餐。"

小梁说："你看，这样来找原因，思路就清楚多了。不过，也不能说只要这样一想，就什么都清楚了，有些情况还需要再进一步去了解。但是，这样可以分清哪一方是'矛盾的主要方面'，避免在处理问题时不分青红皂白，各打五十大板。"

资料来源：www.docin.com/p-1456583271.html。

问题：

1. 请用凯利的归因理论对小梁分析客人早餐时拍桌子的原因的针对性进行评判。

2. 对游客行为的归因分析对导游解决或者缓和游客的不满和怨气有何帮助？

第七章

动机与激励

学习目标

- 理解动机与激励的概念。
- 掌握工作动机的理论。
- 描述每种理论是如何解释工作行为的。
- 比较内容型理论与过程型理论的差异。

引入案例

微软公司的创立者和领导人比尔·盖茨以日理万机著称。一般来说，一天中他有12个小时待在办公室，回家后还要再加几个小时的班。他没有电视机，说是因为这太让人分心。35岁左右，盖茨就已经积聚了几十亿美元的财富，成为世界上最富有的人。然而，他还是比任何人都努力工作，即使他已经不再需要更多的钱。是什么驱使盖茨如此拼命地工作呢？

案例来源：Paul Spector. 工业与组织心理学（原书第5版）. 孟慧等译. 北京：机械工业出版社，2010：158.

第一节　什么是动机与激励

如果你中了1 000万元的彩票大奖，还会继续工作吗？让人意外的是，很多人都回答"是"。这就引出一个问题：人为什么要工作？有人可能会觉得这个问题很奇怪。因为显而易见，很多人别无选择，为了生存必须工作。有的人会比较幸运，做着自己热爱的工作，除了薪水外，还能从组织中获得许多其他东西。比尔·盖茨说，激励他努力工作的是挑战和对学习新事物的渴望。几乎没有人像比尔·盖茨那么拼命，也不是每个人都像他那样是为了挑战而工作。激励人们努力工作的因素多种多样，挣钱的需要当然是其中之一，但还有其他各种因素。动机理论正是对人们努力工作的原因进行描述与解释。

第七章
动机与激励

动机与激励的问题对我们来说为什么重要？因为不管从哪个角度来看，你都会受到影响。作为客户，对工作不满的员工会让你成为受害者。他们会生产出不合格的产品，或无法提供高质量的服务；作为员工，从你开始工作到退休的40～45年时间内，你会把每天大约三分之一（8小时工作制）甚至更多的时间花费在工作上，如果这么漫长的时间你都是感到无聊、沮丧的话，这些不良情绪会扩散到你的家庭和社会生活中，并影响到你的身心健康。

工作绩效不仅取决于员工的能力与组织环境的支持，也取决于员工的工作动机。为了实现高绩效，员工必须有能力有效率地进行工作（能力），必须拥有材料、资源、设备与信息（组织环境），必须有努力完成工作的意愿（动机）。任何一方面的缺失都可能影响绩效。在很多情况下，动机是最难满足的条件。如果员工缺乏实现绩效的能力，可以通过培训学习新的工作技能。如果员工无法学会这些技能，可以转换岗位，由其他技能水平更高的员工替代。如果员工由于无法获得营销部门的销售预测数据而不能完成工作，经理可以帮助其联系营销部门以获得销售信息。但如果员工的动力不够，管理者就需要明确到底哪一方面可以激励员工。

动机（motivation）是指影响个人行为的方向、强度与持续性的动力。动机源于个体对实现某种目标的需要或渴望，它能够引发个体表现出特定的行为。首先，方向是指个体从若干备选目标中做出选择，如员工可能会选择自愿加班，而不是准时下班回家看电视。其次，强度是指个体为完成一项任务付出努力的程度。例如在厨房洗碗的员工可能会付出巨大的努力，洗碗洗得很快很干净，也可能仅付出较少的努力，洗得很慢和不太干净。最后，则是在选定的方向与强度上能坚持多久。员工可能会在一段时间内持续努力以完成某事，比如为了完成对一家公司财务的审核，会计师事务所的员工会努力连续工作一段时间，尽管这个过程很累。

动机是名词，在作为动词时则多称为激励（motivating）。在组织行为学中，激励是指激发个体动机的过程。简单来说，激励就是调动员工的积极性。通过创设各种内外部条件，激发员工的动机，使其处在积极主动的工作状态中。因此，激励就是组织调动人的积极性进而引发行为的管理过程。

激励过程起始于个体对需要的判别。需要是个体在某一特殊阶段的匮乏和不足，它们可以是心理的、生理的或社会的。当一个人产生某种需要而又未得到满足时，就会产生一种不安和紧张的心理状态，这种紧张的状态就转化为动机，激发个体的行为以减轻或消除紧张。当需要得到满足时，紧张消除，同时新的需要出现，进而形成一个新的循环（见图7-1）。

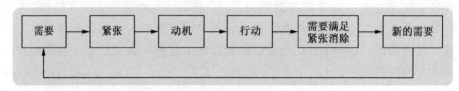

图 7-1 激励的过程

第二节 内容型激励理论

内容型理论强调工作本身的重要性以及工作给员工带来的挑战性、成长机会和责任感，这些理论涉及动机的内容，即何种需要会激励和指导人的行为。以下我们介绍三种内容型理论：需要层次理论、双因素理论及成就动机理论。

一、需要层次理论

马斯洛（Maslow）是人本主义心理学的主要发起者，1968年当选为美国心理学会主席。他于1943年在《人类动机理论》一书中提出需要层次理论（needs hierarchy theory），该理论是目前最广为人知的动机理论。马斯洛认为人类的需要是一个包括生理、社会和心理需要的一种渐进层次体系。需要从低到高分为如下五种类型。

（一）生理需要（physiological needs）

作为需要层次中最基本的需要，生理需要包括食物、空气、水、睡眠、性活动和其他身体需要。这些需要如果不能满足，人的机体就要萎缩，生命就会受到威胁。当一个人的基本生理需要占优势时，其他需要就会处于次要地位。历史上，包括现在很多的贫困地区，这种基本需要仍然是很多群体的生活中心，获得充足的食物和水比其他需要都重要。

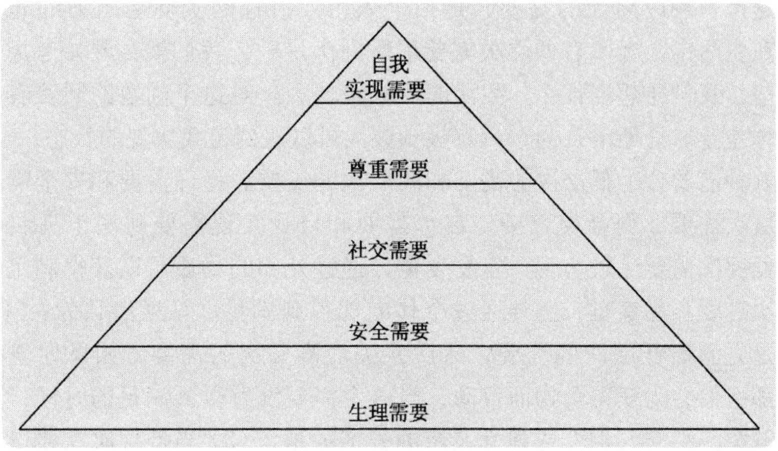

```
        自我
      实现需要

       尊重需要

       社交需要

       安全需要

       生理需要
```

图 7-2　需要层次理论

（二）安全需要（safety needs）

当一个人的生理需要得到满足后，就自然会有安全需要。安全需要包括四个方面：(1) 经济上的安全，包括对疾病、职业危害、失业、财产剥夺等造成的经济生活贫困的担心；(2) 心理上的安全，包括希望解除严酷的监督和威胁，避免遭受不公平的待遇；(3) 劳动上的安全，包括不出事故，不患职业病；(4) 环境上的安全，包括不受意外、天灾、地震、战争等危害。

（三）社交需要（social needs）

社交需要是对归属感的追求。人是社会性动物，需要获得别人的同情、安慰和支持，需要友谊、伙伴和爱情。我们总是希望与别人保持友爱的关系，渴望相互信任和帮助。物以类聚，人以群分，我们总是希望成为群体中的一员。

（四）尊重需要（esteem needs）

尊重需要可分为自尊需要和受到他人尊重的需要。人们都有一种表现自己重要性的需要，如这种需要受到挫折，就会损害自尊心，使人产生自卑感；如这种需要得到满足，就会产生胜任感、自豪感。受到他人尊重的需要包括希望获得他人的承认和尊敬，向往荣誉和地位，以至扩大自己的威望、权力和影响。人总是希望别人看得起自己，能受到别人的重视。

（五）自我实现需要（self-actualization needs）

这是一种最高级的需要，是指个人生活目标的实现与潜力的充分发挥。在生活中，当所有低层次需要都得到满足后，我们就会开始考虑，除了这些，我们还想要什么，生活的目标是什么。对这个问题的回答有很大的个体差异。马斯洛认为，只有极少数人可以达到自我实现的状态。

五种需要分为低层次的需要和高层次的需要。生理需要和安全需要属于低层次需要，而社交需要、自尊需要和自我实现需要则属于高层次需要。低层次需要比较客观，容易发觉，通过外部的物质可以获得满足；而高层次需要不易察觉，主要通过个体内部得到满足。马斯洛认为：（1）我们总是先满足低层次的需要，然后才关注高层次的需要。如果你现在很饿，那么你会为获得食物而行动，当这个需要没有得到满足的时候，你不会非常关心结交好朋友或建立亲密的爱情关系。（2）当低层次需要得到满足之后，其对行为的激励作用就会变弱，高一层次的需要就会成为主导需要。每种需要不可能完全得到满足，只要大体得到满足，该层次的需要就不再有激励作用。（3）越是高层次的需要，满足的程度越小，对行为的激发作用越持久。

遗憾的是，该理论缺少实证研究的检验与支持，就连马斯洛本人也没有提供相关的实证研究材料，但这并未妨碍需要层次理论在管理实践中的风靡。马斯洛本人并没有打算把需要层次理论运用在工作动机中。而经由McGregor等人的介绍，加之理论本身易于理解，需要层次理论得到管理学教科书作者与公司管理者的广泛认可。最重要的一点是他们认识到员工有多种不同的需要。在组织实践中，管理者可以针对不同层次的需要找出管理实践中的激励因素，采取相应措施。比如通过为员工加薪、改善工作条件来保证员工的基本生存问题；通过养老与健康保险、津贴与补偿金等方案来满足员工的安全需要；通过加入正式的、非正式的工作群体满足员工的社交需要；通过工作头衔、晋升、仪式等方式满足员工的尊重需要；为员工提供学习的机会，鼓励员工发挥潜能、创造性地工作，以获得个人成长。

二、双因素理论

与马斯洛不同，赫茨伯格（Herzberg）在提出双因素理论之前，首先利用关键事件法对匹茨堡地区的200多名工程师与会计师进行访谈调查。赫茨伯格对访谈内容进行分析，得出的结论是：那些使员工感到满意的因素主要与工作的内容相联系，这些因素被称为激励因素（motivator factors）；而那些使员工对工作感到不满意的因素主要与工作的环境相联系，这些因素是保健因素（hygiene factors）。如图7-3所示，激励因素主要指工作本身的内在因素，包括工作的成就感、责任感、工作上得到认可和奖赏、工作本身具有挑战性、有成长发展的机会等。保健因素主要指工作的外在因素，即与工作环境相关的因素，包括公司政策、行政管理、人际关系、工作条件、薪资和福利等。

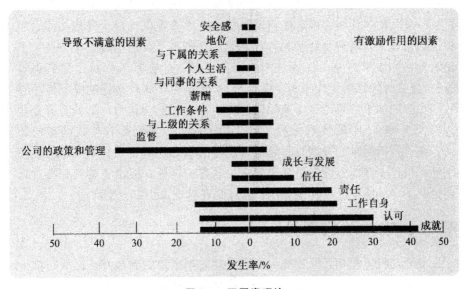

图7-3 双因素理论

双因素理论强调工作的满意与不满意是独立的两个维度，不在一个单一的连续体上。当激励因素出现时，能够引起员工的满意感；当激励因素没有满足条件时，比如工作不具有挑战性，也不一定会导致不满意。而保健因素只能防止不满意的产生，并不能带来满意感。当它们缺失时，就会引起不满意。保健这个术语，就像它在健康领域的界定一样，是指那些起到预防作用的因素。在双因素理论中，保健因素的作用是避免员工出现不满。根据上述分析，赫茨伯格认为传统的满意—不满意观点（即满意的对立面是不满意）是不确切的。满意的对立面应该是没有满意，不满意的对立面应该是没有不满意。

赫茨伯格建议，在工作场所激励员工的过程分为两个阶段。第一阶段，管理者应当消除导致不满意的情境。例如，经理打算采用双因素理论改进对下属的激励。他的首要目标是明确保健因素的存在，使下属处于没有不满意的状态。如果发现报酬比市场标准低，则可以尝试加薪。如果一些下属担忧工作没保障，则可以设法打消下属对工作保障的疑虑。一旦实现了没有不满意的状态，再通过保健因素进行激励就是浪费时间。第二阶段，应当开始增加成就、责任、晋升的机会，这样做才能让员工体会到满意和激励。

双因素理论对需要层次的概念做了拓展，使其能够更好地解释工作动机；赫茨伯格关注工作内容的重要性，这些因素在以往很少受到关注。尽管双因素理论具有自身鲜明的特色，但还是遭到了若干质疑。第一是关于赫茨伯格的研究方法。他设计的访谈问题如"什么时候你对工作特别满意""什么时候你对工作特别不满意"，可能是由于这种访谈的提问方法导致了相应的结果。第二，赫茨伯格的访谈样本都是会计师、工程师等专业人员，这些样本不能代表一般劳动人口。第三，人们都有自我防御的倾向，在进行归因时，被调查者通常将满意的事归功于自己，不满意的事归于外部条件。双因素理论虽然遭到来自各方的批评，但由于赫茨伯格对该理论在工作场所的应用特别关注，它还是在管理人士中大受欢迎。

■ 三、成就动机理论

成就动机是成功者的特征，他们渴望能把事情做到最好。已故哈佛大学心理学教授麦克利兰（McClelland）对成就动机进行了全面探索。成就动机（need of achievement），指的是追求卓越、实现目标、争取成功的内驱力。在测量成就动机时，主题统觉测验是一个非常有效的工具。这个测验通常是这样做的：一张图画上显示有一个年轻人正在耕田，太阳马上就要下山了。要求受测者根据他在图片上看到的内容讲一个故事。故事的内容能够投射出个体的成就动机水平。例如，如果受测者认为图片中的人非常遗憾，太阳都快要下山了，他还有好多地要耕种，他还想在下雨之前将种子播下去。这个反应表明受测者有很高的成就动机。而成就动机较低的人会说："图中的人很高兴，因为太阳快要下山了，他终于可以回家了，喝上一杯酒好好放松一下。"

麦克利兰通过大量研究获得了高成就动机者的一些典型特征。首先，具有高成就动机的人希望通过自己完成某些具有适度挑战的目标。例如零售商的地区经理给自己设立了1%或50%的增长目标。第一个目标太容易而第二个目标则根本不可能实现，中间程度的目标，如15%则可能是合理又具有适度挑战的目标，这样的目标更准确地反映了高成就动机者的特征。其次，高成就动机的员工希望得到及时、明确的反馈。他们需要尽快知道自己做得有多好。是否有机会得到对工作的具体反馈对他们来说非常重要。高成就动机的人承担销售工作，可以立刻得到顾客的反馈。而那些很难立即得到明确反馈的工作（如，研发工作需要很长时间才能将开发的设想变成最终的产品，心理咨询师可能永远也看不到来访者有效康复的明显证据）都会被高成就动机者回避。另外，对工作特别投入是高成就动机者的另一个特征。他们比大多数人更执着，一直在考虑工作问题，很难把工作放在一边，在被迫停止尚未完成的工作时会出现挫折感。最后，高成就动机者倾向于对工作承担个人责任，不愿意授权。如果在没有别人的协助下完成更多的工作，他们会很有成就感。例如一位高成就动机的经理在视察商店时，发现商品摆放不当、地方肮脏，他很可能会留在商店里亲自指导店员进行整理和清洁，而不会指出问题后就立刻离开。

成就动机与基层管理者的成功有正相关关系，但与高层管理人员的成功相关不大。高成就动机有助于快速晋升，但高成就动机者的特征与最高管理者的要求并不一致。例如，高层管理者需要经常将任务授权给下属，高层管理者很难得到直接的反馈，他们的决策风险会比较大，很难遇到适度挑战的目标。但作为个人创业者，高成就动机者往往比较出色，史蒂夫·乔布斯和比尔·盖茨就是高成就动机者的典范。研究表明：成就动机与个人的成就行为有关。麦克利兰认为这种效应在国家层面也存在，即如果社会中有一种较高的成就动机氛围，则这样的社会容易获得经济发展与繁荣。麦克利兰首先对各国的儿童读物进行内容分析，如果书中都是有关成就的主题（如建造一艘船、做一笔成功的生意、克服困难获得荣誉等），那么这就是一种强调成就的文化氛围；其次，将耗电量的增长作为经济发展的指标，结果发现随着儿童读物中有关成就主题数量的增加，这个国家的电力消耗量也会增加。

成就动机理论对把握管理人员的胜任特征以及实施激励有积极意义。对高成就动机的员工，管理者应安排富有适度挑战性的工作任务，给予及时的反馈。鉴于成就动机有利于组织整体的绩效与发展，管理者应考虑通过培训等方法培养和塑造高成就动机的人。

第三节 过程型激励理论

激励的内容型理论试图说明工作中的哪些因素可以对员工产生激励作用。过程型理论关注的是动机的认知过程，即了解这些因素是如何与其他因素相联系的，例如由需要引起动机，由动机引起行为，并由行为导向目标。主要的过程型激励理论有弗鲁姆的期望理论、亚当斯的公平理论、洛克的目标设置理论、斯金纳的强化理论。

一、期望理论

期望理论（expectancy theory）起源于20世纪30年代，但当时它还不是一个工作动机的理论。期望理论主要来自心理学家勒温和托尔曼的认知概念，以及经典经济理论中选择行为和效用的概念。期望理论假设每个人都是理性决策者，能够理性地将自己的精力主要投入能够带来期望结果的活动上。弗鲁姆（Vroom, 1964）将期望理论引入工作动机的研究中，他在《工作与激励》一书中全面论述了期望理论。

图7-4简要总结了期望理论。该理论由期望（expectancy）、工具性（instrumentality）及效价（valence）三个概念构成，三个概念反映了三对关系。期望是员工对努力与绩效之间关系的感知。在这里，期望是一种概率，范围是0~1。期望为0，是指通过努力提高绩效的可能性为0；期望为1，是指投入努力之后确定会获得相应的绩效提升。工具性是指员工对绩效和回报之间关系的感知，即个体绩效能带来多少工作回报。如果员工认为涨工资取决于工作绩效，即工具性强。效价是指个体对回报的偏好程度，即回报与个人目标之间的关系。如果员工对工作回报满意，则会对工作进行积极评价；如果员工对工作回报并不满意，那么回报的效价也可能会是负的；如果员工对回报并不在意，那么效价为零。总体来说，员工产

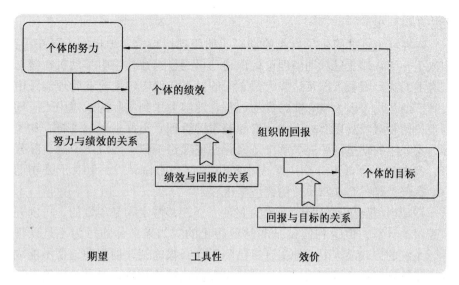

图 7-4 期望理论

生某个行为的动机强度取决于期望、工具性与效价，表示为以下公式：

$$M=E\times I\times V$$

M 为动机（motivation）：动机被激发的程度。

E 为期望（expectancy）：个体根据经验判断努力能带来绩效的概率。

I 为工具性（instrumentality）：绩效与组织回报的关系。

V 为效价（valence）：从事的工作或者要达到的目标满足个人需要的程度，即对目标意义的估价。

根据上述公式，若被激励者的 E 值高，即期望值高，而且 V 值也很高，即激励目标的价值高，意义大，有吸引力，那么激励的力量（动机力量）就大，反之则小。例如，一个项目对一个业务员来说 V 值很高，而且他对自己能拿下这个项目的可能性估计也很高，那么该业务员的动力就很强。

期望理论为理解具体的工作动机提供了框架。如果个体对工作回报并不在意（低效价），就没有努力工作的动机。如果个体很重视工作回报，却不将工作绩效看作获得回报的途径，那付出的努力和所重视的回报之间便没有联系。例如主管说我们并不会因为高绩效而涨工资和晋升，我们只以工龄作为评判的标准，那么个体就不会受到激励，因为良好的工作表现无法获得回报。

内容理论过度简化了人类的动机。期望理论与内容理论的不同在于：引入了一个认知变量。期望理论认识到动机的复杂性，说明了动机在概念层次上的决定因素，以及这些因素之间的关系。但内容理论在管理实践中受到广泛运用，因为概念非常容易理解，能够运用到实际的情境中去。期望理论则相对较难理解和应用。它能够帮助管理者更好地理解动机，却不能为实践中的动机问题提供解决方案。期望理论类似于经济学中的边际分析，商人并不会真正计算边际成本和边际收益的临界点，但对于公司而言，这仍然是一个非常重要的经济学概念。

期望模型与早期经济学理论的假设一样，都假定人是理性的，可以完成逻辑的计算，但这种假设是非常理想化的。如果个体的行为不是以理性、系统的方式最大限度地提升自己的工作回报的话，期望理论便不能成立。尽管期望理论没有给员工激励技术提供直接的功效，但是该理论对理解组织行为是非常有价值的。它能够清晰地说明个人目标与组织目标之间的关系。

二、公平理论

尽管公平理论与期望理论有差不多一样长的历史，但是直到最近，公平理论才在组织行为学领域得到了较多关注。该理论的根源可以追溯到社会心理学的认知失调理论和社会交换理论，对这个激励理论贡献最大的是社会心理学家亚当斯（Adams）。简而言之，公平理论认为，员工的工作动机，不仅受到其所获得绝对报酬的影响，而且受到其相对报酬的影响，即一个人不仅关心自己收入的绝对值（自己的实际收入），而且关心自己收入的相对值（自己收入与他人的比较）。

公平理论主要是基于对投入与产出这两个变量的比较。投入是指个体对于交易所做的贡献，例如员工的年龄、出勤率、工作努力、教育水平等；产出是指个体通过交易所获取的回报，例如奖金、工作津贴、升职资历等。亚当斯认为个体根据其对于投入和产出的认知判断，从而向不同的投入和产出变量分配权值。大多数情况下包含有多个投入和产出变量，因而权值的分配过程不甚清晰，但是人们能够对重要与次要的投入与产出变量进行区分。当个体为自己确定了一个投入与产出的比率之后，就会将这一比率与身边同事的投入与产出认知比率进行比较，这些同事也就成为个体是否感到公平的比较对象。

当个体的产出—投入比率与相关者的产出—投入比率相等时个体会有公平感，而当上述比率不相等时，个体会有不公平感。不公平感有两种情况：第一，个体发现自己的产出—投入比率小于相关者的比率时，这种不公平感会使个体感到愤怒；第二，个体发现自己的产出—投入比率大于相关者的比率时，个体会产生负罪感。亚当斯曾经提出，这种负面的紧张感会令人产生修正这种状态的动机。

通常来说，员工在感到不公平时会有如下几种反应：

（1）员工可以通过增加或者减少投入以达到其所认为的公正水平。如果员工认为薪水太低，就通过降低产品质量、减少工作时间或者经常缺勤以恢复公平。如果员工觉得薪水太高，就会通过增加工作时间等方式来增加努力。

（2）员工通过改变产出以恢复公平感。许多管理者尝试通过保证改善工作条件、减少工作时间、在员工努力程度不变的程度下提高工作报酬以增强企业凝聚力。

（3）员工可以扭曲自我认知。与实际改变投入和产出不同，员工可以通过在意识上对其进行曲解从而达到心理平衡，例如我过去曾认为我的工作速度很一般，但是现在我意识到我比其他人更努力。

（4）员工可以重新选择新的参照者以削弱不公平感，例如我可能不如管理者的薪水高，但是我比同级的其他人工资高。

（5）员工可以对他人的投入与产出进行心理曲解，例如我发现他的工作不如我想象中的理想。

（6）员工可以选择离职或者调到其他部门工作，希望恢复心理平衡。

这些行为中有几个已经得到了事实证明，但也有一些没有足够的证据。首先，由于薪酬过高而导致的不公平在大多数工作场所中并不能产生显著的影响。显然，人们对薪酬过高这种不公平的容忍程度或者借口远远高于薪酬过低所产生的不公平。其次，并非所有人对公平与否都很敏感，有一小部分人甚至更喜欢产出—投入比相对于参照者来说较少。使用公平理论做出的预测对这些"温顺的人"来说并不精确。

近期对工作场所公平问题的研究已经用公正感知理论（fairness theory）取代了公平理论。公正感知理论将奖励的分配和奖励配置的程序区分开来。分配公正（distributive justice）与公平理论中的公平概念相似，是人们对奖励分配多少的公平感知。程序公正（procedural justice）是奖励分配过程的公平性，而非分配的结果。程序公平的两个关键元素是过程控制和解释。过程控制指对决策者提出你所希望得到的结果，解释指管理者对结果所给出的明确的原因。因此，只有当员工感到他们对结果有所控制、得到对结果的合理解释时，他们才会认为程序是公平的。公正感知理论与公平理论的另一个区别在于，公正感知理论并不假定这种不公平的概念一定来源于和他人的社会比较，而是认为当消极事件发生，并且人们可以感知这是别人以不公平方式蓄意为之时，才会产生不公平感。比如，假设一家公司没有给员工进行年度加薪，如果员工感到这是管理层蓄意而为，并且拒绝加薪的理由是不合理的，那么员工会认为这是不公平的。如果该公司宣布出现财政问题，那么员工会认为加薪是超出管理层可控范围的，也就不会觉得不公平。然而，如果管理层不能提供有说服力的理由，员工还是可能会觉得不公平。两种形式的公正都与工作绩效、工作满意度即离职意向有关。有研究发现，对女性来说，奖励分配的程序即程序公平更重要；对男性来说，结果即分配公平更重要。与感到公平的员工相比，感到不公平的员工会报告更多的焦虑和抑郁等消极情绪。

公平理论强调公平对激励效果及人们行为的重大影响，要求组织尽可能公平地对待每一位员工，对组织内的所有员工一视同仁，给予他们公正的报酬和待遇，按劳付酬，按贡献和业绩进行奖励。管理者应该引导员工正确地认识和对待公平。组织内的公平是有效率的公平，是员工努力工作基础上的公平，不是"吃大锅饭"这种绝对简单的公平。要在组织内建立比能力、比贡献、比绩效的积极向上的风气，公平要建立在促进组织发展的基础上。管理者在设计奖励方案和报酬待遇时，要整体考虑各岗位的实际情况，并把每个员工的投入情况进行量化、公开，这有助于员工之间的正确比较。

三、目标设置理论

目标设置理论（goal-setting theory）假设人们的行为是理性的，理性思维决定个体行为。Locke 及其同事提出了目标设定理论在激励中的作用。目标是一个有意义的对象，它是动机的基础并且指导个体的行为。个体根据目标决定在工作中投入多少努力。在组织中，首先，目标可以为激励管理提供一个框架。管理者和员工都可以为自己设定目标，然后为实现目标而努力。例如,组织的目标是销售增长10%,管理者可以运用个体目标来协助实现组织的目标。其次,目标是一种有效的控制工具。将短期绩效与目标进行比较是提高组织长期绩效的有效方法。

在目标能够行为之前需要满足两个条件:第一,个体必须清楚地知道目标是什么(目标具体性);第二,个体必须自愿接受这个目标,个体可能会因为目标定得太高或太低而拒绝接受该目标(目标难度)。目标的这两个特性决定了绩效的水平。

目标具体性。目标具体性是指目标的清晰和明确程度。提高生产力不是一个非常具体的目标,"在未来6个月内实现3%的生产力增长"则是一个非常具体的目标。某些目标,例如设计成本、产出、盈利能力和成长的目标,可以进行清楚和明确的定义;而另一些目标,例如提高员工满意度和提升士气,维护公司形象和声誉,则很难给出具体的定义。明确的目标比模糊的目标更容易引发员工取得好成绩,主要是因为使用模糊目标的员工会使用很多不同的标准来评价自己的行为表现,并且这些标准将导致一些人对很低的行为表现感到满足;相反,那些具有明确且难度较大目标的员工有一个高标准的、单一的评价指标,他们会连续努力以达到这种较高的行为水平。

目标难度。目标难度是目标的挑战性,完成目标所需要的努力程度。在实现目标的过程中,合理的假设是人们只有更努力地工作才能实现更加困难的目标。如果新的经理要求员工增加300%的销售,员工无法接受这个目标,因为它是不可能实现的目标,而增加20%的销售可能是一个更有激励作用的目标。

目标设置理论吸引了众多研究者的兴趣。后来洛克及莱瑟姆(Latham)提出了一个扩展版的目标设置理论,试图更深入地揭示组织中目标设定理论的复杂性。除了目标具体性、目标难度外,个体对目标的接受和承诺也会影响到其努力的程度。目标接受是个体将目标接受为自己的目标的程度。目标承诺是个体本身对实现目标的兴趣水平。通过参与目标设定过程,设定具有挑战性又现实的目标,以及相信通过目标可以获得有价值的奖励都可以促进个体对目标的接受和承诺。

目标确立的过程包括以下五个步骤:

(1)环境刺激,由组织或群体或个人提供对行为的刺激。这一步一般包括确定组织目标和目标完成后的报酬是什么,例如增加工资、提拔晋升等。

(2) 目标确立参与过程，包括目标建立的方式。通常是指下级和他的上级双向联合决策的过程，即参与目标确立，或只用"尽力而为"作为目标。

(3) 确立目标特征，即目标的明确程度、难度、挑战性以及平等竞争和反馈功能。

(4) 目标努力意向，指接受或承担义务。这是职工对报酬价值与达到目标的满足程度的评价。

(5) 输出，包括工作绩效和满足状态这类因素。

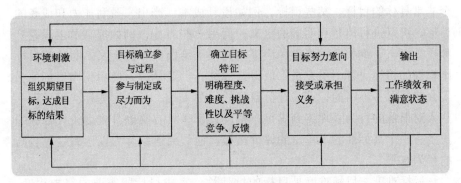

图 7-5　目标确立过程

在目标设置过程中，根据洛克提出的目标设置理论，目标设置要使目标具体详尽，并且具有挑战性。具体来说，设置目标应遵循下列几条原则：

(1) 目标应当是具体明确的。具体的目标比一般模糊不清的目标更能激发员工的行为，使其取得更好的工作绩效。

(2) 目标应当是难度适中的。目标应具有一定的难度和挑战性，但又不超越员工的能力范围之外。研究表明有一定难度的目标比容易实现的目标更能激发员工的积极性，但是难度必须在员工的能力范围之内，一旦难度过大，员工会受到挫折，丧失信心。

(3) 目标应当被个人所接受。只有当组织目标被员工接受并转化为员工的个人目标时，目标才能对员工产生激励作用。

(4) 个人参与目标的设置。让员工参与目标设置有助于他更好地了解目标，更易于达到目标，并且，也有助于增强他的归属感，从而更能激发员工的工作动机，取得更好的工作绩效。

（5）目标要远近结合。近期目标有助于提高员工的自我效能，促进其提高绩效，可以通过逐级分解的方法将长远目标转化为近期目标。

（6）提供反馈以增强员工获得目标的自我效能。洛克的研究表明，为员工提供奖励和语言反馈可以传达效能信息，从而激励他们继续努力，直至实现目标。

目标设置理论为目标管理技术提供了心理学方面的理论依据，目标管理正是运用目标设置原理来提高绩效的一种管理技术。

四、强化理论

哈佛大学斯金纳（Skinner）教授提出了强化理论，该理论以操作条件反射为基础，认为行为是结果的函数。带来快乐结果的行为更有可能被重复，带来不愉快结果的行为则不太可能被重复。人们有意识地尝试不同的行为，并且系统地选择那些能够带来最有利结果的行为。

在管理中运用强化激励理论来改造个体行为，一般有以下四种方式：

（1）积极强化，是指用某种有吸引力的结果，如认可、赞赏、提升等，或创造一种令人满意的环境，以表示对员工某一行为的奖励和肯定，从而使员工在类似条件下重复出现这一行为。

（2）消极强化，是指预先告知某种不符合要求的行为或不良绩效可能引起的后果，允许员工通过按要求的方式行事来回避令人不愉快的处境。

（3）自然消退，指取消正强化，对员工的行为不予理睬，以表示对该行为的轻视或某种程度的否定。

（4）惩罚，指用某种带有强制性、威胁性的结果，如批评、降薪、降职、罚款、开除等，来创造一种令人不愉快乃至痛苦的环境，以示对不符合要求的行为的否定，从而消除这种行为重复发生的可能性。

在管理实践中，惩罚往往不可避免，但在使用时管理人员必须记住，惩罚并非目的。为减少惩罚的副作用，应采取惩罚与正强化相结合的方法。在运用惩罚时，要告诉员工应该怎么做；在出现有所改正的表现时，应随即加以强化，使之巩固。

强化的时间安排，同样可以影响员工的行为。强化的安排大致可以分为连续和间断两大类，前者指某一行为每出现一次就给予强化，后者表示某一行为出现若干次后才给予强化，或当行为出现到一定程度后给予强化，如表7-1所示。

表7-1 强化的方式与效果

类型	强化方式	效 果
连续性强化（CRF）	在每一次反应后，随即给予强化物	(1) 可获稳固的、高的绩效，其持续时间与每次反应以后给予强化的持续时间相同； (2) 高的强化频率可能导致过早的厌烦； (3) 当取消强化时，行为迅速减弱； (4) 适合于新发生的、不稳定的或低频率的反应
间歇性强化	不是在每次反应后就给予强化物	(1) 可产生高的反应频率； (2) 低的强化频率可避免过早的厌烦； (3) 适合于稳定的或高效率的反应
固定的比例（FR）	在给予强化前，必须宣布一个固定的反应数量	(1) 当固定的比例为1∶1时，与连续强化相同； (2) 有助于产生一个高的强有力而稳定的反应比例
变动的比例（VR）	在给予强化前，必须宣布一个变动的或随机的反应数量	可产生一个高的反应比例，它是强有力的、稳定的，可以阻止自然消退
固定的间隔时间（FI）	在一个时间间隔后，强化第一个反应	可产生一个不稳定的反应模式。在强化以后，反应即成为缓慢无力的形式；而在强化以前，反应即转变为快速有力的形式
变动的间隔时间（VI）	在变动的或者随机的时间间隔过去后，强化第一个反应	有助于产生一个高的反应比例，它是强有力的，可以阻止自然消退

第四节 当代动机理论

一、自我决定理论

Marcia 说："感觉真是怪极了，我是以志愿者的身份加入人道主义社团工作的，我一周投入 15 个小时的时间帮助人们认养宠物。3 个月之前，他们聘用我为全职工作者，每小时支付我 11 美元。虽然现在的工作和以前完全一样，但我却觉得快乐大不如前了。"Marcia 的说法是否违背了我们的直觉呢？

这与我们将要讨论的内部动机和外部动机有关。除了按照内容型激励理论对动机进行分类外，也可以通过动机的来源进行分类。外部动机（extrinsic motivation）是指为了获得奖赏或避免惩罚的动机，如员工追求薪资和岗位的提升，避免被降薪和解雇等；内部动机（intrinsic motivation）是自个体内部产生的，如员工对工作内容的兴趣等。自我决定理论（self-determination theory）认为对任务强加一个外界的奖赏会降低人们内在的兴趣。当人们因为工作得到薪水时，他就不太觉得这份工作是他想要去做的工作，而更像他必须去做的工作。

美国学者 Deci 和 Ryan（1985）在 20 世纪 70 年代末提出了自我决定理论，认为个体的自我整合受到环境的影响，是一个从无自我决定到自我决定的连续体（如图 7-6）。根据自我的整合程度不同，动机表现为内部动机、外部动机和无动机三种类型。内部动机是指人们受活动本身的兴趣驱动，所推动的行为完全是自主的；外部动机是指人们为了获得某种与自我可分离的结果才去从事一项活动的倾向，是受到外在环境调节的行为驱力；而无动机状态是指不存在任何整合，不存在动机的激发，自我处于高度分散、疏离的状态。外部动机又可以根据自我整合的程度不同而细分为外在调节、内摄调节、认同调节与整合调节四种形式。外在调节和内摄调节的外部动机因为更少的自我决定而被称为控制性动机，如获取报酬，逃避惩罚，避免内疚、羞耻或得到价值的感觉，控制性动机推动的行为常常是为了取得随后伴随的物质的或自我卷入的结果；认同调节、整合调节的外部动机因为更多的自我决定而被称为自主性动机，虽然被归为自主性动

图 7-6　自我决定理论的动机类型

机,但认同调节与整合调节仍然是外部动机,没有达到完全自发的、积极的、整合的状态,这些动机推动的行为仍然是为了达到对个体而言非常重要的结果,如社会的价值或存在的意义,而不是单纯以兴趣或乐趣为出发点。外在的自主性动机仍然是工具性的,只不过与自我整合得更好。

自我决定理论认为胜任、自主与关系是满足个体人格和认知成长与完善的三大基本心理需要。胜任需要是指在最适宜的富有挑战的任务上取得成功并能得到期望的结果;自主需要是指体验选择并感觉自己的行动像个首创者;关系需要是指建立一种与别人相互尊重和依赖的感觉。基本心理需要的满足可以促进个体外在动机的内化,形成内在目标定向以及提升个体的幸福感。基本心理需要成为连接外部环境和个体动机与行为的核心,当环境因素支持三种心理需要的满足时,就会促进内在动机及外在动机的内化。

在工作实践中,很多激励因素可能既包含外部动机又包含内部动机。例如,一位销售人员在销售竞赛中获得了优胜并且得到了奖励,这固然是一种外部激励,但同时,在竞争的情境中获得优胜,会提高个体的胜任感知,可能会促进其内部动机。目前较为一致的看法是,消极的外部动机因素(如威胁、最后期限、命令、压力以及强加的目标等),会降低个体的内部动机。例如,想象这两种情况的差异:为了乐趣而写一本书和为了报酬而必须在最后期限内完成写书的任务。如果一个资深销售员十分喜欢销售岗位,那么佣金就代表着他在执行自己喜欢的工作时十分出色,这样的奖酬能够提高他对自己能力的肯定。但如果有个计算机程序员因为自己喜欢撰写程序代码,外部强加的标准就会让其感到受胁迫,会降低其对任务本身的兴趣,这样就会削弱内部动机的强度。对个体来说,自我决定理论启示我们在找工作时不要只图外在报酬;对组织而言,它意味着管理者应该在外部激励之外提供内部激励,使工作变得更加有趣,认可并支持员工的成长和发展,有自主选择感、胜任感的员工更容易提高绩效和幸福感水平。

二、工作—特征理论

工作丰富化的提出引出了一个问题:哪一种具体的工作特征可以被丰富化?理查德·哈克曼(Richard Hackman)和奥尔德姆(G. R. Oldman)对与工作满意度有关的工作因素进行测量,提出了工作—特征理论(jobcharacteristics theory）。大量证据表明，特定的工作特点会影响员工工作的态度和行为，但这些工作特点并不是以相同的方式影响员工的。

当员工在工作中表现较好的时候，某些工作特点能使员工体验到积极的情绪状态，这些工作特点会激励员工继续有良好的表现。员工表现良好的动机强度取决于员工成长和发展需要的强度，需要越强烈，员工越会重视由好的工作表现带来的积极情绪体验。因此，工作—特征理论认为如果员工开始就具有强烈的成长需要，特定的工作状态将会产生特定的心理状态，从而产生更高的动机、更好的表现、更大的满意度。

哈克曼和奥尔德姆总结出核心的工作特征应该包括以下几点：

（1）技能多样性（skill variety）：员工在工作中使用多种技能和能力的程度，工作越具有挑战性就越有意义。

（2）任务完整性（task identity）：一个完整的工作，应包括完整的工作程序或者完成一个产品的全过程，而不只是在生产线上完成一个产品的一部分。

（3）任务重要性（task significance）：工作对同事或者消费者的生活和幸福感的重要性。例如，飞机修理工比邮局的员工以一种更重要的方式在影响着更多人的生活。

（4）工作自主性（autonomy）：在安排工作内容、确定工作程序方面给员工的自由度、独立权和决定权。

（5）反馈（feedback）：员工在完成任务的过程中，可以获得关于自己工作绩效直接、明确信息的程度。

哈克曼和奥尔德姆为此设计了工作诊断调查表（job diagnostic survey，JDS）来测量工作—特征理论的三个方面：（1）员工对工作特征的感知；（2）员工成长需要的水平；（3）员工的工作满意度。工作诊断调查表是由描述不同的工作特征的短语组成的自陈式量表，要求被试评估这些短语所描述的他们工作特征的精确度。该调查表经修订后，虽然只使用了一些积极的词语，但是比原始版本的效度更高。

图7-7对工作特征模型进行了描述。请注意前三个维度（技能多样性、任务完整性、任务重要性）如何组织在一起以创造有意义的工作。换言之，如果某项工作同时包含这三项特征，我们可以预测个体会认为该项工作非常重要、有价值并且值得去做。同时，拥有工作自主性特征的工作能够使员工感到对结果负有个人责任，而如果一项工作能够提供工作反馈，

员工就可以了解自己的工作表现如何了。如图7-7显示，工作核心维度与工作结果之间的关系受到员工个体成长需求强度的影响。当他们所从事的工作包含这些核心维度时，成长需求强的个体比成长需求弱的个体更能体会到关键心理状态的改变，并且更有可能表现出积极的结果。这种差异也可以用来解释工作丰富化所带来的差异化结果：对于工作丰富化，那些成长需求强度较低的个体可能不会实现更高的绩效和满意度。

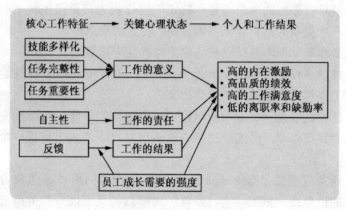

图 7-7 工作特征模型

工作特征理论为管理者进行工作设计提供了具体指导。这些建议具体说明了哪些类型的变化最有可能带来这五种核心工作维度的改善。根据工作特征理论，通过以下方式，可以对工作进行丰富化：

（1）把小的、碎片化的工作任务组成大的工作单元（工作扩大化），从而提高技能多样性和任务完整性。

（2）把众多任务安排成自然的、有意义的工作单元，使员工对完整的工作单元承担责任，从而提高工作完整性和重要性。鼓励员工将他们的工作视为有意义的、重要的事情，而不是无关紧要的、无聊的事情。

（3）赋予员工与顾客或是最终使用者直接接触的权利，从而增加技能多样性、工作自主性和反馈。

（4）增强员工的自主性、责任感和对任务的控制，纵向拓展工作，以增加技能多样性及工作自主性。

（5）安排员工有规律地了解他们在工作中的表现，开通反馈渠道。直接反馈能够让员工了解他们在工作上表现如何、绩效是否得到了提高。

包装灯泡

正如工作设计的研究结果所展示的,有些工作可以被设计得具有刺激性、激励性和挑战性,有些工作却是常规的、大量重复的工作,毫无吸引力可言。然而它们虽然单调,对整个组织而言却非常重要。

一个公司生产了一种灯泡,它们大多供商业摄影师所使用。这些灯泡非常脆弱易碎,使用期限较短。因此,需要将它们用特制的盒子包装起来,每个盒子装一个灯泡。将四个小盒子装入一个大盒中以便运输到零售商处。起初,该公司使用自动包装生产线包装,结果造成了大量的灯泡破裂。随后公司决定使用手工包装,但是由于工作过于单调导致员工的轮换率较高。公司决定招收一批不需要从工作中获得智力激发的员工来包装这些灯泡。因此,公司联系了一家智障人士收容所。该收容所的一项任务就是为智障人士找到适合他们做的工作。公司聘请了6位智障人士,包装灯泡的工作是他们能做的。8年间相对于其他部门而言,这部分工人的流动率要低很多。这些员工对他们为公司所做出的贡献感到非常骄傲,该公司也对这些员工非常满意。这些包装工在公司中享受着英雄般的赞誉,同时这次雇用也成了雇用残障人士的成功案例。在这个案例中,该公司并没有再设计工作而使得工作更有激励性,而是尝试找到能够成功完成任务并且愿意继续执行任务,并且从工作中获得足够挑战的员工。

工作设计方法的再设计。尽管工作特征模型的有效性已经得到较多一致的研究结果,但对于当今大多数以服务和知识为导向的工作来说,它也许并不完全适用。这些工作的属性也会改变员工在这些工作中所承担的工作任务。两个工作设计的新观点引发了人们对工作特征模型以及其他标准化方法的思考。

第一种观点是关系取向的工作设计(relational perspective of work design),主要聚焦于员工的任务和工作如何日益依赖于各种社会关系。在当今的工作中,员工与同事和组织内外的其他个体有越来越多的互动,并且彼此相互依赖。员工在开展自身工作的过程中,越来越依赖于从周围人那里获取信息、建议和帮助。这一现实意味着管理者需要考虑到这些员工关系中的重要组成部分,例如获取组织中社会支持的途径、与组织外部的互动类型、工作任务的相互依赖程度以及人际反馈。

第二种观点是主动的工作设计(proactive perspective of work design)，该观点认为员工会积极主动地改变自己的工作方式。他们会更多地投入对他们工作有影响的决策和行动中。根据这种观点，重要的工作设计因素包括工作自主性、模糊性以及责任程度、工作复杂性、应激源水平以及社会或关系背景。

三、当代动机理论的整合

很多动机理论其实是可以互补的。如果了解这些理论可以如何整合在一起，会更好地理解如何激励员工。图7-8的模型融合了我们所知道的大部分动机理论。

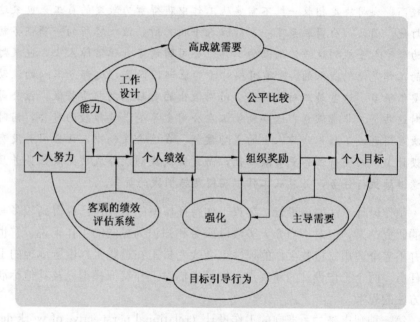

图7-8　当代动机理论的整合

该模型以期望理论为基础。从模型的左侧开始，个人努力指向最终的个人目标。与目标设置理论一致，目标—努力的关系是为了说明目标的导向作用。期望理论表明如果员工认为努力与绩效、绩效与奖励、奖励与个人目标之间存在显著的关系，那么员工会愿意付出更高程度的努力。而这些关系又会受到其他因素的影响。从该模型中可以看到，个人绩效的水平不仅取决于个人努力的程度，还取决于个人完成工作的能力以及组织是否拥有公正客观的绩效评估系统。如果个人认为绩效能够带来奖励，那么绩效与奖励之间会存在比较强的关系。期望理论中最后一个关系是绩效—目标关系，传统的需求理论在这一环节发挥了重要作用。个体由于高绩效表现所获得的奖励与其个人目标的主导需求一致时，就会表现出与需求满足程度相对应的努力。

该模型还整合了成就需要、强化理论、公平理论与工作特征模型。高成就需要者并非受组织对其绩效评估或组织奖励的激励，因此，个人努力到个人目标之间出现了一个跳跃的箭头，由高成就需要直接指向个人目标。对于高成就需要者来说，只要他们所从事的工作能够为他们提供个人责任、反馈和适度风险，他们就会获得内在驱动力。他们并不关注于努力—绩效、绩效—奖励或奖励—目标之间的关系。

如果员工认为管理者所涉及的奖励系统是对优秀绩效的回报，那么这种奖励会强化并鼓励持续的优秀绩效。奖励在公平理论中也发挥着关键的作用。个人会将他们所付出的努力与所得到的奖励（结果）和其他相关人员的付出—所得比率想比较，如果觉得存在不公平，则个人所付出的努力程度会受到影响。在该模型中，工作特征从两个方面对工作激励造成了影响：第一，围绕着五项工作维度的工作设计可能会提高实际工作绩效，因为个体动机会受到工作本身的刺激——也就是说，这些工作维度增强了努力与绩效之间的关系；第二，围绕着五项工作维度的工作设计也会提高员工对于工作中核心要素的掌控程度，因此，提供了自主性、反馈和类似特征的工作有助于那些渴望更好地控制自身工作的员工实现个人目标。

思考题

1. 运用期望理论的三个要素解释为什么有些员工在暴风雨天气下仍然上班，而有些员工却不愿意离开家门？

2. 运用你所学的关于有效目标特征的知识，为你在班级的表现设立两个有意义的目标。

3. 一些服务代理很沮丧，因为新聘请的没有从业经验的服务代理的年薪比正常的起薪高了 3 000 美元。部门经理解释说，这个新聘请的服务代理不接受他的起薪水平，因此公司将他的起薪提高了 3 000 美元。虽然他们在几年前进入公司时的起薪都是最低的，但是所有五个代理最近的薪水都接近最高工资水平（比新来的代理高了 15 000 美元）。运用公平理论解释为什么五位服务代理会感到不公平。

4. 组织不公平会发生在工作场所中，也会发生在教室里。识别你在教室里所经历的不公平的情形。老师可以做些什么来维持分配公平和程序公平的环境？

5. 采访三位管理者，了解他们是如何激励员工的，以及什么方式最有效。在报告中记录你的发现，并准备好在课堂上展示给大家。

 案例分析

和哈里一起做什么

乔·柯林斯，是约克工具公司的产品总监。有一天他轻拍哈里·辛普森的肩膀然后说道："哈里，我们去我办公室谈谈吧。"

"现在？"辛普森问。

"就现在。"柯林斯回答。

辛普森摘下他的护目镜，并把它放在架子上。他是这条生产线的领班，很少被调离岗位。他意识到肯定是有什么大事要发生了，不然柯林斯应该会等到休息的时候再找他。

"嗨，威利，"辛普森叫了他的同事，"替我一下，我要去和乔谈点事。"辛普森走到柯林斯的办公室并坐下，柯林斯脸上的表情告诉他接下来的应该是个坏消息。

"哈里，我们认识8年了，"柯林斯说道，"你一直十分努力，你有责任心并且很勤奋，比起其他领班我对你没有任何意见，但是最近好像有点不太对劲了。在过去的一个月你已经迟到了5次，并且也晚交了你的生产报告，你这条生产线上的废品率也逐渐上升。我听说威利还在替你指导两个新手，那本应该是你的工作啊，你最近怎么了，哈里？"

辛普森放下二郎腿，清了清嗓子说："我没有意识到这些事情。"

"你不知道你迟到了？"柯林斯怀疑地问道，"过去的8年里你一直在7点半准时上班，当你7点45分打卡上班的时候，你应该意识到你迟到了！"

"我不知道，乔，我最近没有察觉到。"辛普森解释道，"道瑞斯也说我最近一直不停地拖沓。"

"我不是想要责骂你，哈里，"柯林斯说道，"你对我很重要，我只想你回到从前，最近你遇到什么麻烦了吗？"

"好吧，是我终于意识到了我自己没法坐上主管的位置了，至少近期不会，这是我一直想要达到的目标，但是我已经到了自己的极限程度。当科尔曼当了主管之后，我知道我会是下一个，但是，却没有下一个了。我没有不满，科尔曼是个好人，这是他应得的。我只是自己有点泄气。"

"哈里，管理层非常敬重你，你的生产线上的员工也认为你很棒，你对于别人来说是一个无法企及的榜样，我希望你保持下去，我们需要员工都像你一样。"

"我知道我的工作很重要，"辛普森说道，"但是我认为我没法再进步了，至少在这份工作上，我觉得我的一切都是靠运气或者别的什么。"

"给你一个新的生产线经营怎么样？"柯林斯问道，"那样对你来说会是新的挑战吗？"

"不，我不需要。"辛普森答道，"我喜欢我的这条线，我不想离开。"

"好吧，哈里，你看这样行不行。"柯林斯说道，"我希望你减少迟到的次数，尽快！准时上交生产报告，并注意一下废品率。铜的价格逐渐上涨，我们需要控制好成本。对了，给威利放假，他做得够多了，你觉得如何？"

"嗯，"辛普森说道，"你说了我想要做的。"

"坚持下去，哈里，"柯林斯笑着说道，"两年之后，你就满10年的工龄了。"

辛普森起身打算离开："这东西又不能当饭吃，但是我喜欢拥有它。"

辛普森回到工作岗位。威利看到他回来问他说："乔和你说了什么？"

"没什么。"辛普森回应道。

威利知道辛普森肯定隐瞒了些什么，而辛普森觉得威利应该知道是什么事情。

案例讨论题

1. 根据期望理论，你认为辛普森对于晋升的效价和工具性是如何评定的？

2. 柯林斯对辛普森定了什么目标？辛普森该不该为自己设定这些目标，为什么？

3. 辛普森为了达成目标，寻找了何种反馈？

4. 如何重新为辛普森设计工作使其充满挑战性？

5. 你认为辛普森是变得懒惰或者说缺乏动机，还是说只经历了职业生涯中短暂的低谷期？？如何才能保持动机的稳定性和持续性？

资料来源：Paul M. Muchinsky. 心理学与工作：工业与组织心理学导论. 姚翔等译. 北京：机械工业出版社，2014：255－256.

第八章

健康与安全

学习目标

- 理解压力及其过程。
- 找出压力的来源。
- 描述工作压力产生的后果。
- 学会如何进行压力管理。

引入案例

带着你的孩子来上班

我是硅谷一家高成长软件公司的CEO，也是三个男孩的母亲，他们分别是9岁、7岁和4岁。我可以自豪地说，我是个顾家的妈妈。在过去十年中，我不得不在孩子和事业之间来回奔波，我根本做不到将两者截然分开，因为我发现那样反而会制造更多紧张和压力。所以，我将生活与工作融为一体：我会带着孩子去上班，也会在需要的时候在家里工作。我觉得这么做效果好极了，而且，在我的公司（Palo Alto Software），"带孩子上班"已成为公司文化的一部分。

别误会，我们并不是每天都把孩子带到办公室，我们也绝不是要取代幼儿园。但是，当保姆需要半天假期，学校临时放假，或者孩子身体不舒服时，我们就欢迎而且鼓励员工带着孩子来办公室待上一整天。我们甚至为此专门设计了一个房间，让不得不在父母办公室度日的孩子可以在那里看电视、玩游戏、做手工、读书，或者写作业。

此外，我们公司也没有严格的考勤约束。不管什么原因，只要员工在"正常"工作时间需要和孩子一起，我们就理解并且支持。我们只看工作结果和目标完成情况，不看员工在办公室待了多久。所以我们给他们充分的自由决定自己在哪儿，以怎样的方式完成工作。

在激烈的顶尖人才争夺战中，公司福利与文化至关重要。我们已经听说了硅谷公司的各种奇葩福利，比如理发店、咖啡车、游戏室、免费干洗服务等，作为入职奖励，新员工还会收到各种最新科技小玩意。硅谷一家高成长企业的COO告诉我，他从没想到自己工作的很大一部分，是给公司的自助餐厅搞到最好吃的墨西哥卷饼，以免员工跳槽到下一个网民选出的"最受欢迎互联网公司"。

但这些其实都是表面功夫。人人都知道，其目的不过是尽可能长时间把员工留在办公室，而不是为了让他们真正快乐。只有提供一个让员工保持忠诚、努力工作、因创新而获得奖赏的环境，才能在带来更好业绩的同时留住人才。所以，精英人才不会被一台新的 iPad 或者免费拿铁诱惑，他们更看重的是公司尊重他们的家庭生活和家人，让他们自由支配时间，并以结果为重。

有研究显示，一个人每天最具创造力的状态只能维持短短几小时。高效状态过去之后，人们不过是在浪费时间勉强工作。有时工作时间太长反而会起反作用，还不仅是无关痛痒增加工作量或者造成拖延症，而是会损害绩效与创造力。因此，为什么非要鼓励员工每周在办公室待上六七十甚至八十个小时，以至于对员工无可压榨，甚至逼得他们跳槽呢？我主张的企业文化是：让员工每晚 5：30 或 6 点就回家，给他们喘息之机，让他们释放压力恢复精力，从而更加努力工作。

我的员工因此少干活了吗？这种工作方式，以及我给员工提供的便利，是否让公司收益受损呢？恰恰相反。我们公司比以往成长得更快，而且获得了前所未有的财务成功。我们拥有一群快乐工作的员工，也迎来了一次办公室里的婴儿潮，仅去年一年就有十个宝宝出生。这难道不正是员工觉得快乐、安全、收入满意的信号吗？

我们深信无论要招募还是留住顶尖人才，必须提供一种让他们发挥创造力和主动性，能够实现卓越的公司文化。所以我们在意他们的个人生活，让他们自由支配时间，在需要的时候带着孩子来上班。所以，别再提桌上足球和免费墨西哥卷饼之类的廉价小福利了，给员工提供一种真正尊重人性的公司文化吧！因为他们需要的不仅仅是一份工作。

资料来源：萨布里纳·帕森斯. 带着你的孩子来上班. 哈佛商业评论，2014，http：//www.hbrchina.org/2014－05－07/2039.html

第一节 职业健康与安全

一、职业健康与安全的起源

科学管理的假设是工人的情绪不会影响到工作生产，将工人的"思考"从执行中分离出去，不再考虑工人的情绪问题。因此，将工作设计成重复的行为，基本每隔10秒重复完成一项任务。工人会为此变得麻木，感到无聊和疲劳。但在20世纪初，这是员工为生产效率所付出的代价，这种模式持续了将近一个世纪。随着劳动力教育水平的提高，工人们越来越不愿意继续从事枯燥的工作，他们更加重视工作中人性的部分。

直到20世纪30年代，出现了一个关注工作中情绪因素的研究主题（通常称为精神卫生学）。咨询心理学的从业者发现，与生活相关的适应问题也会影响工作。但工业心理学主要关注工作效率，咨询心理学主要关注适应与健康相关的问题，两者之间还存在较大的区别。到了20世纪中期，职场心理健康（workplace psychological health）（也称为职业健康）开始正式形成。1965年，Kornhauser出版了《产业工人的心理健康》一书，职业健康得到工业与组织心理学家的认可，并开始对职业健康和工作—家庭冲突问题展开研究。

据国际劳工组织的数据，全球每年有230万人死于工伤事故，每15秒就有一位员工在事故中丧生。每年大约有2.7亿非致命性的工伤事故，1.6亿人罹患职业疾病。在美国，事故是第五大死因，排在心脏病、癌症、中风和呼吸道疾病之后。世界各国都颁布了相关法案，以建立工作场所的健康和安全标准，来减少工伤和职业病的频率与危害程度。例如，美国的《职业健康与安全法》、日本的《工业健康与安全法》、英国的《工作健康与安全法》，这些法律主要关注工作中的健康问题。工业与组织心理学主要测量职场中的安全和不安全行为，以及诱发这些行为的外部条件。直到20世纪末，学界意识到不仅要降低工作中事故和疾病的发生率，还要提升职业心理健康的水平。虽然职业心理健康是由传统的心理卫生和职业安全发展而来的，但是它同样认为组织应该积极地为员工创造幸福的工作环境。美国学者 Tetrick 等人建议除了设立有助于提升心理健康的制度外，组织还应该在评估应聘者时加入与心理健康有关的测量工具。医疗费用对所有工业国家来说都是最大的一部分财政开支。保健和预防要比治疗疾病节省更多费用。因此，提升职业心理健康的水平对雇主和员工而言都是非常有利的。

工作与家庭的关系获得了极大关注，从而产生了很多全新的词语。例如英文单词 workaholic（工作狂）是指一个人对工作的痴迷达到了病态的程度。日语中，过劳死是指过度工作导致的死亡，每年大约有 10 万名日本人死于过度工作。普通人在工作上花费的时间比任何活动都多。职业心理健康的主题揭示了工作和健康之间密不可分的关系。

过劳死

"过劳死"这个词源于日语的"karoshi"。它是指在非生理的劳动过程中，劳动者的正常工作规律和生活规律遭到破坏，体内疲劳淤积并向过劳状态转移，使血压升高，动脉硬化加剧，进而出现致命的状态。

过劳死的主要表现有：经常出现身体乏力、睡眠不稳、记忆减退、头痛头昏、腰痛背酸、食欲不振、视觉紊乱等疲劳症状。但到医院去检查，却又没有明显的病症。过劳死与一般猝死几乎没什么不同，但其特点是隐蔽性较强，先兆不明显，这点很容易为一般人所忽视。过劳死最常见的直接死因有：冠心病、脑出血（高血压）、心瓣膜病、心肌病和糖尿病并发症等。

二、事故与安全

20 世纪美国最主要的成就之一就是将工作场所的事故发生率降低了 90%，使得当今大多数员工能够比前任更安全地工作。工作场所的事故中，致死率为 10%。非致命的事故数量远远超过致命事故的数量。由于事故会造成组织与员工双方的损失，因此对事故的预防需要得到重点关注。致命和非致命事故的代价都是昂贵的。为了预防事故，人们尝试了多种方法。第一，减少危险源（比如改变材料，重新设计工具、流程和环境）；第二，阻止与危险源靠近（如设置障碍物，当人靠近机器时，机器自动停止）；第三，在执行任务时遵守安全规则，从而减少工伤和危险。最佳的预防策略因特定的情境和对事故起因的分析而有所不同。物理工作条件造成的身体影响是立即且直接的。但有时疾病或伤害可能是员工暴露在有害的工作条件或有毒物质中多年后才出现的。而不安全的行为、不当的工作设计容易使员工暴露在危险的情境中。传染病、巨大的噪声、重复动作、有毒物质以及工作场所暴力是可能导致工伤和疾病的常见情境。

通过人类工效学可以将设备设计得更为合理。历史上有一段时期，割草机的设计会导致操作者将一只手或脚卷入旋转的刀片中。经过重新设计，在美国销售的新式割草机必须有一个手柄释放开关。当操作员放开手柄的时候，即可关掉引擎或刀片。这个设计使得操作者偶然地将一只手或脚伸进旋转刀片中的概率降低。好的设计能够很有效地降低工伤和事故的概率，并能减少员工的紧张。预防工作场所事故的主要难点在于获得员工的合作。通常安全装置既不方便也不舒服。例如，一些员工觉得护目镜、安全带不舒服而不戴。已被员工普遍接受的工作习惯也可能会妨碍安全措施的实施，因为安全规章看起来会浪费时间、耗费精力。与工作事故和安全相关的因素主要有安全氛围、安全培训、安全与生产的平衡、员工的人格特点以及工作压力等。1988年，美国国家职业安全卫生研究所（National Institute of Occupational Safety and Health，NIOSH）为了应对与压力相关的员工索赔要求，将心理因素（psychological factors）增加为新的职业健康风险源（leading occupational health risk）。为创造健康的工作场所，将健康心理学（health psychology）结合到公共卫生（public health）领域，并将"提升与维持员工最高水平的身体、心理与社会幸福感"作为职业健康的目标。欧盟的一项报告指出，压力是第二大最常见的威胁职业健康的病症，背痛位居第一。工作日缺勤中至少有一半可以归因于压力。

表8-1
一些普通职业从业者的疾病和伤害来源

来源	职业
传染病	牙医、护士
巨大的噪声	航空公司的行李搬运工、音乐家
身体攻击（致命的）	警察、出租车司机
身体攻击（非致命的）	疗养院助手、精神病护士
重复动作和起源	数据录入员、护士
有毒物质	灭害（如老鼠等）工作者、农民

第二节　压力的本质与过程

压力已经不是一个陌生的概念。许多人认为压力是一个简单的问题，而事实上压力是一种复杂和很难理解的现象。为了理解压力的发生原理，我们首先看看压力的定义，然后描述压力发生的过程。

一、压力的本质

压力（stress）是个体对刺激的适应性反应，这些刺激引发了超出个体正常水平的心理和生理负荷。这些刺激就是压力源（stressor），是任何能引起压力的东西。这些刺激可能是生理的，也可能是心理的。压力对个体提出的要求超出正常水平。重要的是个体感受到超出正常水平的要求，否则就谈不上压力。

图 8-1 阐明了工作压力源是如何导致工作压力的。在这个模型中，工作压力源（步骤 1）是工作环境中的客观条件或情境。例如工作时可能着火了，要使火成为一个压力源，员工必须意识到它的存在。这就导致步骤 2，感知压力源。然而，仅仅感知到压力源还不足以导致压力。员工必须将压力源评价为令人厌恶或是威胁的（步骤 3）。如果一栋建筑起火，几乎所有人都会将这种情况评估为威胁。如果仅仅是一个烟灰缸着火，很多人认为这是个威胁就十分令人怀疑。然而，如果出事地点满是易燃材料，即便是一根点燃的火柴也是很危险的。对情况的解释或评估决定了是否导致下面的步骤，这些步骤包含了压力。在这一模型中，压力不是短期的（步骤 4）就是长期的（步骤 5）。短期压力是立即发生的。员工一看到火，就会感到恐惧（心理反应），变得恶心（生理反应），继而跳出窗外（行为反应），从中经历过足够严重创伤的个体可能患创伤后应激障碍，这是一个长期压力。

注：一个客观的压力源（步骤1）导致了对它的感知（步骤2），并被个体加以评估（步骤3），如果被评估为挑战或威胁，将会导致短期压力（步骤4）和最终的长期压力（步骤5）。

图 8-1　工作压力过程的 5 步骤模型

压力可能有许多来源。本章将主要讨论两个大类：生活压力源和组织压力源。个体在感受压力之后，会导致各种不同的结果。这些结果可能表现在生理上、心理上或行为上（如图 8-2 所示）。当然，压力对不同个体的影响不同。压力源是否导致压力，导致压力的程度有多深，这都取决于个体本身的心理特征。这与从个体层面所探讨的个体差异一致。

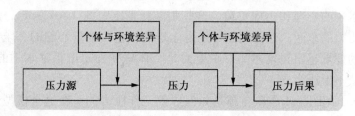

图 8-2　压力源、压力与压力后果的理论模型

二、压力的来源

（一）生活压力源

现代生活方式已经变成一个主要的压力来源。正如狄更斯在小说《双城记》中所写：这是一个最好的时代，这是一个最坏的时代（It was the best of times, it was the worst of times）。快速变化会对个人的生活方式造成很大影响。虽然医学延长了人类的寿命，根除或减少了多种疾病的威胁，但现代生活的快节奏增加了压力，损害了个人健康。人们易于陷入匆忙的、流动性的、都市化的、拥挤的、来去匆匆的现代生活方式，他们变得焦虑。个体的健康与努力拼搏之间的平衡对于可持续发展非常关键。忽略健康会使高级主管将自己置于失败的风险之中，甚至面临死亡。

生活改变是个人生活和工作环境中的显著变化。Holmes 和 Rahe 的研究发现，个人的重大生活改变可能导致压力甚至疾病。表 8-2 总结了生活和工作中的改变事件。在一定期间内的生活压力可用总生活改变单位量（life change unit，LCU）测量。分值代表生活改变的单位量。通过每一项事件对应的分值，可以计算生活改变事件单位量的总和。丧偶是对个体影响最大的生活事件，分值为 100。在表中，既有消极的生活事件（如离婚、与老板发生矛盾），也有积极的生活事件（如结婚、休假）。个人可以承受一定数量的 LCU，但超过一定水平则会导致问题。一般来说，LCU 超过 300 的人在下一年生病的可能性超过 80%，LCU 在 150 至 299 之间有 50% 的可能生病。总之，生活改变的分值越高，个体的健康水平可能会越低。

表 8-2 生活改变和生活改变单位量

排名	生活事件	分值	排名	生活事件	分值
1	丧偶	100	23	儿女离家出走	29
2	离婚	73	24	配偶家人矛盾	29
3	分居	65	25	卓越个人成就	28
4	入狱	63	26	配偶入职或停止工作	26
5	家属去世	63	27	入学或毕业	26
6	人身伤害和疾病	53	28	生活条件改变	25
7	结婚	50	29	个人习惯改变	24
8	开除	47	30	老板矛盾	23
9	复婚	45	31	工作时间和条件改变	20
10	退休	45	32	住所改变	20
11	家属健康变化	44	33	学校改变	20
12	怀孕	40	34	消遣改变	19
13	性苦恼	39	35	宗教活动改变	19
14	家庭新成员	39	36	社会活动改变	18
15	企业调整	39	37	小型抵押和贷款	17
16	财务状态变化	38	38	睡眠习惯改变	16
17	家庭密友去世	37	39	家庭合住人数改变	15
18	工作调整	36	40	饮食习惯改变	15
19	与配偶争吵次数改变	35	41	休假	13
20	大宗抵押	31	42	圣诞和其他大型节日	12
21	抵押或贷款丧失赎回权	30	43	微小的违法行为	11
22	工作责任改变	29			

资料来源：T. H. Holmes and T. H. Rahe. "The Social Readjustment Rating Scale". *Journal of Psychosomatic Research*，1967（11）：213.

(二) 组织压力源

对大多数人来说，工作是生活中最大的压力来源。全球化和信息技术的发展也催生了"技术压力"。爆炸式的信息技术发展给各个层面的员工带来了各种问题：隐私泄露，信息泛滥，缺少面对面的沟通，必须持续学习新技能，由于缺少知识而不能获得晋升。很多雇主会对员工进行监控，以防员工窃取公司信息，或由于浏览与工作无关的网页而使生产率下降。组织中的压力源有一些是特定职业的，比如对管弦乐队的乐手来说，当工作要求侵犯艺术的完整性时，是一个重要的压力源。而对护士来说，这种情况完全不存在。护士面对的是濒死的病人带来的压力。另外一些组织压力源是共性的，比如过度的工作负荷、工作角色冲突、人际冲突等。

1. 工作要求

工作要求是与工作任务有关的压力源。有些岗位的工作比其他岗位压力更大。常见的原因包括需要做出快速决策，根据不完备的信息做出决策或决策的后果很严重。外科医生、航空管制人员、足球教练就属于工作压力较大的职业。表8-3列出了对各职业压力水平的研究结果。从表中我们可以看到，美国总统的工作压力是最大的，其次是消防队员和高级经理，压力最小的工作包括播音技师、簿记师和保险精算师。

表8-3 压力最大的工作

排名	职务	压力指标	排名	职务	压力指标
1	美国总统	176.6	42	广告销售	59.9
2	消防队员	110.9	47	汽车销售	56.3
3	高级经理	108.6	50	大学教授	54.2
6	外科医生	99.5	60	小学校长	51.7
10	航空管制人员	83.1	67	心理医生	50.0
12	高级公共经理	78.5	81	猎头顾问	47.3
16	广告客户经理	74.6	103	市场分析师	42.1
17	不动产代理	73.1	104	人事招聘官员	41.8
20	股票经纪人	71.7	113	医院管理人员	39.6
22	飞行员	68.7	119	经济学家	38.7
25	建筑师	66.9	122	机械师	38.3
31	律师	64.3	124	指压师	37.9
33	全科医生	64.0	132	技术作家	36.5
35	保险代理	63.3	144	银行官员	35.4

续表

排 名	职 务	压力指标	排 名	职 务	压力指标
149	零售售货员	34.9	194	保单签发员	28.5
150	税务监察/征收	34.8	212	计算机程序设计师	26.5
154	飞机机械师	34.6	216	财务规划师	26.3
166	工业设计师	32.1	229	播音技师	24.2
173	会计师	31.1	241	簿记师	21.5
193	采购代理	28.9	245	保险精算师	20.2

2. 工作负荷

工作负荷过高主要表现在工作的数量和质量上。如果在规定期限内要完成的工作量过大，设定了过高的定额，容易造成个体的疲劳和精神紧张；如果所完成任务的难度要求超过了个人能力，且质量要求过高，比如限定非常低的出错率，为了达到过于精细的质量要求，员工必须格外集中注意力，因此处于极度紧张状态。

3. 工作条件

工作条件是与工作的物理环境有关的压力源，例如温度、湿度、照明、噪声等条件。有些员工需要在高温或高寒地区从事室外工作，或是在有噪声和拥挤的环境中工作。而煤矿工人、有害垃圾处理工人等是在不健康的环境下进行工作的。除此之外，空间布局如办公空间的设计，某些企业给员工的格子间不足60cm宽，工作空间狭窄、阻碍社交等都会给员工带来压力。

4. 角色模糊或角色冲突

角色模糊是员工不确定工作职责的内容。管理者没有给下属提供清晰的指导和方向，员工不清楚自己应该要做什么。角色冲突是工作内部要求或工作与非工作角色之间的要求冲突。例如，两名管理者可能提出了互不相容的要求，一个要求员工在工作中更加仔细，另一个要求员工加快速度。这是工作角色内的冲突。角色冲突也可能表现在角色之间。例如，老板说只有多加班才能得到升职，但家人却要求更多的陪伴时间，这是工作—家庭的角色冲突，工作要求对家庭生活产生妨碍。也有可能是家庭要求对工作产生妨碍，例如，需要带孩子去看医生，导致员工无法参加工作。对有孩子的双职工和单亲家庭来说，问题尤为突出。因为女性通常承担了照顾孩子的主要责任，工作家庭冲突对女性的影响更大。

角色冲突的四种类型

人与角色的冲突（person-role conflict）：当个体的上级让其承担的角色与个体自己秉持的价值观产生矛盾的时候，这种冲突就发生了。比如，当你的老板要求你开除绩效差的员工，这也许有违你的人道主义原则。

角色接受者之间的冲突（interrole conflict）：指个体所承担的不同角色之间所存在的冲突。比如，你的老板希望你50%的工作时间都出差在外，而你的配偶却威胁说，如果出差时间超过工作时间的25%，就和你离婚。

角色赋予者之间的冲突（inter-sender conflict）：当不同的人让你完成相互矛盾的工作时，这一类冲突就发生了。比如，你的上司要你加班加点完成一个应急项目，而公司政策却规定不允许支付给员工加班费。

角色赋予者本身的冲突（intra-sender conflict）：当一个人要你完成两个互相矛盾的工作时，这一类冲突便发生了。比如，当你的老板让你快点完成工作，同时又要求你少犯错误的时候，你就会体验到这种冲突。

资料来源：【美】安德鲁·杜布林（Andrew J. DuBrin）．心理学与工作．王佳艺译．北京，中国人民大学出版社，2007：159．

5. 人际要求

能够与他人友好相处是幸福的一个重要元素，而不能与他人友好相处就会成为一个严重的压力源。与同事、上级的冲突，各种人际间的反感或憎恶，如果长时间持续，都会导致员工产生抑郁症状。群体层面的动态过程也可能产生压力。例如群体中有达成特定目标、行为表现一致的压力。产出超过或低于这个目标水平的员工都会感受到压力。个人要求背离群体期望的个体也会承受很大的压力，特别是他本人非常在意群体认可时。组织政治是人际环境中的一个潜在压力源。组织政治是员工对同事和管理者从事自利行为的知觉，即将自己的个人利益置于组织和他人利益之上。组织政治会导致员工较低的工作满意度，并带来生理和心理上的压力。

6. 失业

未来，失业可能是全社会需要面临的主要问题。生活获得保障是就业最明显的预期结果。就业可以帮助人们合理地安排每天的时间，与核心家庭成员之外的人士保持接触，帮助自己设定目标并追求目标的达成，定义人们的地位和身份。如果被解雇，个体持久的需求就无法获得满足。因此，就业是有效维护民众心理幸福感最主要的社会制度。失业者失去收入来源，并且无法确定这种生活还需要持续多久。失业削弱了人们对生活的控制感。虽然失业救济金可以缓解经济上的困难，但是公众普遍认为依靠救济金生活是一件丢脸的事情，并且无法为家庭提供经济支持。研究表明失业人群的健康水平降低。元分析结果显示失业与心理健康水平的相关系数为 0.36。工作使人们的生活充满意义和目标，而没有目标则会降低生活的质量。

■ 三、压力的结果

压力可能产生多种后果。这些后果可能表现在生理、心理或行为上。

（一）工作压力对绩效的影响

压力可能是积极的，让人精力充沛，所谓"有压力才有动力"。这实际上就是指适度压力对工作效率会产生积极的影响。过高的工作压力会降低个体的工作绩效，最终不利于组织目标的实现。适度的压力是良性压力（eustress），它能充分调动员工的工作积极性和主动性，具有很强的动力作用。为什么过低或过高的工作压力不会有最佳的工作绩效？在低工作压力下，个体慵懒疲沓，处于松懈的状态，工作绩效自然不高；当压力逐渐增大时，压力成为一种动力，激励人们努力工作，绩效水平将逐步提高；但当压力超过个体最大承受能力之后，个体会无法集中注意力或者思维枯竭，不能获得最佳的工作绩效。

（二）工作压力对身体健康的影响

当人们长期处于压力状态下时，会对身体健康产生严重的影响。工作压力会使人的新陈代谢紊乱、心率与呼吸率增加、血压升高、头痛、易患心脏病等。在现代社会中，因压力过大而引起身体疾病或死亡的现象并不罕见，过劳死可以说是压力影响身体健康的极端体现。

（三）工作压力对心理健康的影响

压力不仅会影响个体的身体健康，同时还会对心理健康产生影响。常见的心理反应包括紧张、焦虑、记忆力减退等。文献研究较多的是工作压力对工作倦怠的影响。近来"倦怠"（burnout）一词越来越为大众所熟知。当我们应对压力的能力下降时，我们就可能在走向倦怠。多数人在面对压力时会出现身心紧张反应，如果这种状态得不到有效缓解，持续下去就可能出现对工作的倦怠感。工作倦怠表现为情绪衰竭、玩世不恭以及成就感低落，在工作中感到疲劳和虚弱，对他人冷淡和麻木，感到在工作中没有完成任何有价值的事情。

四、个体特征

工作压力的来源是多样的。但工作压力源只是形成工作压力的客观条件。这些压力源是否造成工作压力还需要考虑个体本身的特征。个体之间承受压力的差别较大，受到个体人格和个性特征的影响。

（一）自我效能感

自我效能感是个体对自己能否完成某一项活动所具有的能力判断和信念。自我效能感作为个体人格特征的一项重要内容，在工作压力的产生和作用过程中扮演了非常重要的角色。一般来说，自我效能感较高的个体，通常面对压力时对自己更加有自信，不会把压力看作是对自己的威胁，他们倾向于以积极的方式应对和处理压力；相反，自我效能感较低的人容易把压力看作是一种冲击自己身心的劫难，从而表现出悲观、自卑等消极情绪反应。另外，自我效能感还会影响个体压力应对策略的选择。自我效能感高的个体在面对压力时更倾向于选择积极的应对策略，有时在压力产生之前就采取措施加以应对。

（二）A型人格

A型人格是两名心脏病学家发现的。一名修理工在修理接待室的椅子时说，许多椅子发生前部磨损。经过进一步的研究，两名心脏病学家认识到心脏病人心情焦虑，不能安安静静地坐在那里，他们只是挨在椅子的前部边缘。以这一观察为起点，两名心脏病学家开始更深入地研究。他们发现病人们表现出两种不同的行为类型：A型与B型。具有A型人格的个体是高度竞争性的、献身于工作并且时间紧迫感强，希望在尽可能短的时间内完成尽可能多的工作，往往给人留下具有攻击性、野心勃勃的印象。B型人格则相反，从容、没有时间紧迫感，很少表现出敌意和攻击性，生活方式倾向于平衡和放松。研究表明，具有A型人格的人无论是在工作中还是在其他情境中都容易产生压力感。而且，A型人格的个体更容易患有心脏病，研究者推测这可能与他们过度紧张、敌意和易怒有关，而这些都是冠心病的诱发因素。

（三）控制点

心理学家从控制点的角度出发，将个体分为内控型和外控型。内控型个体认为自己的能力是事情发展的决定因素，自己可以控制命运；而外控型个体则认为自己的命运由外部力量所主宰，如运气、他人等。研究表明，内控型的个体比外控型的个体感觉到的压力更小。当两类人面对压力时，内控型个体更倾向于认为自己可以对行为后果产生影响，因此，他们会积极采取行动去控制事件的发生。相反，外控型的个体更倾向于消极应对，往往屈服于压力的存在。所以，处于紧张气氛中的外控型个体更容易产生压力。

第三节　压力管理

压力不一定是破坏性的。在现代社会中，压力是不可避免的，关键在于个体与组织如何应对和管理压力。

■ 一、个人策略

（一）管理压力

（1）锻炼。体育锻炼的形式可以多种多样，因人而异，如慢跑、快走、游泳、打太极等。锻炼可以帮助降低肌肉紧张、心律及胃酸的水平。经常锻炼的人比不运动的人较少发作心脏病。不经常锻炼的人更容易陷入沮丧和体会到其他负面的后果，往往感到压力较大。

（2）放松。管理压力的另一种方法是放松。放松可以帮助个体适应压力，从而更好地处理压力。通过放松活动，比如深呼吸、催眠、听音乐、看笑话等，个体可以充分化解脑力和体力的紧张，放松身心，松弛肌肉，从而让人变得平和。定期休假也是放松的一种形式。节假日的闲暇时间能够明显提高员工应对工作压力的能力，休假之后人们对各种工作的态度有显著的改善。许多国家特别重视公民的休假和节假日。澳大利亚政府几十年前就通过了一项长期服务假法案,让员工可以劳逸结合,恢复体力,轻松振作地回到工作中。三分之二的澳大利亚员工在每年年度休假的基础上,服务 10～15 年后还可以获得 2～3 个月的带薪休假。专家还建议学习在工作中放松,例如在普通的工作日中经常安排短时间的休息。

(二) 时间管理

时间管理也是控制压力的方法之一。工作超负荷特别容易导致时间压力和超时工作。因此,个体如果具备时间管理的知识和技能,就可以合理安排事项,有效率地完成任务。时间管理的原理是如果个体时间管理得当,就可以减少或消除许多压力。时间管理的方法是每天早上列出当日要完成的事情清单,并将各项任务按照优先顺序进行排序。一般可以按照事件的重要程度以及紧急程度将任务进行分类。非常重要又十分紧急的事项是必须首先要完成的关键事项;非常重要但并不紧急的事项是将来应当完成的重要事项;不太重要又十分紧急的事项是可以授权他人完成的事项;既不重要也不紧急的事项是可以完全不做或推迟完成的事项。时间管理有助于完成重要的事情,鼓励授权将不重要的任务委托他人,从而缓解员工面临的各种工作压力。

有效时间管理的 7 大原则

- 列出每天要完成的事情
- 根据重要程度和紧急程度,分清工作任务的主次顺序
- 了解自己的生物钟,在自己最清醒和效率最高的时间段里,完成最主要的工作
- 把要用的材料或东西放好地方,避免在寻找东西上耽误时间
- 把大的项目分成小项目,分别确定时间,按部就班地完成
- 规定每项任务的完成时间
- 集中时间处理琐碎小事,每天留出一些固定时间来处理这些事情

(三) 减少压力来源

假如你不知道组织对自己的期望,你实际上在承受角色模糊的压力。这时,你不应当坐在那里一味地担忧。相反,你应当主动找上级要求澄清,以减少角色模糊。另外,许多人因为不会拒绝而给自己带来许多困难。除了本职工作之外,你可能还同意参加各种活动、承担额外的义务工作等。有时你可能别无选择只能接受,但在很多情况下,你需要学会说

"不"。只要简单地说"不",就可以减少任务过多带来的压力。

(四)寻求社会支持

个体拥有的社会支持网络的数量和质量也影响着压力的管理和改善。提供支持的群体可以是家庭成员或闲暇时在一起的朋友。例如,一位经过长时间努力却没有获得晋升的员工可能需要朋友来倚靠一下,做一次交谈或发泄。社会支持可以表现为来自他人或群体的情感、认知和信息支持。情感支持如与朋友的亲密关系、信任和友谊;认知支持如提供反馈或证实;信息支持如提供建议、劝告或指导等。

社会支持至少在三个方面可以降低个体对工作压力的感受:首先,社会支持可以让员工感觉自己是有价值的,从而提高个体的自尊,增强处理工作压力的自信;其次,社会支持可以提供信息帮助个体去理解和减少压力的来源;最后,来自他人的情感支持可以直接缓解员工的压力体验。

二、组织策略

工作压力的产生是个体与组织相互作用的结果。组织本来就是压力的来源之一,组织也应当承担缓解压力的责任。一些组织已经开始认识到应当帮助员工应对压力。主要策略包括组织内的制度方案以及利用外部资源建立的附属压力管理方案。

(一)制度方案

制度方案包括通过工作设计和工作时间的安排来减少压力。有些组织采用弹性工作制和在工作场所现场照顾孩子来解决工作—家庭冲突。弹性工作制是指在完成规定的工作任务或固定的工作时间长度的前提下,员工可以灵活自主选择工作具体的时间安排,以代替统一固定的上下班时间。弹性工作制允许员工抽时间处理非工作要求,比如带孩子去看病。这种制度可以在不损失工作时间的情况下,满足个体多样化的时间需要,减少工作—生活的冲突。Chiu 和 Ng(1999)对中国香港公司的女性友好管理政策(如育儿设备、生育津贴、弹性工作制和家庭顾问)进行考察,发现这些政策对女性员工的工作态度有积极影响,对男性员工则没有。

(二)附属方案

除了制度方案之外,组织还可以利用外部资源建立附属方案来减轻员工压力。例如采用员工帮助计划(employee assistant program,EAP),建立社会支持的网络对员工实施帮助。这是美国、英国、日本等国多年来普遍采取的压力解决方案。它是组织为员工设置的一套长期系统的福利与支持项目，主要通过专业人员对员工及其直系亲属提供专业指导、培训和咨询，以帮助解决员工及其家庭成员的各种心理和行为问题。EAP 可以是长期的，例如作为组织中一个常设的职能或一个系统方案进行实施。短期 EAP 是在某些特定情况下才实施的，比如裁员期间的沟通等。短期 EAP 是为了在较短时间内帮助员工解决一些特殊问题，度过一段特殊时期。EAP 的提供者可以是内部的，例如一些大型和成熟的企业组织配置专门机构或人员提供服务，它能够贴近了解企业以及员工的情况；也可以是外部的，由组织委托外部专业机构进行，外部 EAP 能较好地满足员工心理敏感和保密的需求。在实践中，内部和外部 EAP 会结合使用，通常先实施外部 EAP，最后建立内部长期的 EAP。EAP 的主要内容包括三个部分：① 针对造成问题的外部压力源，减少或消除不适当的管理和环境因素；② 处理压力所造成的反应，缓解情绪、行为和生理等方面的症状；③ 改变个体自身的弱点，即改变不合理的信念、行为模式和生活方式，提高时间管理的技能。近年来，EAP 服务已经逐渐发展成为一种综合性的服务，内容包括压力管理、职业心理健康、裁员心理危机、灾难事件、职业生涯发展、健康生活方式、法律纠纷等许多方面。解决这些问题的核心目的在于帮助员工解决各种心理和行为问题，维护员工的心理健康，提高员工的工作绩效。组织通过 EAP 可以降低员工的离职缺勤率、事故率等，节省人力资源成本。美国联邦政府卫生和人事服务部实施的 EAP 服务的成本收益分析显示，EAP 的回报率为 29%。EAP 能够维护员工的身心健康，提高员工满意度，进而提高员工的工作绩效。整体上，EAP 服务还可以帮助组织创建积极健康的组织文化。EAP 将员工的身心健康和正常发展作为目标，可以帮助员工对组织形成认同感，增强忠诚度，从而产生群体凝聚力，最终形成健康的组织文化。

思考题

1. 描述最近两次对你构成正反两方面影响的压力事件。

2. 在你的同学中进行一个小的调查，了解大学生的主要压力源有哪些，通常他们又是如何应对这些压力的。

3. 如何避免倦怠？如果你认识的人陷入了倦怠，你会给他哪些建议？

4. 你是 A 型人格还是 B 型人格？为什么？

5. 你运用过教材中所讲的减轻压力的方法吗？运用了哪些？有没有教材中没有提到的方法？

6. 你认为适度的压力有助于激励人吗？压力太大对学生会产生什么后果？

7. 选择一个你以顾客、员工或参观者的身份可以接近的工作场所，它可能是你自己所在的大学，寻找安全程序被加以利用的例子。这可能包括安全信息的张贴（如，请使用安全设备）、安全用具的佩戴、安全设备的利用或使用，或其他安全措施。记下你所发现的，可以在课堂上加以讨论或与其他学生的结果相比较。

8. 两个最近毕业的学生加入同一家报社当记者。两个人都工作同样长的时间，交稿的截止时间也相同。他们面临持续的工作压力，要寻找新的线索，成为第一个报道新节目的人。一位记者变得越来越疲乏和失望，并且请过几天病假；另一位记者将工作完成得很好并且看起来很享受这份工作的挑战。运用你所学过的关于压力的知识来解释为什么这两个记者对工作的反应如此不同。

9. 要求你认识的 5 个人（熟人、家庭成员或朋友）各讲述一件在过去一个月内发生在他们身上的压力事件。让他们描述是什么导致了这个事件，发生了什么，他们是如何回应的。当你问完了所有 5 个人后，逐一检查一下，看看事件的本质是什么。尤其是，看看与发生在工作之外的事件相比，有多少事件是发生在工作中的。看看这些事件是否涉及工作—家庭冲突问题。在所提到的工作场所事件中，看看它们是否属于我们已讨论过的某种压力源，比如角色模糊、角色冲突、工作负荷、人际压力源，以及他们对压力事件的典型反应是什么。

案例分析

职业演奏家的压力

纽约爱乐乐团拥有 106 位演奏家，是美国最负盛名的古典音乐演奏团体。在这家乐团演奏显然是一份不错的工作，每周只要演出 19 个小时，而每年工资却超过了 10 万美元。但是，这份工作也有独特的挑战。

生理要求是压力的来源之一，因为演奏可能导致重复动作伤害。大提琴演奏家 CarterBrey 说："网球肘是常见病。如果演奏之前不做热身活动，你会伤到自己的手。"小提琴手 Clenn Dicterow 说："右手好像断掉了。我们累得连乐器也举不起来。"一口气坐上几个小时令人痛苦，周围的音响震耳欲聋。巴松管演奏者 Judy LeClair 说："身后响起小号和长号时实在难以忍受。它们的声音太响了，让你身体受损。"打击乐器乐师 Joe Pereira 同意这一看法："听力受损的确是个问题。"即使在不演奏的时候，乐师也必须时刻注意保护自己的手、指尖、嘴唇和牙齿。

个人角色和专业角色间的冲突是另一个压力源。时间要求是一个主要的问题。低音提琴手 David Grossman 说："做音乐不是朝九晚五的工作，它会把你的时间全部吃掉。"长笛手 Mindy Kaufman 补充说："我们在周六晚上工作，假日里总是得不到休息，还有练习也要花时间。每周有 4 个晚上你不在家，回来的时候总是累得筋疲力尽。"

严格的工作时间对演奏家的家庭影响很大。大号手 Jin Markey 告诉我们："我们在晚上演奏，当其他人全家团圆的时候，我们却要演出。"不过，也有一些演奏者认为白天有时间在家和孩子们在一起也不错。

密切的小群体工作有时会带来特别的压力。Brey 说："问题往往来自人格冲突，而演奏家们往往个性很强。"演奏家们在乐团工作的时间可能长达数十年，法国号乐师 Philip Myers 强调了保持良好工作关系的重要性："你可能会在纽约爱乐乐团工作一辈子。"

额外的压力源包括购买和保养价值数千美元甚至数百万美元乐器的责任，担心随着年事渐长演奏水平下降、追求完美也是压力源之一。

演奏家们努力管理自己的压力。乐队成员定制专门的演出凳子来缓解长时间坐姿的痛苦。许多人进行定期锻炼和放松以减轻重复动作的伤害。绝大多数人通过锻炼缓解压力，保持身体状况适应工作需要。Grossman 将自己的工作和运动选手进行对比："你必须注意自己的身体，就像运动员一样。我对自己的身体状况十分熟悉，能够发现问题。"其他做法还包括减少练习演奏的时间或休假。为了放松，有些人建议在家时不听音乐。许多爱乐乐团成员的配偶也是音乐家。Kaufman 说："同行能够理解我们在业务上所花的时间，理解你为什么要反复练习。"

乐团也提供了帮助，例如有些演奏家的乐器是乐团购买的。乐团的收入很高，这样可以减轻经济压力。乐团在工作与生活关系方面的政策也很友善。LeClair 说："我很晚才有小孩，我认为自己不会有多少时间照顾他。

工作与生活平衡不是一件容易的事。不过,如果你需要请假,爱乐乐团的环境是很宽松的。"

尽管有这些压力,爱乐乐团的演奏家们还是热爱自己的工作,喜欢为他人提供娱乐,喜欢担任教学和志愿工作。Markey说:"演奏是神奇的经验,我们得到很多奖励。"Brey也同意这一看法:"我热爱交响乐队强大的声势,我乐于成为其中的一员。"LeClair总结了同事的感受:"别人总是说:'能够一直做自己喜欢的事,这感受一定很棒。'我自己也这样想,不错,工作是很辛苦,我们也并不总是兴高采烈。但是,不管怎么说,总比办公室工作要好。"

资料来源:格里芬,摩海德,唐宁玉.组织行为学:组织与人员的管理.中国市场出版社,2010.

案例问题

1. 归纳爱乐乐团组织压力的类型。乐团是否尽了自己的努力来减轻压力?如果是,请说明;如果不是,请指出可以采取哪些步骤。

2. 纽约爱乐乐团的音乐家是世界上最优秀的音乐家群体。在你看来,职业成功人士和普通职业人士谁的压力更大?成就很低的人士的压力水平如何?请解释。

3. 音乐家的工作时间和普通人不一样。这种非传统的工作时间对工作与生活的平衡有什么积极影响和消极影响?

第九章

群 体

学习目标

- 了解群体的概念及其构成要素。
- 掌握群体的功能和分类。
- 熟悉群体的发展历程。
- 掌握群体的结构,包括角色、规范、构成及规模。
- 了解群体结构的特征。
- 理解群体决策的基本问题和各类技术。
- 了解群体决策产生的消极效应。
- 掌握群体对个体产生的影响效应。

引入案例

每个群体都很重要

医院的绩效取决于医生、护士、药剂师、技师和患者之间的良好互动。高绩效群体是良好医疗效果的关键。蒂耐特公司拥有和经营着数十家医院,受到不诚实和不公正对待利益相关者指控、公司面临着低收入患者的起诉,对医疗保险报销金额的调查及护士罢工等问题。

为了迎接挑战,蒂耐特公司正在进行组织改革。为了改进患者护理的群体互动,蒂耐特公司实施了"目标百分百"计划,要求实现员工和患者100%的满意。公司网站上写道:"目标百分百将全体员工——从医院CEO到护士和负责挂号的员工——动员起来提高客户服务水平。"蒂耐特公司每一家下属医院都要求所有职能部门共同关注患者满意度或员工认可的问题。所有的群体都要努力寻求改进工作的方法,提出改革建议并实施最佳改革方案。

"目标百分百"计划使医院全体成员团结起来,包括行政人员、护士、技师和医生。医生是最有价值的群体成员,能够为这一项目引入有价值的观点,他们掌握着各种信息和技能并且更具创造力。蒂耐特公司以医生在医院理事会中的高度参与而自豪。在绝大多数蒂耐特公司下属的医院中,医生占了医院理事会成员的半数以上,而全国的平均水平只有17%。

在其他方面,蒂耐特公司同样鼓励更多人的参与。公司下属的几家医院与医学院建立了联盟。医学院的教师和学生在这些教学医院中实习,采用最新的和最具创造性的设备、技术与理念。此外，公司还聘用外部专家研究提高质量的方法。蒂耐特的新任法律总顾问之前是美国卫生部法律顾问，他负责改进公司同管理当局之间的关系。新成立的"医生咨询委员会"集中了蒂耐特公司在全国范围内的优秀医生来解决具有普遍性的问题，推广最佳实践和培训员工。所有这样的联盟都提高了公司的创新能力和变革速度，从而使公司更健康地发展。

蒂耐特公司 CIO 布朗将公司群体动力的新方法付诸实践。在一次紧张的会议期间，因为讨论无法继续，布朗要求进行一次"冷却式"暂停，提醒每个参与者讨论不是一场个人之间的竞赛。作为公司的 CIO，布朗鼓励和支持自己的下属，而且给予他们充分的自主权。

经过半年的努力，蒂耐特公司下属的医院在患者护理、费用报销和其他方面取得了重大进展。在拥有不同技能、信息和背景的个体的帮助下，蒂耐特公司进入了一个在利润和医疗方面都取得成功的新时代。

资料来源：龚建芳，张炜，黄琳. 组织行为学. 浙江大学出版社，2009.

在每一个企业或组织中，都有群体（group）的存在。从系统论的角度来看，组织是一个有机系统，组织内的群体是构成组织系统的子系统，个体则是群体或组织的基本构成单元。群体中个体成员的行为既会影响到群体中的其他成员，也会被其他成员所影响。因此，对于组织各级管理者而言，了解群体与个人之间的相互作用和影响群体行为的因素，对于发挥群体的效能、增强群体的凝聚力，进而提升组织业绩是非常重要的。

第一节 群体概述

■ 一、群体的含义

群体（group）也称团体，是指为了实现某个特定的目标，两个或两个以上相互作用、相互依赖并遵循共同规范的个体组成的集合体。群体具有如下几个特征：

（1）群体必须具有至少两个成员；
（2）成员之间存在相互的联系和作用；
（3）成员们有共同的目标；
（4）成员们认同并遵循共同的价值标准和行为规范。

根据上述有关群体的定义和特征可知，足球队、篮球队都属于典型的群体，而一个普通的统计集合（如女性消费者）就不是一个群体，因为这类集合中大家没有共同的目标，彼此之间并不认识，也不存在相互的影响与互动。

■ 二、群体的构成要素

心理学家霍曼斯（Homans）认为，任何群体都离不开三个要素，即工作活动、相互作用和情感联系（如图9-1所示）。工作活动是群体存在的前提，没有活动就无法形成群体，也没有组建群体的必要；要进行工作活动，成员之间就必然

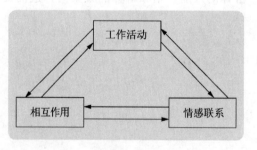

图 9-1 群体的组成要素

会产生交往和互动（即相互作用）；在互动的过程中，成员之间逐渐形成

信任、依赖等情感联系；而情感联系的增加又会进一步影响到工作活动的成效。可见，在群体活动中这三者之间是密不可分的。

三、群体的功能

群体的功能主要体现在如下几个方面。

（一）资源整合

群体是个体的有机组合，可以把不同个体的能力、知识、技能组合起来形成新的、更大的力量，从而完成个体无法独自完成的任务。

（二）分工协作

群体的重要功能之一是对组织所分派的任务进行分解，然后分工到个体，并对个体所承担的工作进行协同和合作，从而有效地完成组织所规定的任务和职责。

（三）协调

组织通过群体规范、群体角色等手段来教化或潜移默化地影响其成员，使他们能恰当地处理个体之间、个体与群体之间的关系和矛盾冲突。

（四）满足个体需要

人们加入群体的原因是为了满足自己单独存在时无法获得满足的需要。而群体可以有效地满足个体的多种需要，例如安全需要、地位需要、自尊需要、情感需要、权力需要以及成长和自我实现需要等。

四、群体的类型

组织中的群体可以从不同的角度划分成以下几种。

（一）实际群体和假设群体

这是从群体是否实际存在的角度划分的。实际群体是指客观存在的群体，有着实际上的成员间联系和群体的基本特征；假设群体一般也称为统计群体，是因为研究和分析的需要，将某些方面具有相同或相近特征的人群进行人为划分形成的，如男性员工、老年人等。

（二）首属群体与次属群体

首属群体（primary group）是个体直接生活于其中、与其他成员有亲密的人际关系和充分的直接交往的群体。家庭、青少年的同伴群体均属于首属群体。这种群体通常是通过自然的人际交往而形成的，它的运转主要依靠的是人与人之间的情感联系,而非规定性的角色关系。

次属群体(secondary group)是指根据一定的目标并按照一定的规范建立起来的、有明确结构的群体。学校、企业、政府机构等均属于这类群体,其运转主要依赖于社会角色关系,群体成员之间都有明确的角色分工。

(三) 大群体和小群体

按照群体成员的多少和规模的大小,可以把群体划分成大群体和小群体。由于"大"和"小"往往是相对的,所以对群体划分时,界线实际上比较模糊。一般来说,大群体中成员较多,组织结构复杂,成员与成员之间缺乏直接的联系和依赖关系,相互的沟通较少,而是通过共同的目标和活动任务以间接的方式联系起来;小群体中成员彼此之间存在着直接的联系,可以面对面地进行沟通和接触,从而能够建立起较强的感情和情绪关系。

(四) 正式群体和非正式群体

根据群体构成的原则和方式不同,可以把群体划分为正式群体(formal group)和非正式群体(informal group)。这种划分方式最早是由哈佛大学梅奥教授在霍桑实验的研究中提出来的。

正式群体是指由组织正式确认或明文确定的,根据有关指示、命令和决定建立的,它在企业各类群体中占主导地位。正式群体具有明确的组织方式、工作方式和共同的任务目标及权责关系。群体中的每个人都有一定的义务和明确的分工,并按照其职务关系形成一系列职务等级。正式群体有明确的规章制度来规范成员的行为,使他们从事由组织目标所规定的行动。正式群体往往一经形成就相对稳定,成员对群体具有较强的心理依附。

非正式群体是人们在活动中自发形成的,未经任何权力机构承认或批准而形成的群体。非正式群体的存在主要是基于人们社会交往的需要。这类群体一般是由一些性格相近、志趣相投、价值观相似的个体在相互的人际交往过程中自然而然形成的。这类群体中成员之间的关系存在浓厚的感情色彩,以个人好恶为基础。尽管此类群体不像正式群体那样存在明确的组织结构,但它们也有自己的规范和中心人物(领导者),可以对成员的行为形成一定的约束力。现实中的非正式群体可以存在于正式群体之内,也可以存在于正式群体之外,抑或是横跨或纵跨多个群体。非正式群体中成员之间的交往相对自由,联系较为松散。

由于性质的多样化以及成员构成的复杂性等原因,非正式群体还可以进一步划分为多种类型。例如按照成员构成可以分为横向非正式群体(在同一组织内,不同部门地位相当的人员形成的非正式群体)、纵向非正式群体(在同一组织内,由不同地位的人员所组成的非正式群体)和混合交错的非正式群体(由不同部门、不同地位、不同工作场合的人员组成的非正式群体)。

按照性质可以分为兴趣型(群体成员以共同的感兴趣问题为基础,例如下棋、打球、旅游)、感情型(群体成员以亲密的情感为基础,如老乡、校友等)和利益型(群体成员由于某种共同的利害关系而结合,如业主为了维权而形成的群体)。

按照影响效应可以分为积极型(对正式群体工作能起到积极作用)、消极型(对正式群体工作起消极作用)和中立型(对正式群体工作没有明确的积极或消极作用)。

第二节 群体的发展历程

一、谢立夫的经典研究

社会心理学家谢立夫(Sherif)等人曾在1961年进行了一项非常经典的实验,为我们揭示了人们如何由一个个独立的个体转变为相互之间存在紧密联系的群体。在该研究中,研究者请彼此并不认识的十二岁男孩参与夏令营。这些男孩均出身于中产阶级白人家庭,但来自不同的街区和学校。

在实验的第一阶段(历时一周),被试被分成两个独立的人群,彼此均不知道对方的存在。研究者安排两个人群分别从事修游泳池、做绳梯、玩垒球、做饭等一系列活动。通过该阶段的共同交往和活动,两个人群均分别从初始的聚合体状态转变为群体。而且每个群体都建立起不成文的规则,确立了非正式的领导者,并形成了其他一些组织化群体所具备的特征。两个群体甚至分别自发地为自己取了名字:一个叫"雄鹰",一个叫"响尾蛇"。第一阶段结束时,群体中成员们的角色已经产生分化并稳定下来。

在实验的第二阶段,研究者安排两个群体相遇并开展了一系列比赛项目(例如垒球、橄榄球等)。经过这些竞争,两个群体中"我们"和"他们"的意识发生了显著的分化,出现了明显的"我们情感"(we-feelings)。每个群体的成员都将自己的群体看作是内群体(in-group),将对手看成外群体(out-group),而且认为内群体更优秀,而外群体的特点都不合自己的期望。显而易见,竞争引起了人们对外群体的敌意。这一阶段结束时,研究者请被试在两个群体中择友,结果两个群体的成员选择外群体成员做朋友的比例分别只有6.4%和7.5%。

在实验的第三阶段,研究者安排被试们探索如何消除或减轻群体之间的冲突。两个群体进行了一系列共同的活动,例如一起用餐、一起看电影短片、一起玩撒豆游戏(即先把豆子撒下,然后拾起来猜测拾到的豆子数量)。不过此类尝试未能有效降低双方之间的敌意。

之后研究者进一步为两个群体提供必须进行合作的机会。例如共同协作将卡车拖出泥潭,一起修建野营基地的贮水池(如果不修建的话,两个群体都会缺水)。结果两个群体的敌对情绪明显得到了缓解。这些活动结束时,请被试们再次进行择友,结果两个群体的成员选择对方群体的成员作为朋友的比例上升到三分之一左右。由此可见,一致的目标以及共同的交往和活动,是群体形成的基本条件。

二、五阶段模型

群体的发展需要经历一个或长或短的过程。目前学术界针对群体发展历程提出了一些理论或模型。其中自20世纪60年代中期开始在学术界广为传播的五阶段模型(five-stage group development)比较具有说服力和影响力,为多数人所认可。这种模型认为,一个群体的形成与发展要经过五个明显阶段的标准程序才能完成。这五个阶段分别为:形成阶段、震荡阶段、规范阶段、执行阶段和终止阶段(如图9-2所示)。

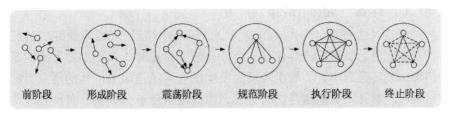

图 9-2 群体发展的五阶段模型

(一) 形成 (forming) 阶段

形成阶段是群体形成的最初阶段。群体在形成阶段,其目的、结构以及领导还具有不确定性,群体成员对自己的参与也会体验到一定程度的不确定性,可能会对谁负责群体的运作、群体需要做哪些事情等问题产生困惑。在该阶段群体成员也会摸索和试探群体可以接受的行为规范。

(二) 震荡 (storming) 阶段

此阶段是群体内部冲突凸显的阶段。在此阶段群体成员尽管在心理上接受了群体的存在,把自己看成群体的一员,但对群体对个体带来或施加的控制心存抵制。群体成员对于到底由谁控制群体这一问题会存在分歧或争执。因此群体成员往往会表现出不友好甚至相互戒备的情形,以及出现小群体行为,对领导权的争夺非常激烈。当群体的领导层次相对明确之时,这个过程也就告一段落。

(三) 规范 (norming) 阶段

在此阶段中,群体成员之间亲密的群内关系开始形成,并产生较为强烈的归属感,群体也开始表现出一定的凝聚力。群体开始形成各种行为标准和规范,在处理群体面临的种种问题时,群体成员之间开始形成共同的责任意识。当成员们对于什么是正确的行为这一问题达成共识时,这个阶段也就结束了。

(四) 执行 (performing) 阶段

在该阶段中,群体结构已被成员们完全接受因而开始发挥作用。群体成员的注意力已经从相互了解和认识上转移至如何完成当前的工作任务。群体成员精诚团结、有效沟通并互帮互助,以高度的合作精神来解决彼此之间存在的冲突,并尽力为实现群体的目标而工作。通常来讲,该阶段是群体功能最稳定、绩效最佳的阶段。对于长期性的工作群体而言,这个阶段已经是最后一个发展阶段。

（五）终止（adjourning）阶段

对于临时性的工作群体（如委员会、任务小组等），因为要完成的任务往往是有限的，所以还存在着一个终止阶段。此时成员们主要考虑的是如何解体及其善后事宜。终止阶段的发生既有可能是因为群体的所有目标业已实现，群体没有继续存在的必要，因此便自然解体；也有可能是因为群体中发生无法解决的激烈冲突，或者关键成员离开，或者是长期以来群体目标始终无法达成一致等因素，引发群体的解体。

需要注意的是，现实中群体发展的阶段可能并不像五阶段模型描述的这般明显，有的时候几个阶段甚至有可能同时发生，比如震荡和执行阶段就可能同时进行，而且有时群体的某些发展阶段也可能会反复出现。另外，尽管五阶段模型假设随着群体从第一阶段发展到第四阶段，其效能会变得越来越高，但这种假设其实并非总是成立的，因为影响群体效能的因素非常多且复杂。例如，对于那些需要较高创造力或创新水平的工作任务而言，一定的冲突可能反而有利于创造力的激发，进而导致高水平的群体绩效。在这种情况下，群体在第二阶段的绩效可能会比第三和第四阶段更好。

三、间断—平衡模型

间断—平衡模型（如图 9-3 所示）认为，群体发展的过程中基本会以接近中间的某个时间点作为分水岭而分成两个阶段，第一阶段中群体运行的方式与第二阶段存在明显的差异。

（一）第一阶段

从群体第一次会议后到接近中间这段时间属于第一阶段（图 9-3）。在第一次会议上，群体的发展方向、任务和目标、群体成员完成项目所要求的行为模式与假设的基本框架等问题都确定了下来。此阶段群体主要按照惯性进行活动。换言之，群体被锁定在固定的活动上。即使成员有对初始模式和假设形成挑战的新创意，群体一般也不会在该阶段将这些创意付诸实施。

在大约中间时间点附近，群体成员会感受到时间的压力和完成任务的紧迫性。他们认识到必须对原有的运行方式做出变革。因此群体会停下工作举行一次会议，以便集中精力进行迅速的变革，抛弃旧的模式，采纳新的观点，并调整第二阶段的发展方向。

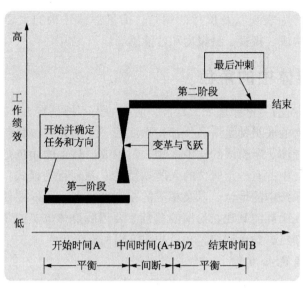

图 9-3　平衡—间断模型

（二）第二阶段

这一阶段是一个新的平衡阶段，或者说又是一个依惯性运行的阶段。在这个阶段，群体放弃了旧的思维和行动方式，开始实施在变革时期创造出来的新计划，从而进入效率更高的状态。第二阶段发展到最后，群体会迅速地完成既定的工作任务。

间断—平衡模型也得到大量研究的支持。学者们发现，无论是只有几个小时寿命的群体，还是周期较长的群体，其发展过程都存在间断—平衡模型所描述的规律。

第三节　群体的结构

群体并非简单的个体集合，任何群体都存在一定的内在结构。由于群体结构可以在较大程度上塑造群体成员的行为，因此可以据之解释和预测群体成员的行为表现以及群体的绩效。衡量群体结构的主要变量包括角色、规范、构成、规模、凝聚力和效能感等。

一、群体中的角色

莎士比亚说："世界是个大舞台，所有的人不过是舞台上的演员。"在群体中，所有的成员都是演员，都在扮演着一定的角色。角色本来是戏剧中的名词，指演员所扮演的剧中人物。组织或群体中的角色是指人们对在某一社会单元中占有一定职位的人所期望的一系列行为模式。角色反映一个人在社会系统中的地位，以及相应的权利和义务。所以要理解一个人的行为，关键在于弄清其现在扮演的角色。要理解群体成员的角色行为，需要了解角色知觉、角色期待、角色冲突等相关概念。

（一）角色知觉

角色知觉是指个体对于自己在特定情境中应该如何表现的感知和理解。人们的角色知觉及其行为表现，是以个体对群体或他人对自己所扮演角色的期望行为模式为样板，以自己对外界希望自己怎样做的认知为基础的。一些组织所设立的学徒制、导师制，其目的就是让新员工通过观察"专家"的行为，从而学会按照组织或管理者期望的模式产生合适的角色行为。斯坦福大学心理学教授津巴多的研究表明，有的时候人们对于角色的知觉和适应其实是非常迅速的。

津巴多的监狱模拟实验

斯坦福大学（Stanford）的心理学教授菲利普·津巴多和他的同事在斯坦福大学的心理学系办公大楼地下室建立了一个"监狱"，他们以每天15美元的价格雇用了24名学生来参加实验。这些学生情感稳定，身体健康，遵纪守法，在普通人格测验中，得分属正常水平。实验者对这些学生随意地进行了角色分配，一部分人为"看守"，另一部分人为"罪犯"，并制定了一些基本规则。然后，实验者就躲在幕后，看事情会怎样发展。

两个礼拜的模拟实验刚刚开始时，被分配做"看守"的学生与被分配做"罪犯"的学生之间，没有多大差别。而且，做"看守"的人也没有受过如何做监狱看守员的专门训练。实验者只告诉他们"维持监狱法律和秩序"，不要把"罪犯"的胡言乱语当回事。为了更真实地模拟监狱生活，"罪犯"可以像真正的监狱中的罪犯一样，接受亲戚和朋友的探视。但模拟看守8小时换一次班，而模拟罪犯除了出来吃饭、锻炼、去厕所、办些必要的其他事情之外，要日日夜夜地待在他们的牢房里。

"罪犯"没用多长时间，就承认了"看守"的权威地位，或者说，模拟看守调整自己，进入了新的权威角色之中。特别是在实验的第二天，"看守"粉碎了"罪犯"进行反抗的企图之后，"罪犯"们的反应就更加消极了。不管"看守"吩咐什么，"罪犯"都唯命是从。事实上，"罪犯"们开始相信，正如"看守"所经常对他们说的，他们真的低人一等，无法改变现状。而且每一位"看守"在模拟实验过程中，都做过虐待"罪犯"的事情。

例如，一位"看守"说："我觉得自己不可思议……我让他们互相喊对方的名字，还让他们用手去擦洗厕所。我真的把'罪犯'看作是牲畜，而且我一直在想，'我必须看住他们，以免他们做坏事'。"另一位"看守"补充说："我一到'罪犯'所在的牢房就烦，他们穿着破衣服，牢房里满是难闻的气味。在我们的命令面前，他们相对而泣。他们没有把这些只是当作一次实验，一切好像是真的，尽管他们还在尽力保持自己原来的身份，但我们总是向他们表明我们才是上司，这使他们的努力收效甚微。"

这次模拟实验相当成功地证明了个体学习一种新角色是多么迅速。由于参加实验的学生在实验中表现出病态反应，在实验进行了6天之后，研究人员就不得不终止了实验。

资料来源：心理学家名人故事：津巴多模拟监狱实验. https：//www.wenkul.com/news/3D7831A3695DE4EB.html.

（二）角色期待

角色期待与上述角色知觉的主、客体恰好相反，它是指群体或他人对个体所扮演角色的期望行为模式，也就是群体或他人认为，承担某种角色的个体在特定的情境中应当做什么或不应当做什么。进一步说，无论个体在社会或组织中扮演什么样的角色，都有大家共同认可的与这个角色相一致的行为表现。

（三）角色冲突

现实中的个体往往都不得不扮演多种不同的生活和工作角色，不得不面对多种角色期待。当个体同时面对两种或两种以上角色期待，如果个体满足其中一种角色的期待或要求，会使满足其他角色期待更加困难时，便会发生角色冲突，包含角色发送者间、角色发送者本身、个人角色以及角色间四种冲突。

（四）角色超载

角色超载是指员工对各种定性或定量的工作要求超过其所拥有的个人资源。定性超载意味着个体完成某种工作时碰到较大的困难，即任务过难。定量超载意味着个体需要执行过多的工作，即任务过重。员工的角色超载通常伴随着大量来自工作（如领导者、同事、下属等）或家庭（如父母、配偶、子女）的责任与义务而产生，会涉及众多影响因素。大量研究发现，角色超载对员工、组织、社会均会产生各种不良影响，例如降低员工的工作满意度、组织承诺和角色内及角色外行为，增加工作倦怠、离职倾向、旷工行为以及工作家庭冲突，并引发身心紧张。

二、群体的规范

（一）群体规范的概念

群体规范又称群体行为规范，它是群体所形成或确定的，群体成员应当共同遵守的一些行为准则。群体规范意味着，群体对其成员在一定情境下一定行为方式的期望和潜在约束。群体规范规定了群体成员在一定环境条件下的行为范围和行动规则，它使其成员知道什么可以做、什么不可以做，应该怎么做、不应该怎么做等行为准则和是非标准。群体规范一旦被群体成员认可并接受之后，就会成为一种可以用最少的外部控制来影响群体成员行为的手段和力量。例如"霍桑实验"中的14人群体就建立了一套自己的群体规范：

(1) 群体成员不允许完成太多的工作；
(2) 群体成员也不允许完成太少的工作；
(3) 群体成员不得向管理者汇报可能使自己的同事陷入麻烦的事情；
(4) 群体成员不得保持社会距离，或者对其他成员发号施令。

（二）群体规范的形成

群体规范一般是通过以下几种方式形成的：① 先例；② 借鉴其他情景；③ 有影响力的成员的表述；④ 群体历史中的重要事件。谢立夫(Sherif)通过一项光点游动错觉研究，说明了群体规范的形成过程。所谓游动错觉是指在黑暗的环境中，人长时间盯着一固定光点不动之后，眼球会不由自主地颤动,因而产生视错觉,使人误以为光点在前后左右地移动。

谢立夫的实验让被试在暗室中凝视远处的固定光点,等视错觉发生后,请被试估计光点移动的距离。而此实验有两个基本假设:① 每个人都会产生游动错觉;② 被试并不清楚眼球颤动与光点游动距离的关系,以至于无法精准判断光点游动的距离,只能靠猜测。

实验结果显示,当被试单独估计距离时,不同人之间的判断差别极大,答案从几寸到几尺都有。但如果是群体被试时,只要有被试先说出他的答案,其余被试的估计值便会与此答案非常接近。

这是因为在信息模糊的情境下,单独参与实验的被试没有其他答案可以参考,只好建立自己的判断系统,而这种系统因人而异,不同人之间可能存在极大的差异。而当有被试先建立了判断系统,其他被试会由于对自己的判断没有把握,而选择参考其他人的答案。

根据这个实验,谢立夫提出了"参照规范型论"。该理论认为,群体中本来是没有规范的,成员们在共同的活动和交往中逐渐形成了标准,这类标准反过来可以约束成员的行为。当成员的行为符合这类标准时,就受到群体的认可和肯定;当成员的行为违背这类标准时,就会遭受批评、规劝、排斥、讽刺、打击等惩罚。如果矫正的方法无法使这类成员的行为回到预定轨道时,他们就很可能被群体抛弃。

(三) 群体规范的功能

群体中的规范具有如下作用:

1. 维持功能

一个群体要生存、发展和巩固,成员们必须在行为上保持较高的一致性。群体规范对成员的行为表现提出了客观要求,从而为实现和维持群体功能的顺利运转提供了保障。

2. 评价判断功能

每个群体都有自己的规范,群体中成员们行为的对错与否,主要是以群体规范作为判断的标准。例如,如果群体鼓励节约资源,那么造成资源浪费的员工就会受到消极的评价。

3. 动力功能

当根据规范对成员的行为做出评价后,会给当事人以巨大的心理动力或压力,激励遵守规范者继续保持,也迫使违反规范者改变自己的行为,回到规范允许的方向上来。

三、群体的构成

群体的构成是指群体成员特征的组成和分布情况。根据成员的构成可以将群体划分为同质性群体和异质性群体。同质性群体其成员在性格、价值观、能力、技能等各个方面都比较接近;异质性群体由彼此差异较大的个体构成,也就是说成员们在各个方面都存在较大的差异。

研究发现,在完成简单的或难度较低的任务时,同质性群体的效率较高;而在完成复杂的或难度较高的任务时,异质性群体的效率较高。这是因为异质性群体往往拥有更多样化的技能、知识和信息资源,成员们可以取长补短、相互协作,因此会提高群体有效完成复杂或高难度任务的可能性。当然异质性群体也比较容易产生冲突,成员之间磨合所需的时间也相对较长。

通常而言,群体可以从年龄、专业、性格和智力等角度来考察其结构。

(一)年龄结构

根据群体成员的年龄特点可以将群体成员分为老、中、青三种,他们各具优势,但也存在一定的劣势。具体来讲,老年成员具有丰富的工作经验,这对于群体而言无疑是一笔非常宝贵的财富,但老年成员往往相对保守,缺乏冒险精神和进取意识;青年成员则朝气蓬勃,敢冲敢闯,但经验明显不足;中年成员的特点刚好介于上述两者之间,既积累了一定的经验,又仍具有进取意识,这也是为何无论是一个国家还是一个群体,往往都将中年人视为中坚力量。

(二)专业结构

这是指群体成员的专业组成及其相互关系。例如企业高管团队往往由具有不同专业背景(如财务、销售、生产、研发、人力资源等)的人员所组成。

(三)性格结构

这是指群体成员的性格组成情况。人的性格是千差万别的,群体成员间是否相容很大程度上取决于性格、信念、理想与世界观的相似性。但并不是说在任何情境下,成员们性格的相似性都是越高越好。沃顿商学院格兰特（Grant）等人的研究发现，当群体领导者为外向型性格时，群体成员如果是内向型性格，则群体的绩效会更好。

（四）智力结构

这是指成员的智力水平和智力类型的组成。一般而言，合理的群体智力结构应由智力组织型、智力创造型和智力操作型这三种基本类型的人员组成。

四、群体规模

群体规模的大小能够影响群体绩效，不过影响力的大小却取决于考察的角度。例如，研究显示5~7人的群体在执行具体任务时，比更大或更小规模的群体要更有效。而在解决复杂和困难的任务时，大群体一般会比小群体表现得更好。大群体（一般成员超过12人的群体）更容易获得各种不同渠道的信息。因此，如果群体的目标是发现事实，规模较大的群体就会更有效。与之相对，小群体在利用信息从事生产方面的效果更佳，因此更适合于执行任务。

当然总的来说，在确定群体规模时，要注意规模的上限是不能造成效率降低，规模的下限则是要能保证任务完成，适当的规模才能确保群体表现出最佳的绩效。在此前提下，在确定群体的规模时可以坚持宁小勿大的原则，因为如果群体规模过大，就容易产生"搭便车"现象。

五、群体结构的特征

（一）群体凝聚力

群体凝聚力是指将群体成员连接在一起的力量强度、成员感受到群体一体感的强度、成员觉得被特定成员或群体本身所吸引的程度，以及群体成员们愿意一起工作以达成目标的程度。肖（Shaw）指出，拥有高凝聚力的群体其成员通常会有以下表现：① 高度投入群体的事务中；② 低旷工倾向；③ 在执行群体任务时会展现高度的合作性。

在我们的一般印象中，高度的凝聚力能够为群体带来诸多益处，但研究发现高凝聚力也可能会危害群体，例如使群体的绩效表现变差。斯托德迪尔运用元分析方法探讨群体凝聚力与群体表现之间的关系，发现研究的结果有不同的结论，有些研究认为两者呈现正相关关系，有些研究则认为两者呈现负相关关系,有些认为两者不存在相关性。对此,有学者认为凝聚力与群体表现之间的关系要视群体规范而定,如果群体的规范是追求成功和高生产力,则高凝聚力的群体会将这种规范内化,并依之行事,从而使群体凝聚力与群体表现呈现正向的关联性;反之,如果群体的规范是鼓励低生产力,则二者就会呈现负向的关联性。

另外,社会心理学家沙赫特(Schachter)采用实验方法,在严格控制的条件下,剔除各种人为因素的影响,检验了群体凝聚力对生产率的影响情况。在该实验中,自变量是群体凝聚力水平和诱导类型,因变量是生产率。实验者设置了1个对照组和4个实验组,分别给予四种不同的条件(即高、低凝聚力和积极、消极的诱导四种不同的组合)。实验结果如图9-4所示。

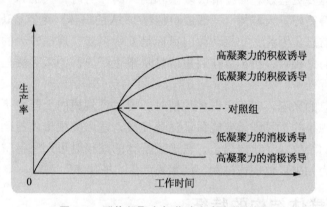

图 9-4 群体凝聚力与劳动生产率的关系

这个实验说明:① 无论群体凝聚力高低,积极诱导都提高了生产率,而且凝聚力高的群体其生产率更高;消极的诱导则明显地降低了生产率,而且凝聚力最高的群体其生产率最低。② 凝聚力高的群体,如果组织规范规定的生产率标准很低,则其实际生产率会较低。③ 对群体成员的教育和引导非常关键。不能只依靠加强成员之间的感情联系来提高群体凝聚力。因此,管理者必须在提高群体凝聚力的同时,提高组织生产指标的规范水平,加强对组织成员的教育和引导,克服组织中的那些消极因素,以使群体凝聚力真正成为提高生产率的积极因素。

松下公司的例子也充分体现了上述观点和发现。早在1945年,松下公司的创始人松下幸之助就提出"公司要发挥全体员工的勤奋精神",并不断向员工灌输"全员经营""群智经营"的思想。为了打造强有力的团队，松下电器公司在 20 世纪 60 年代会于每年正月的一天，由松下带领全体员工，头戴头巾，身着武士上衣，挥舞着旗帜，把货物送出。在目送几百辆货车壮观地驶出厂区的过程中，每一个工人都会升腾起由衷的自豪感，为自己是这一团体的成员而感到骄傲。

在给全体员工树立一种团队意识的同时，松下公司更是花大力气发挥每一个工人的智慧和力量。为了达到这一目的，公司建立了提案奖金制度，不惜重金在全体员工中征集建设性意见。虽然公司每年颁发的奖金数额巨大，但正如公司劳工关系处处长所指出的："以金额来说，这种提案奖金制度每年所节省的钱超过给员工所发奖金的 13 倍以上。"

（二）集体效能感

在班杜拉（Bandura）于 1977 年首次提出自我效能感（self-efficacy）的概念之后，他本人及其他研究者采用各种方法对这一概念的影响因素、影响效果及干预策略等问题进行了深入探讨，所得出的研究结论也在各实践领域得到了广泛应用。然而随着工作小组和团队日益广泛地应用于各类组织，小组或团队中的效能感问题也逐渐引起了研究者的关注。在 20 世纪 80 年代中期，班杜拉又提出了集体效能感（collective efficacy）的概念，并于 90 年代开始对集体效能感进行了较为系统的理论整合和阐释。

集体效能感是一个源自自我效能感的概念，是后者在团体层面的扩展和延伸，指团体成员对于团体成功地完成特定任务或取得特定水平成就的能力的共同信念。班杜拉最初在定义效能感时认为它发生于个体层面，但之后他本人及其他研究者的一些研究发现，这一概念同样可以作为一个团体的属性而存在。与自我效能感之并非个体所实际拥有的能力相类似，集体效能感亦并非团体所实际拥有的能力或技能，而是团体成员对这种能力或技能的主观知觉和评价；它也是针对具体任务和特定领域而言的，而不是一种一般性的信念。但二者又是相互区别的：一方面，从理论上讲，集体效能感是通过团体互动和集体认知过程建立起来的，而这并不发生于自我效能感的形成过程；另一方面，一些实证研究发现个体自我效能感与集体效能感之间只有中等甚至很低程度的相关，同一前因变量对二者的影响以及二者对同一结果变量的作用效果也都存在一定的差异。

就集体效能感的效果而言，班杜拉认为此种信念能够影响人们设置何种团体目标，制订和使用什么样的计划与策略，如何处理资源，对集体任务投入程度，以及遇到挫折时的坚持性或沮丧程度，等等。实证研究也证实了集体效能感与团体目标、团体目标承诺存在着显著的正相关，也是团体有效性和绩效的显著预测指标。不过Whyte等人认为集体效能感并不是越高越好，在某些情况下过高的集体效能感也会产生负面作用，导致过分的自信并进而最终导致低绩效或错误的决策。具体而言，一方面，过高的集体效能感就如同团体内聚力一样，会增加团体讨论极化和群体盲思的可能性，干扰独立性思维，从而缺乏对风险的认知和防范甚至盲目地偏好高风险，最终导致团体决策失误或设置不合乎实际的团体目标；另一方面，当工作努力未能产生预期的结果时，过高的集体效能感也会使团体成员一起继续"固执"下去，即使这种行为只会使情况变得更糟，也不及时地改变策略或重置目标。

第四节 群体决策

一、群体决策的基本问题

团体决策不同于个体决策，前者需要经过讨论甚至争论，将成员们的观点整合为群体的观点。在此过程中，有很多值得关注的问题。

（一）两类决策问题

劳克林（Laughlin）认为人们遇到的多数决策问题可以看作是一个连续体，一端是与伦理及审美等有关的判断问题（judgmental issues），此类问题不存在唯一正确的结论，而是与个体的审美观、价值观和内在需要有关；另一端是智力问题（intellectual issues），这类问题存在正确的答案，决策的任务就是要找到这样的答案。相比较而言，群体决策对于第二类问题会更有意义，优势也会更明显。

（二）多数人与少数人的影响

群体决策一般都是多数人意见的整合。换言之，如果群体中的大多数成员起初都支持某一选择，那么群体讨论的结果只会强化与此选择有关的观点。斯塔瑟（Stasser）等人认为，多数人的意见最终被选择与信息性和规范性的影响有关。在群体讨论过程中，大家更有可能把注意力聚焦在大多数人的意见上，而且这种多数人意见也会产生更大的压力驱使群体成员遵从。

当然，在群体决策过程中少数人的意见也有可能产生决定性影响，但必须满足两个条件：① 少数人是群体的领导者。由于其特殊的地位，当群体领导者持少数人观点时，他们往往有能力使这些观点被群体采纳，这种现象在我国尤为明显。侯玉波等人针对我国国有企业的调查发现，企业高层团体决策实际上是由一把手决定的，同层次的其他人只是参加讨论，而没有真正参与决策。② 少数人对自己的观点非常坚持。在群体决策中，如果少数人全力坚持自己的意见，就有可能最终改变多数人的意见。

（三）群体决策原则

群体决策遵循的规则包括三项：

(1) 一致性规则（unanimity rule）。在决策方案最终形成之前群体内所有成员必须同意该方案。

(2) 优势取胜规则（majority rule）。某个方案被群体中50%以上成员认可时则选择该方案。

(3) 多数取胜规则（plurality rule）。在没有一种意见占优势的时候，选择支持人数相对较多的方案。

二、群体决策技术

常见的群体决策技术包括头脑风暴法（brainstorming）、名义群体技术（nominal group technique）、德尔菲技术（Delphi technique）以及互动管理（interactive management）等。

（一）头脑风暴法

头脑风暴法是指刺激并鼓励一群知识渊博的人员畅所欲言，以发现潜在的失效模式及相关风险、决策标准和处理办法。如今头脑风暴法这个术语经常被用来泛指任何形式的小组讨论。然而，真正的头脑风暴法其目的是通过群体内其他成员的思想和话语而激发人们的想象力。在这种技术中，有效的引导至关重要，包括开始阶段的刺激性讨论，定期鼓励群体进入相关领域，捕捉讨论中产生的问题（讨论通常会很活跃），等等。

头脑风暴法既可以是正式的，也可以是非正式的。正式的头脑风暴法组织化程度较高，参与人员需要提前准备就绪，而且会议的目的和结果都十分明确，有具体的方法来评价讨论思路。非正式的头脑风暴法组织化程度相对较低，经常具有更强的针对性。一个正式的头脑风暴活动包括以下几个环节：

（1）讨论会开始之前，主持人准备好与讨论内容相关的一系列问题与思考提示。

（2）确定讨论会的目标并解释讨论规则。

（3）引导者首先介绍一系列想法，然后请大家探讨各种观点，尽量多发现问题。此时不需要讨论是否应该将某些事情记在清单上或是某句话的意思，因为这样做会妨碍大家思绪的自由流动。在此过程中，不能对任何观点加以批评。同时，群体思路的快速推进使这些观点激发出大家的发散思维。

（4）当某一方向的思想已经被充分挖掘或是讨论偏离主题太远时，引导者可以引导与会人员进入新的方向。这么做的目的在于搜集尽可能多的不同观点，以便进行后面的分析。

（二）名义群体技术

名义群体技术是一种群体成员之间少有语言沟通的决策技术。因为虽然有群体之名，却无群体沟通之实（亦即"群体"二字只是一个名义上的说法，并不是真正的群体），所以被称为名义群体技术。

名义群体技术主要针对非结构化的问题。它利用群体运作程序来引发各种意见，再通过综合判断以增进其合理性和创造性。这一技术由20世纪80年代弗吉尼亚大学的研究者所创立，是针对复杂议题所需的密切互动所设计的一套会议流程管理方法。作为一种群体过程技术，名义群体技术适用于如下情形：① 复杂的问题需要多方考虑、确认问题、发展构想并进行团队评选以及其他代替方案的评估等；② 解决方案议题和冲突，或者提高改善行动的决策质量；③ 在项目中，特别适用于团队决策及正式会议讨论。

该技术的实施主要包括六个步骤：

（1）默默地写出构想及定义说明；

（2）依次轮流记录所有构想；

（3）按顺序讨论和澄清所有构想的定义及内容；

（4）初步以投票方式来比较各构想的重要性；
（5）讨论初步投票的结果；
（6）进行最后一次投票。

（三）德尔菲技术

德尔菲技术是指在一组专家中取得可靠共识的程序。尽管该术语经常用来泛指任何形式的头脑风暴，但是在形成之初，德尔菲技术的根本特征是专家单独、匿名表达各自的观点，同时随着过程的推进，他们有机会了解其他专家的观点。该技术使用半结构化问卷对一组专家进行提问。专家无须会面，因此他们的观点具有独立性。

运用德尔菲技术的一般步骤如下：
（1）组建一个群体，开展并监督德尔菲过程；
（2）挑选一组专家（可能是一个或多个专家组）；
（3）编制第一轮问卷调查表；
（4）测试问卷调查表；
（5）将问卷调查表分别发给每位专家组成员；
（6）对第一轮搜集的信息进行分析和综合，并再次下发给专家组成员；
（7）专家组成员重新做出回复，然后重复该过程，直至达成共识。

在运用德尔菲技术时，由于专家们的观点是匿名的，因此他们更有可能表达出那些不受欢迎的看法。而且所有的观点拥有相同的权重，可以避免名人占主导地位的问题。另外，大家也不必一次都聚集在某个地方。不过这项技术较为费力、耗时，并需要参与者能够进行清晰的书面表达。

三、群体决策的消极效应

（一）群体思维

1. 群体思维的概念

群体思维（groupthink）也称作小集团意识，是指一个高凝聚力的群体在进行决策时，人们倾向于追求高度的一致，从而导致群体对问题的解决方案无法做出客观、实际评价的思维方式。最早研究群体思维现象的是社会心理学家贾尼斯（Janis），他发现1941年"珍珠港事件"时的美方决策、1950年发动朝鲜战争的决策、1960年入侵古巴的决策、1964—1967

年发动越南战争的决策等失败决策案例中都存在群体思维的问题。

一些存在群体思维问题的历史事件

珍珠港事件：1941年珍珠港事件发生之前几周，有关日本准备攻击某地的信息便源源不断地提供给驻守在夏威夷的美国军事将领。接着，军事情报人员失去了日本大和号战舰的无线电踪影；同时，日本的航舰群其实已经武装完毕，直奔夏威夷而去。美军如果及时进行空中侦察，应该不难侦测到其位置。或者至少在攻击前数分钟发出预警。然而美军将领们因为过分自信而否决了类似的预防措施。

猪湾事件：1961年，1 400名受过美国中央情报局训练的古巴流亡者，受美国之命攻击古巴。事件发生后，美国总统肯尼迪问道："我们怎么会如此不理智？"因为几乎所有奉命入侵古巴的人都立即遇害或者被俘。美国因此颜面扫地，而古巴在当时则更加向苏联靠拢。

越南战争：1964—1967年，美国总统约翰逊与其所谓的"周二午餐团"智囊团假设，战事升级（包括美军空中轰炸、枯叶作战、搜索与摧毁军事目标等）很有可能让北越坐上谈判桌，因此决定扩大越南战事的规模。虽然政府方面的情报专家以及几乎所有的美军将领都发出了警告，但最终该决定还是拍板定案。而该决定所导致的灾难至少夺去了56 500名美国国民以及超过100万越南民众的生命，也让约翰逊失去了总统宝座，并造成美国政府巨额的预算赤字（这也是20世纪70年代石油价格暴涨的重要原因）。

2. 群体思维的前提条件

根据贾尼斯的看法，引起群体思维的前提条件主要有八种：① 过高的群体凝聚力；② 群体与外界的隔绝；③ 领导者命令式的领导方式；④ 群体缺乏有条理的决策方法程序；⑤ 群体成员背景和价值观具有高度相似性；⑥ 面临较大的外部压力；⑦ 现有的方案被有影响力的领导者所接受，从而使群体缺乏信心去寻找更佳的方案；⑧ 由于刚刚经历的失败使得群体的自尊水平处于低谷。

3. 群体思维的表现

贾尼斯认为导致决策失误的群体思维有如下八个方面的表现：

（1）无懈可击错觉。即群体成员们过于自信，不认为自己有潜在的危险。贾尼斯发现，出现群体思维的群体都存在一种过分的乐观主义，使成员们看不到外在的警告,看不到一种决策的潜在危险。

（2）合理化。群体成员对大家共同做出的决定进行合理化,而忽视外来挑战。群体一旦形成决议之后,就会花大量时间将该决议合理化,而不是对之进行重新评价和审视。

（3）对群体的道德深信不疑。也就是相信群体的决策是正义的,不存在伦理道德问题,因而对外界从道德上提出的挑战不予理会。

（4）对于对手的看法刻板化。群体思维的参与者倾向于认为那些反对他们的人都是恶魔,认为他们过于愚蠢、软弱,或者不屑与他们进行谈判。

（5）从众压力。群体不待见异见。对于那些怀疑群体计划和立场的人,群体一直保持反击的状态,但常常是通过个人嘲笑使其难堪,而不是以论据进行反击。为了得到群体的认可,多数人在面对这种嘲笑时只能转而支持群体的意见。

（6）自我压制。由于异见会显示与群体的不一致和破坏群体的统一,因而成员们会避免提出与群体不同的意见,压制自己对决定的顾虑或质疑,甚至怀疑自己的担忧会不会是多余的。

（7）统一性错觉。从众压力与自我压制的结果是使群体意见看起来是一致的,进而形成群体统一的错觉。表面的一致性又会使群体决策合法化,统一性错觉甚至可以使问题重重的行动合理化。

（8）思想警卫。群体决策形成后,某些成员会限制其他成员提出不同意见,或者扣留那些对群体决策结果不利的信息与资料,以此来确保决策的合法性与影响力。

4. 群体思维的后果

群体思维往往会带来有害的后果。它对群体决策的不利影响主要包括:（1）对群体目标的调查不完全,群体中部分成员的利益取代了群体目标;（2）对行为发生的其他可能原因的调查不彻底,导致大家不再关注问题产生的真正原因;（3）没有详细地探讨有关的信息,部分成员所提供的信息没有受到应有的重视;（4）处理相关信息时存在选择性偏差,只选择合意的信息,而过滤不合意的信息;（5）对所偏好的方案中存在的风险缺乏检视,认为它已经很完美,因此无须再深入分析;（6）未对已经被否决的备选方案进行重新评估,这些方案里所包含的合理因素也一并被抛弃。

5. 群体思维的预防

无论从群体自身利益还是从更广泛的社会利益来看，有效地规避群体思维现象都具有非常重要的意义。贾尼斯在《群体决策》一书中提出了预防群体思维发生的十种具体操作方法，具体如下：

(1) 使群体成员了解群体思维现象、原因及其后果；

(2) 领导者应保持公正立场，不要明显偏向任何立场；

(3) 领导者应引导群体成员对别人提出的意见进行批评性评价，鼓励大家提出疑虑和反对意见；

(4) 指定群体中的一位或多位成员充当反对者角色，专门负责提出反对性意见；

(5) 经常将群体分成小组，并让它们分别聚会提出议案，然后全体成员开会交流分歧；

(6) 如果相关问题涉及与对手群体的关系，则应花时间来充分研究一切警告性信息，并明确对方会采取的各种可能的行动；

(7) 形成预备性决策后，应召开"第二次机会"会议，并要求每位成员都提出自己的疑问；

(8) 在决议达成之前，请群体外部的专家参加会议，来对群体的意见提出挑战；

(9) 群体中的每位成员都应与可信赖的相关人士就群体意向交换意见，并将他们的意见反馈给群体；

(10) 使用几个不同的独立小组分别同时就有关问题进行决议，在此基础上形成最终的决议。

(二) 群体极化

1. 群体极化的概念和表现方式

20世纪60年代初，斯托纳（Stoner）进行了一系列研究以探讨群体决策的相关问题，结果发现一个人在经过与群体讨论之后所做的决定，往往是比讨论之前更为冒险的决定。后来的心理学家将这种现象称为风险移转（risk shift）。后来大量的社会心理学研究（广泛涉及赌博冒险、投资冒险、获取成功冒险等议题）也发现了类似的现象。例如在柯根（Kogan）等人的一项研究中，当个体独自决策时，他们倾向于认为需要有70%的成功把握才能进行投资；而在群体决策所形成的决定中，则把成功把握的标准降低至50%。这说明群体决策会接受冒险性更高的决定。

不过诺德霍伊（Nordhoy）认为，有些决策在讨论后会更明显地趋向保守谨慎，这可以称为谨慎移转（cautious shift）。不论是风险移转还是谨慎移转，后来在群体决策的研究领域都被统称为群体极化现象。亦即群体成员中原来业已存在的倾向性得到明显加强，使得某一观点或态度由原来的群体平均水平强化至具有支配性的地位。如此一来，原先大家支持的观点经讨论后会更为大家所支持；而原先大家反对的观点，讨论后大家对它的反对程度会更高，这最终使群体的观点出现"极端化"。按照群体极化的假设，群体讨论使群体的态度倾向朝着两极方向移动，使原来不同意见之间存在的分歧加大（如图9-5所示）。

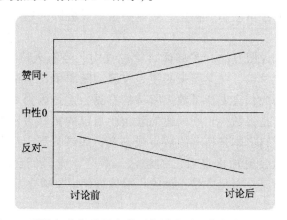

图9-5　群体极化假设预言的群体讨论对群体态度倾向的影响

2. 群体极化产生的原因

研究者认为，群体极化现象产生的原因主要包括以下几个方面：

（1）社会比较。每个成员都想表现得比群体平均水平高一点。当自己的意见被重视时，就代表自己比其他成员高明一些。高明一些所代表的意义为何，取决于当时群体内的情况。例如对于一个处在激进状态中的群体而言，高明一些意味着要更激进一点；而对于一个处于保守状态的群体而言，高明一些则是意味着更保守一点。因此在群体的讨论过程中，为了赢过其他成员，个体会倾向于更为极端的意见，以显示自己的高明程度，群体的决策也因此而越来越极端化。

按照社会比较理论的观点，当群体就某一问题进行讨论时，群体讨论会导致规范性影响。群体成员在选择自己的观点之前，会先考虑其他人的看法。大家的倾向是怎样的？是小心谨慎，还是积极冒险？在与群体保持一致性的基础上，多数人会选择稍微强化一点的态度。这样的话个体就既能展现出一种支持群体的态度，又可以让自己显示出积极思考的形象。

(2) 责任分散。人们意识到群体中有其他人存在，因而降低了自己的责任感。换句话说，在进行群体决策时，结果的成败并不是个人的责任，因此个体敢于走极端。相反的，在做个人决策时，结果需要自己全权负责，故而个体很少会走极端。

(3) 群体常模。群体常模是指群体中多数人对于行为或态度标准的共识。当个体获得其他人对自己观点的支持时，他们就会得到更多的社会认可，因此会变得更接近群体常模。当信息或表达来自群体成员所尊敬的人时，则决策会比平常更趋向极化。团体决策一般会因为趋向群体常模的特性而变得极化。

(4) 争论和说服互动。在群体讨论过程中，当有人持有不同意见时，群体中就会产生争论，随之而来的便是说服。随着争论与说服的进行和加剧，越来越多的成员会支持多数人所持的意见。这是因为如果听到持不同意见的人（尤其是多数人）所阐述的理由比自己的更站得住脚，就会导致个体放弃或改变自己本来持有的观点或态度；如果听到支持自己观点的新论点时，个体也会更加肯定自己的想法。最终，成员们会形成这样的认识，即只有坚持某个意见才是正确的，群体极化现象随之发生。

思考题

1. 什么是群体？请举例介绍一下群体的功能主要体现在哪几个方面。
2. 无论是学生还是员工，都属于不同群体中的个体，请结合实际情况列举出你所属的群体，并从不同角度对这些群体进行分类。
3. 简述群体的发展需要经历哪些阶段，试列举实例分析说明。
4. 假如你是某保险公司的一名销售人员，试分析一下你的角色期待是什么，在工作中你可能会遇到的角色冲突有哪些，并给出你的解决办法。
5. 在你所属的群体中，群体效能感和群体凝聚力最高的群体是什么？试分析原因。
6. 举例说明群体决策技术在工作场所中的应用。
7. 什么是群体思维和群体极化，试结合实例说明其对群体决策的影响。

8. 群体对个体的影响效应随处可见，请列举你所观察到的群体影响效应事件，并分析其利弊。

 ## 案例分析

两个不同的群体

1. 群体一

数据通用公司有一个集团叫艾克利普斯，它有一种奇特的加入仪式，该集团计算机设计小组的几乎每个人都以各种方式经历了这种仪式，老员工称这种仪式为"签约参加工作仪式"。通过这种"签约"活动，每个工程人员愿意在必要情况下牺牲个人及家庭的利益。从经理的观点来看，这种加入方式的好处是多方面的，员工不再是被强制工作，而是自愿参加工作。一旦他们签约参加了工作，那么就等于宣誓"我愿意做这项工作，并将全心全意地做好"。

计算机设计小组的每个成员对他们的工作都有一种自豪感，感到自己的工作很受数据综合管理部门的重视。因此，小组成员非常勤奋努力，按时完成设计任务，并通常通宵达旦地工作，甚至牺牲周末的休息时间。在这里，群体的凝聚力提高了生产率。

2. 群体二

有一家具厂实行了计件工资制，其中一个生产班组是一个凝聚力很强的群体。由于他们认为每生产一件产品能得到可观的报酬，这使他们常常感到，如果他们每小时生产太多的产品，管理部门就会降低每件产品的报酬，而其成员就会在生产更多的产品时得到与原来相同的报酬。在这种情况的威胁下，他们私下建立了一种非正式的产量标准而强烈地排斥任何拒绝遵守定额的"高效率者"。

刘某是刚加入这一生产班组的员工。一天，当他清理锯木屑时，在锯木屑里、木堆后面或者是机床下面，发现了一些家具木料。最初几次，他总是非常高兴地告诉李某："我在角落里发现了一些可以用的东西。"然而，李某并不在乎他的发现，刘某觉得似乎有什么问题。

之后，李某告诉刘某说："小刘，让我来告诉你这里的'规矩'。我们周围开机床的工人经过协商规定了一个协议产量来应付老板，不多生产也不少生产。有的人有时生产的量稍微少了点，所以我们总是将加工完的木料藏起来以备不时之需。"听完李某的解释，刘某恍然大悟。李某继续说：

"老板总是想要更多的东西，而一旦我们拼命地为他生产了那么多产品，他也不会在乎，所以我们商定了这个标准，一个也不给他多干，你明白吗？如果一直在这儿运送木料，你就会明白发生的事情了。所以，你应该算出你运送多少木料才不会超过我们的产量，你懂吗？"刘某连忙说道："当然，我明白。"这时，刘某才完全明白这其中的奥妙：除非绝对需要，不要做更多的工作。

资料来源：孙非. 组织行为学. 大连：东北财经大学出版社，2003.

问题：

1. 群体一和群体二都有很强的凝聚力，为什么前者会产生很高的生产率，而后者的生产率反而下降呢？
2. 什么因素影响着凝聚力和群体绩效的高低？
3. 从对这两个群体的比较中，你发现了什么？

第十章

团　队

学习目标

- 掌握团队的概念及特征。
- 理解团队的不同类型及其管理。
- 掌握影响高绩效团队的因素。
- 了解团队建设过程与技术。

引入案例

微信（WeChat）是腾讯公司推出的一个为智能终端提供即时通信服务的免费应用程序。在上线433天的时候，用户数达到1亿，上线2年的时间，用户数达到3亿，截至2018年春节，微信的月活跃账户数超过10亿。自2011年1月21日发布第一个版本起，由只能提供即时通信、分享照片和更换头像等简单功能，到现在通过为合作伙伴提供"连接一切"的能力，微信正在形成一个全新的"智慧型"生活方式，影响着人们的生活。巨大成功的背后是以张小龙为首的微信产品团队的工作，核心团队最初只有8个人，分别负责产品、终端开发、客户端及营销等业务。

第一节 什么是团队

"二战"时，美军打仗以师级军级几万人为一个作战单位；越南战争时，美军的作战单位变成几百人的营；到了伊拉克战争期间，美军的作战单位变成了班，通过对讲机调动飞机大炮。人们发现，前方作战团队越来越小，军队成为支撑平台，整体战斗力反而越来越强。在现代组织中，越来越多的企业把"团队"引入生产过程中，通过"团队"进行组织重构，以提升整个组织的战斗力。

目前，《财富》500强中80%的企业，至少一半的员工以团队方式工作着。68%的美国小型制造公司，在生产领域运用着"团队"。在沃尔沃

(Volvo)、丰田、通用电气公司、美国电话电报公司、惠普公司（Hewlett-Packard）、摩托罗拉公司、苹果电脑公司、联邦快递公司（Federal Express）、克莱斯勒公司、萨波公司（Saab）、3M公司、强蒂尔公司（John Deere）、得克萨斯仪器公司（Texas Instruments）、澳大利亚航空公司（Australian Airlines）、强生公司、德堂虎森公司（Dayton Hudson）、神南道人寿保险公司（Shenandoah Life Insurance Co）、佛罗里达电力与照明公司（Florid a Power & Light）、爱默生电子公司（Emerson Electric）等企业中，团队方式都是它们的主要运作形式。在全球范围内，团队正在取代个人成为组织的基石。

芬兰的一家游戏公司Supercell，员工只有169人，但税前利润15亿美元，是目前全球增长最快的移动游戏公司。这家公司5个人就能组成一个项目团队，各个团队都独立运作，完全不用管理，单位工作效率非常惊人。此外，在另一家企业——强蒂尔公司（John Deere），一些生产线上的员工同时又作为销售团队中的成员，这些员工比传统的销售人员更了解产品特性，通过在外出旅行中与农场工人交谈，他们开发了新的技能，对工作更加投入，同时又提升了公司业绩。这些很大程度上都要归功于团队。

一、团队及其特征

团队是由一群不同背景、不同技能、不同知识，并彼此承诺完成某一共同目标的人所组成的一个正式群体。由于成员之间在背景、训练、能力、所接近的资源方面的差异，一个团队的成员在技能、知识、专业及信息的分配上是不平均的。团队成员之间具有高度的相互依赖性，往往是处于复杂的互动之中。一个团队内应具有执行不同职能的成员，因此团队往往是由跨职能部门的个体所组成的群体。

团队具有以下特征。

（一）共同责任

对责任的共同承担会促使成员成为利益相关者，也是团队区别于个人及工作群体的重要特征。一个团队要获得成功，成员必须具有对组织、过程和结果负责的意识。集体成员向上司和管理者报告，只对领导负责；而团队成员共同承担对团队的责任，包括个人责任和整个团队成败的责任。

（二）成员互补

真正的团队必须具有互补的、完成团队目标所必需的技能组合。这些技能要求通常有三类：

(1) 技术性或职能性的专业技能。一个常见的产品开发项目团队可能包括技术开发人员、市场营销人员、财务人员、法律顾问等具备多种专业技能的人员，具备这些技能的团队通常比简单随机组合的工作群体更能顺利完成产品开发和推广任务。

(2) 解决问题的技能和决策的技能。除专业技能外，成员还必须能够及时洞察团队的问题，并解决这些问题；面对团队的机遇与挑战，成员需要具备做出正确决策的技能。

(3) 人际关系的技能。团队成员之间的有效沟通与良好的人际关系是团队形成共同目的、产生共鸣的前提。同时，解决实际问题也依赖于人际关系技能。这些技能包括承担风险、善意的批评、客观公正、积极倾听等。

（三）协同效应

协同效应指团队成员共同合作的绩效大于所有人的绩效之和。团队可以解释为 T—Together（一起），E—Everyone（每个人），A—Achieve（达成），M—More（更多）。人们在一起能够做到比单个人的加和更多，这是团队的共同特征。

（四）团队信任

团队成员必须一致同意共同目标的价值，并在达到目标的方法上达成一致。这种一致的达成为全体成员提供了一种愿景和激励，使得团队成员相互信任。成员信任又会进一步促进内部交流分享和团队士气的提升。

■ 二、团队与群体的区别

在上一章我们介绍了群体，在工作群体中成员进行相互作用主要是为了共享信息、进行决策、帮助每个成员更好地承担起自己的责任。工作群体中的成员不一定要参与到共同努力的集体工作中，他们之间并不存在积极的协同作用。因此，工作群体的总体绩效一般仅仅只是群体每个成员个人绩效的总和。而工作团队是通过成员的共同努力能够产生积极的协同作用，团队成员努力的结果导致团队绩效远远大于个体绩效之和。团队的广泛采用可以使组织在不增加投入的情况下，提高产出水平。

团队属于群体范畴，凡是团队一定是群体，并且是更高水平的群体。但群体不一定是团队，如各类俱乐部、旅行团就属于群体但不能被称为团队。图 10-1 展示了工作群体与工作团队的区别。

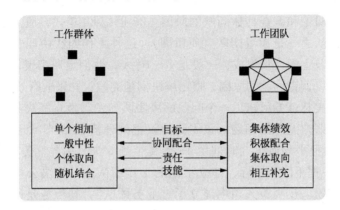

图 10-1　工作群体与工作团队的区别

工作群体与工作团队的主要区别具体可以从目标、协同配合、责任和技能四个方面来讨论。在目标上，在工作群体中目标是个体化的，群体目标是个人目标的单个相加，而在工作团队中成员有共同的目标；在协同配合上，工作群体中成员彼此共享信息，不一定相互配合，而在工作团队中成员积极协同配合，相互间充分信任和支持；在责任上，工作群体中的成员只注重自身责任，忽视自己职责范围外的事情，而在工作团队中的成员共担集体责任；在技能上，群体中成员的技能根据职位要求随机结合，而工作团队中成员技能多样，相互补充。

第二节　不同类型团队的管理

在组织中，根据团队存在的目的，可以将团队分成多种类型，最常见的有问题解决型、自我管理型和多功能型团队。伴随着信息技术的发展及组织的扁平化，虚拟团队正在日益增多。

■ 一、问题解决型团队（problem-solving team）

问题解决型团队一般都是由来自同一个部门的 5~12 个员工所组成，定期聚会，讨论和调查具体问题的原因。20 世纪 80 年代，应用最广的问题解决型团队之一是质量团队（质量圈）。这种工作团队由职责范围部分重叠的员工及主管人员组成，一般是 8~10 人，他们定期相聚，讨论面临的质量问题，调查问题的原因，提出解决问题的建议并采取有效的行动。

例如，美林证券组建了一个问题解决团队，专门负责解决如何缩短开设现金管理账户的时间问题。该团队建议把处理流程由 46 个步骤精简到 36 个，从而把平均所需的时间由 15 天减少到 8 天。另外，美国的 Transtech 公司根据不同的目标，建立不同的工作团队，以解决公司在不同层面面临的问题。在决策人员中建立了"业务团队"，其任务是研究解决公司在市场竞争中的目标和方向问题；在营销业务中，建立了"设计团队"，其任务是了解市场，了解顾客，共同研究分析，群策群力落实企业的经营目标；在广大员工中，建立了"工作团队"，每位新上岗的人员都由团队其他成员给予指导帮助。

在这类问题解决型团队中，成员们就如何改进工作程序和工作方法，互相交流看法或提出建议，但是这些团队几乎没有权力根据这些建议单方面采取行动。

■ 二、自我管理型团队（self-managed team）

问题解决型团队的做法行之有效，但在调动员工参与决策的积极性方面尚显不足。这种欠缺导致企业努力建立一种新型的团队——自我管理型团队。自我管理型团队通常由 10~15 人组成，他们分担了以前自己的上司所承担的一些责任。通常自我管理型团队的责任范围包括制订工作计划、设置团队目标、编制预算、决定团队领导者、控制工作节奏、决定工作任务的分配、安排工间休息、检查工作程序等。完全的自我管理型团队甚至还可以自己挑选成员，进行绩效评估，从而减少管理的层次以取得较高的效率。

伊顿公司（Eaton Corp.）下属一家位于阿肯色州的工厂，生产汽车液压管。公司管理层放弃了生产线模式,把工厂的285名工人组成50多个自我管理团队。一夜之间,工人可以参与那些过去只限于管理人员才能进行的决策活动——自己安排工作,选择新成员,与供应商谈判,给顾客打电话。结果怎样呢?在5年后,工厂对顾客提出问题的回应时间缩短了99%,生产率与成品率提高了50%以上,次品率降低了将近一半。中国互联网品牌韩都衣舍就通过组建自我管理团队实现了组织创新,激发了员工活力。它把原来的产品研发、销售和采购这三大独立的部门打破,重新组成产品小团队。每个小团队由三个人组成,一个负责产品研发,一个负责销售,一个负责采购。这个小团队同时具备了公司三个核心部门的职能,而且有很大的权力,比如决定做什么款式、留多少库存、定多少价钱等。

这种新型团队实现了真正的独立自主,它们不仅注意问题的解决,而且执行解决问题的方案,并对工作结果承担全部责任。自我管理团队并不总是能带来积极的效果。有研究发现虽然有时员工的满意度随着权力的下放而提升,但同时成员的缺勤率、流动率也在增加。

三、多功能型团队(cross-functional team)

多功能型团队,是为了完成某项任务,由来自同一等级、不同工作领域的员工组成的团队,成员之间共同交换信息,激发新的观点,解决所面临的一些问题。

西南航空公司运用多功能型团队实施了一项快速的转换时间战略。团队成员包括从飞行员到机舱清洁工的多个职能部门,他们经常沟通,努力改善共同工作的能力,协调十几个不同职能部门的工作,使得从飞机抵达登机口、完成卸货、服务、装货到起飞的平均用时由该行业平均的43分钟缩短到17分钟。这项战略亦促使西南航空公司成为20世纪90年代发展最快的航空公司,拥有诸如可靠性、安全性和顾客满意度的最好纪录。IBM公司当初为了开发卓有成效的360系统,组织了一个大型的任务攻坚队,攻坚队的成员来自公司的多个部门,这就是一个临时性的多功能团队。同样,由来自多个部门的员工组成的委员会也是多功能型团队的另一个例子。

多功能型团队可以有效帮助组织内(甚至组织之间)不同领域的员工交换信息,实现资源互补,激发新的观点,解决问题和完成复杂的任务。

但是,多功能型团队的形成不是一蹴而就的,在其形成的早期阶段往往需要消耗大量的时间,需要在成员间建立信任和促成合作;团队成员需要学会处理复杂多样的工作任务,在成员之间,尤其在不同背景、经历和观点的成员之间,容易产生冲突,需要不断地沟通。

四、虚拟团队(virtual team)

虚拟团队是指一群来自不同地域,由某个共同的目标和任务联系在一起,通过信息技术进行合作的人员群体。虚拟团队包括目标、成员和联结三个基本要素。目标是使虚拟组织或团队成员一起工作的黏合剂,只有当团队目标被团队成员强烈认同和接受时,他们才会一起工作。成员是虚拟团队的核心,每位成员独立自主又相互依赖。虚拟团队的成员更多地进行"线上"合作,保持联结。

VeriFone是一家位于加州的企业,生产用于阅读信用卡信息的读卡机。它通过虚拟团队的方式,使得公司遍布全球的3 000名员工共同设计项目,进行市场计划,甚至做销售展板。另外,该公司还采用虚拟团队进行员工招募。

显然,虚拟团队有很多优势。首先,成本优势。虚拟团队由于不需要固定的办公地点,不需要频繁出差和组织会议,大大节省了团队开支。其次,知识优势。由于不受地域限制,虚拟团队可以更便捷地把不同领域、组织和地区的专家组织起来,最大限度地优化组合。最后,结构优势。虚拟团队大都是扁平型组织结构,对于市场动态可以迅速做出反应。尽管虚拟团队已经非常普遍,但仍然面临着一些特殊的挑战。虚拟团队常常由于成员间缺乏紧密的社会关系而导致正式沟通环节薄弱,线上沟通方式使成员间缺少正常的社会情感联结,另外,虚拟性也给管理协调增加了难度。

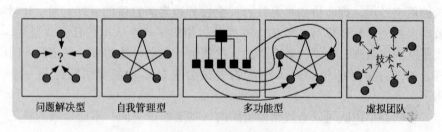

图 10-2 团队的类型

相比于传统的工作群体,问题解决型团队拥有一定的自主性,自我管理型团队的自主性进一步提高,多功能型和虚拟团队的自主性越来越高。但四个团队类型并不是逐渐优化的,而是随着不同组织面临不同的发展环境和发展阶段的需要出现的,管理者应根据组织实际需要选择相适应的团队类型。

第三节 高绩效团队

团队绩效指团队为实现预定目标所取得的实际结果,主要包括三个方面:(1)团队的直接产出,如产品数量、速度、顾客满意度等;(2)团队成员所获得的收益或影响,如成员满意感;(3)团队成员间协作能力的提升,以便将来更有效地工作,如承诺、内聚力等。研究发现,以下因素与高团队绩效显著相关:情境因素,包括有效的领导和结构、相互信任的氛围、内部支持和外部支持、公平的绩效评估体系;团队构成因素,包括成员的能力搭配、多样性与互补性、团队规模适度、协作的意愿;过程因素,包括清晰的共同目标、团队士气、良好的沟通及避免社会懈怠。

一、情境因素

(一)有效的领导和结构

目标决定了团队最终要达成的结果,但团队还需要有效的领导和团队结构为其提供方向与焦点。确定一种大家认同的方式,才能够保证团队在达到目标的过程中团结一致。有效的领导能够让团队成员跟随自己共同度过最艰难的时期,因为他能为团队指明前途所在。他向成员阐明变革的可能性,鼓舞成员的自信心,帮助他们更充分地了解自己的潜力。在团队中,对于谁做什么和怎样保证所有的成员承担相同的工作负荷问题,团队成员必须取得一致意见。另外,团队需要决定的问题还包括:如何安排工作日程;需要开发什么技能;如何解决冲突;如何做出和修改决策;决定成员具体的工作任务内容，并使工作任务适应团队成员个人的技能水平；等等。所有这些都需要团队的领导和团队结构发挥作用。有时这些事情可以由管理人员直接来做，有时也可以由团队成员通过扮演其他角色来完成。

（二）相互信任的氛围

高绩效团队的特点是团队成员之间相互高度信任（trust），即团队成员彼此相信各自的正直、个性特点、工作能力。团队成员的相互信任促进了合作，减少了监督彼此行为的需要，而且彼此都相信其他成员不会占自己的便宜。当团队成员认为自己可以相信其他成员时，他会有更高的心理安全感，团队成员敢于在队友面前冒险。因为他们确信，团队中没有人会因为承认错误、提出问题或提出新想法而让大家感到尴尬或受到惩罚。在高效团队中，成员间彼此尊重、赞赏激励、乐于分享、互利互惠，更利于形成相互信任的氛围。信任亦是领导的基础，如果组织崇尚开放、诚实、协作的办事原则，同时鼓励员工的参与和自主性就比较容易形成信任的环境，从而能帮助管理者建立和维持信任的行为。研究发现学会倾听、表现同理心、保持真我、树立榜样、帮助他人、不同意但服从、为人谦虚和真诚且具体地表示赞扬有助于帮助成员在团队中建立信任。

雷鲍夫法则

美国管理学家雷鲍夫，从语言交往的角度总结了建立合作与信任的规律。

在你着手建立合作和信任时要牢记我们语言中：
1. 最重要的八个字是：我承认我犯过错误
2. 最重要的七个字是：你干了一件好事
3. 最重要的六个字是：你的看法如何
4. 最重要的五个字是：咱们一起干
5. 最重要的四个字是：不妨试试
6. 最重要的三个字是：谢谢您
7. 最重要的两个字是：咱们
8. 最重要的一个字是：您

（三）内部支持和外部支持

任何团队的高绩效都离不开内外部条件的支持。从内部条件来看，高绩效团队应该拥有一个合理的基础结构，包括适当的培训、合理的工作设计、一套公平合理的用以评估员工绩效的测量系统以及一个起支持作用的人力资源系统；同时，团队还是更大的组织系统的一部分，因此从外部条件来看，需要管理层能够给团队提供完成工作所必需的各类资源，包括全面可靠的信息、合适的设备、足够的人员、必要的鼓励以及管理支援。组织对团队的支持有利于提高团队成员的积极性，使得团队得以顺利开展工作，提高团队的绩效。

（四）公平的绩效评估体系

传统的评估与奖酬体系如个人绩效评估、固定的小时工资、个别激励等都是以个人导向为基础的，在团队中除了要根据个体的贡献进行评估和奖酬以外，还会以群体为基础进行绩效评估、利润分享、小群体激励及其他方面的变革，以此来增强团队的奋进精神和承诺。

二、团队构成因素

（一）成员的能力搭配

团队绩效在一定程度上取决于团队成员的知识、技能和能力。我们在关于团队特征的内容里已经探讨过，一个团队的有效运作，需要三种技能类型的成员：① 技术专长型成员。② 决策技能型成员。它是指具有解决问题和决策技能，能够发现问题，提出解决问题的建议，然后做出有效选择的成员。③ 人际关系技能型成员。它是指具有善于聆听、反馈、解决冲突，并具备其他人际关系技能的成员。一个团队只有具备以上三类技能的成员，并对不同技能的成员进行合理搭配，才能充分发挥团队的绩效潜能。一种类型的人过多，另两种类型的人自然就少，团队绩效就会降低。但在团队建立之初，并不一定需要完全具备以上三个方面的成员，在必要时，一个或多个成员可以去学习团队所缺乏的某种技能从而充分发挥团队潜能。

（二）多样性与互补性

在团队中，成员的多样性会给团队带来更多的原创想法，利于形成新的观念和态度。这种多样性不仅包括性别、年龄的差异，更多的是成员在性格、价值观、经验和能力方面的差异。此外，团队内成员的人格特质也各有不同，如果员工的工作性质与其人格特质相匹配，就更容易获得较高的绩效水平。就工作团队内的位置分配而言,也是如此,挑选团队成员时,应该以员工的人格特点和个人偏好为基础。另外,高绩效团队还会通过成员间的角色互补提高团队共同工作的可能性。比如,新东方著名的三驾马车,在从英语培训到考试到出国这条产业链上各有所长:王强是基础英语专家,俞敏洪负责应试技巧,徐小平擅长考试之后的出国咨询,这是产业链互补。又比如,小米有7个联合创始人,涵盖了一个大的手机公司所需要的所有类型人才。研究证明,在团队中成员通常扮演九种潜在角色,分别是创造者、推动者、评估者、组织者、生产者、控制者、维护者、建议者和联络者(如图10-3),高绩效团队能够根据员工的技能和特长分配不同的角色(在很多时候,一名成员会扮演多种角色),以实现成员互补。

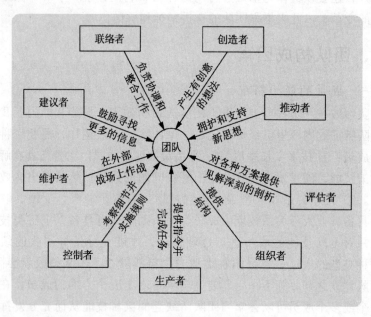

图 10-3　团队中的成员角色

(三) 团队规模适度

团队规模的大小会对团队绩效产生影响。规模过大,团队成员之间的沟通和交流不顺畅,凝聚力较低,难以达成一致的决策,会降低团队效能;规模过小,则团队的执行力弱,难以完成复杂的任务。因此,管理人员要塑造有成效的团队,就应该把团队成员人数控制在12人之内。一般来说，由5～7人组成的团队，其执行任务时会比更大或更小规模的一些团队更有效。另外，有关群体规模的研究还认为，成员总数为奇数的团队比成员总数为偶数的团队更好，因为总数为奇数可以避免投票时出现僵局。例如，微软MSN Messenger开发小组成员共7人。最佳的工作团队规模一般比较小，如果一个自然工作单位本身较大，而又希望达到团队的效果，那么可以考虑把工作群体分化成几个小的工作团队。

（四）协作的意愿

在组织中，有些员工愿意加入团队工作，而有些员工则更倾向于独立作业，他们追求个人业绩和利益，崇尚个人英雄主义，不愿意与他人协作，如果这些员工被迫加入团队，将会对团队的士气和成员满意度产生直接威胁。因此，在选择团队成员时，除了考虑能力、个性特征和技能外，也应考虑员工的个人偏好。成员之间相互扶持、同舟共济、包容异己、协调互补，这样的团队才会士气高昂，才会有凝聚力和战斗力。

■ 三、过程因素

（一）清晰的共同目标

高绩效的团队对所要达到的目标有清楚的了解，该目标包括长期愿景和短期具体目标。首先，高效的团队具有一个大家共同追求的、有意义的愿景，这种愿景是一种远见，它能够为团队成员指引方向、提供推动力，让团队成员愿意为它贡献力量。其次，高效的团队会把他们的共同愿景转变成为具体的、可以衡量的、现实可行的绩效目标。具体的目标可以促进明确的沟通，并有助于团队把自己的精力放在达成有效的结果上。同时高绩效团队全体成员都参与目标制定的过程，以确保每个成员能真正地理解目标，并在团队层面和个人层面充分地认可目标，使成员清楚地知道希望他们做什么工作，以及他们怎样共同工作以完成任务，这样才能发自内心地去努力工作。例如，在苹果电脑公司，设计开发麦金塔什（Macintosh）计算机的团队成员几乎都渴望开发一种用户适用、方便可靠的机型，这种机型将给人们使用计算机的方式带来一场革命。

（二）团队效能

团队效能指团队成员对团队成功完成特定任务所拥有共同能力的信念。有过成功经验的团队能提高对未来再次获得成功的信念，而这种信念反过来又激励团队成员更加努力工作。团队成员的能力越强，团队及其成员产生团队效能并利用这种效能的可能性越高。帮助团队实现较小的成功来树立该团队的信心可以提升团队效能，另外还可以通过培训来提高团队成员的技术技能和人际技能，因为团队成员的能力越高，团队就越有可能树立起信心并将其运用于实践。

（三）良好的沟通

良好的沟通是确保团队高绩效的重要条件。高绩效团队中，成员和成员之间有畅通的渠道能够彼此分享信息，管理者和团队成员之间有健康的信息反馈机制，团队与外界时刻保持信息交流。高效团队内允许成员拥有所有信息，定期进行正式沟通并经常进行以获取超过个人水平的见解为目的的"深度会谈"，鼓励成员将他们认为最困难、最复杂、最具冲突性的问题放到团队中来讨论，自由地表达各自的观点并加以验证，使彼此真诚相对，让每个人以真实的想法在交流中碰撞出火花。此外，适度的冲突水平也是有效团队的一个特点，任务冲突可以激发成员之间的讨论，促进对问题和备选方案的批判性评估，有效团队能通过对具体问题的直接讨论来解决冲突，由此带来更佳的团队决策。

（四）避免社会懈怠

我们在关于群体的章节中已经探讨过社会懈怠，即个人在群体中工作不如单独一个人工作时努力的倾向。如果管理人员想借助群体的力量来强化士气，就要着力避免社会懈怠。高绩效团队通过使其成员在集体层次和个人层次上承担责任来消除这种倾向，使成员清楚哪些是个人责任、哪些是团队的共同责任。另外，建立成员之间的高度信任也有助于消除社会懈怠。

以上是高效团队的一些共性特征，这些特征相互关联，共同影响团队绩效。然而不同的团队在形式和结构上还存在诸多差异，这些关联因素并不能预测所有团队。

在管理领域，团队形式虽然备受推崇，但并不是所有的团队都能带来高绩效，有些团队的成效并不尽如人意。高绩效团队是指成员之间能力互补性强、沟通顺畅、信任度高、角色分配合理、团队意识强，并表现出活动高效、成员满意度高、被高层管理者给予高度评价的团队，其绩效远大于个体绩效累加之和。在组织中，如果管理者希望运用团队来组织工作，着力打造高效团队，可以从以上影响团队绩效的因素着手，创设适宜情境，合理配备成员，注重过程建设，使团队成为高绩效团队，以实现"整体大于部分之和"的效果。

《西游记》团队分析

《西游记》中的师徒四人在各方面差异巨大，可这四人竟能相处得很融洽，而且完成了去西天取经这样的超级任务，非常难得。如果缺少他们中的任何一个角色，可能都完不成西天取经的任务。因为他们四个人的优势互补，实现了团队协作。

唐僧是这个团队的最高领导，他毫无武功，别说妖魔鬼怪，就连最普通的山贼都抵抗不了。但他对西天取经有着坚定的信念，同时他做人低调、亲和，能够把大家团结在一起，当然更主要的是有一位能力更强的观世音愿意让他做领导。这些对于一位领导来说就足够了。他运用自己的强硬管理方式和制度（紧箍咒）来管理团队，并且通过"软权力"和"硬权力"的结合来调动整个团队。虽然唐僧性格有时优柔寡断，偶尔不明是非，但从根本上讲，几个徒弟都很佩服他。

孙悟空本领高强，而且此人社会资源极其丰富，性格本身有点"猴急"，个人素质上非常优秀，通常唐僧布置的任务都能高效率完成，能力出众，是这四人中本领最高的一个，一路上降妖除魔立功不小。但孙悟空也有明显的缺点：个人英雄主义严重，无视组织的纪律和制度，很难接受管制。所以本领更高的观世音为他设了紧箍咒，保证了猴子能够服从并协助整个团队最后成功。

猪八戒有本领但比不上孙悟空，而且七情六欲旺盛，偶尔还办错事。但在整个团队中，他起了不小的作用。八戒在整个团队中除了搞活气氛外，同时肩负调节内部矛盾的作用。在唐僧和孙悟空几次闹矛盾，孙悟空一气之下回花果山时，唐僧作为最高领导拉不下脸亲自请徒弟回来，在这种时候就需要猪八戒屡屡说好话，希望唐僧原谅大师兄，然后又前往花果山请回孙悟空。除了协调众人之间关系的作用外，八戒本人幽默、滑稽，还充当着润滑剂的角色，功不可没。没有八戒的团队是残缺的。组织中侧重沟通、协调关系的角色都类似于他，是极其重要的。

沙僧则朴实无华，工作踏实。他兢兢业业，克己本分，是劳动的模范。他虽然没有悟空的卓越能力，也没有协调关系者的润滑本领，但是他所做的工作是最基础的，也是不能缺少的，他肩负着团队的日常性任务，踏实而努力地工作。

这四个人在团队中分别扮演了不同的角色。唐僧起着凝聚和完善的作用,悟空起着创新和推进的作用,猪八戒起着传递信息和监督的作用,沙和尚起着协调和实干的作用。这个由不同角色组建的团队,虽然也有分歧、有矛盾,但是,他们有着共同的目标和信念,那就是去西天取经。在关键时候他们总能相互理解和团结一致,最后形成了一个有力量的团队。

资料来源:严进. 组织行为学. 北京:北京大学出版社,2009.

第四节　团队建设

团队如此盛行且高效,究竟原因何在?事实表明,如果某种工作任务的完成需要多种技能、经验,那么由团队来做通常效果比个人好。在组织中,我们可以通过团队建设提升团队的机能,使团队发挥最大效力。团队建设实际上是团队成员的建设,但并不是每个成员在团队中都会表现出高绩效,这就需要塑造适合团队工作的成员。另外值得一提的是,团队虽然备受推崇,但亦有弊端,管理者采用团队形式还要考虑一定的限制。

一、团队的优势

团队并不是一群人的简单组合,与传统的部门结构或其他形式的稳定团体相比,其优点在于:

(一)促进多元化和创意

由具有不同背景和经历的人组成的团队,能够充分利用员工才能,看问题的视角更广。同样,由风格各异的个体组成的团队所做的决策,往往要比个体所做的决策更有创意。

(二)塑造团队精神

在团队中,成员需要依靠各自的知识和技能通过相互协作和相互支持来达成共同目标,这就促进了成员之间的合作,提高了员工的士气,并有助于塑造以关心、勇敢和分享为主要特征的团队精神。

（三）增强民主氛围

团队得到管理者更多的授权，依靠成员的自我调节和相互约束来实现管理。这在一定程度上促进了成员间的亲近互助和相互支持，有利于员工参与决策，提高团队成员的工作热情和工作积极性。

（四）反应灵活迅速

团队在多变的环境中表现得灵活而迅速，可以根据任务情境与要求迅速结合、重组和解散，更能适应现代组织的要求。

（五）提高组织绩效

采用团队形式可以使不同的职能同时进行，节省完成组织任务的时间；还可以让管理者把注意力集中到诸如长期发展计划等重大问题上，使管理层有更多的时间进行战略性思考；团队工作方式可以减少浪费，减轻官僚作风，促进工作改进建议的提出，并加快工作进度。

二、团队建设

团队建设是指为了提高团队的发展和机能而进行的正式活动。作为一种团队优化行为，团队建设往往能间接重新制定团队规范，增强团队凝聚力，以加速团队发展过程。它能够增强团队成员之间的了解与沟通，促进团队分工与协作，明确成员对共同目标的认同，使团队高效快捷地完成任务，并对团队成员进行训练和提升。团队建设鼓励成员们检查他们共同的工作过程，查找不足之处，发展更为有效的协调方法，其目的是为了建立更富效率的团队。团队建设适用于初建团队、处在停滞或倒退阶段的团队及希望提升团队绩效和产出的常规团队。当团队成员的流动率过高，或成员已经丢失他们各自的角色及团队目标的中心时，团队建设是一种通常的调解方式。

一个团队在组建时就已经很大程度上决定了团队今后成功的可能性。如何使团队在建立时就有一个良好的开始呢？我们可以在团队建设前进行团队定位。目前运用较多的方法是 5W1H，即 Who（我们是谁）、Where（我们在哪里）、What（我们将成为什么）、When（我们什么时候采取行动）、Why（我们为什么）、How（我们怎样行动）。具体来说，就是要明确团队成员的优势与劣势，分析团队所处的环境，明确团队的目标与行动计划，选择合适的时机采取合适的行动，决定团队如何运行。

团队建设的进程分为五个阶段，如图10-4所示，整个过程成员高度参与。首先由团队成员提供数据并利用这些数据进行自检，经常有一位经验丰富的推动者帮助成员诊断并寻找错误。数据从每个成员那里搜集而来，而后反馈给团队供分析之用。当团队开始开发行动计划时，团队也鼓励成员对团队交往过程给予同等的重视。通过监测、检查和调整自己的行动，团队学会了评价和改进效率，这一连续不断的过程的结果就是建成一个高绩效的团队。

图10-4 团队建设的典型阶段

下面我们介绍在团队建设中广泛采用的两种训练技术。

（一）拓展训练

拓展训练（outward bound），起源于"二战"期间的英国，目的是为了训练年轻海员在海上的生存能力和船触礁后的生存技巧，使他们的身体和意志都得到锻炼。战争结束后，拓展训练的独特创意和训练方式逐渐被推广开来，训练目标也由单纯的体能、生存训练扩展到心理训练、人格训练、管理训练等。拓展训练通常涵盖团队热身、个人项目、团队项目、回顾总结四个环节。课程内容包括团队拓展活动和"野外训练经历"，如信任背摔、真人CS，有一些课程甚至让参加者走过水流湍急的河流上的电缆线，攀登千米高的墙壁，睡在狭窄的山岩上，等等。在此过程中，参与者为了完成项目任务，群策群力，坦诚相对，在互动中增强互信和对集体力量的信念，沟通技巧得到提升，学会平衡彼此的长处和短处，常会产生相互关怀的牢固纽带。

（二）优势开发问卷

优势开发问卷（strength development inventory）是美国波特尔（E. H. Porter）博士开发出的一种帮助认识自己及同伴行为方式特征的工具。该问卷建立在"关系意识理论"的基础之上，调查四种不同的动机类型，分别是利他—培育型、自信—指挥型、分析—自主型、灵活—团结型，用于测量个体在团队中行为方式的动机类型。认识自己和同伴的动机类型，有助于我们更加了解自己，学会如何与别人互动。

以上团队建设的方法有助于帮助团队成员打破思维定式，正确认识自己及其他成员的行为特征，提升人际技能，增强团队凝聚力。

三、塑造团队成员

每个人都是一个独立的个体，要使人们组成团队工作，相互信任，共担责任，共享荣誉，还面临着一系列挑战。首先是来自个体的阻力，并不是所有的人生来就是团队型选手，有些员工从内心抵触成为团队成员，他们不习惯与他人共事，不擅长沟通与协作，这样的员工在团队中的工作效率反而比个人独做时低。有些员工相比于集体荣誉更重视个人成就感，希望个人表现得到认可，追求个人利益和成果，担心与他人合作会降低个人业绩。其次是有些民族文化崇尚高度的个人主义，排斥集体主义，在这种文化情境下团队的推行就会受到限制。

为应对这些挑战，充分发挥团队工作方式的优势，我们可以通过以下方式塑造团队成员，使个体成为团队型选手。

（一）选拔

在组建团队之初，除了要考虑被选者是否具备工作所需的技术能力之外，管理者还应当考虑员工是否具备扮演团队队员的才能，应当选拔有团队合作意向、随和性高的人进入团队。随和性员工天性喜欢与人合作，乐于助人，他们可以促进团队的协同配合。如果该成员不适合加入团队，管理者可以有三种选择：对他们进行培训，使其具备合格团队成员的必备技能；安排该成员转岗到其他未采用团队的部门；不聘任他们。

（二）培训

大部分人都可以通过培训成为合格的团队队员，通过培训练习可以铸造员工的团队精神，增强员工的合作沟通能力，加强成员互信，提升团队凝聚力，让员工体会到团队工作带来的好处。

（三）奖励

为促进员工间相互合作，应该把组织内的奖励机制由基于个人绩效的奖励体系转变为基于团队绩效的奖励体系，同时组织内的奖励认可体系应倾向于那些在团队中善于与他人合作并表现出色的个体，以鼓励员工共同合作，而不是增强员工之间的竞争气氛。

四、团队的适用范围

通过前面内容的介绍,我们已经了解到团队形式有诸多益处,认识到团队形式具有极大的适应性。然而,在现实组织中,团队并非总是问题的答案,团队在实际应用中还存在一定的限制。首先,团队工作有赖于持续地关注其管理,注意其成员之间的关系,注意其职务之间的分配,注意解释、筹划、沟通等。因此,所有成员都要耗费大量精力,以维持业务的正常进行。其次,虽然团队中的每个成员都能了解整个团队的共同任务,却不一定能了解其自身的具体任务。

在组建团队前,作为管理者不妨先思考三个问题:该项工作以团队的形式进行是否会比一个人单独做效果更好?成员们在一起工作存在一系列共同的目标吗?群体中的成员相互依赖吗?如果问题的答案是否定的,那么说明目前的组织任务并不适合采用团队形式。

团队组织的适用范围取决于工作的性质。团队结构更加适合于完成需要多技能和经验的工作任务。一般来说,对于高层管理工作,采用团队设计最为恰当;对于创新性工作,团队组织也是一种最佳的设计;而对于一般作业性工作,仅有团队组织是不够的。团队组织作为职能组织的补充,能产生最大效益的领域是组织中的"知识部门"。很多知识工作者,在机构里是一个职能成员,同时又与别的部门的知识工作者同属于某个工作团队。

思考题

1. 中国女排作为团队表现出哪些团队特征?这是一支高绩效团队吗?

2. 三国时期刘备、关羽、张飞、诸葛亮和赵云组成的蜀国创业团队属于高绩效团队吗?

3. 假定你在班级里负责一个学生小组,说明你要采取哪些步骤和方法以保证小组发展成为一个真正的团队。

4. 建造智慧塔:将集体分成5~9人的小组,每组发放十二张白纸,任务是在15分钟内将这些白纸折成一座纸塔,尽可能搭建得高而结实。要求不能用粘的方式且不能破坏纸的完整性。开始搭建前每组另有5分钟时间讨论计划。最后建塔最高的一组为获胜方,同样高度承重最大获胜。

完成任务后请思考：
1) 绩效最好的小组有何特点？
2) 绩效最差的小组问题出在哪里？如何改善它们的行为？
3) 小组中的每个成员对于建塔计划贡献有多大？
4) 你在你的小组中，扮演了什么样的角色？
5) 小组对成员表达出的观点一般有什么反应？
6) 你认为小组成员在计划和建造阶段，哪些行为对小组起了推动作用？哪些行为起了阻碍作用？试列举出来。

5. 试分析你了解到的高绩效团队。

 案例分析

携程：创造奇迹的团队

携程这家公司只要在中国旅游过的人应该都很熟悉，应该说在国内旅游领域，携程是当之无愧的老大，尤其是在兼并了"去哪儿"之后，更是稳坐第一。

携程的团队连续打造了两家成功的企业。自 1999 年 6 月创立，到 2003 年 12 月在纳斯达克上市，携程的上市之路仅仅用了 4 年。紧接着携程孵化的经济酒店品牌如家，从 2002 年创立到 2006 年 10 月在纳斯达克上市，同样也是花了 4 年的时间。8 年做出两家纳斯达克上市公司，可以称得上是一种奇迹了。

下面我们就来看看携程的四位创始人季琦、梁建章、沈南鹏、范敏组成的到底是怎样的超级团队。

发起这次创业旅程的是季琦和梁建章，在互联网的浪潮下，他们第一次有了做一个网站的想法。

季琦从上海交通大学毕业之后，他没有走常规的职业路线，而是受到当时经商潮流的影响，成为一个卖电脑的专业户。他抓住计算机在中国普及的机会，很快在几个月的时间里就赚到了几万块钱。

梁建章，从小就号称"大头神童"，13 岁那年他就用电脑写了一个作诗的程序，被上海电视台报道。15 岁的时候，他跳过了高中，直接进入复旦大学少年班。一年以后他考入佐治亚理工学院学习计算机，很快就读到了硕士，后来顺利地进入了美国的甲骨文公司。

早早就开始创业的季琦，是一个开创者和行动者，而内敛、沉稳、理性又总爱用数字说话的梁建章是一个思想者。这两个人虽然背景不同,但对一件事有着高度的共识,那就是互联网最大的机会应该是在中国。

在有了创立一家网站的想法之后,在那个风险投资还不盛行的时代,他们的第一个反应是,应该再找一个有资金的人。这时候他们想起了一个共同好友,他是季琦的大学同学,又和梁建章在美国相识,这个人就是后来成为中国最重要投资人之一的沈南鹏。

比起另外两个人,沈南鹏的背景毫不逊色,他中学的时候就获得过全国数学竞赛一等奖,后来进入了上海交通大学应用数学系学习。毕业后又考入美国哥伦比亚大学数学系,但很快他就觉得自己并没有真正的数学天赋,更多是靠刻苦的做题和训练取得成绩。于是,他从哥伦比亚大学的数学系退学,不久后就出现在了耶鲁大学的商学院里。毕业之后,他成为中国最早一批进入美国华尔街的金融从业者,在花旗银行开启了他传奇的职业生涯。

沈南鹏在美国早就感受到了互联网大潮的来临,所以当前两人找到他的时候,他迅速就答应一起创建公司。于是梁建章和季琦各出了20万元,各占股30%,沈南鹏出资60万,占股40%,携程旅游网就这么成立了。

网站成立后,他们意识到,虽然三个人的性格和背景都非常互补,但团队里缺一个真正懂旅游的人,范敏就是他们的答案。1965年出生的他,是四个人里面年纪最大,也是最低调的。他也是上海交通大学的学生。研究生毕业后进入了上海的老牌国企新亚集团,逐渐成长为新亚集团旗下上海大陆饭店的总经理。经过数次的软磨硬泡,范敏心里的激情终于被唤醒,加入了携程的创业团队。携程的四人超级团队自此形成。

范敏曾用一个比喻来形容四个创始人的定位:"我们要盖楼,季琦有激情,能疏通关系,他就是去拿批文、搞来土地的人;沈南鹏精于投资,他是去找钱的人;梁建章懂IT、能发掘业务模式,他就去打桩,定出整体框架;而我来自旅游业,善于搅拌水泥和黄沙,制成混凝土去填充这个框架。楼就是这样造出来的。"

携程的成功,像是设计出来的一次完美计划。其实,中国有很多比梁建章更聪明的企业家,比季琦更勇猛的创业者,比沈南鹏更精明的投资人,或者比范敏拥有更多的体制内资源与关系的管理者,但很少有人能聚在一起,形成过一个真正的团队。并且在这个团队里,不是依靠权威,而是依靠平等的伙伴关系和契约精神来共同协作,取得持续的成功。从某种程度上讲这才是一个创业公司能组建起来的最好的团队。

资料来源：张潇雨. 商业经典案例课. 得到 App.

讨论题：

1. 携程团队的四位创始人是如何体现团队成员多样性与互补性的？
2. 查阅相关资料并结合案例，思考携程团队符合哪些高绩效团队的关键要素。

第十一章

领 导

学习目标

- 明确领导是什么，并确认有效领导者的特征。
- 描述有效领导者展现的行为。
- 明确各种领导风格发挥效力的情境条件。
- 解释魅力型、变革型、交易型、真实型和破坏型领导的概念。

引入案例

金宝汤罐头公司轰动起来

在 20 世纪 80 年代后期，金宝汤罐头公司被收入降低、营销能力差和领导不力的问题所困扰。自从大卫·约翰逊在 1990 年接任为高级主管以来，收入以每年将近 18％的速度增长。新产品被制造出来后，销售额显著增加。当一个领导者不得不激励分散在世界各地的 44 000 多名雇员时，这类业绩十分难得。

约翰逊的领导风格是非正式的，所有雇员都可以接近他。他经常与雇员们共餐，与他们谈论他们希望生产的新产品和他们在工作中遇到的困难。当一名雇员提出一项新想法时，他就让那个人负责开发新产品，并共同庆祝他（她）的成就。当英国雇员建议采用低脂肪奶油汤时，这种新汤成为英国的一大畅销品。在工厂的一次鼓舞士气的集会上，他身披红色披肩，扮成"超人高匙"，赞扬了雇员们的建议。他建议把配方移植到美国。这一方法果然奏效，现在这个产品是美国这个细分市场中的领头羊。同样，一位雇员注意到，许多人在喝汤时往里面放入盐、油煎碎面包片，于是提出一项建议，把 Pepperidge Farm Goldfish——金宝汤罐头公司的一种产品连同汤的生产线一并推向市场，结果 Goldish 的销售在一年中上升了 20％。

虽然说欢呼和交流是重要的，但衡量也是重要的，约翰逊认为衡量的指标创造纪律，数字指标最能说明真实情况。当数字指向弱点时他不接受借口。首次降低指标的管理者很少被解雇，但会被忠告两次。约翰逊将雇员们的注意力集中于一个要比其竞争者增长速度更快的净收入增长指标上。他将金宝汤罐头公司的净利润与其他公司——其中包括雀巢和亨氏——相比较的记分板放在全公司显眼的地方，人们像企业的主人一样考虑问题会受到嘉奖。工资增幅基于整个公司所达到的净收入数额。他要求他的 300 名高级管理人员拥有高达年工资三倍的股票。董事会成员以股票形式支付工资，而不是现金。他禁止董事们在市场滑坡时重新调整股票买卖的价格。

案例来源：唐·荷尔瑞格，小约翰·W. 斯劳卡姆，理查德·W. 渥德曼. 组织行为学（第 8 版）. 胡英坤，车丽娟，贾秀海译. 沈阳：东北财经大学出版社，2001.

领导者存在于各类组织以及组织的各个层级。一些领导者拥有权威地位，可能会利用其职位赋予的权力以及他们的个人权力来影响他人。这类领导者被称为正式领导者。相比之下，非正式领导者在组织内没有正式的权力地位，但可以通过个人形式的权力影响他人，实施领导。需要注意的是，领导者并不依赖于使用强制的方式来影响他人，相反，人们乐意将领导者的目标作为自己的目标。如果一个人依靠强制和惩罚，那么这个人实际上是独裁者而不是领导者。

是什么让一个人成为有效的领导者？有效的领导者会有哪些重要的特质或者会表现出哪些行为？情境因素会对领导的效果产生什么样的影响？我们应该如何培养未来的领导者并提高我们自己的领导能力？这些是过去几十年来备受学术界关注的重要问题。在本章中，我们将回顾领导研究的历史，并总结与这些重要问题相关的主要发现。

第一节 领导概述

一、领导的定义

传统的组织理论把领导（leadership）看成是组织赋予某一个人的权力，以指挥其部下达到组织的目标。例如，心理学家斯托格迪尔（Stogdill）认为，领导是对组织内的群体或个体施加影响的活动过程或行动，这些行动促使整个群体建立共同的目标,并取得群体的成就。此定义明确指出"领导"是一个包括"影响、群体、目标"三个要素的活动或过程。因而,它既不同于"领导者",也不同于"管理者"。特瑞(Terry)认为,领导是影响人们自动为达到群体目标而努力的一种行为;而罗伯特(Robert)则认为,领导是在某种条件下,经由意见交流过程所表现的一种为达到某种目标的影响力。

近代组织心理学和行为科学则主张应从领导的本质来探讨其意义。领导的本质乃是通过人际交互作用,影响群体的每一位成员,激发其努力工作以实现组织目标。

我国领导学专家凌文辁指出,不论是以权力为核心,或是以人格特性为核心,或是以行为过程或人际关系为核心,这些定义都是以其领导理论为基础的。因此,很难得出一个统一的领导定义。

二、领导与管理的关系

领导和管理(management)是两个很容易被混淆的术语。这两者之间实际上是存在差异的。哈佛商学院的约翰·科特(John Kotter)教授认为,领导主要是应对变化。领导者通过提出组织未来的愿景以确定前进的方向;然后,领导者将该愿景灌输给组织内的其他成员,并鼓励他们克服各种障碍,齐心协力地实现该愿景。与之相对,管理主要是应对复杂性。优秀的管理者通过制订正式的计划、设计严谨的组织结构以及监督这些计划的实施情况,来实现秩序和一致性。由此可见,领导主要是由组织中的高层管理者来从事,而管理则主要由组织中的中低层管理者来从事。

三、领导者的影响力

领导者为了达成组织目标,就需要使组织成员行动起来,因此管理者必须具有一定的影响力。弗兰奇(French)和瑞文(Raven)将这种权力分为以下五种:

(1)奖酬权力(reward power)。管理者对部下拥有给予奖酬的权力。这种报酬既包括金钱、职务津贴,也包括表彰、晋升等。

(2)强制权力(coercive power)。管理者拥有对部下给予惩罚的权力。

(3)合法权力(legitimate power)。管理者拥有对下属下达指示的合法权力。

(4) 参照权力（referent power）。管理者作为一种榜样而被部下认同、模仿和学习。

(5) 专家权力（expert power）。管理者具有特殊的专业知识、技术和技能，部下承认他是专家。

在这五种权力中，奖酬权力、强制权力和合法权力是从职位中产生的权力，统称为"职位权力"。而参照权力和专家权力是伴随个人魅力而产生的权力，可被称为"人格权力"。前者也称为"直接影响力"，后者称为"间接影响力"。

根据社会权力的研究，组织应该赋予领导者行使其角色所必要的奖酬、强制和合法权力。只要有这三种权力，行使对下属的影响力即可获得明确的正面结果。只要管理者不过分地使用这些影响力资源，并在日常中积蓄专家权力和参照权力的资源，则会强化领导的效果。

四、领导研究的策略

研究领导的目的在于选拔和培养有效的领导者，以促进组织效率。相应地，有两种策略可对此做出贡献。

第一种策略是选拔。即通过一些科学方法来探讨领导行为与领导效果之间的关系，找出成功的领导者所应具备的领导素质，以便将具有这些领导素质的人选拔到管理岗位上去。领导人格特质的相关研究以及评价中心方法，就是属于这种选拔策略。

第二种策略是训练。这是指改变领导者的行为以适应管理任务的要求。根据科学的理论和方法，对领导者或候选领导者进行训练，对其长期以来所形成的行为方式施加影响，使他们掌握管理任务所要求的各种行为方式，以提高他们的领导水平。

对于组织而言，究竟是采取选拔策略还是采取训练策略，需根据各个组织的具体情况而定。如果有许多潜在的领导人可供选择，当然值得用选拔淘汰策略；如果现状不容许有这种选择，则只能用训练的策略对现有的领导者加以培训，以提高领导才干。当然，两者兼用是更理想的策略。

第二节 领导的特质理论

领导特质理论（trait theory of leadership）是最早的领导研究取向之一，它源于美国心理学家采用心理测验方法对军队的军官进行选拔。战争结束后，这种方法和技术又被尝试运用于工商企业经理人员的选拔和政府公务员的选拔。为了选拔和预测的需要，人们期望能确定作为一个领导者所具备的特质，以解决什么样的人最适合做领导者的问题。在20世纪30年代以前，学者们都是沿着这个方向来研究领导问题的。

领导特质理论强调的是个人品质和特征。例如我们都认为英国前首相玛格丽特·撒切尔、南非前总统纳尔逊·曼德拉、中国改革开放的总设计师邓小平、苹果公司联合创始人之一的史蒂夫·乔布斯、通用电气前CEO乔治·韦尔奇等人是富有魅力的、勇敢无畏的领导者。

领导特质理论假定领导者具有特质或特性，致使他们与非领导者之间有所不同，从而促使他们更容易获得成功。这一理论的研究方向是寻找领导者与非领导者所拥有的人格特质的差别，其基本的假设包括两点：① 成功领导者一定有过人之处；② 成功领导者的人格特质是可利用科学方法来发掘的。

一、领导特质的相关研究

从20世纪30年代开始，领导学研究者对领导者的特质进行了大量研究，比较有代表性的研究包括：

(1) 20世纪50年代公布的124项研究成果显示：领导者在智力、适应能力、对工作任务的理解、解决问题过程中的坚持和创新程度等个人特征方面与一般人存在明显的区别。

(2) 吉布（Gibb）发现的领导特质。吉布认为，要想成为卓越的领导者就必须具备以下几项特质：强壮的身体，聪明（但也不能太过聪明），外向有支配欲，良好的协调能力，自信。

(3) 斯托格迪尔发现的领导特质。斯托格迪尔进一步扩大了特质的范围，认为领导者应该具备如下特质：对所完成的工作充满责任感；解决问题时勇于冒险并具有创新精神；在追求目标的过程中充满热情并能持之以恒；自信；勇于实践；能很好地处理人际冲突并忍受挫折；等等。

(4) 吉赛利（Ghiselli）发现的领导特质。吉赛利的研究得出了领导素质可分为三大类、14个因素的结论。具体如下：① 领导者的能力，包括管理能力、智力和独创性；② 领导者的个性特征，包括果断性、自信心、指挥能力、成熟程度、男性度—女性度和与劳动阶级的密切关系；③ 领导者激励方面的特性，包括职业成就的需要、自我实现的需要、权力的需要、金钱报酬的需要和安全的需要。

不过围绕领导特质的研究并没有找到那些总能将领导者和非领导者、成功的领导者和失败的领导者区分开来的特质。20世纪60年代末的一篇综述文章概括了20项不同的研究，共列出了近80种领导特质，但只有5种特质能够被4项以上的研究所证实。这说明试图找到独特的特质以鉴别成功领导者的努力是徒劳的。但是也有研究表明诸如智慧、自信、支配性、富有专业知识、精力充沛等特质确实与成功的领导者存在一致相关性。这意味着具备某些特质的确可以提高领导者成功的可能性，但并不能保证领导者一定取得成功。

二、智力和大五人格与领导的关系

从20世纪40年代开始，研究者们开始意识到寻找领导定义性特征的努力可能是不成功的，不过近年来随着人格研究的进步（例如大五人格框架的提出和发展），研究人员在识别预测领导的特征方面取得了一些新的进展和突破。

（一）一般智力和情绪智力

一般智力［心理学家称之为"g"因素，在日常用语中通常被称为"智商（IQ）"］关乎一个人在一个群体中能否成为领导者。具体而言，具有高智力的人更有可能被视为其环境中的领导者。但需要指出的是，智力是领导的正向但中等的预测因素，当用纸笔测验来衡量实际智力时，与被知觉到的领导智力相比，它与领导的关系偏弱。除了高智商，有效的领导者往往也拥有较高的情绪智力或情商（EQ）。

情商高的人表现出高水平的自我意识、动机、同理心和社交技能。提出情绪智力这一概念的心理学家丹尼尔·戈尔曼（Daniel Goleman）认为，智商是一种门槛素质：它对于一个人进入高级管理层的工作很重要，但是一旦你到达那里，它就不再起什么作用，因为大多数领导者都已经拥有足够的智商。有效领导者与无效领导者之间的区别主要在于前者能够控制自己的情绪、了解其他人的情绪，并具有内在动机和社交技能。

（二）大五人格特质

心理学家提出了各种理论体系来描述构成个人独特个性的那些特征，其中最受欢迎的是大五人格模型。该模型从五个方面对个体进行评价，即责任心、外倾性、宜人性、神经质和经验开放性。大五人格中的一些特质与领导的出现（即是否有人被其他人视为领导者）及其有效性有关。例如，外倾性即与领导有关。高外倾性者善于交际，并且较为自信和精力充沛。因为他们既有主导性又有社交能力，所以他们更有可能成为领导者。在所有人格特质中，外倾性与领导者的出现和有效性的关系最为密切。当然这并不是说所有有效的领导者都是外倾性的，但你更有可能在领导职位上找到外倾性的人。

不过沃顿商学院亚当·格兰特（Adem Grant）等人于2011年发表的一项研究显示，内外倾与领导有效性的关系较为复杂。具体而言，如果员工都是习惯于听从上司指挥的、尽责的下属，高外倾性领导者的工作会非常有效率。因为他们就像指明灯一样，富有远见，能给整个团队带来信念、能量和关系网。相反，当员工都十分积极，并且主动寻求变革、提出新的理念或更好的策略时，高内倾性的领导者会更具优势。因为在此种情况下，高外倾性的领导者更容易感受到威胁。当员工们支持新的策略、理念以及工作流程时，他们也同时会夺去领导者头上的光环，挑战了领导者的权力、威信以及地位。这往往会造成高外倾性的领导者更少地采纳意见，并阻止员工做出贡献。与之形成鲜明对比的是，高内倾性的管理者会更愿意倾听并仔细权衡下属提出的建议或意见。格兰特等人的上述发现与"支配互补"观点是一致的，也就是当支配者与顺从者人数在群体中基本相同时，这个群体会更加团结和有效率。

与领导较为相关的另一个人格特质是责任心。高责任心的人富有组织纪律性，并在工作中表现出坚持不懈的努力。因此高责任心者更有可能成为领导者并在这方面发挥作用。此外，那些经验开放性较高的人（即表现出原创性、创造力并且愿意尝试新事物的人）往往也会成为领导者并且也会非常有效。

三、为何不能从特质预测领导者的成败

在很长一段时间里，学者们希望找出领导者与非领导者之间本质的特质差异，但是大量的研究并没有获得成功。原因何在？斯托格迪尔的看法可以在一定程度上帮助我们回答这个问题。他认为：

（1）仅仅依靠人格特质，实在不足以鉴别领导能力。

（2）成功的领导者所具备的特质，会随着情境的不同而存在差异，所以光考虑个人特质是不够的。

（3）进行领导特质的探索时，应将个人的特质和情境因素两者整合起来进行研究。

总的来讲，组织行为学的研究并没有为领导的特质理论提供可靠的依据，研究者所提出的领导特质不下上百种，至今尚无统一的结果，而且几乎不能进行比较。因此，特质理论试图从个人特质上来预测什么样的人能成为领导者的尝试，并没有获得成功。但是，需要强调的是，尽管特质理论未能取得成功，但这并不否认个人品质特性对于领导者的重要意义，只是说明它们既不能作为划分领导者与非领导者的依据，也不是决定领导者成功的唯一因素。在充分考虑其他因素的前提下，作为一个合格的领导者当然需要具备一些适合领导工作的个人品质特性。

四、领导者的素质

尽管领导特质理论并没有获得令人信服的研究结果，但是现实中人们在谈论领导者时，还是对领导者的素质特别感兴趣。这表明领导者素质的重要性。凌文辁指出，一些优良的心理与人格品质是作为一个优秀或成功的领导者所必备的素质。它们是领导者能否成功的必要条件。缺少它们就不能成为一个优秀的领导者，但是具备了它们，并不能保证他就是一个成功的领导者，因为它们不是充分条件。如果在这种前提下来讨论领导者的素质，还是很有意义的。

（一）卡茨提出的管理者三种基本能力

罗伯特·卡茨（Robert Katz）认为，有效的管理者应当具备三种基本

能力：技术能力（technical skill）、人际能力（interpersonal skill）和概念能力（conceptual skill）。但这些能力对于不同层级的管理者的重要性是存在差异的（如图11-1所示）。

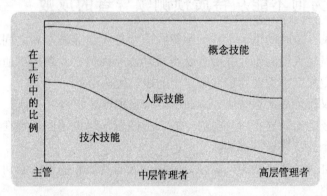

图11-1 在不同组织层次上领导技能的使用

1. 技术能力

它是指应用特殊的知识、技能和方法完成工作的能力。当提到一些像外科医生、土木工程师、建筑师等那样的专业人士时，大家都会专注在其技术性技能上。技术能力对于基层管理者最为重要，因为他们直接面对的就是一线员工，必须有能力指导他们的操作技术，并更进一步应用诸如动作研究等方法改善员工的操作方法。而当一个管理者的层级越高时，技术能力的要求反而降低了，因为他们已经无须直接面对一线的操作技术问题和活动了。

2. 人际能力

它是指在组织中与人相处以及激励、指挥他人或群体（包括下属、同侪和上司）的能力。很多人技术能力尚佳，但人际能力不足，他们可能不懂得倾听，无法洞察他人的需求或不擅长处理冲突。管理者在从事沟通、激励和领导时，必须辅以良好的人际关系才能达到事半功倍的效果。正如美国电子数据系统公司的创始人培洛（Perot）所说，管理的成功就代表着做人的成功。对于高、中、基层管理者而言，人际能力都是非常重要的。

3. 概念能力

它是指能了解和洞察抽象、复杂的现象，并对之进行分析和诊断的能力。例如在决策过程中，管理者首先要能发现问题、提出并评估可行的方案，进而选出其中最优的方案。选出方案后，管理者还要能够制订行动计划,并付诸实施。随着管理者职位的升高,这种能力越发显得重要和关键。概念能力可以帮助管理者了解和驾驭组织中的全局性和复杂性事务。美国通用电气公司的一位高管曾说过:"在通用电气这样规模的公司里,高层主管并非只是坐在那里发号施令,也不是靠他们的职权来领导,而是靠理念的力量来领导。"

(二) 凌文辁等人提出的领导者四种素质

凌文辁等人进行的"中国人内隐领导理论"的研究,采用实证的研究方法,根据一定数量的中国人样本进行调查,然后对数据进行多元统计分析,结果发现中国人从"内心"认为领导者应具有如下四种素质。

1. 个人品德

如前文所述,领导者影响力分为直接影响力和间接影响力,领导者个人品德魅力所产生的"参照权力"即属于间接影响力。这种间接影响力是通过被领导者对领导者优秀品行的认同和模仿两种心理机制而内化为自己的行动,从而拥护、支持领导者的决策和指挥。中国人特别强调个人品德素质的重要性,正如孔子所说的那样:"其身正,不令而行;其身不正,虽令不从。"以身作则才能指挥下属。

2. 有效达成目标的能力

这是指与领导者的工作能力有关的心理和行为特质。这也是领导者的首要机能。有效达成目标的能力包括深谋远虑、有远见卓识并有长远的计划和设想;具有敏锐的观察力和判断力;有科学的思维,能提出独创性的主意和执行计划;有魄力,具有打开困难局面的能力;具有决策能力,办事果断,敢于拍板;当情况发生变化时,具有应变能力;等等。

3. 处理上下级关系及人际交往能力

作为领导者必须与人打交道。因此如何处理好与下属的关系以及与上级、同级乃至组织外的人际关系,是领导者的重要职能之一。这就要求领导者成熟老练,谨慎稳健;善于社交,具有说服能力;既要客观公正,不感情用事,又能体谅宽容部下,尊重他人,虚心听取别人的意见和批评。当然,为了与人沟通,领导者要有口才和风度,举止文雅,而且要注意个人形象。

4. 知识技能的多面性

领导是一种十分复杂的工作,不仅需要领导者在品德、工作和处理人际关系等方面具备出众的特质,还要求多才多艺,具有各种不同学科的知识和技能,这样才能更好地胜任领导工作,增加领导的影响力和有效性。

第三节 领导行为理论

由于领导特质理论并不能说明领导的本质,所以从20世纪40年代后期起,心理学家和行为学家开始转向研究领导者的实际行为。这种理论最初是论证"决策参与"的价值,研究领导者应做些什么及如何做。在研究中,组织行为学家发现领导者在领导过程中采取的领导行为与他们的工作效率之间存在着密切关系,因此就进行了最佳领导行为的探讨。

一、领导风格理论

(一)勒温的领导风格经典实验

关于领导风格类型的经典研究,开始于社会心理学家勒温(Lewin)。他根据权力定位于谁,将领导风格(作风)分成三种典型的类型。

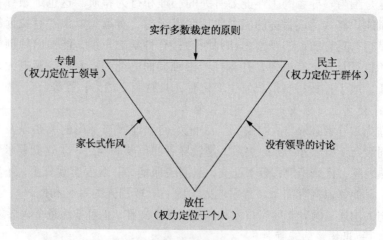

图 11-2 领导作风

专制型领导:权力掌握在领导者个人手中,一切由领导者决定,下属只能执行,而由领导者去监督执行情况。

民主型领导：权力定位于群体，成员在很大程度上能参与决策。通过集体讨论他们在一定范围内可以自己决定工作内容和工作方法。工作有一定的自主权。

放任型领导：权力定位于每个成员个人。领导人只做任务布置，既不监督执行，也不检查完成情况，而是放任自流。

为了探讨不同领导风格类型对群体行为和团体效率的影响，勒温及其同事于1939年以十一二岁的男学生为对象，进行了实验研究。他们将学生分成三组，让这些学生从事假面具的制作活动，分别采用三种不同的领导风格对他们进行管理。

实验结果揭示了不同领导风格的效果差异。具体而言，在民主型领导风格下，群体工作效率最高。而且，成员们的工作自觉性也高，不论领导者在场与否，其工作效率几乎没有变化。在人际关系方面，成员之间比较友好，具有集体主义精神，当遇到困难时，成员们能团结一致地解决问题。成员们表现得很成熟、很主动，显示出较高水平的创造性。另外，成员们也表现出较高的满意度。

在专制型领导风格下，群体的工作效率较高，特别是领导者在场的情况下，能使群体达到工作目标。但领导者一离开，其工作效率就会骤降，成员们缺乏工作动机和自觉性。在人际关系方面，成员之间表现冷漠、关系紧张、以个人为中心，他们推卸责任、互相攻击，争吵的次数比民主型组高30多倍，挑衅行为多8倍。

在放任型领导风格下，成员们的关系固然不错，但工作效率最低，数量与质量都非常差。而且成员们对领导者也不满意。

勒温上述实验研究的贡献在于指出了民主型领导与专制型领导的本质区别。专制型领导通过严格的控制，迫使人服从上司，成员没有自主性，缺乏工作动机，工作是被动的；民主型领导由于让成员参与了决策，从而使成员感到组织的目标是自己参与确定的，个人目标与组织目标联系在一起，完成组织目标，也就是完成自己的目标。这种参与性和自主性，使成员的心理和社会需求得到了满足，增加了满意感。因此，工作无须监督就能积极主动地进行。勒温从民主型领导风格角度，提出了"参与"的概念，并看到了"参与"的作用，为以后的参与式管理奠定了基础。

二、俄亥俄州立大学的研究

俄亥俄州立大学的斯托格迪尔和亨普希尔（Hemphill）等学者从1945年开始，首先开展了对领导行为的探讨。他们希望为领导者的行为确定独立的维度，这些维度决定着领导效能。

最初，亨普希尔和孔斯在对领导者行为的研究中，提出了九项领导行为的基础向度：① 主动（initiation），指提出新的构想或创意；② 成员身份（membership），指领导者与群体成员的非正式交往以及互相服务的次数；③ 代表（representation），指领导者维护群体免受外来攻击，推动群体的共同兴趣及代表本群体的频率；④ 整合（integration），指领导者控制个别成员的行为、鼓励愉快的团体气氛、消除成员之间的冲突或协助个别成员适应团体等行为的表现次数；⑤ 组织（organization），指领导者规定和分配他自己和其他成员的工作；⑥ 管辖（domination），指约束或限制团体或部下的行为；⑦ 信息沟通（communication），指领导者提供信息给下属成员，并从他们那里获取信息，推动成员之间的信息交流；⑧ 认可（recognition），指领导者表示同意或不同意群体成员之行为；⑨ 生产（production），指领导者设定成就标准或努力标准，或者鼓励下属更努力提高成就标准。

根据上述这些领导行为向度，俄亥俄州立大学的研究组最初搜集了1 790个问题进行分析，最后拟定150个描述领导行为的项目，编制成"领导者行为描述问卷"（leader behavior description questionnaire，LBDQ）。他们将LBDQ应用于许多群体，然后对所测结果进行因素分析，得到两个基本的领导行为维度，分别称为"关怀"（consideration）和"结构"（initiative structure）。

关怀维度是指领导者与其下属的工作关系以相互信任、尊重下属意见和重视下属情感为特征的程度。在关怀维度上得分高的领导者会帮助下属解决个人问题，他们是友善和平易近人的，对所有下属都一视同仁，并且欣赏和支持自己的下属。

结构维度是指领导者为了实现组织目标而对自己与下属的角色进行界定和建构的程度，包括对工作、工作关系以及目标进行组织。在结构维度上得分高的领导者会为下属安排特定的工作任务和期望下属达到的具体绩效标准，并且向他们强调必须在最后期限之前完成任务。

尽管因素分析结果表明关怀与结构是两个独立的维度，但是领导功能的这两个维度并不是互相排斥的。一个领导者可能在这两个行为维度上都达到很高的值，也可能两个维度上的得分都很低，也可能只在其中之一达到高值，另一个维度是低值。因此，领导行为是这两种行为维度的组合，这种组合可以用领导行为四分图来表示（图11-3）。

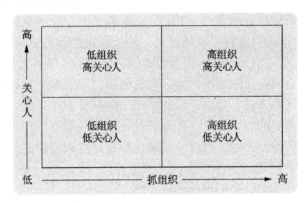

图 11-3　领导行为四分图

（1）高关怀—高结构：将比其他领导方式导致更高的员工绩效和工作满意度。领导者兼顾工作要求及下属的需求，在相互尊重信任的氛围中努力工作以达成群体及组织目标。

（2）高关怀—低结构：倾向于鼓励下属在互相尊重、信任的气氛中工作。领导者体恤下属的需求远胜于对工作的要求。

（3）低关怀—高结构：领导者最关心的是其负责的工作方面，比较重视工作目标而忽略下属需求，鲜有关怀的行为。

（4）低关怀—低结构：领导者对组织目标和下属需求都不在意，此种领导行为将会导致组织混乱和生产力低落。

俄亥俄州立大学研究组对领导行为的研究有着重要贡献。他们用因素分析方法从多种领导行为因素中提取了两个基本因素，发现了领导行为的两个相互独立的维度，并采用量表作为测量工具来评定这两个维度的领导行为。因此，这种方法更科学和客观，从而开辟了领导行为研究的一种新的途径。

三、密歇根大学的研究

密歇根大学调查研究中心（survey research center）从1947年开始对领导行为进行了长期实验性研究。其研究目的是试图找出与绩效有关的领导者行为特征。

该中心的研究组在李克特（Likert）的领导下，对一个保险公司从事同样工作的50个部门进行了现场调查。他们从这些部门中选出12个业绩好的与12个业绩差的部门作为调查对象，评定两组领导者的领导行为。结果发现，两者之间存在明显的差异。高业绩部门的领导者采取的是"以员工为中心"的领导方式；相反，低业绩部门的领导者多采取"以生产为中心"的领导方式。他们之后用这种方法对一家机械制造厂和某铁路公司也进行了同样的调查，得到了同样的结果。根据这些调查研究结果，研究者把领导者的行为归纳为两个因素，即员工导向（employee oriented）的领导和生产导向（production oriented）的领导。

员工导向的领导者特别重视工作中的人际关系方面。他们认为，每个员工都重要，因此比较关心人，注意员工的利益，特别重视人的个性和需要。他们的管理方式可称作"一般式"管理。其特点是让员工有较多参与机会，员工觉得工作成败与自己和组织休戚相关，因此有利害与共的感觉。这是受下属欢迎和支持的领导方式，这种领导方式的生产效率较高。

生产导向的领导者强调工作中的技术或任务方面。他们不是把下属作为人来看待，而是视为完成生产目标的工具。这种领导的管理方式可称为"严厉式"管理。其特点是采取高压手段，故下属不满而有反抗情绪，不受下属的欢迎。这种领导方式的生产效率较低。

上述两个维度与俄亥俄州立大学发现的领导行为维度密切相关。员工导向的领导与关怀维度相似，而生产导向的领导与结构维度相似。事实上，领导学领域的大多数研究者都将这几个术语作为同义词使用。不过俄亥俄学派与密歇根学派在具体观点上也存在分歧。具体而言，俄亥俄学派认为，员工导向领导行为与生产导向领导行为虽然是互相独立的，但它们并不互相排斥。一个领导人可以偏向一种领导行为，也可以兼有两种领导行为，最佳的领导方式是既抓工作又关心人。而以李克特为代表的密歇根学派则认为这两类领导行为是互相排斥的。一个领导者只能偏向于一种领导行为，不能兼具之，而以员工为中心的领导行为效果最佳，因此是理想的领导模式。

四、领导方格理论

得克萨斯大学的布莱克（Blake）和莫顿（Mouton）于 1964 年提出了"管理方格理论"（managerial grid）。这种理论是在俄亥俄学派的领导行为四分图的基础上发展而来的。它被广泛地应用于组织发展计划中。

俄亥俄学派提出了领导行为的两个维度，即关心人和抓生产。这两个维度是互相独立的，所以在坐标图中互相垂直。布莱克和莫顿用纵坐标表示对人的关心程度，横坐标表示对生产的关心程度。两者各分成九等分，就形成了一个方格图（图 11-4）。在理论上可以组合出 81 种不同的领导方式，其中最典型的领导方式包括以下五种：

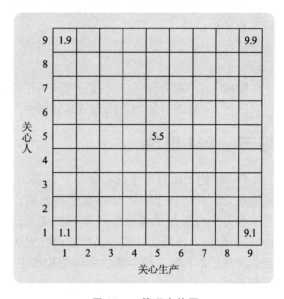

图 11-4　管理方格图

1.1 型——对员工和生产都不关心。

1.9 型——重视人际关系和个人的需求，创造友好的组织气氛，但不太关心生产任务。

5.5 型——适当、平衡地抓生产和关心人两个方面。工作业绩和员工士气达到一个中等水平。

9.1 型——只抓工作，不关心人。能达到有效的工作效率，但人际关系不好，员工士气不高。

9.9 型——既关心工作，又关心人。员工之间关系协调，士气旺盛，生产效率高。能遵循共同目标，把员工利益与组织目标结合起来。

布莱克和莫顿指出，一个领导者或管理者，同时重视两个方面是很不容易的，如果没有一套系统的训练，很难达到 9.9 型领导方式。他们提出的系统训练分为六个阶段：

阶段1：集中研讨训练。受训者首先熟悉有关领导行为的理论及管理方格图的基本原理，然后对自己属于何种领导形态进行对照分析和评估。

阶段2：建立小组。根据部门对受训的管理者进行分组，分别确定各个部门的9.9型领导应该是什么样子。同时，努力提高评估自己领导形态的能力。

阶段3：交互作用。上下左右各组之间进行联系，对9.9型的规范进行讨论和分析。

阶段4：确定组织改进的目标。讨论和分析在计划中领导者如何确定目标。

阶段5：实现目标。讨论如何完成第四阶段中确定的目标。

阶段6：巩固。努力巩固在训练计划中所取得的进展。

五、PM 理论

PM 理论是由日本社会心理学家三隅二不二提出的。所谓 PM 是团体机能概念，任何一个团体都具有两种机能：一种是团体的目标达成机能；另一种是维持强化团体或组织体的机能。前一种机能简称为 P（performance），即指工作绩效；后一种机能简称为 M（maintenance），即指团体维系。可见，P 与俄亥俄学派的主动结构维度以及密歇根学派的工作导向领导行为是对应的，而 M 则与俄亥俄学派的关怀维度以及密歇根学派的员工导向领导行为相对应。实际上，PM 理论也采用了与俄亥俄研究相同的因素分析方法和多变量解析法，编制了领导行为的测定量表。

三隅指出，P 和 M 是团体的两种机能或职能。其中 P 是完成团体目标的职能，包括计划性和压力等因素。为了完成团体目标，不仅要求领导者有周密可行的计划和组织能力，而且要求对下级严格规定完成任务的期限，制定规章制度和各级职责范围，对执行情况进行检查，等等。

M 是维系和强化团体的职能。由于 P 职能所造成的压力，会使下级产生紧张感，甚至引起上下级的对抗。M 职能的作用就在于通过对下级的关怀体贴，消解人际关系中的不必要的紧张感，缓和工作中所产生的对立和抗争，对下级进行激励支持，给下级以发言和表达意见的机会，刺激自主性，增强成员之间的友好和相关性，满足部下的需求，等等，以维护组织的正常运营，保证组织目标的实现。

PM 理论认为，领导者的作用就在于执行这两种团体职能。因此，领导者的行为就包括这两个因素。一个领导者，不论他的 P 因素多么强，总包含有某种程度的 M 因素；同样，不论他的 M 因素多么强，也总包含着某种程度的 P 因素。此外，P 和 M 两方面都强或两方面都弱的情况也是存在的。这与俄亥俄学派的观点是基本一致的。

如果以 P 为横坐标，M 为纵坐标，并在 P 和 M 坐标中点各画一条平行线，就可划分出 PM、Pm、pM、pm 四种领导类型（如图 11-5）。为了简单起见，可称为 PM、P、M、pm。

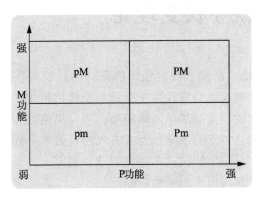

图 11-5　PM 模型

为了衡量 PM 四种类型对于完成团体和组织职能的效果，三隅等人对各种行业群体的领导进行了测定，同时在实验室进行了研究。他们发现尽管行业不同，但 PM 理论却显示出非常一致的效果。总的来说，PM 型效果最好，pm 型效果最差，P 型和 M 型效果居中。不过根据情况不同，P 型和 M 型的位置又有所不同。

■ 六、对领导行为理论的评价

领导行为理论将聚焦点对准领导者外显的行为，认为领导者表现出合适的行为比具备合适的特质更重要。然而，对行为理论的检验结果并不乐观。尤克（Yukl）和范·福利特（Van Fleet）在 1992 年发表的一篇文献综述认为，基于两个维度来对领导行为进行研究并不成功，对我们更深入地了解有效领导帮助甚少。不过，最近一篇针对 160 项研究的文献综述发现，如果领导者在关怀维度上得分高，其下属会有更高的工作满意度与工作积极性，并且会更加敬重该领导者；结构维度则与高水平的组织和群体生产率以及积极的绩效评估存在更加显著的相关性。总的来讲，与领导特质理论类似，尽管领导行为理论对识别有效或无效的领导者具有重要作用，但它无法保证领导者一定能获得成功，因为情境因素也很重要。

第四节 领导权变理论

到20世纪中期，研究者在对领导的研究中并没有获得始终如一的结论，这导致他们开始意识到要找到一个适合于任何组织、任何性质的工作和任务、任何对象的固定的领导人格特质、领导风格类型或者领导行为方式，都是不现实的。特定的领导行为或方式的有效性会随情境的变化而变化，因此无法用一个固定的模式去进行管理。实际上，领导的效果是领导者、被领导者及其环境因素的函数，即

$$领导有效性 = f(领导者 \cdot 被领导者 \cdot 环境)$$

从这个公式可以看出，领导的效果与领导者所处的具体情境密切相关。因此，要根据具体情境来确定领导方式。这就是领导的权变理论（contingency theory）。本节将介绍几个公认的经典权变理论。

■ 一、费德勒的权变模型

第一个全面的领导权变模型是由心理学家弗雷德·费德勒（Fred Fiedler）提出的，即费德勒权变模型（Fiedler contingency model）。1964年至1978年间，超过300份研究文献针对这一模型进行了各方面的探讨，从而丰富和充实了该模型。费德勒的权变模型将领导者的特质研究与领导行为研究有机地结合起来，并将其与情境分类联系起来研究领导的效果。该模型指出，有效的群体绩效取决于领导者的风格以及领导者对情境的控制程度这两个因素的合理搭配。

（一）高 LPC 与低 LPC 的领导类型

费德勒认为个体的基本领导风格是影响领导成功与否的一个关键因素。每个领导者的领导风格（类型）是由他的人格特性所决定的。这种人格特性相对稳定。费德勒设计了"最不受欢迎的共事者"问卷（简称 LPC 问卷）来测量个体的领导风格是关系导向型还是任务导向型。

具体而言，应用 LPC 量表时，首先让领导者回想自己共事过的所有同事，并找出一个最难共事者，就 LPC 量表上所列的 21 对形容词（见表 11-1），对此人进行评定。一个领导者的 LPC 分数（即 21 个项目得分总和）反映了他对于同他难以共事者的情感反应。如果他用相对正面的词汇来描述最难共事者（LPC 得分高），那他就是关系导向型。这类领导者比较关心人际关系，并从和谐的人际关系中获得满足。他对下属比较宽容体贴，不随意命令，较愿意让下属分享责任与权力。相反，如果他对这名最难共事者的看法比较消极（LPC 得分低），他就是任务导向型。这类领导者比较重视工作的完成和目标的实现，他们从工作的完成中获得满足和自尊。他们比较不关心群体成员之间的人际关系。为了保证工作的完成，他们倾向采用专制式管理。概言之，高 LPC 的领导人偏向于员工导向，低 LPC 的领导人偏向于工作导向。

表 11-1 LPC量表的评定项目

1. 令人愉快的	8	7	6	5	4	3	2	1	令人不愉快的
2. 友善的	8	7	6	5	4	3	2	1	不友善的
3. 坏的	1	2	3	4	5	6	7	8	好的
4. 有距离的	1	2	3	4	5	6	7	8	亲近的
5. 支持他人的	8	7	6	5	4	3	2	1	抱有敌意的
6. 满足的	8	7	6	5	4	3	2	1	不满足的
7. 没有进取心的	1	2	3	4	5	6	7	8	有进取心的
8. 紧张的	1	2	3	4	5	6	7	8	轻松的
9. 不用心的	1	2	3	4	5	6	7	8	用心的
10. 没有同情心的	1	2	3	4	5	6	7	8	有同情心的
11. 没耐性的	1	2	3	4	5	6	7	8	有耐性的
12. 缺乏热诚的	1	2	3	4	5	6	7	8	热诚的

续表

13. 快乐的	8	7	6	5	4	3	2	1	沮丧的
14. 没有信心的	1	2	3	4	5	6	7	8	有信心的
15. 好与人争论的	1	2	3	4	5	6	7	8	与人和睦的
16. 顽固的	1	2	3	4	5	6	7	8	不顽固的
17. 不能生产的	1	2	3	4	5	6	7	8	能生产的
18. 缺乏冒险精神的	1	2	3	4	5	6	7	8	有冒险精神的
19. 好交际的	8	7	6	5	4	3	2	1	不好交际的
20. 满意的	8	7	6	5	4	3	2	1	不满意的
21. 没有野心的	8	7	6	5	4	3	2	1	有野心的

（二）三种情境因素

费德勒指出，一个领导者的领导效果如何，除了取决于他本人的领导形态以外，还取决于他所处的情境的有利程度。他认为影响领导效果的重要情境因素有三个：

（1）领导者与成员的关系。这一因素以好、坏为指标。所谓好坏，是指领导者受其下属喜爱、信任、尊重的程度。

（2）工作结构。这一因素以结构化程度为指标。可以从下列几个方面进行评定：第一，工作目标的明确度，即每位群体成员是否了解工作所需要的条件是什么；第二，通往目标的途径的多样性，即是否有实现目标的多种途径；第三，解决方案的特殊性，即是否有独特的处理问题的正确解决方案；第四，决策的可验性，即决策的可信性。

（3）领导者的职位权力。这一因素以强、弱为指标。它主要指领导者的职位有多少权力，他有无雇佣、辞聘、奖惩下属的权力；他所担当的职位是长期的还是短暂的，期限有多长；上级和组织是否支持他的威望；等等。

（三）领导类型与情境有利程度的交互作用

三种情境因素可以各取两个向度，从而构成八种情境类型（如表11-2所示）。其中情境1是最有利的领导情境；情境2和情境3是比较有利的情境；情境4和情境5是中等水平的情境；情境6和情境7是不太有利的情境；情境8是最不利的情境。

表11-2 费德勒领导风格与情景之间的关系

对领导的有利性	情景类型	领导者与成员的关系	职位权力	工作结构	有效领导类型
有利	1	好	强	有结构	任务导向型
	2	好	弱	有结构	任务导向型
	3	好	强	无结构	任务导向型
中间状态	4	好	弱	无结构	人际关系型
	5	坏	强	有结构	人际关系型
	6	坏	弱	有结构	人际关系型
	7	坏	强	无结构	人际关系型
不利	8	坏	弱	无结构	任务导向型

为了找到领导类型与情境类型之间的关系，费德勒对1 200个群体进行了调查和统计分析。调查主要做两项工作，一是调查这些群体在上述三种情境因素上的具体情况，依照有利的程度，分别归入八个类别系统。二是测量领导者的LPC得分，求出各个群体的领导人LPC分数与该群体的工作效率（群体业绩）之间的相关系数。结果表明，工作导向或严厉控制的领导者（即LPC得分低者）在非常有利和非常不利的情境中，领导效果较好；而人员导向或宽容体贴的领导者（即LPC得分高者）在中等有利的情境下，能发挥较佳的领导效果。

不过费德勒并不主张改变领导者的领导行为，也不赞成对领导者的风格进行训练。因为他认为这些都是很难改变的，而使工作适合于领导者将是比较容易的。因此，他认为在情境结构与领导者的领导行为相互匹配的情况下，将会出现较好的群体绩效。

由费德勒模式我们可知，有效的领导不仅仅取决于领导者的行为类型，而且也决定于情境对于领导者是有利还是不利。这说明情境对领导的有效性有着较大的影响。因此对于安排组织领导来说，要考虑该领导者的领导类型与该组织的情况两方面因素是否契合，应根据组织的具体情况选派适合的领导者。唯有如此才能发挥出最佳的领导效果。

如何通过改变情境变量改变团队气氛

改变团队气氛

如果你想改善某一情境，你应能：

⊙ 花费业余时间与你的员工在一起度过（午餐、休闲活动等）；

⊙ 请不同寻常的人物在你的团队中工作；
⊙ 主动指导有困难或有麻烦的员工；
⊙ 建议或采取行动把不寻常的人物调进或调离你的部门；
⊙ 通过获得积极的结果来培养团队成员的士气（如特殊的股红、假期、富有吸引力的工作）。

改变任务结构

如果你想从事结构不是很好的任务，你应能：

⊙ 请求你的领导，只要可能，请给你新的或不一般的问题，让你想出办法解决它；
⊙ 把问题与任务带给你的团队成员，邀请他们与你共同计划任务并参与到决策的各阶段中来。

如果你想从事结构很好的任务，你应能：

⊙ 要求你的领导，只要可能，给你结构良好的任务或者给你详细的指导；
⊙ 把任务分解成更结构化的子任务。

改变职位权力

为了提高你的职位权力，你应能：

⊙ 通过演练组织赋予你的所有权力向他人表明"谁是真正的老板"；
⊙ 确保信息通过你这个渠道才能传达给他人；
⊙ 给好的工作表现提供新的奖赏。

为了降低你的职位权力，你应能：

⊙ 召集团队成员参与到计划与决策的活动中来；
⊙ 授予他人决策的权力。

（四）对费德勒权变模型的评价

费德勒权变模型的最大优点是它吸收了过去有关领导行为的研究成果，厘清了不同领导类型能够发挥领导效能的情境。该模型不仅与人们日常生活经验大致相符，而且其总体效度也得到了大量研究的验证，因此具有较高的实用价值。

但是费德勒模型仍然有着一些不足之处。首先是情境顺利与否的确定。工作结构和领导者职权等情境的确定方法还存在着不少问题。此外，该模型所未涉及的其他一些因素也影响着情境的有利程度，而且有的群体情境无法排在有利—不利这一连续向度上。

另外，用LPC量表来评定领导类型也存在着问题。费德勒用LPC量表得分的高低来区分任务导向和员工导向，这样，LPC量表必须由单因素构成才行，亦即量表的所有项目应该是同质的。但是，有研究者对LPC量表进行因素分析，发现该量表由许多因素组成。另外，LPC背后的逻辑性尚未被很好地认识和了解，受测者的LPC分数也并不稳定。最后，在高LPC与低LPC之间的中间得分究竟代表什么领导形态，该模型未能给予说明。

二、路径—目标理论

该理论由罗伯特·豪斯（Robert House）提出。豪斯从期望理论与俄亥俄州立大学的领导行为二因素理论（关怀维度和结构维度）中吸取了很多重要元素。他认为，领导是一种激励下属的过程。有效的领导者应当为下属指明通向他们工作目标的路径，并且为他们清理前进道路上的各种障碍，以使该道路更加顺畅。

作为路径—目标理论的重要基础之一的期望理论认为，一个人被激励的过程受效价（目标价值）和期望值（对实现目标的可行性的认识或估计）的影响。根据这种观点，路径—目标理论认为，一个领导者如果想激励下属，就必须解决三个问题：其一是使下属认识到达成目标后所能获得的收益。也就是说，领导者应设法提高下属对实现目标意义的了解，增加目标的效价。其二是提高下属对实现目标可能性的认识，即提高下属对实现特定目标的期望值。为此，领导者一方面应该阐明要求下属做什么；另一方面要帮助下属掌握实现目标的方法，使其明确通向目标的途径。其三是要使下属在工作中（即在实现目标的过程中）得到满足，以激发他们的工作动机。

领导者如何才能达到上述目的呢？路径—目标理论认为，必须根据下属的状况和环境情况采取不同的领导方式。下属的状况主要是指他们的人格特性，包括能力、经验、控制点、需要等。环境因素包括任务的结构性质、组织的权力系统和工作群体等。

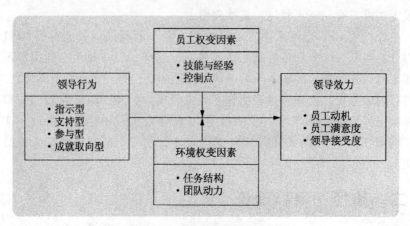

图 11-6　路径—目标领导理论

不同的下属具有不同的人格特性，从而要求不同的领导方式。比如对于能力强或经验丰富的下属，指导型领导（即高工作低关怀）可能是多余的；外控型下属（习惯于依赖他人的人）对指导型领导更为满意；而内控型下属（相信自己能掌握个人命运的人）则对参与型领导（即低工作高关怀）更为满意。

路径—目标理论还认为，领导方式也要依任务性质等环境因素而定（如表11-3所示）。在工作性质和任务不明确的情况下，下属不知如何行事才好，此时他们希望有一个指导型领导者帮助他们对工作和任务做出明确的规定和安排，使其掌握解决问题的方法，以便扫清实现目标过程中的障碍；相反，在工作性质和内容已经很明确，下属也知道如何行事的情况下，他们希望有一个支持型领导（低工作高关怀）来关心下属，使个人的需要得到满足，以便受到激励而去实现既定目标。在这种情境下，任何过度或不必要的指挥或者强制性命令都会降低下属的满意程度。此外，当工作群体内部存在激烈的冲突时，指导型领导可能更为有效。

表11-3 路径—目标理论的权变性

	指示型	支持型	参与型	成就导向型
员工的权变				
技术与经验	低	低	高	高
控制点	外部	外部	内部	内部
环境变量				
任务结构	非常规性	常规性	非常规性	?
团队动力	消极的	低凝聚力	积极的	?

尽管路径—目标理论很有吸引力，但针对该理论进行的研究得出的结论却莫衷一是：要么是有效的领导并非路径—目标理论所认为的那样取决于为员工的前进路径清除障碍，要么是这些障碍的本质与该理论的假设不一致。所以一些学者认为，仍需要进行大量的研究来进一步检验该理论。正如组织行为学家罗宾斯和贾奇指出的："对路径—目标理论的'审判'远未结束，最后结论有待揭晓。"

三、生命周期理论

心理学家阿吉里斯（Argyris）根据发展心理学的观点，认为个体发展从婴儿到成年是从不成熟到逐渐成熟的过程。这里的成熟程度，主要以心理上的成熟程度来衡量，包括人的知识经验、能力、人格、教育水平以及责任感和成就动机。每个人的成熟度并非完全一样，即使是成年人，在成熟度上也存在很大差别。

卡曼（Karman）受阿吉里斯不成熟—成熟理论和雷丁的三度空间领导模型启发，将成熟度这一概念作为一种环境变量来考虑，把抓生产与关怀员工这两个领导行为维度与成熟度这一变量结合起来，提出了领导生命周期理论。赫希（Hersey）和布兰查尔德（Blanchard）进一步发展了这一理论，并称之为"情境领导理论"。

生命周期理论认为，有效领导方式与被领导者的成熟度之间并不是直线关系，而是一种曲线关系。当被领导者由不成熟趋于成熟时，有效的领导行为应该按下列顺序进行变化：高工作—低关怀→高工作—高关怀→低工作—高关怀→低工作—低关怀（如图11-7所示）。

具体而言，当被领导者很不成熟（既无能力又无意愿）时，采用高工作—低关怀的专制型领导方式最有效；当被领导者不太成熟（无能力但有意愿）时，采用高工作—高关怀的说服型领导方式最合适；当被领导者比较成熟（有能力无意愿）时，采用高关怀—低工作的参与型领导方式最有效；当被领导者的成熟度相当高（既有能力又有意愿）时，采用低工作—低关怀的授权型领导方式最合适。

生命周期理论承认下属的重要性，把领导行为与被领导者的成熟度结合起来考察，其基本逻辑是：领导者可以弥补下属在能力和动机方面的欠缺。不过该理论仅仅考虑了被领导者成熟度这一个情境因素，似乎过于简单。另外，该理论所述及的有效领导模式，只是一种理论概括，而缺乏实证性研究的验证。这种理论概括与实际情况是否相符，还值得探索。

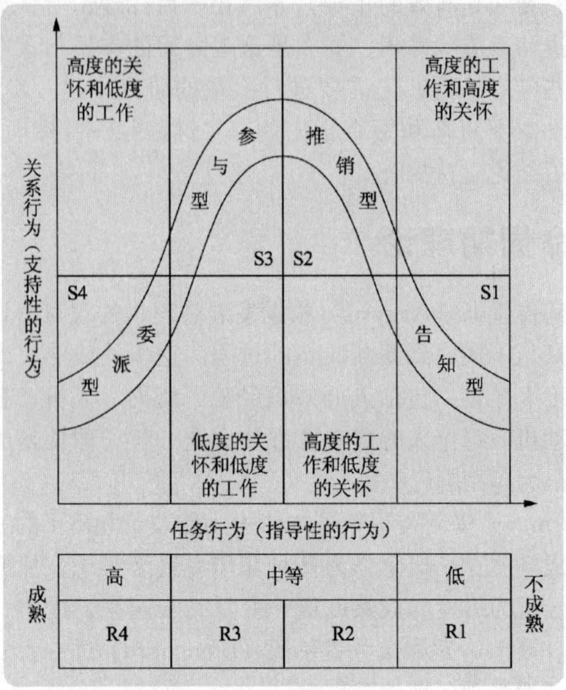

图 11-7　赫希和布兰查尔德的情境领导模式

四、领导者—参与模型

弗罗姆（Vroom）和耶顿（Yetton）于 1973 年提出了领导者—参与模型，主要研究决策中的领导行为。该模型认为领导者的决策方式与决策内容同样重要，并将领导行为与决策参与联系到一起。领导者在进行决策时，会有各种选择的可能性，有效的领导应根据不同的情境，让成员不同程度地参与决策。这个模型提供了根据不同的情境类型而遵循的一系列规则，以确定下属参与决策的类型和程度。

（一）五种决策方式（领导风格）

弗罗姆和耶顿认为领导在进行决策时，有五种领导风格可供选择：

(1) 独裁Ⅰ（AⅠ）。领导者根据自己所掌握的情况独断地做出决策，而不考虑下属的建议或意见。

(2) 独裁Ⅱ（AⅡ）。领导者从下属那里获得必要的信息，然后由他自已做出决策。下属虽然提供情报资料，但无权参与决策。

(3) 协商Ⅰ（CⅠ）。领导者个别征询下属的意见，再根据这些意见或建议单独做出决策。决策既可以反映，也可以不反映下属的意见。

(4) 协商Ⅱ（CⅡ）。领导者听取集体的意见，然后由领导者做出决策。

(5) 群体决策Ⅱ（GⅡ）。领导者把问题交给集体进行讨论，让大家一起研究决策方案，获得基本一致的意见，进行群体决策。

弗罗姆和耶顿认为，这五种选择实际上是三种基本决策方式的扩展，即独裁式决策、协商式决策和群体决策。独裁式决策明显地偏向于"抓工作"这一领导方式，协商式决策则倾向于"关心人"的领导方式，群体决策则属于参与式领导方式。

（二）决策的选择原则

弗罗姆和耶顿设计了一个专门的模式以便帮助领导者在诸多决策方案中进行合理的选择。他们发现，影响决策的最终效果有三个因素：① 决策的质量或合理性；② 下属对有效贯彻决策的认可和接受程度；③ 决策所需的时间。

根据这三个因素，弗罗姆和耶顿制定出选择策略的七个原则。其中三个与保证质量有关，另外四个与促进下属认可、接受度有关。具体而言：

(1) 领导的信息原则。如果决策质量很重要，而且领导未掌握解决问题的足够情报信息和知识，则应排除决策方式(1)，即不宜由领导者独自做出决策。

(2) 目标一致原则。如果决策质量很重要，而下属在解决这个问题时又不太追求组织目标，那么就应排除决策方式(5)，即不宜采用群体决策。

(3) 问题不明确原则。决策质量是重要的，如果领导缺乏解决问题的必要情报资料和知识，而且问题又是模糊不清的，则应该让可能掌握有关情报信息的下属参与决策，因此，应该排除决策方式(1)、(2)、(3)，而采用(4)、(5)。

(4) 接受性原则。如果下属接受与否对于决策的贯彻至关重要，就不能采取独断决策，因此，应排除(1)、(2)的决策选择。

(5) 冲突原则。如果下属的认可与接受与否是决策的关键，并且下属之间在达成组织目标方面可能不一致，则只有设法使他们对问题有了充分的认识之后才能解决他们的分歧。在这种情况下，(1)、(2)、(3)决策方式将被排除。

(6) 合理性原则。如果决策的质量并不重要,但决策的接受与否很关键,则不能采取独裁式决策。为了使下属认可,决策过程应该容许下属参与,通过集体的讨论协商消除分歧,使他们产生责任感,去决定什么是合理和公正的。在这种情况下,应排除(1)、(2)、(3)、(4)决策方式,而采用群体决策。

(7) 接受性优先原则。如果下属的接受与否是决策的关键,并且下属对问题中所述的组织目标表现出积极性,那么在决策过程中让下属参与的方法能获得更大的认可,同时又能保证决策的质量。在这种情况下,应排除(1)、(2)、(3)、(4)决策方式。

(三)八种情境诊断的问题

在上述五种决策方式中究竟采取何种方式,应根据具体情境来决定。为了帮助领导者将七种决策原则灵活地应用于特殊情境,弗罗姆和耶顿设计了一种决策程序图——"决策树"(图 11-8)。按照决策树所提示的方案来选择决策方式。他们归纳了八个问题,代表八种情境。领导者在进行决策时先对八个问题做出肯定或否定的回答,顺着决策树前进,直到树顶,最后在树顶找到可以采取的决策方式。

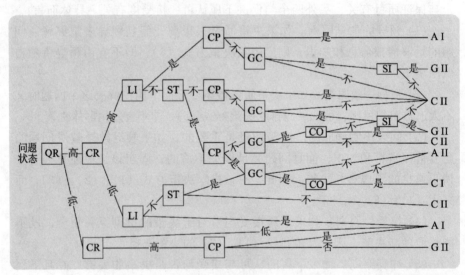

注:QR:质量要求;CR:承诺要求;LI:领导者的信息;ST:问题结构;CP:承诺的可能性;GC:目标一致性;CO:下属的冲突;SI:下属的信息。

图 11-8 修订的领导者—参与模型

八种情境诊断的问题如下：

(1) 质量要求（QR）：决策质量是否重要？即是否存在一种最合理的问题解决方法？

(2) 承诺要求（CR）：下属接受决策与否，对于有效地贯彻执行决策是否重要？

(3) 领导者的信息（LI）：对于做出高质量的决策，我是否掌握了足够的资料信息？

(4) 问题结构（ST）：问题是否明确、清楚？

(5) 承诺的可能性（CP）：如果我自己做出决策，下属会接受吗？

(6) 目标一致性（GC）：通过所要解决的问题，下属是否能积极地去实现应达到的目标？

(7) 下属的冲突（CO）：我准备采用的解决方案会不会引起下属之间的矛盾？

(8) 下属的信息（SI）：为了做出高质量的决策，下属所掌握的必要信息是否充足？

领导者—参与模型说明不同的领导者由于他们所处的具体情境不同，即使面临同一个问题，也可能会做出不同的判断，进而采取完全不同的做法。耶顿和弗罗姆分析了各决策过程，对这种模式的有效性进行了检验，发现决策过程与该模式一致的决策，多半能获得成功。针对该模型的批评主要聚焦于该模型的复杂性以及它所忽略的变量。另外，让现实世界中的管理者通过考虑八种问题类型和五种决策方式（领导风格）来为某一问题选择决策过程是非常难的。

第五节 领导理论的新进展

自20世纪70年代末以来，学者们陆续提出了一些新的领导概念和理论。限于篇幅，接下来我们对其中几个比较具有代表性和影响力的理论进行简述。

一、魅力型领导理论

（一）魅力型领导的概念和特征

魅力（charisma）一词源自希腊文，意指神赐的天赋异禀（divinely inspired gift）。社会学家韦伯（Weber）指出，魅力是影响力的一种形式，它不是来自传统正式的权力，而是来自下属对领导者特殊能力的认知。经过1960年至1980年这20年间众多学者对于领导魅力究竟是来自领导者特质、情境状况还是领导者与下属的互动过程等的争论后，自1980年以来大家逐渐形成了较为一致的认识，那就是领导魅力来自互动的过程。

魅力型领导（charismatic leadership）理论认为，"领导"是领导者通过本身的卓越才能和超凡魅力来影响下属，从而使既定目标得以实现。人们会把某些行为或成功归因于伟人式的或杰出的领导能力。有关魅力型领导的大部分研究主要是确定具有领袖气质的魅力型领导者与无领袖气质和魅力的领导者在人格特征上存在哪些差异。

一些研究试图确定魅力型领导者的人格特质。豪斯（House）发现魅力型领导者有三个重要的特征：① 极高的自信；② 较强的支配力；③ 对信仰的坚定信念。本尼斯（Bennis）研究了90位美国最成功或最有成就的领导者，发现他们有四个典型品质：① 有远见和目标意识；② 能清晰地表述目标，使下属明确理解；③ 对目标的追求始终如一；④ 清晰地知道自己的优势所在。此外，康格（Conger）等的研究认为魅力型领导者都拥有远大的理想和目标，并具有为此目标和理想献身的精神；他们是反传统的，而且非常坚定自信；他们是重大变革的代言人而不是传统现状的卫道士。

魅力型领导者如何对下属产生影响呢？夏默尔（Shamir）和豪斯对此进行了研究，发现魅力型领导发挥作用的过程可分为明晰观念、表达观念、交流思想和投身行动四个阶段。豪斯等的研究进一步表明魅力型领导者与下属的高绩效和高工作满意度之间存在着显著的正相关。

关于魅力型领导者究竟是天生的还是通过后天学习而形成的这一问题，少数学者认为，魅力型的领袖气质不可能通过学习而获得；但大多数学者则认为，这种魅力行为是可以经过训练而部分地获得。此观点已被一些培训实验所证实。

（二）如何提高领导者的魅力

根据以往的研究和文献，以下的做法将有助于提升领导者的魅力：

（1）提出一个大家可以聚焦的愿景。在提出要求或解决其他问题时，不要强调短期目标，而是要强调长期愿景的重要性。在传达信息时，请考虑最重要的目的。最终目标是什么？人们为什么要关心？你想要达到什么目的？

（2）将愿景与历史联系起来。除了强调理想的未来，魅力型领导者还提到了历史以及历史如何与未来联系在一起。

（3）注意肢体语言。魅力十足的领导者对他们的想法充满热情和活力，他们真正相信自己的想法。在与他人交谈时请充满自信，用眼睛看着他们，并表达对自己想法的信念。

（4）确保员工对自己有信心。你可以通过表明你相信他们和他们的能力来实现这一目标。如果他们有充分理由怀疑自己的能力，请确保通过有效途径解决潜在问题，例如培训和指导。

（5）挑战现状。富有魅力的领导者通过从根本上重新思考事情的方式来解决当前的问题，并提出新颖和非常规的替代方案。

二、变革型领导和交易型领导理论

变革（transformation）一词就其字面而言，是指重新构成，亦即从某一状态系统蜕变为另一状态系统，或为另一状态系统所取代，并显示出不同的质的情形。在经济社会发展层面，也有许多变革的理念和主张。例如政府主张将劳动密集型产业变革转型为高科技产业。而将这种变革理念应用在领导学研究上所形成的变革型领导（transformational leadership）理论，则强调领导者使下属的思想和行为发生质的变化。这一理论是20世纪80年代以来西方领导理论研究的焦点。

（一）变革型领导和交易型领导的内涵

变革型领导的概念最早是由唐顿（Downton）提出来的，而将之作为一种重要的领导理论则始于政治社会学家伯恩斯（Burns）。在之后20多年有关变革型领导的研究中，以巴斯等人所做的工作最具有代表性。他们提出了变革型领导行为的综合理论构架，并开发了相应的测量工具。巴斯认为，变革型领导者具有非常强烈的内在价值感和观念体系，他们通过让下属意识到自己所承担任务的重要意义，激发其高层次需要，建立相互信任的氛围，促使下属为了组织的利益而牺牲自我利益，并最终取得超乎预期的绩效；与之相对，交易型领导者（transactional leaders）则重视下属的责任，阐明对下属的期望和下属必须完成的任务，以及下属达到预期标准后所能获取的回报。

巴斯还进一步指出，变革型领导和交易型领导并不是一个连续体的两个极端，而是两个不同的构念。同一个领导者既有可能是变革型领导，也有可能是交易型领导。

（二）变革型领导和交易型领导的维度

在巴斯等人的研究中，变革型领导和交易型领导的具体维度主要是通过对"多因素领导行为问卷"（multifactor leadership questionnaire, MLQ）这一描述性问卷做因素分析而得到的。在该问卷的第五版（MLQ-5X）中，变革型领导包含四个维度：① 理想化影响或魅力（idealized influence or charisma）。领导者以自信、自尊树立良好形象，成为下属的模范与榜样，并备受尊敬和信赖。② 智力激发（intellectual stimulation）。领导者借由提出问题假设、建构问题，并用新方法解决旧问题的方式，来激发下属的创新意识及创造能力。③ 个性化关怀（individualized consideration）。领导者关心每一位下属的具体需求，不仅确认和满足其当前的需求，同时也帮助下属最大限度地开发其潜能。④ 感召力（inspirational motivation）。领导者依据一些象征，建构出伟大的理想或愿景，并利用机会与下属交流以传达其理念和想法，激励下属超越个人的私利，共同为完成伟大的事业而奋斗。

交易型领导也包含四个维度：① 权宜奖励。即视部下的努力、业绩表现以及对拟要完成目标的认识给予奖励。② 积极的例外管理。即对偏离规范的行为进行监查，并加以矫正。③ 消极的例外管理。即对不符合规范的行为仅仅加以干涉，而不做指正。④ 放任性。即放弃责任，避免做决定。

对于变革型领导的结构，除了巴斯等人的研究外，其他学者的研究则得出了不尽相同的结果。比如波德萨科夫（Podsakof）等人在以往相关研究的基础上，认为变革型领导包含阐述愿景、提供适当的榜样、促进团体目标的接纳、高度的绩效期望、提供个性化支持以及智力激发六个维度。我国学者李超平等人的研究表明，中国的变革型领导包含德行垂范、领导魅力、愿景激励及个性化关怀四个维度。其中，领导魅力和个性化关怀与巴斯的相同，但该研究中个性化关怀的内涵更广；愿景激励相当于巴斯的感召力；德行垂范则是中国的变革型领导所包含的一个独特维度。

三、领导—成员交换理论

（一）领导—成员交换的内涵

"领导—成员交换"（leader-member exchange，LMX）最早由丹塞罗（Dansereau）等人于1975年提出，主要探讨领导者与成员之间对偶、垂直关系的取向，其理论依据为社会交换理论（social exchange theory）和互惠规范（norm of reciprocity）原则。LMX理论认为领导者因个人资源（如时间、资金、资源、智慧、权力等）有限，无法对所有下属做资源的平均分配，因此他们会采取特别奖励的方式，激励下属执行任务和达成目标，并以有形且较优厚的薪酬与福利方式来奖励下属，以无形的关怀与互动来关心下属，让下属感受到领导者的关爱，使下属自愿地为领导者付出更多的努力，进而完成组织所授予的目标，并维系领导者与下属之间良好的交换关系。

LMX理论强调领导者在面对不同下属时，会发展出独特的关系，而不会使用同一套行为标准或方式来对待不同的下属。亦即领导者会以不同的领导行为方式来对待不同的下属（图11-9）。这间接推翻了领导者与下属之间的同构型（homogeneity）假设。换言之，领导者与成员之间的关系是异质性（heterogeneous）的，领导者因为资源的稀少性无法对每一位下属一视同仁；下属也不可能采用相同的观点来评价领导者，因而使得领导者与不同的下属发展出不同的交换关系。

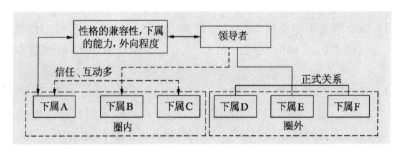

图11-9　领导—成员交换理论

（二）领导—成员交换关系的发展过程

领导者最初与下属进行接触和互动时，会先对该下属形成一定的评价和判断，并根据能力、技能、可信任程度及下属愿意承担的工作、责任、动机等区分出该下属是属于圈外人还是圈内人，进而采取不同的领导行为。通常，领导者对圈内人在工作上会给予较多的资源、权力、包容性、积极评价、赞美等，圈内下属相应地会感受到领导者有别于对圈外下属的领导行为，会自愿付出更多心力为领导者达成工作上的目标，也愿意负担较多的工作量和责任。在这样的互动下，领导者与下属逐渐建立起互相信任、互相尊重、互相回报的高质量交换关系，甚至出现工作以外的个人情感。与之相反，领导者与圈外下属只存在较为单纯的上司—下属关系，双方的交往和互动建立在纯粹的工作契约上。领导者对圈外下属仅提供工作上必需的资源，圈外下属无法得到工作范围外的权利，他们仅仅执行工作规范所规定的工作内容，领导者也会以比较正式的权威予以监督。换言之，双方都倾向于公事公办，因此彼此的关系较为疏远。

（三）如何改善与领导者的关系

与自己的领导者保持良好关系可以大大提高个人的工作满意度以及与领导者沟通的能力，并帮助个体在工作中取得成功。以下是建立高质量关系的一些建议。

(1) 与领导者建立互动机会。这样做的一种方法是寻求领导者的反馈，以提高自身的表现。

(2) 人们更容易被那些与他们相似的人所吸引，所以应找出自己与领导者的相似之处。你们有类似的爱好吗？你们有类似的工作方式吗？你们有类似的经历吗？在谈话中提出你们的共性可能会有所裨益。

(3) 巧妙地利用印象管理策略。例如，如果你的领导者做出你赞成的决定，你可以表达出你的支持。多数人（包括领导者）都很欣赏积极的反馈。

(4) 成为可靠的员工。领导者需要他们可以信任的人。表现出高水平的工作绩效以及自愿参与具有挑战性的任务，都可以证明自己的价值。

(5) 注意关系的早期发展。在面试过程中和工作开始的第一天，就应该注意自己的行为表现。如果在早期以不恰当的方式嘲笑了自己的领导，那么修复这段关系将会变得非常困难。

四、破坏性领导理论

传统上,组织管理领域的大多数研究是在探索建设性的、有效的和成功的领导,很少关注破坏性领导行为(destructive leadership)及其对组织可能产生的消极影响。正如加拉赫尔(Gallagher)指出的:"这种强调有效领导、强而有力领导、杰出领导、愿景与善于鼓舞人心领导的传统,带来了一种哲学的困境,即什么是无效领导、软弱领导、无法激励人心的领导、不好的领导及非情境领导?"凯勒曼(Kellerman)也指出,有关领导者与领导的研究传统存在着牢固的积极性偏差,这种偏差已经误导了我们对领导本质特征的正确认识,而要理解领导本质必须从它的各种形式入手,同样重要的途径之一是要鼓励大家探索、研究坏的领导,因为"我们从那些被认为是坏的领导者榜样身上学到的东西,与我们从如今数量少得多的优秀领导者榜样那里学到的东西同样多"。

于是,近年来西方学者有关领导破坏性的研究日渐增多。这些研究都揭示出破坏性领导现象涵盖了各种不同类型的行为,绝不仅仅是有效领导行为的缺失。因此,从某种意义上说,了解并阻止破坏性领导的发生,与理解并增强领导的有效性同等重要,甚至可能更重要。

(一)破坏性领导的定义

有关领导的"阴暗面"的研究刚刚起步,学术界对于破坏性领导的基本内涵和结构还没有形成明确、一致的认识。目前与破坏性领导有关的概念主要涉及两个领域:一是针对下属的破坏性领导,主要的概念包括:辱虐管理(abusive supervision)、危及健康型领导(health endangering leaders)、专横型领导(petty tyrants)和领导者欺凌(leader bullies)等;二是指向组织的破坏性领导,例如毒性领导者(toxic leaders)。相关概念的界定如表11-4所示。

表11-4 不同学者关于破坏性领导相关概念的界定

研究者/时间	概　念	界　定
泰珀（Tepper），2000	不当督导	下属知觉到的上级持续表现出来的敌意行为，包括除身体接触外的言语和非言语行为
阿什福思（Ashforth），1994	专横型领导	强制地、任意地甚至报复性地使用权力与权威的领导
凯尔（Kile），1990	危及健康的领导者	领导者的行为损害了下属的健康，且下属也将个人的健康问题归因于领导者的行为
李普曼·布鲁门（Lipman-Blumen），2005	毒性领导者	由于领导者的不正直、虚伪及破坏性的行为、失范的个人品质，而对个体、群体、组织、社区甚至国家带来持续的伤害，这些行为、品质包括诸如腐败、伪善、怠工敌对、故意操纵以及其他各种类型的不道德的、违法与犯罪行为等
费里斯（Ferris），2007	领导者欺凌行为	领导者战略性地选择影响策略而将靶标置于顺从、无权的地位，使之更容易受影响和控制，以达到个人或组织的目的
埃纳森（Einarsen），2007	破坏性领导	来自领导者、主管或管理者的系统的、反复的行为，通过破坏或者妨碍组织的目标、任务、资源、效果等方式侵犯了组织的合法利益以及下属的动机、幸福感、工作满意度等

（二）破坏性领导的类型

1. 埃纳森（Einarsen）等人的分类

受管理方格理论的启发，埃纳森等人提出了一个破坏性领导行为的结构与分类体系。他们认为领导行为存在两个独立维度：一是指向下属的行为；二是指向组织目标、任务的行为。领导者可以在一个维度表现出破坏性行为而同时在另一个维度上表现出建设性行为。根据这两个维度可以将领导行为分为四类，其中三种为破坏性行为：① 狭隘型领导行为（supportive-disloyal leadership behaviors），是有利下属行为与不利组织行为的结合。领导者一方面激励和支持自己的下属，给下属们过多的福利保障；另一方面鼓励纵容下属违背工作伦理的行为，从组织中偷盗各种资源（物质、时间或者金钱)。② 越轨领导行为 (derailed leadership behaviors),是不利组织行为和不利下属行为的结合。领导者会欺凌、羞辱、操纵或者欺骗下属,同时还鼓励反组织行为(如缺勤、欺诈或盗窃组织资源)。③ 暴君型领导行为 (tyrannical leadership behaviors),是有利组织行为与不利下属行为的结合。严格地说,这类领导者的所作所为可能符合组织的合法目标、任务和战略,但他们是通过损害下属达成结果的,他们可能会羞辱、轻视和操纵下属以实现组织目标。

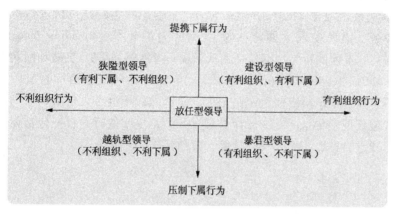

图 11-10 Einarsen 等 (2010) 的破坏性与建设性领导行为结构图

2. 凯勒曼 (Kellerman) 的分类

凯勒曼将坏领导划分为七类:① 无能型领导 (incompetent leadership),是指领导者不愿或没有能力采取有效的可持续的行动,从而无法为组织带来积极的创新性变化;② 无情型领导 (callous leadership),是指缺乏关爱或仁慈的领导者,他们漠视或忽视了下属的需要与愿望;③ 僵化型领导 (rigid leadership),指领导者行事僵化,固执己见,不愿适应变化;④ 腐败型领导 (corrupt leadership),涉及领导者说谎、欺诈或偷窃;⑤ 放纵型领导 (intemperate leadership),是指领导者缺乏自我控制,而下属又不愿干涉其行为;⑥ 邪恶型领导 (evil leadership),是指领导者肆意妄为给下属带来身心伤害;⑦ 狭隘型领导 (insular leadership),是指领导者不重视或者漠视那些不直接由其负责的下属们的福祉。

3. 西林 (Schilling) 的分类

西林采用质性研究取向,通过内容分析法得出了与消极领导 (negative leadership) 相关的八大类领导行为:① 剥削型领导 (exploitative leadership），主要的行为特征包括对下属额外施加压力、胁迫、威吓下属、只关注下属的外在激励等；② 专制型领导（despotic leadership），主要的行为特征包括独裁、攻击下属、难以接近、不考虑他人、冷酷等；③ 虚假型领导（insincere leadership），主要的行为特征包括背信不忠诚，对下属不公正、不公平，不支持下属，歪曲、过滤信息，只顾保全面子，不诚实等；④ 限制型领导（restrictive leadership），主要的行为特征包括强行推进有关目标与规则，不关注或忽视下属，不指明行动范围，不赋权予下属等；⑤ 失败型领导（failed leadership），主要的行为特征包括过多纠缠于日常事务、错误安置下属等；⑥ 主动回避型领导 [avoiding leadership (active)]，主要的行为特征包括顺从下属、逢迎下属等；⑦ 被动回避型领导 [avoiding leadership (passive)]，主要的行为特征包括行为前后不一致、不可靠、不承担责任、变化无常、不真诚、无法令人信服、非结果导向；⑧ 放任型领导（laissez-faire leadership），主要的行为特征包括无效的沟通、缺乏目标、指导，没有认可、激励等。

第六节　中国本土领导理论

我国台湾地区组织行为学家郑伯埙指出：领导也许是全球共有的现象，但领导的内容却是镶嵌在文化之中的——随着文化的不同，领导的内涵与其效能间的关系是有差异的。在中国文化背景下，学者们在进行一系列本土化的研究后，发现华人组织的领导者的领导风格确实与西方学者的研究结果存在一定的差异。下面以凌文辁等人的 CPM 理论和郑伯埙等人的家长式领导为例，管窥该领域的相关成果。

■ 一、CPM 理论

（一）CPM 模式的领导概念

CPM 模式的领导概念，是基于组织机能的领导行为理论（即 PM 理论）。任何一个组织都有两种机能：一种是组织目标的达成机能；另一种是组织的维系和强化机能。前一种机能可以简称为 P，后一种机能可以简称为 M。作为一个组织领导者，就是执行组织的这两种机能。由此，领导行为就是由特定组织的领导者所代表的组织机能的表现。不同强弱的 P 因素和 M 因素可以组合成四种不同的领导类型，从而将领导划分成 PM、P、M 和 pm 四种类型。

早期西方的领导理论，仅停留在这两种机能概念上。但是，凌文辁等人认为领导行为与领导效果不能分开来考察。领导效果不仅受组织机能发挥好坏的影响，而且也受领导者个人品质的影响。因此，领导行为不仅是领导者所代表的组织机能的表现，而且也是领导者个人品德的外在表现。所以，领导行为的概念应该既包括组织机能因素，也包括领导者个人特质因素。他们提出的 CPM 模式正是这一种新的领导概念的反映。CPM 概念既不是单纯的领导特质理论，也不是单纯的行为理论，而是两者的有机结合，同时也包含了情境理论的思想。

(二) CPM 理论的动力学

CPM 理论既然是研究领导力，就应该有其动力学机制。其中 P 是完成组织目标的机能，是领导者的工作能力的反映，包括压力因素、计划性因素和专业性因素。为了完成组织目标，不仅要求领导者有周密可行的计划，精通专业知识，有强有力的组织能力，而且要求领导者规定各级职责范围和权限，制定工作所必要的规章制度，限定下级完成任务的期限，协调各方面的工作，对执行情况进行检查等。这一切都是实现组织目标所不可少的领导行为。

M 是维系和强化组织的机能，是领导者人际能力的反映。领导者在执行 P 机能的过程中，往往会给被领导者造成压力，使下级产生紧张感和不满情绪。这种不满的积累将引起被领导者的心理抵抗。M 机能的作用，就在于通过领导者对被领导者的体贴关怀、信任尊重、激励支持，给下属表达意见的机会，激发下属的自主性和自信心，满足下属的社会性需求等做法，来消解上下级关系中不必要的紧张感，缓和工作中所产生的对立和抗争，以维护组织的正常运营，保证组织目标的实现。因此，M 机能是维持组织生存和发展所必要的。

C 机能起着一种模范表率的作用。众所周知，领导是一种影响力，领导者通过所占有的职位和权力以影响被领导者，使他们去实现组织目标。

P机能和M机能可以看作是领导者执行这种领导职能过程的直接影响力，而C机能则是领导者的间接影响力。由于领导者的模范表率行为，一方面可使被领导者在工作中的不满得到解除，从而获得心理上的平衡和公平感；另一方面，领导者的模范表率行为，通过角色认同和内化作用，可以激发被领导者的内在工作动机，使其努力地去实现组织目标。榜样的力量是无穷的，领导者的模范表率行为对被领导者来说，是一种无声的命令，其影响力往往胜于命令、指挥、控制和监督。可以认为，C机能对P机能和M机能起着一种增幅放大的作用。

C、P、M三者的作用机理见图11-11。

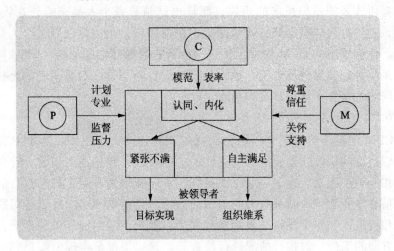

图11-11　CPM模式图

（三）CPM领导模式的文化根源

任何领导行为理论都不可能与其社会文化背景脱离。在不同文化背景的领导行为评价模式中，既有相同的成分，也会有不同的成分。前者反映了管理的共性内容，后者反映了由于文化的差异而形成的特质性。中国与西方的文化背景相异，国情不同，对领导行为的评价也会有所差别。CPM的研究结果表明，在领导行为评价上，中国与西方模式是存在着差别的。这种不同，正反映了中国文化与西方文化的差异，表明CPM模式具有中国特色，更符合中国的国情和文化，因此可称为中国模式。

中国模式与西方模式的最大区别，就在于中国模式中增加了"品德"因素。关于造成这种差别的原因，凌文辁等人做了如下解释：

第一个原因与我国干部政策的要求有关。在中国现行的"干部"体制中，干部的选拔和评价首先都强调品德因素。共产党的干部不应该当官做老爷，而应该是大公无私、全心全意为人民服务的公仆。因此，我国干部的选拔和考核必须强调德的标准，即坚持"德才兼备，以德为先"的原则。

第二个原因与中国的传统文化和道德伦理观念有关。自古以来，中国人对人的评价都强调"德才兼备"，特别重视人的"德"的方面。老百姓对刚正不阿、不谋私利、秉公办事、德高望重的清官，倍加称颂，而对欺压百姓的贪官污吏，深恶痛绝。这种伦理观至今仍然深深地影响着现代人的思想，一个领导者如果在德的方面很差，尽管他很有才干，也很难得到人们的拥护。因为那些歪才恶德的贪官，给国家、社会、百姓所造成的危害和灾难是不可估量的。

第三个原因与中国的法制不健全有关。西方国家经历了几百年的资本主义制度，资产阶级的法制观念已深入人心，领导者的行为往往受到法律和规章制度的约束，违法行为将受到法律制裁，因此，德的问题并不成为评价领导者行为的特殊标准。中国经历了漫长的封建社会，封建意识还根深蒂固，一下子难以根除。长期形成的裙带关系、公私不分、任人唯亲、重私情等习惯还侵蚀着相当一部分人的思想。目前我国的法律和各项规章制度尚不健全，它们对领导干部的约束性还有不少漏洞。在这种情况下，人们在评价一个领导者的时候，不能不考虑德的方面，因为品德高尚者才能自律。

第四个原因与中国的集权体制和中国人的国民心态有关。自古以来，中国就是一个中央集权国家，各级领导者的权力过大，缺乏监督机制，一旦当上领导，就不容易下台。这种体制更增加了领导的"权威性"，使其主宰着被领导者的命运。如果领导者的德不好，就容易滥用权力，以权谋私，使国家受损，百姓遭殃。因此，中国人总是把希望寄托于开明的领导人身上，期望那些"德高望重"的人来当领导，以抵消"官本位"带来的弊端。这一切，都使得领导行为评价的中国模式不同于西方模式，CPM 模式正是反映了领导体制上的中国特色。

■ 二、家长式领导理论

20 世纪 80 年代末期，郑伯埙以个案研究与深入访谈的方式，探讨了台湾地区家族企业主事人与管理人员的领导作风，发现台湾地区家族企业的家长式领导具有两种普遍的行为类型：立威与施恩。之后，樊景立与郑伯埙从文化分析的观点出发，将德行领导独立出来，并将家长式领导定义为：在一种人治的色彩下，显现出严明的纪律、父亲般的仁慈与权威及道德廉洁性的领导方式。它包含三个重要维度，即威权领导、仁慈领导及德行领导。郑伯埙等人在上述研究的基础上，进行家长式领导模式的建构与测量工具的发展，通过构念探讨和探索性及验证性因素分析发现，家长式领导呈现出清晰的三元领导结构。后续的实证研究结果还显示家长式领导不但存在于华人家族企业中，也流行于高权力距离的文化地区中（包括东亚、南亚、中东、南欧及南美等）。

（一）家长式领导三个维度的内涵和成分

1. 威权领导

领导者强调其权威绝对不容挑战，对下属会做严密的控制而且要求下属毫无保留地服从。威权领导勾勒出华人企业中领导者与下属之间"上尊下卑"的关系，这与西方传统领导理论中所强调的上下平等的立场截然不同。威权领导包含了四个重要的成分：

（1）专权作风。领导者大权在握，掌握所有资源以及奖惩和决策权，而不愿授权；领导者倾向于自己做决定，不让下属参与决策；领导者只进行上对下的单向沟通，对信息加以控制而不愿公开，并对下属进行严密的监控。

（2）贬抑下属的能力。领导者会故意漠视下属的建议与贡献；当工作目标达成时，领导者会认为是自己领导有方所致，而不是下属的贡献；当工作失败时，领导者则会认为是下属的能力不足或努力不够所致，而非领导者的问题。

（3）形象整饬。领导者会维护自己的尊严，表现出信心建立（领导者在下属面前表现出能力强、信心十足的模样）、消息操纵（有计划地呈现对自己有利的消息）及形象建立（透过形象塑造，营造出领导者独特的风格，如威严、不苟言笑、神圣不可侵犯）等行为。

（4）教诲行为。领导者会要求下属的绩效表现，对绩效不好者直接加以斥责，数落下属的不是，且会对下属加以指导，告知如何做才能完成任务，特别强调绩效的重要性。

2. 仁慈领导

仁慈领导是指领导者对下属个人的福祉做个别、全面而长久的关怀和照顾，不仅包括工作上的辅导协助，也会扩及对下属私人的照顾，例如帮助下属处理家庭的问题。它与西方变革型领导中的"个别体恤"（individual consideration）有些类似但也有差别。郑伯埙等人指出，虽然这两者都涵盖了领导者会关心并满足下属的个别感受与需求，并给予适当的支持，但仁慈领导的关怀照顾不限于工作层面，更会扩及下属的私人问题。

樊景立等人在回顾相关文献后，将仁慈领导行为概括为对下属工作层面与非工作层面的个别照顾。其中，在工作层面，领导者会容许下属犯错，避免公开责难下属，给予适当的教育与辅导，并关怀下属的职业生涯规划；在非工作层面，领导者会视下属为家庭成员，当下属遇到生活上的难题时给予协助，并关怀下属私人的生活与起居。

3. 德行领导

德行领导是指领导者必须同时表现出更高期待的个人操守与修养，以获得下属的景仰与效法。不过研究者对领导者必须具备何种美德或素质，以表现出高尚的德行，并没有一致的看法。例如，希尔金（Silin）认为所谓的德行领导，是指领导者必须展现财务与商业上的成就以及大公无私。雷丁（Redding）则强调儒家修养的重要性，如孝道、仁心、宽恕、合礼、长幼有序、上下有义等。而韦斯特伍德（Westwood）则主张在华人企业组织中，德行领导有两个维度：其一，领导者个人要能展现合于规范与美德的行为，以作为他人的表率；其二，领导者必须表明在其角色中所具有的权威，并非完全只为了他的个人利益，而是将众人所关怀之事亦纳入考虑。郑伯埙与庄仲仁则认为公私分明是重要的领导者德行。凌文辁也与郑伯埙等人有类似的强调，认为不徇私、不占便宜是重要的领导者品德。

徐玮伶等人使用关键事例搜集的质化研究方式，根据129位台湾地区主管所提供的834笔有效关键事例，整理出七项重要的领导者德行因子：① 公平无私——领导者能公平做决定，不偏袒与自己亲近的下属；② 正直不阿——领导者为人刚正不阿，具有道德勇气；③ 廉洁不苟——领导者不会为了私利而伤害他人权益；④ 诚信不欺——领导者诚实守信、说到做到；⑤ 担当负责——领导者勇于承担责任且愿意虚心改正错误；⑥ 心胸开阔——领导者虚心接受他人批评，具有容人雅量；⑦ 以身作则——领导者通过身教要求下属符合道德标准。

(二) 家长式领导与下属反应

图 11-12 总结了下属对家长式领导的反应。在威权领导下，下属的相对反应为顺从、服从、敬畏以及羞愧行为；面对仁慈领导，下属会表现出感恩与图报的行为；面对德行领导，下属会做出认同与效法的反应。上述观点隐含一个基本假设，也就是在家长式领导中，领导者与下属的角色是互补的，亦即当领导者与下属双方都能扮演好各自的角色时，人际和谐才能得以维系，家长式领导就能发挥作用；如果下属不愿意扮演自己应该扮演

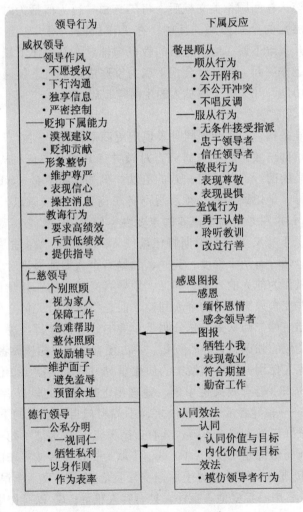

图 11-12　下属对家长式领导的反应

的角色，家长式领导（尤其是威权领导）就会导致人际和谐破坏、关系破裂、效能低落等消极后果。换言之，家长式领导的效能取决于下属的追随程度。

 思 考 题

1. 按照卡茨的观点，身为领导者应具备哪些基本的素质和能力？
2. 试论述罗伯特·豪斯的路径—目标理论，并结合该理论说明领导如何有效地管理员工。
3. 领导成员交换理论的内容是什么？在组织中，员工如何改善与领导的关系？
4. 试论述家长式领导理论的内容，思考家长式领导分别会对组织产生怎样的影响。

乔·亚当斯

乔·亚当斯（Joe Adams）是一家汽车车体工厂最终装配线的部门主管。由于临时性解雇或者减少工作日的情况每年要发生三四次，所以在这个部门工作并无保障。由于工作是强体力的，需要的技能是最低限度的，所以多数员工只是中学毕业，一些员工甚至没有受过中学教育。大约1/3的劳动力来自少数族群，工作程序与工作步伐被牢牢地控制在工业工程师和其他白领人员手中。

亚当斯最近参加了由主管联合会举办的会议。在长达一天的会议中，他了解到了参与制的很多潜在好处。用他自己的话说，"这次会议使我接受了参与制"。现在，他希望在他的装配部门建立参与制。

管理层感到装配线的条件不适合参与制，而且普遍认为，大多数工人对主管都有一种专断的角色预期。另外，管理层提出，生产计划不允许花费工作时间实行参与制。这意味着如果亚当斯想要召开关于参与制的会议，他不得不在下班后，利用工人自己的时间进行。他确信他的员工不会愿意在下班后留下来。事实上，即使他支付员工加班费，员工也不一定会留下来。

案例来源：约翰·W. 纽斯特罗姆，基斯·戴维斯. 组织行为学. 陈兴珠，罗继等译. 北京：经济科学出版社，2000.

问题：

请为亚当斯提出一系列行动的建议。

第十二章

沟　通

学习目标

- 解释沟通在组织中的重要性。
- 绘制沟通过程模型,提出改善沟通过程的方法。
- 讨论两性在沟通上的差异。
- 掌握在不同组织层级中的沟通策略。
- 了解小道消息的利与弊。

引入案例

(一)

写好微博,可能会成为商业人士的必备技能:美国一所商学院,已经通过 Twitter 方式来面试。据《华尔街日报》报道,艾奥瓦大学的亨利·蒂皮管理学院要求申请人回答"什么让你成为出类拔萃的申请人以及未来的工商管理人才",字数限制在 140 个字符以内。当然,能简练准确地说出自己的想法,一直是一项重要商业技能。

(二)

集团老总召集三个子公司负责人开会,对他们说:"今年效益不好,元旦啥都不发。"A 公司负责人回去后对员工说:"效益不好,元旦啥都不发。"员工皆骂。B 公司负责人对员工说:"效益不好,啥都不发。上面要裁人,我力争不裁。"员工感激涕零。C 公司负责人对员工说:"效益不好,上头要裁人。"说完离去。晚上员工皆给该负责人送红包。

资料来源:内容来自网络,环球企业家杂志微博. http://weibo.com/1657236125/yw3mlcFul?type=comment#_rnd1507541480135.

第一节　沟通的概念与过程

很多时候我们并没有注意沟通的实际过程，沟通似乎自然而然地发生了。有时候我们更关注如何做好自己的工作，而不太重视如何沟通这些工作的内容和成果。事实上，有效沟通对所有组织来说都是非常重要的。我们把组织定义为实现某一目标而互相合作的人。人们只有通过沟通才能互相有效地合作。沟通是一项工具，通过它人们才能阐明各自的期望，才能互相合作，才能更快速、更有效地实现组织目标。因此，沟通可以协调行动。管理的四大职能即计划、组织、领导和控制的每一项都离不开良好的沟通。沟通也是组织学习和制订决策的重要工具。沟通还可以帮助员工表达感受和情绪，让员工身心更健康。组织行为学的理论先驱巴纳德曾说："只有在个人能够相互沟通交流时，组织才会诞生。"

一、沟通的定义和过程

沟通从本质来说是意义的传递和理解。我们强调"理解"这个关键词是因为沟通就是要把信息发送者真正要表达的意思传递清楚。当然，沟通不等于意见一致，"我清楚地理解你的意思，但并不同意你所说的话"。沟通是双方或更多方交换信息和分享意义的社会过程。它是双向的，图12-1描述了沟通过程。这一模型包括八个部分：发送者、接收者、渠道、信息、反馈、编码、解码、噪音。发送者把头脑中的想法进行编码从而生成信息，信息实际上是一个从编码器中输出的物理产品。当我们说的时候，说出的话是信息；当我们写的时候，写出的内容是信息；当我们做手势的时候，胳膊的动作、面部的表情是信息。

渠道是指传送信息的媒介。它由发送者进行选择，以确定是使用正式渠道还是非正式渠道。正式沟通渠道由组织建立，遵循组织中的权力网络。个人或社会的信息，在组织中通过非正式渠道传递。这些非正式渠道是自发形成的，是个体选择的结果。

图 12-1　沟通的过程模型

接收者是信息指向的客体。在信息被接收者接收之前，接收者必须先将其中加载的符号翻译成他能理解的形式，这就是对信息进行解码。

噪音代表那些能使信息扭曲的沟通障碍。噪音可能在沟通过程中的任何一个阶段出现。传播渠道中可能存在噪音，例如收音机的静电干扰，电视机上的闪烁光影就属于渠道噪音。电子邮件病毒也属于这种噪音类型。当噪音干扰编码或解码过程时，就会导致编码或解码不当。

反馈是对信息传送是否成功以及传送的信息是否符合原本意图进行核实，用来确定信息是否得到理解。反馈可能表现为简单的形式，例如潜在客户回电话表示有兴趣合作；也有可能表现为复杂的形式，例如律师给法官提交一篇报告，分析复杂的法律问题。只有当信息被至少两个人共享理解时，才会形成有效的沟通。因此，沟通必须包含来自接收者的反馈，是双向的过程。沟通过程中的每一项要素都是很重要的，如果其中一项是错误的，那么信息将无法正常传递。

二、沟通渠道的选择

在特定的情形下，哪种沟通渠道最适合呢？一方面，我们需要根据媒介丰富度（media richness）来选择沟通渠道。媒介丰富度是指沟通渠道在特定时间里能够传播的信息容量和种类。各种沟通渠道在信息传递的能力上有差异。一些沟通渠道信息比较丰富，可以同时处理多种线索，有利于快速反馈，非常个性化；另一些沟通渠道则比较贫乏，并在以上三个方面的得分都很低。从沟通渠道的丰富性角度来看，面对面交谈的得分最高，在沟通过程中传递的信息量最大,它提供了大量的信息线索(语言、语调、面部表情、手势、体态)和即时反馈(言语和非言语两种方式);而书面沟通如报告、文书,信息的丰富性程度最低。

在常规情境下丰富度较低的沟通渠道能够运作得非常好,但在非常规的情况下(例如突发情况或紧急事件),不确定性较高时,需要使用丰富度较高的渠道。信息的发出者和接收者对突发情况都没有经验,他们需要传递大容量的信息,同时还需要彼此即时的反馈。选择错误的沟通渠道会减弱沟通的效率。常规情况下使用丰富度高的媒介(例如举行一个特别会议)看起来有点浪费时间。但如果一个特别和不确定性较高的问题只通过电子邮件或其他丰富度低的渠道来进行沟通,则对这个问题的处理可能会花费更多的时间,也容易出现误解的情况。

在传统沟通媒介中,研究基本上支持媒介丰富度理论的观点。当以信息技术、计算机为基础的沟通渠道普遍之后,媒介丰富度的问题便与其他一些因素混合在了一起。

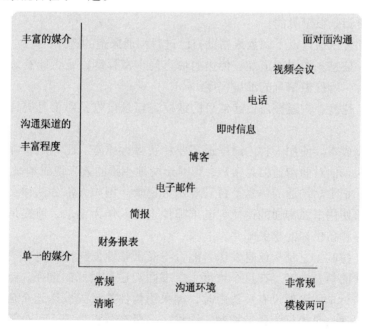

图 12-2 媒介丰富度等级

资料来源:R. Lengel and R. Daft. The selection of communication media as an executive skill. *Academy of Management Executive* 2 (3)(August 1988),p. 226.

(1) 多重沟通的可能。当你和别人面对面时,你就很难在同时利用其他沟通渠道向另一个人发送信息。如果这么做的话,会显得很无礼。而在以计算机、信息技术为媒介的沟通渠道中,员工能够很容易地同时参与两个或多个沟通。例如,在通过电话进行交谈时,还可以浏览网页。在听会议报告时还可以给客服发微信。员工已经非常善于使用多重沟通。

(2) 丰富度高的干扰。丰富度高的沟通渠道会涉及更多直接的社会互动。而这种社会临场感会使沟通双方对其相对的地位和自我表现变得敏感、紧张,从而会分散他们对信息的注意力。丰富度高的沟通渠道例如面对面沟通的优势,可能会被这种干扰效应抵消。而丰富度低的渠道则较少存在这种问题。

(3) 社会接受度。社会接受度是指沟通渠道被组织、团队和个人接纳和支持的程度。组织对特定沟通渠道形成了使用规范。例如在一些公司中电话会议比较常见,但在另一些公司中电子邮件或即时通信会成为主要沟通渠道。一些公司希望员工能够面对面地交流,而在另一些公司面对面的会议或对话是很罕见的。

我们可以通过以下因素来帮助自己进行沟通渠道的选择:

(1) 信息。沟通渠道能够传达的信息的丰富程度,是否能有效处理复杂的信息,所提供信息的准确程度。

(2) 速度。沟通渠道传递信息的速度,信息接收者对信息进行反馈的速度。

(3) 成本。使用一种沟通渠道需要耗费多大成本。比如电子邮件沟通成本低廉,面对面沟通信息丰富,但对于两地相隔的人来说成本很高。

(4) 记录。沟通的信息是否需要永久记录。例如大部分法律文件、合同都应该使用书面沟通的途径。电子邮件也可以作为记录,前提是你会很好地保存和备份你的相关邮件。

(5) 控制。它是指信息发送者能否不受干扰地发送出信息,更好地控制所发送的信息内容。在这个维度上,书面沟通是最好的选择。比如,当你必须告诉求职者他没有被选中时,如果用信件的形式发送这个信息,就可以对发送信息的行为保持控制。同样,一般在危机情况下,公司会采用向媒体发送新闻稿形式进行危机沟通。新闻稿提供了信息,并且不给接收者提供提问的机会,也没有对公司所发布信息失去控制的潜在危险。

你最终选择的沟通渠道应该能够体现发送者的需求、信息的属性、渠道的属性和接收者的需求。例如，如果你需要与员工沟通工作上的一些变动，与备忘录相比，面对面沟通会是一种更好的选择，因为你希望能够立即解决该员工可能会产生的任何问题和担忧。

人际沟通的一个重要部分是非言语沟通。很多时候，不需要通过口头沟通，也不需要通过书面沟通，就能够进行有意义的沟通。当一位大学教师在授课过程中发现学生在课堂上看手机，无须任何言语他就知道学生的注意力在哪里。与此类似，当学生们开始收拾课本、笔记时，传达的信息也很明确：下课时间要到了。肢体语言（body language）就是非言语沟通中的一种，包括你的手势、面部表情和其他肢体动作。手势、面部表情和身体姿势能够流露出一个人的情绪或性情。语调也是一种非言语信息。个体为了表达特定的意思在某些单词或短语上有语音上的强调。例如，你可以设想一下，某位学生向授课老师提出了一个问题，授课老师回答："你这是什么意思？"老师的语调不同会改变信息传达的意思。一个轻柔平稳的语调说明老师对这个问题感兴趣；而一个生硬的语调、重音在最后一个词语时则可能表达截然不同的意思，表明老师对学生的质疑可能非常愤怒。表12-1中所展示的就是由于语调差异改变了同一种信息的含义。

表12-1
语调：你说话的方式

为什么我今晚不能请你吃晚饭？	我要请别人吃晚饭。
为什么我今晚不能请你吃晚饭？	你却和别人一起吃晚饭。
为什么我今晚不能请你吃晚饭？	我要找到一个理由说明我不该请你。
为什么我今晚不能请你吃晚饭？	而不是明天吃午饭。
为什么我今晚不能请你吃晚饭？	而不是明天晚上。

对接收者来说，留意沟通中的非言语信息十分重要。在倾听信息发送者发出的言语意义的同时，还应注意非言语线索。尤其应注意二者之间的矛盾之处。老板可能告诉你，他有时间听你谈谈你的追求，但是你所得到的非言语信息却可能表明此时并不是讨论该问题的最佳时机。无论这个人说了什么，如果他时不时地看看手表，则意味着他希望结束交谈。如果我们通过言语表达一种信任的信息，却在非言语中传递着相互矛盾的信息，如"我对你没有信心"时，无疑会使人产生误解。非言语成分在沟通中会带来很大的影响。很多时候并不在于你说了什么，而是你应该如何说。

三、说服沟通

通过沟通进行说服在生活和工作中是比较常见的。例如,在政治、市场营销、子女教育、谈判和法院判决中,说服无处不在。如何通过沟通让你自己传达的信息更具有说服力?如果你不想被这些诱惑所操纵,你又会采取什么策略?

社会心理学家认为说服可能通过两种途径发挥作用。首先,当人们有能力全面系统地对某个问题进行思考的时候,他们更多地使用说服的中心路径,也就是关注论据。如果论据有力且令人信服,那么个体就很可能被说服。如果信息包含无力的论据,思维缜密的人会很快注意到这一点并进行反驳。其次,有时候我们并不仔细去思考,不会花太多时间去仔细推敲信息所包含的内容,此时我们会使用说服的外周路径,比如说话者是谁。例如有人想说服你吃麦当劳的汉堡,他告诉你"麦当劳的巨无霸汉堡真好吃,肉质Q弹、蔬菜新鲜、整体味美多汁",这句话就是通过中心路径说服你;而如果你只关注到说话者麦当劳叔叔的形象,那么说服你的就是外周路径。

聪明的广告商非常善于通过广告来吸引和改变消费者。我们对于食品、饮料这一类商品的看法常常是基于感觉而不是基于逻辑。这些产品的广告通常都使用外周路径。例如软饮料广告,可口可乐公司总是将可乐、雪碧与快乐、年轻、活力四射的形象联系起来。而对于计算机广告来说,感兴趣的理性消费者会花一定的时间对此进行评价,因此计算机生产商很少请明星来做广告,他们更倾向于展示产品有竞争力的特点、价格等信息,采用的是中心路径。如果信息类型符合信息接收者的接受途径,那么就能增强接收者对信息的关注程度。

相对来说,中心路径的过程能引起个体更持久的行为改变。当人们对论点进行资信思考的时候,论点才具有说服力,个体产生的态度变化会更持久,并且更能影响到行为。而外周路径的影响要短暂得多。因此,如果你真正想通过自己传递的信息来说服一个人改变工作行为的话,最好的方法是提供强有力的论据,同时增强他对论据思考的动机和能力。

第二节　组织中的沟通

■ 一、沟通的方向

在社会系统中，沟通将个体与群体联系起来。组织中的沟通围绕着组织目标进行，具有多种方向，如下行沟通、上行沟通、横向沟通和斜向沟通等。

下行沟通是指在组织职权层级中，信息从高层次成员向低层次成员的流动，信息包括任务布置、提供资料、绩效反馈等。当管理者为下属员工分配工作目标时，他们就是在使用向下沟通。当管理者在为员工提供工作说明书，告知员工有关组织的政策和程序，指出员工需要注意的一些问题，或者进行员工绩效评估时，他们也是在使用下行沟通。每天早晨，联合快递服务公司包裹递送部门的管理者都会召开员工会议并要求所有员工参加，这样的会议会持续3分钟。在这180秒的时间内，管理者会宣布一些公司通告，并探讨交通状况、客户投诉等诸如此类的本地信息。每次会议的最后还会有一些安全提示。实践证明，这种3分钟会议颇有成效。这也是我国企业所采用的较为普遍和传统的沟通方式。下行沟通在集权气氛较浓的组织中尤为突出，信息在传递过程中可能会被放大、遗漏或曲解，导致许多指示并没有被下属所理解。

上行沟通是指从下属到上级，按组织职权层级由下往上的信息流动，比如下级向上级请示工作、汇报工作进展、进行申诉，管理者—员工讨论会，以及非正式的群体会议，这种会议使得员工有机会与管理者或高层管理者代表讨论问题。上行沟通的使用程度取决于组织文化。自下而上的沟通较多出现在重视参与和具有民主氛围的组织中，在一个高度结构化、权力集中的环境中，也会出现上行沟通，但使用肯定相当有限。上行沟通能够使上级了解员工的需求，明确下属是否已经了解公司的管理政策、命令等。更为重要的是，自下而上的沟通为员工提供了表达意见、释放情绪的机会。然而这种沟通在大型组织、层级较多的组织中实现起来并不容易。管理者对来自不同渠道的员工信息要有灵活的适应能力，对来自员工的微弱信号有敏锐的觉察能力，并且能够清楚地意识到下情上达的重要性。这类沟通也会存在过滤问题，处于沟通环节中的中间管理会过滤信息，特别是把不利的信息过滤掉，仅将有利的信息向上级传送。

横向沟通和斜向沟通。横向沟通是指组织结构中同级成员之间进行的沟通，人们需要而且必须能够在部门之间进行交流，突破职能界限去倾听内部客户的需要。在企业中，组织结构的机械化程度会影响组织采取何种沟通方式，通常情况下中等程度的机械化组织会更注重横向沟通。斜向沟通是属于非同一层级上的个人或群体之间的沟通。通常发生在职能部门和直线部门之间，比如人力资源部门的主管直接与比其高的生产部门经理联系，这种沟通就是斜向沟通。电子邮件的普及促进了斜向沟通。任何一位员工都可以通过电子邮件与其他任何一位员工进行沟通，无论是处于组织中的什么工作领域或层级，甚至可以与最高层级的管理者进行沟通。在很多组织中，首席执行官会开通"公开信箱"，接收来自组织中所有员工的电子邮件。辉瑞公司的前任首席执行官说，他每天收到的内部邮件中，大约有75封是他无法通过其他途径获得的。横向沟通与斜向沟通可以加快信息的传递，促进组织成员间的相互理解，能够为实现组织目标协调各方的努力。

二、正式沟通与非正式沟通

按照沟通是否被明文规定可以将沟通分为正式沟通和非正式沟通。正式沟通是指由组织内部明确的规章制度所规定的沟通方式，它和组织的结构息息相关。例如组织对内对外的公文来往、会议、命令等就属于正式沟通。非正式沟通指的是通过正式沟通渠道以外的信息交流和传达方式进行的沟通。当员工在午餐室、走廊或者下班后在公司提供的健身房里彼此交谈时，他们就是在进行非正式沟通。通过非正式沟通，员工之间会建立友谊关系。非正式沟通至少满足两个目的：（1）员工通过非正式沟通能够满足自身的社交需求；（2）通过提供各种非正式沟通的渠道，可以获得更快速、更有效的交流，从而改善组织的绩效。

组织结构图展示了从基层员工到CEO的报告关系。组织结构图中的线条同时也代表着信息流动的方向。信息能否顺利地向上或向下流动可以视为组织是否成功的重要因素。一些企业已经认识到内部沟通的改善会影响到企业的持续成功。当员工寻求更好地完成工作所需要的信息时,组织沟通网络开始突破报告关系。员工经常会发现,完成工作最便捷的方法是直接到其他部门的人员那里获得必要的信息,而不是按照组织结构图中所规定的报告关系来办理。

图 12-3 描述了简单的组织结构图和实际的沟通网络。沟通网络将最频繁相互沟通的个体联系在一起。例如,CEO 与员工 5 的沟通最频繁。也许 CEO 与这名员工在工作之外频繁接触,例如一起喝咖啡、踢足球等。这样的互动可能导致密切的友谊关系并被带进业务关系中。图 12-3 还反映出群体管理者在沟通网络中的角色并不重要,这同常识正好相反。组织成员在沟通网络中的角色可以根据他们对网络职能的贡献加以分析。守门人(gatekeeper)(员工 5)在网络中拥有一个战略地位,他可以控制某一渠道中信息流动的每个方向。联系人(员工 8、员工 9)是群体间的桥梁,将群体集结在一起并协助整合群体活动所需要的沟通。孤立者(员工 3、员工 10)则倾向于独自工作,同他人缺少互动和沟通。

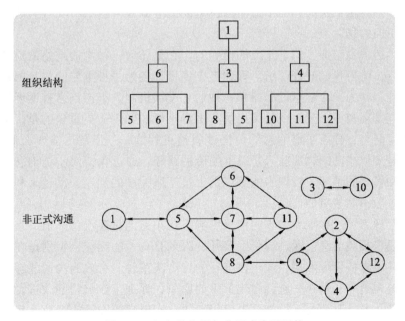

图 12-3　组织结构图与非正式沟通网络

在整体的沟通网络中,所有这些角色都是重要的成分。理解这些角色有助于管理者和群体成员的沟通。例如，想要确认CEO收到某一信息的管理者显然应当通过守门人了解情况。如果掌握某一特定项目所需要的专门技术的员工是一名孤立者，管理者可以采取专门的措施在项目期间将这名员工带到沟通网络中来。

在非正式沟通中，需要注意小道消息（grapevine）的重要性。首先，小道消息是信息的一种重要来源。一项研究表明，63%的员工声称他们最先都是通过流言或小道消息得知某些重要事情的。信息越模糊，小道消息就越有产生的空间，有学者用"小道消息＝模糊性×兴趣"来描述小道消息的产生强度。当人们无法从正式渠道获得信息时，可能会依靠小道消息来获取。其次，小道消息也是传播组织故事和其他组织文化的渠道。另外，小道消息通过非正式网络发挥作用，通常是通过媒介丰富度高的沟通渠道进行传递。小道消息这种社交互动的过程能够减轻焦虑，还能促进个体间的私人关系。这也是为什么在充满不确定性的时候，小道消息会特别活跃。

小道消息是否应该被禁止呢？伴随小道消息而传开的谣言看起来至少其核心内容是真实的，但小道消息还是会通过删减某些细节和夸大故事要点来扭曲信息。

小道消息与谣言似乎是无法杜绝的，它是任何一种沟通网络的重要组成部分，值得我们好好理解。管理者应该将其视为一种重要的信息网络加以管理。作为一个信息过滤器和一种信息反馈机制，小道消息有助于管理者精确发现员工十分重视且又担忧和困惑不解的问题。更重要的是，从管理角度而言，分析小道消息的传播过程是可行的——正在传播什么信息，信息是如何流动的，哪些人是关键的传播路径。通过保持对小道消息传播路径和模式的了解，管理者能够识别出员工所关注的问题，反过来利用小道消息散布某些重要信息。

管理者可以尽量减少它的消极影响。在小道消息还没传开前，直接向员工通告相关信息。通过与员工公开、深入且真诚的交流，特别是在员工可能并不支持管理层提议或正在推行的管理决策时。有效的沟通能够使员工与公司紧密联系在一起，强化组织的愿景，促进工作流程的改进，推动变革以及通过改变员工行为为改进组织绩效。实现高效沟通的企业，其5年期股东投资回报率要比那些抵销沟通的企业高91%。高效沟通企业中员工的敬业度是低效沟通企业的4倍。

第三节 沟通的管理和改善

一、沟通过程中的障碍

作家萧伯纳说:"沟通中的最大问题是事先已经形成了错觉。"以接收者为例,我们不像发送者所想的那样认真倾听,我们会根据自身的需要和期望选择性地注意一些信息,忽略一些信息。另一面,发送者在提供信息时表达不清楚、措辞不当、词不达意、空话连篇、句子结构别扭等也会增加沟通的障碍。另外,作为发送者,我们常常过高估计别人对我们所表达的信息的理解程度。在人际沟通中,有些员工和主管人员会忽视自己认为不重要的信息,不关心组织目标、管理决策等信息,而只重视和关心与他们物质利益有关的信息,使沟通发生障碍。

即使认知过程被很好地调整了,信息在公司上下级间传递时也经常会被过滤掉一部分。所谓过滤就是删除或延迟某些负面信息,或者减少一些刺耳的语句,从而使信息看起来、听起来比较讨人喜欢。例如在自下而上的沟通中,为了取悦自己的上司,员工只告诉上司那些他们觉得上司想听到的内容,从而导致沟通的失真(如表12-2所示)。信息通过的等级越多,失真的概率越大。一项研究表明,企业董事会的决定通过五个等级后,信息损失平均达到80%。其中副总裁这一级的保真率为63%,部门主管为56%,工厂经理为40%,第一线工长为30%,员工为20%。

从每天雪崩般的电子邮件开始,再加上微信即时信息、手机短信、PDF下载文件、网页、纸质复印文件和其他信息来源,把这些集中起来,你就拥有了信息超载的完美配方。在固定的单位时间内,员工能够处理信息的容量是有限的。当员工来不及处理这些信息时,很多信息就会被忽略或者被误解,这样信息超载就会成为沟通噪声。个体可能在这种情况下做出不合理的决策。

表12-2
自下而上的沟通信息失真过程

管理者	接收到的信息
董事长	管理和工资结构是非常出色的，福利和工作条件是好的，而且会更好。
↑ 副董事长	我们非常喜欢这种工资结构，希望新的福利计划和工作条件将会改善，我们非常喜欢这里的管理工作。
↑ 总经理	工资是好的，福利和工作条件还可以，明年还会进一步改善。
↑ 主管	工资是好的，福利和工作条件勉强可以接受，我们认为应该更好一些。
↑ 员工	我们感到工作条件不好，工作任务不明确，保险计划很糟糕，然而我们确实喜欢竞争性工资结构，我们认为公司有能力解决这些问题。

贸易、工厂、专业人员或社会群体专用的或技术性的语言被称为行话(jargon)。行话可能是标准语言和群体专用语言的混合体。例如计算机专业人员经常使用我们不太理解的词语。在一个关系密切的群体中，行话是有效的，但对于群体之外的成员恰好相反。平时讲惯了行话的人可能会无意识地在与不理解其含义的人交谈时使用行话，从而导致沟通失败。应当避免对不熟悉行话的人使用这种语言，将其转化为清晰的词语有助于接收者理解信息。一般来说，发送者和接收者在沟通之前应当明确符号的含义。

非语言信息在不同文化中也存在差异。例如，有一些动作手势在不同地区会有不同的含义。在中国，我们会用摇头表示"不"；但是在印度对很多人来说，摇头的意思是"我们明白"。大多数美国人都被教育要与演讲者保持眼神交流，从而显示出他们对说话内容的兴趣和对说话者的尊重；然而一些北美原住民和澳大利亚的土著居民，他们很小的时候就学会，当长者或地位更高的人对他们说话时，眼睛要向下看以此表示尊敬。

另外，在两性沟通中也常出现沟通障碍。畅销书说男人来自火星，女人来自金星。对于男性来说，交谈是保护独立性和维持自己在社交中等级地位的主要手段。对于女性来说，交谈则是寻求亲密关系的过程。男性抱怨女性总在反反复复谈论自己的问题，女性则责备男性从不认真倾听。当男性听到一个问题时，他们常常通过提供解决办法来表现出自己的独立性和控制力；相反，女性把提出问题作为一种加强亲密感的手段，女性提出问题是为了获得支持和联系，而不是为了获得男性的建议。相互理解是一种平等关系，但提供建议却是不平等的，提供建议的人处于上位。

二、改善人际间的沟通

(一) 积极倾听

一般人会以为大多数人都自然而然地拥有良好的倾听能力,而事实远非如此。倾听是一种积极获取信息的方式,而单纯的听只是一种被动的行为。在倾听过程中,接收者也在努力地参与沟通。我们当中很多人都不是称职的倾听者。为什么,因为当一名称职的倾听者非常难,大多数人宁愿当一名说话者。倾听往往要比说话更让人感到疲劳。积极倾听要求全身心地集中注意力,聆听说话者的完整意思而不做先入为主的判断或解读。正常情况下,一个人讲话的平均速度大约为一分钟125~200个词。然而,一个倾听者平均一分钟能够理解400个单词。这种差异留给我们大量的大脑空闲时间和机会使我们心不在焉。

同理心能够强化积极倾听的过程。同理心是指一个人能够理解、敏感地感受到别人的感觉和想法。同理心就是将心比心,将当事人换成自己,设身处地地去感受、去体谅他人。认真的倾听者一般不会轻易对信息的真正含义做出自己的判断,而是在这之前倾听说话者表达的内容,目的在于避免先入为主的判断对信息的扭曲。图12-4列举了积极倾听者表现出来的具体行为。积极倾听需要付出很多努力,它能极大地提高沟通的有效性。

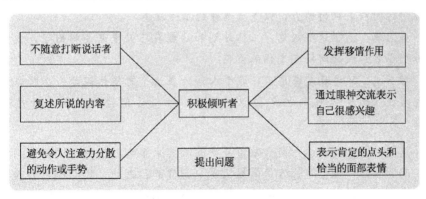

图 12-4 积极倾听的行为表现

(二) 情绪控制

如果有人认为,人总是可以完全理性地进行沟通,那就太天真了。人是有情绪的。情绪过程和状态可以在很多时间里、很大程度上影响我们的理性活动。当人在情绪中时，大脑中的海马体部分开始活跃，同时大脑负责理性思考的前额叶区域会受到抑制，这样就很容易产生不理智的行为。情绪的过度激发，无论是正性还是负性的，都可能妨碍正常的理性活动，影响沟通。在这种情况下，人既不能清楚准确地表达，也不能准确地理解内容。这时最好的做法也许就是停止沟通，等待情绪的平复。我们在沟通时也要注意到，对事不对人。在出现情绪时，我们会非常容易忽视沟通的具体内容，转而将注意力集中在攻击沟通对象上，这时观点的冲突会演变成人际冲突。请将注意力集中在问题本身，而不要针对个体。当你表达信息的时候是在对他人的自尊进行攻击，这时对方就会停止聆听。

（三）信息策略

在沟通过程中要注意对沟通内容的组织。首先，根据沟通对象的需求来组织内容。沟通不是我说了什么，而是受众理解了什么。为了让沟通对象能正确理解，要求沟通者根据不同对象修正沟通的信息表达方式和内容的结构安排。

假设你将在一个较忙的时候去休假，在休假前，你要向领导请示，并同时向下属交代一些事情。那么，在不同对象面前，你可能会以下面不同的方式进行沟通：

对领导：我已经向同事们安排好了工作，而且在休假后，我可以投入更多的时间和更好的精力，以保持最佳的工作状态。

对同事：为了这个假期，工作计划和日程我已经重新安排好了，我感谢你们在我休假期间对我工作的关照。

对下属：经过反复考虑后，我个人认为在这个时候休假是一个较合适的时间段，而且其他人也有相似的看法，希望你们按计划组织开展好工作。

其次，要根据表达者自身希望强调的内容来组织。根据记忆曲线的研究，沟通的开头和结尾部分是最易为受众记住的，因此，我们在重要内容的安排上，可以采取这样的策略：开场白和介绍部分至关重要，要特别加以设计；应将重点信息放在显著位置，开头或结尾，或者两者兼有；千万不要将沟通的重要内容埋葬在中央地带。如果将重点内容放在开头阐述，这是直接法，如果在结尾说明重点则是间接法。由于直接法切入主题更快，可以增进听众对全文内容的吸收和理解，应该在商务场合中尽可能多地采用。间接法在记忆曲线末端才列出结论,如先列举各类论证后进行总结。当信息中含有敏感内容,或内容对听众有负面影响,或者听众比较关注分析过程,沟通者的可信度较低时,可以采用间接法,循序渐进,步步推进,逐步推销自己的观点。

三、改善组织中的沟通

(一) 工作地点的设计

公司的走道、办公室、小隔间和公共空间(如咖啡厅、电梯)的位置与设计,都决定了我们将会和谁对话,同时也会决定这些沟通的发生频率。有很多公司开始采用开放的工作空间来取代传统的办公室形式,也就是很少使用有形的隔墙和屏障的办公场所,这样所有的员工(包括管理层)都能在一起工作。在这种可视性较高的空间中员工面对面沟通的次数比可视性更低的工作间多出将近60%。更多的员工共享一片工作区域意味着会发生更多的面对面交流与互动。如果员工之间的沟通和协作非常重要,管理者需要考虑到工作场所设计的可视性和密度。一家设计和创意公司的CEO说:"我们公司没有门。这样的设计是为了鼓励大家更多地进行交流,同时也允许同事间相互协作地完成工作。从首席运营官到我们的实习生,所有人都在同一个空间临近地坐着。你能够在任何时间,碰见任何人,都可以交谈几句。"虽然这样的开放式空间安排增进了沟通,但它也增加了很多噪声和干扰,同时也让员工丧失了很多私人空间。因此这个策略面对的挑战就是在增加群体互动的同时避免干扰。如果组织提供的办公场所能够使身处其中的员工既拥有一些私密空间又拥有协作机会,那么人际沟通和组织沟通都能够得到促进并带来组织整体绩效的提高。

(二) 缩短信息传递链

信息传递链过长,会导致沟通速度慢且信息容易失真。要保证信息传递的速度和准确性,一方面要进行结构变革,减少管理层次;另一方面可建立高级管理者至基层管理者的直通渠道,以便于重要信息的传递。"对于任何农田,最好的肥料就是农民的脚印!"这句中国的老话说明如果农民能够把越多的时间投入农田中,直接观察庄稼的生长情况,那么就越可能获得大丰收。在组织背景下,这句话的含义可以类比为高层管理者若能直接会见员工和其他利益相关者,他们就会对业务了解得更清楚。大约40

年前，惠普的员工就给这种沟通方式取了一个名称——"走动式管理"（management by walking around，MBWA）。一些 CEO 甚至没有设立自己的办公室，在一天中经常不定时地在不同部门间到处走动。除了运用 MBWA，主管还可以通过"全体会议"与员工进行更直接的沟通。例如，在成为麦当劳英国总部的 CEO 之后，Beresford 每月都会召开一次全体员工的在线会议，在这个会议上，董事会成员会回答来自麦当劳员工的问题。一些主管还会主持员工的圆桌论坛，利用这个机会倾听员工代表对各种问题发表的观点和看法。在部门内会举办每日制或每周制的聚会——非正式的短会，在这样的会议上，员工和他们的主管会讨论工作目标和听到的一些好消息。这些直接的沟通大大减少了信息的过滤，主管可以直接从员工那里获得信息，从而可以帮助主管更快、更深刻地了解组织内部的问题。直接沟通的另一个好处就是员工会对公司高层做出的决策有更高的认同感。

（三）客户服务的沟通

沟通的内容和方式极大地影响到客户对该项服务的满意度以及该客户成为回头客的可能性。服务型组织的管理者需要确保与顾客打交道的员工能够恰当、有效地与顾客进行沟通。如何做到这一点？首先应该识别出所有服务交付过程都存在三个要素：客户、提供服务的组织以及本次服务的提供者。管理者基本无法控制客户会沟通的内容以及用何种方式进行沟通，但是他们可以对其他两个要素产生影响。

拥有强烈服务意识的组织一般会高度重视客户的关注点——了解并找出客户的需求，满足这些需求，并且后期跟进以确保他们的需求得到很好的满足。其中的每一项活动都涉及沟通，无论是面对面沟通，还是通过手机、电子邮件或其他途径进行沟通。许多客户服务战略中有一项就是个性化服务。例如，丽思卡尔顿酒店为顾客提供的不仅仅是一个干净整洁的房间，那些曾经在丽思卡尔顿酒店入住，并表现出某些东西（例如，多个枕头、热巧克力或特定品牌的洗发水）对他们来说比较重要的客户，在下一次入住时会发现房间里早已准备好这些东西。该酒店的数据库为满足客户预期的个性化服务提供了支持。此外，该酒店还要求所有员工相互交流与客户服务相关的信息。例如，如果某位客房服务员无意中听到了客人正在谈论关于庆祝一个周年纪念日的事情，他应该传达这一信息，这样酒店也可以为此做一些特殊的安排。在酒店实施个性化客户服务战略的过程中，沟通发挥了很重要的作用。

对于服务提供者或与客户打交道的员工来说，沟通也同样重要。员工和客户之间的人际互动质量确实会影响到客户的满意度，尤其是在服务体验达不到顾客预期的情况下。身处一线的员工经常会遇到"服务体验不满意"的情况，他们通常是最早注意到服务失误的员工。在这种情况下，他们必须决定如何与客户沟通、沟通什么。因此，他们积极倾听的能力、以恰当方式与客户沟通的能力对解决问题大有帮助。在一家小型精品连锁酒店，所有员工都会接受肢体语言方面的培训，以帮助他们能够"读懂"客人的需求。另外，获得一些必要的信息是确保与客户有效沟通的前提。如果服务提供者个人不具有这些信息，组织就需要设计一种方式使其能够方便及时地获得这些信息。

（四）互联网世界中的沟通

在互联网世界中，组织面临多种挑战。电子邮件、微博、微信以及其他在线沟通渠道是十分方便快捷的沟通方式，但所有这些新技术都可能带来特定的挑战。

第一个挑战是法律和安全问题。在法庭上，电子信息也可以作为一种证据。电子邮件和即时信息就如同电子领域的 DNA 证据。Chevron 公司支付了 220 万美元解决了一起性骚扰诉讼案件，这件事的起源是员工通过公司的电子邮件系统发送了一封涉及不恰当玩笑的邮件。英国 Norwich Union 保险公司的一名员工发送了一封邮件宣称他们的竞争对手 Western Provident Association 保险公司陷入了财政危机，为此，在庭外和解中 Norwich Union 保险公司支付了 45 万英镑。法律问题并不是唯一的问题，安全问题也同样值得关注。

26%的公司认为敏感信息或负面信息的曝光会对公司业务有所影响。管理者应该确保这些机密信息一直处于保密状态。员工的在线沟通不应该用来交流公司专有的机密信息，无论是无意还是有意。公司的计算机和电子邮件系统应该受到严密保护，防止受到垃圾邮件和黑客的入侵。当我们越来越感受到沟通技术带来的好处时，也必须妥善处理这些严重的问题。

面临的另一项挑战是线上沟通代替了真实的人与人之间的互动，我们经常缺乏人际交流。即使两人面对面沟通，也并不总是能够相互理解。在虚拟环境中进行沟通，实现彼此之间的相互理解和协作完成工作就变得很有挑战性。为了应对这种情况，有些公司采取在某一特定时间段禁止使用在线沟通的措施。但在某些情况下，真正实现面对面的人际互动并不现实。你的同事有可能在世界各地工作，实时协作软件、即时信息的群组可能会是更好的沟通选择。在线形式的互动对年轻员工非常有吸引力，他们通常在这种沟通媒介上得心应手。

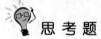思考题

1. 某个国家刚刚迈入信息化时代，而该国家的某公司就向职员引进电子邮件传递信息。该公司还有一个特点就是它拥有三座大厦，并且这些大厦分布在城市中的不同地方。描述员工使用这种媒介可能会遇到的两个好处和两个潜在问题。

2. 在什么条件下，你会认为用电子邮件来通知某个员工他（她）被解雇是合适的？为什么人们常常会觉得不适宜用电子邮件来传递这样的信息？

3. 你认为在沟通过程中应用新技术更多是一种帮助，还是一种障碍？请解释。

4. 你什么时候曾经被说服过？你觉得自己是通过哪一种路径被说服的？

案例分析

未来的办公室

未来的办公室可能仍然类似于今天的办公室。在未来的办公室，很可能不会见到机器人传递信息，也不会有什么隐形传输装置。然而，最大的变化很可能会是我们沟通的方式。员工将更加依赖多样化的沟通渠道，这些渠道严重依赖于社交网络、即时通信。智能手机也将如今天的主机一样强大，意味着员工可以在智能手机上进行大型计算，软件也能追踪员工所在的位置，结合当前的项目信息并建议可能的合作者。电子邮件的应用可能会大幅度减少，这很大程度上是因为其他渠道更加快速、更加流畅也更加即时。

我们不可能精确地预测未来的技术，但有几种可能的演变模式。例如，可能会为员工带来一个集合各种功能于单一装置中的产品，比如集电话通信、短信、网络连接、摄影、录像、视频会议和翻译等各项功能于一

身的产品。该产品使得人们可以阅读提案、法律文件、新闻或者是任何数字化的文件。它将不再需要一个键盘，而是通过语音指令进行操作。他也可能不是手持型产品，而是结合了阅读眼镜和耳机的类似产品。你将可以通过这个看起来就像是普通阅读眼镜的镜头来阅读文件，耳机/话筒使它成为一种免提装置。谷歌智能眼镜（Google Glass）就是这种可穿戴技术的一个实例。随着这类科技的日益普及，组织不得不解决其应用方面的事情。

技术带来的另一种结果可能会使商务出差次数显著下降。以计算机为中介的群组软件的改进将允许个体在一种面对面互动十分逼真的环境中进行会议。在这些情况下，实时翻译将会展示在屏幕上，并且远程会议参加者能够听到并看到这些词语。

问题：

1. 你认为在沟通过程中应用这些技术更多的是一种帮助，还是一种障碍？请解释。

2. 可穿戴技术应用于工作场所中可能会带来什么问题？你认为管理者需要怎么做才能解决这些问题？

第十三章

组织设计与组织结构

学习目标

- 描述组织结构的三种协调机制。
- 判断特定条件下最适宜的管理幅度。
- 绘制矩阵式的组织结构,并分析其优缺点。
- 了解事业部制的适用条件及其优缺点。
- 分析影响组织结构的权变因素。

引入案例

Biowave公司是由三个对研发电子游戏充满激情的医学博士创建的。他们接受过一些人机互动的教育,但建立一家公司去生产商业游戏却完全是另外一回事。其中的两名内科医生,Muszyka和Zeschuk,成为这家新公司的联合执行总裁,而第三位合作伙伴在Biowave公司创建两年后选择重新行医。起初,公司的组建形式只是一个简单的团队结构,在这个团队中,大家一起工作来开发该公司的第一个游戏《超纲战神》(*Shattered Steel*)。

在超纲战神的成长过程中,Muszyka和Zeschuk又开发了第二个游戏项目,名叫《博德之门》(*Baldur's Gate*)。但问题是,什么样的组织结构能最好地支持这家公司未来的发展?Biowave可以简单地建立两个工作团队,彼此独立地研发这两个游戏。但是,一个多团队的结构会使资源重合,很可能会不利于跨团队中拥有相同专长的人分享信息,也会削弱员工对公司的忠诚度。

另外,游戏的研发人员也可以围绕各类专门职能建立部门,这些职能包括艺术、编程、音效、质量维护和设计。这样有利于拥有相似技能的技术人员互相分享信息,以及在他们的专业上创出新意。但是,员工对最后产品所产生的团队精神或热忱,不如团队形式所产生的那样强烈。

Biowave公司联合创始人Muszyka和Zeschuk必须决定哪种组织结构能更好地为快速发展的电子公司服务。

第一节　组织设计

组织（organizing）是一种管理职能。组织结构是组织内正式的工作安排，这种结构可以用组织结构图的形式直观地展示出来。当管理者创造或改变组织结构时，他就在进行组织设计，即要决定如何将工作划分给具体的部门和工作岗位，以及工作任务之间的协调。

一、组织理论

组织理论描述了组织的结构和功能，主要涉及以下几个问题：(1) 组织的典型特征；(2) 组织的结构；(3) 组织中人与人之间的相互关系；(4) 组织中人与技术的相互作用。描述型理论（descriptive theory）解释现存的组织是如何运作的。一个好的描述型理论会提供组织是如何建构和运作的精确图景。规范型理论（prescriptive theory）则指明组织应该如何运作。在实践中，对描述型理论和规范型理论的划分并非完全清晰。在某个给定的理论中，两者的元素有可能同时出现。

例如官僚理论，描述了一个特定类型的组织，但韦伯（Max Weber）最初试图把它发展成为一个规范式理论。官僚理论是韦伯在19世纪晚期发展起来的有关组织结构的一个经典理论。在组织发展的早期，人们没有意识到要使用有效的方法去建构和管理组织。韦伯的观点是通过建立一个合理的结构和一系列有效的原则确保一个组织能够有序、高效运转。尽管在当今组织面对的环境下，官僚制是效率低下、反应迟钝的，但在19世纪，官僚制是组织结构发展的一种进步。官僚制的指导原则包括：

(1) 职能的专业分工；

(2) 明确规定的职权和等级；

(3) 职权与职责的规章制度；

(4) 处理工作情况的程序系统；

(5) 人与人之间的非人格关系；

(6) 以技术能力为基础的雇员选择与提升。

韦伯认为,如果一个组织具备上述原则,则可以表现出高度的合理性。这样的组织是机械式的,它可以合理又无情地运行,它精确、快速、明确、统一。有人认为按照韦伯的原则建立起来的组织最终会成为官僚机构,因此将其提出的理论称为官僚理论。在一个组织发展的初期,因组织规模较小,人员比较少,组织的功能和业务在不断改变,一般采用非正式的、人治的组织形式,它灵活、快捷、成本低。但随着组织的发展壮大,以人治为主的管理无法满足组织成长的需要,这时,采用韦伯的官僚理论对组织的发展是有积极作用的。但随着组织的进一步发展,组织的等级结构越来越森严,组织内的规章制度越来越多,组织内的流程越来越复杂,这时,官僚主义就会产生。

巴纳德在其著作《管理者的作用》(*The Function of Executives*)中,将正式组织定义为一个由两人或更多人组成的有意识地协同工作的系统。在这个经典定义中,系统和人这两个词被着重强调。巴纳德对古典组织理论持批判态度,认为它们过于描述化,过于肤浅。巴纳德对官僚组织的观点也特别不满。他认为权威应该是自下而上的,而不是自上而下的官僚途径。巴纳德还强调组织中的协调。这一点反映了他对组织中人的因素的强调。他认为,一个协作系统的存在取决于参与者的沟通能力以及他们朝一个共同目标努力的意愿。因此,人在正式组织的创建和维持中扮演了重要角色。

现代组织理论朝着不同的几个方向发展。第一个方向是将组织视为一个由相互作用的部分组成的系统。封闭系统和开放系统在组织的理论和实践中都得到了应用。但在今天这样一个急剧变化的环境中,开放式系统理论变得越来越有意义。最简单的开放式系统包括:输入、转化过程以及输出。没有持续的输入、转化过程和输出,一个系统就不可能存在。将组织视为开放系统的关键是将外部环境视为重要的输入来源。在系统论术语中,组织的边界对外部环境来说是可以透过的。组织系统从环境中获得四种输入:物料、人员、财务和信息。组织的管理者对这些输入进行组合与转换,然后再以产品、服务、利润/亏损、员工行为和新信息的形式返回环境。下一步,系统会接收环境对这些输出的反馈。

组织理论的另一个发展是权变观点(contingency approach)。在管理研究的早期阶段,我们寻求对管理问题的普适答案,希望找到一种处方和最佳方案，能够适用于任何情况的组织。例如，研究者早期认为某些领导行为总是能够带动员工更满意、更努力地工作。然而，由于人类行为和组织环境的复杂性，所谓普遍适用的领导方法在根本上是不现实的。组织中很多情境和结果带有偶然性，即任何两个变量之间的关系往往是权变的——取决于其他变量。对于组织结构的设计来说，权变观点的前提是不存在最好的组织设计，组织的设计必须适应当时的环境。

二、组织结构的决定因素

根据权变理论的观点，组织的效率和效能可以通过不同的方式来实现。战略、环境、技术和组织人员等具体条件决定了组织的结构。

（一）战略

组织结构是协助组织达成目标的手段，而组织目标是根据组织战略制定的，因此，组织结构与战略有密切的关系。Chandler对美国70家公司的历史进行研究后发现，许多公司一开始都以单一产品的生产为起点，由简单或松散的组织结构来执行战略，权力集中，结构的复杂度和正规性都比较低。随着公司的成长，业务的扩大，公司战略也越来越具有雄心，结构开始膨胀以适应发展的业务，垂直层级增多，公司各单位之间的关系也越来越复杂。工作走向正规化，整个组织发生结构变革：先是分化独立出各种职能部门，随着产品线的拓宽，组织向产品多元化发展，组织结构往往伴随着分权化。组织结构应服从组织战略。当组织战略调整时，组织结构需要做出相应的变化。

研究表明某些结构设计与特定的战略存在匹配关系。采用创新战略的公司重视引入新产品和服务，注重有意义的、独特的创新。苹果和3M公司是追求创新的公司，对它们来说采用有机结构更为合适。有机结构更灵活、信息自由流动，便于员工分享知识和创造。如果企业的战略是低成本，那么机械结构就是比较好的选择。机械结构稳定、控制严格，其生产产品和服务的效率最高。产业组织的结构比较容易受到战略的影响，但在非营利性组织如政府机关、学校、医院中，这种影响不太明显。

（二）技术

技术是指组织将投入转化为产出的手段。例如大型石油企业的主要技术是将原油转化为汽油、润滑油以及其他石油产品，而保险公司运用精算表和信息处理技术提供保险产品和服务。当然绝大多数组织同时使用多种技术。对技术进行分类的一个标准是工作活动程序化的程度。程序化的活动通常是标准化的、变动较少的，不符合标准化程序的事件次数非常少。装配线、自动化销售交易过程、书本的打印和装订都是程序化的活动。当员工执行程序化任务时，机械组织结构更为适合。而定制皮鞋、遗传学研究等活动则是非程序化的、个性化的，是需要进行频繁修改和更新的活动。当员工执行非程序化任务时，有机组织结构比机械结构更为适合。

（三）规模

组织的规模可以通过多种指标来衡量。通常我们用员工总数、公司资产总值、前一年度的销售额、服务的客户数目或产能作为计算依据。大型组织和小型组织具有不同的组织结构。一般来说，大型组织的结构比小型组织更为复杂。规模的提高导致统一工作单位中的劳动专业化程度提高，这会进一步带来工作单位间差异的扩大和组织层级的增加，群体间关系需要更高程度的正规化。雇佣2 000名员工以上的组织工作专业化程度更高，垂直层次多，规章制度也比小型组织多。小企业投资少，不会过度延伸产品线，从而可以降低组织的复杂性，减少层级和缩短沟通链条。大型组织很少运用非正式沟通作为协调机制，但信息技术的产生和授权的增加，促进了大型组织中非正式沟通的恢复。

（四）环境

绝大多数管理者认识到环境的快速改变，但最困难的是判断这些改变如何影响企业。环境包括了所有组织边界之外的因素。只有确定了组织的边界，才能理解组织的环境。这些边界可能是变化的，因此很难定义。例如许多企业将一些部门拆分出去，然后将它们当作供应商继续做生意。前一天是组织内的成员，今天就可能变成组织外部环境的一部分。选购电脑的大学生是惠普、联想等计算机厂商的外部环境因素，但如果这名学生为其中一家企业工作，那他就不再是组织外部环境的一部分，而成为组织边界内的因素。

组织环境因素的庞大和丰富，也许给管理者造成了错误印象，认为环境超出了他们的兴趣和控制范围。但鉴于环境对组织的影响，管理者必须时刻给予关注。把握组织环境有两种方法：环境要素分析和环境不确定性分析。

对于不同组织来说，重要的环境要素是不一样的。美国医院产业对政府规划、医药和科技方面的进步非常敏感；而对麦当劳来说，有影响的环境因素则截然不同，其可能是顾客需要、可支配收入、肉和面包的成本以及汽油的价格等。不同组织的任务不同，影响组织运营的具体环境因素差别很大。

对组织结构影响最大的特性是环境的不确定性，也就是第二种分析方式。环境的不确定性来自两个维度：环境的复杂程度和环境的动态程度。环境的复杂程度是指影响组织的环境因素的数量；环境的动态程度是指这些因素变化的程度。通过这两个维度，我们可以来确定环境的不确定性，如图 13-1 所示。

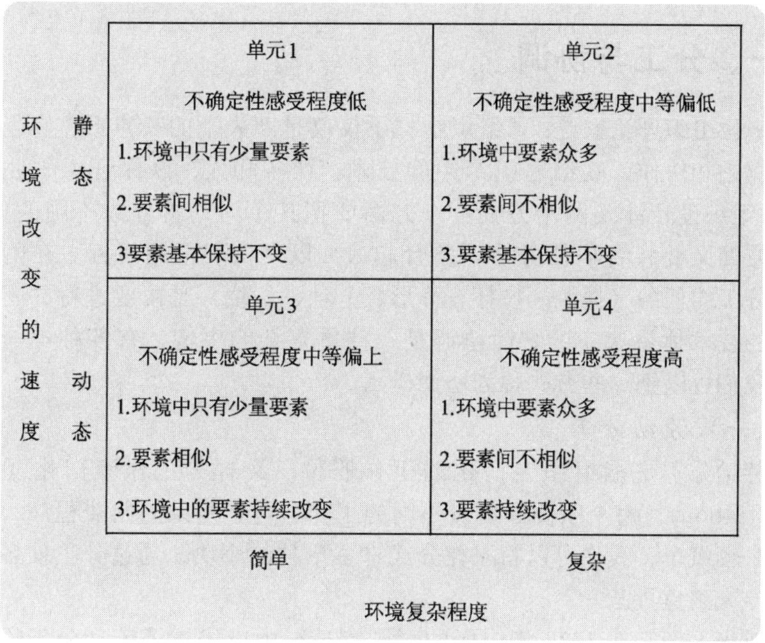

环境改变的速度	简单	复杂
静态	**单元1** 不确定性感受程度低 1.环境中只有少量要素 2.要素间相似 3.要素基本保持不变	**单元2** 不确定性感受程度中等偏低 1.环境中要素众多 2.要素间不相似 3.要素基本保持不变
动态	**单元3** 不确定性感受程度中等偏上 1.环境中只有少量要素 2.要素相似 3.环境中的要素持续改变	**单元4** 不确定性感受程度高 1.环境中要素众多 2.要素间不相似 3.要素持续改变

环境复杂程度

图 13-1 环境不确定性的分类

资料来源：格里芬，唐宁玉. 组织行为学：组织与人员的管理. 中国市场出版社，2010：414.

在单元 1 中，环境要素数量少并且相对稳定，表明环境的不确定性低。如纸板容器产业的环境较为确定，需求稳定，制造过程成熟，政府规定多年不变。相反，在单元 4 中，影响决策的要素和成分众多，并且许多环境要素经常发生变化，单元 4 代表着高度不确定性的环境。如玩具产业的环境不确定程度很高。在开发新玩具的过程中，玩具公司需要同电影、电视、卡通和公众情感保持一致。现在销售的许多玩具都是以电影为基础的。

第二节　组织设计的原则

■ 一、分工与协调

一位组织理论家说："组织结构不仅仅是图表上的长方形；它是一种交互作用和协作，联结着组织中的技术、任务和人，以保证组织完成目标。"组织设计涉及两个方面：一方面要把某个活动拆分成不同的任务；另一方面又要将各项任务协调整合起来，以便实现最终目标。在陶器工厂，分工的任务（揉泥、拉抷、修形、上釉、焙烧）是由要进行的工作和现有的技术体系决定的。而协调是一件更复杂的事情，有各种不同的方式。我们可以把这些方式称为协调机制。

（一）劳动分工

劳动分工是指组织专门化的工作职位，又称为工作专门化（work specification）。每个职位都负责不同的工作。对于复杂的制造程序，比如制造一辆汽车，我们可以将工作分成许多单独的小块，通过分工使各项工作由专人来负责。

亚当·斯密在1776年出版的《国富论》中就描述了劳动分工的重要性。斯密描述了工厂中生产针的情况。一个人抽取铁丝，另一个人把它弄直，第三个人把铁丝截断，第四个人把铁丝磨尖，第五个人把顶部磨平以配上头。制作大头针的头需要两三道不同的工序；安装大头针的头又是一门手艺，大头针刷白也是如此；甚至将大头针别到纸上也是一门独立的行业。如果一个工人独立生产，每天只能制作20枚针，而如果进行分工合作，一个工人的平均日产量可达到四万八千枚。斯密认为，组织中分工程度越高，组织就越有效率，创造的财富也就越多。科学管理之父泰勒也提出应该将工作细分为更小的任务,然后将所有工人完成工作的操作予以标准化。20世纪初,亨利·福特通过建立汽车生产线而富甲天下,享誉全球。他的做法也是劳动分工。在汽车生产线上,有的员工负责给汽车装配左前轮,有的负责安装右前轮。通过把工作分解成较少的、标准化的任务,使工人能够反复地进行同一种动作。最终福特公司每10秒就能生产出一辆汽车。福特的经验表明,让员工从事专门化的工作,生产效率就能大幅度提高。

在组织中劳动的任务分工主要有以下三种形式:(1)工作可以被分解成不同的活动。例如制造厂通常将工作分解成制造和装配,个体被分配到这些活动的一项中。这种劳动分工是水平专门化。(2)工作被分解成不同的专业。大多数人从职业或专业角度来考虑专门化,如会计、工程师、科学家、医生以及其他各种专业人才存在于组织的日常活动中。通过任务细分之后,可以对任务进行组合,以便协调具有共同性的工作,这就形成了部门化。(3)工作可以在组织的纵向上进行分解。所有的组织都有权利层次,从最低层的监管者到最高层的管理者。首席执行官的工作与监管者的工作是不同的。

劳动分工最大的好处就在于能够大幅提高生产率,它也是创造组织的一个历史原因。随着社会越来越工业化,手工艺产品让位于大规模生产的产品。大规模生产依赖于劳动分工。由于只是特定的、重复的一些动作,熟练工对自己的工作技能会相当精通;另外,分工之后,每一项任务所需要的技能相对较少,因此如果想要找到能够胜任某一任务的员工不会很困难,培训所需的时间也较短。

劳动的极致分工也会招致负面效果。这一点在卓别林的电影《摩登时代》中有戏剧化的表现。做简单重复的工作需要很少的技能,员工容易产生厌倦、反感的情绪,从而导致低质量、低生产率。越来越多的证据表明,当工作专门化达到一个顶点时,员工表现出的负面效应就会超过经济影响的优势。过度的分工往往和严格的工作规则混合在一起,这会削弱组织应对新技术和顾客需要的能力。

20世纪初期,管理者将工作专业化视为一种能够无休止提高生产力的方法,当时工作专业化还没有普及,只要引入工作专业化,几乎肯定能提高生产率。但到了20世纪60年代,一切都变得过犹不及,工作专业化的负面效应开始出现,并逐渐超过专业化带来的优势。

（二）工作协调

协调与分工是组织中的两个基本过程，二者联系紧密。专业化分工的水平受限于工作协调的可行性，即工作划分必须在工作协调的范围之内，否则分工的努力将会因为错位、重叠或时机延误而白费，协调也会因为分工程度的提高而变得困难和昂贵。因此，专业化分工的程度必须保证分工后团队工作的协调费用不是很高，而且协作的挑战不是很大。每个组织，从一家街边的便利店到大型的企业集团，都会使用到协调机制。工作协调主要有三种方式：非正式沟通、正式等级、标准化。

1. 非正式沟通

在任何组织中，都存在非正式沟通的协调方式。例如员工在共同的任务中分享信息，形成共同的思维模式，保证工作的同步进行。在非程序化、不确定的情形下，非正式沟通是非常重要的。非正式沟通在小公司中是比较容易实现的。借助于信息技术，非正式沟通在大公司中也得到应用。全球汽车部件制造商麦格纳将最大的工厂维持在200人左右，管理者认为如果工厂规模再扩大，就会使员工很难记住其他人的名字，非正式沟通作为协调机制将很难进行。

2. 正式等级

非正式沟通是最灵活的协调机制，但随着员工人数的增加，完全依赖这种沟通方式就会变得比较混乱。因此，随着组织的发展，就会越来越依赖于第二种协调方式——正式等级。正式等级可以给个人分配合法权利，以此进行工作进程的指导和资源的分配。用明茨伯格的话来说，工作是通过直接的监督即指挥链进行协调的。正式等级是大型组织的最优协调机制。韦伯认为，当员工只接受一个上级的监督时，组织的效率是最高的。这时，协调可以通过指挥链进行。

在简单和常规的情况下，正式等级是有效的，但在复杂和不确定的环境中就不那么敏捷了。如今的劳动力越来越不能容忍刚性的组织结构。最佳雇主的获评者中更多的是依靠扁平化和授权的组织。

3. 标准化的协调

（1）标准化流程。产品或服务的质量经常会通过职位描述和程序被标准化的工作活动所改进。面包房的馅饼师每天要数千次地将一个长勺蘸到装有馅饼料的桶中，不管桶中装的是樱桃、蓝莓还是苹果，对他来说毫无不同。他将馅饼料洒在旋转台上的馅饼壳中。其工作的协调是由设计这个旋转台的人进行的。当工作非常简单（制作比萨）或常规（大规模生产）时，这种协调会非常有用，但是在非常规和复杂的工作中就会效率低下（产品设计）。

（2）标准化产出。当工作的结果如产品的尺寸和性能确定时，可以进行产出的标准化。比如，你不必告诉揉泥工如何揉制陶土，他们做出的成品一律是大小齐整的方块。当产出标准化后，任务之间的协调就确定下来了。例如在装订车间，在甲地印刷的图书正文可以完美地跟乙地印刷的图书封面装订在一起。

（3）标准化技能。如果工作活动太过复杂，工作本身和工作产出都无法标准化，在这种情况下，如果还要求通过标准化进行协调，那么只能将劳动者的技能标准化。当从事工作所需的培训要求非常清楚时，就可以对员工技能和知识进行标准化。通常，员工在加入组织之前就经过了培训。

这种协调通常会发生在医院手术室中。外科医生、护士和其他手术室的专家可以通过培训协调他们的工作。组织可以从学校直接雇佣接受过技能培训的学生，就像医院雇佣医学毕业生一样。技能的标准化间接地实现了工作流程和产出的标准化所直接实现的目标。麻醉师和外科医生在手术室为病人切除阑尾时，他们几乎不用进行交流。凭借接受过的培训，他们就知道应从对方那里接过的器械。因此，技能的标准化实现了大多数的协调。

二、组织设计的原则

（一）指挥链（chain of command）

指挥链是从组织最高层至组织最低层，规定谁向谁报告，能够回答"我遇到问题应该向谁请示"以及"我应当对谁负责"这样的问题。与指挥链相关的两个话题是权力和统一指挥。权力（authority）指的是管理岗位拥有的指令下属遵从的权力。每一个管理者在命令链中都有自己特定的位置，每一个管理者都被授予一定的权力，这样他们才能更好地履行自己的职责。职位的权力可以往下授予更低层级的管理者，在赋予他们权力的同时，也需要对这些权力的实施范围加以限制。传统的观点认为职位的权力与个人在组织中的位置有关，而与管理者个人的特征无关。个人在组织中的正式职位所赋予的权力是施加影响的唯一来源，并且如果下达了一个命令，命令就必须得到服从。管理学者巴纳德提出了权威接受论的观点，认为职位权力的来源是下属是否接受的意愿。如果某位员工并不接受上级管理者的命令，那就意味着不存在职权。只有在满足特定条件时，下级才会接受命令。这些条件包括：

(1) 下级理解这个命令。

(2) 下级认为该命令与组织目的相一致。

(3) 该命令与下级的个人信念并不矛盾。

(4) 下级有能力按照该命令完成任务。

当上级利用他们的职位权力向员工分配任务时，这些员工就承担了完成这些指派任务的义务。这种完成任务的义务就是责任。

统一指挥是法约尔提出的管理原则。这个原则认为一个人应该只向一位主管报告，一个员工应该只对一位主管负责。这个原则有助于保持权威链条的连续性。如果指挥链的统一性遭到破坏，一个下属可能不得不穷于应付多头领导和不同命令之间的冲突。

时代在发展，组织设计的原则也在变化。现在，一名基层员工能在几秒钟内得到 20 年前只有高级管理人员才能得到的信息。通过网络连接的电脑使组织中任何员工都能相互沟通，而不需要通过正式渠道沟通。随着自我管理型团队、多功能型团队的出现，命令统一性的重要性正在降低。也有组织仍然强调一对一报告关系的指挥链，但这种组织已经越来越少了。

（二）管理幅度/控制幅度（control span）

除了顶层管理者，每一个人都有一个上级主管。一个主管可以有效指挥多少名下属？这个有关控制幅度的问题非常重要，因为它在很大程度上决定了一个组织要设置的层级和管理者的人数。主管指挥的下属人数较多，即管理幅度较大；主管指挥的下属人数较少，即管理幅度较小。在其他条件相同时，管理幅度越宽，组织效率越高。100 多年前的法国管理学家法约尔强烈建议较小的管理幅度，每个直接主管监管的员工不超过 20 名，每个管理者不能管理超过 6 名直接主管。他认为 3～10 名下属是最佳的管理幅度，因为管理者没有办法监控更多下属。而在现代工厂中，每个监管者平均管理 38 名员工。其秘诀是什么呢？难道是法约尔搞错了最佳的管理幅度？

实际上在目前表现最佳的生产团队是自我管理团队，自我管理团队的协调主要依靠非正式沟通和专业知识，正式等级作为协调机制成为其中的一个小角色。在医生、律师以及其他专业公司中也有非常大的管理幅度，这些员工通过标准化技能协调工作，管理者根本不需要密切监督这些下属，他们在很大程度上是自我管理。一位诉讼咨询公司的总裁说："我只需要帮助他们解决面临的困难，或者是最大幅度地帮助他们抓住机会。"

另一个影响最佳管理幅度的因素是员工执行的工作是否常规，当员工从事的工作较为常规时，他需要上级的意见和指导就比较少，就可以使用宽的管理幅度。当员工从事的工作比较复杂和新颖时，就需要上级更多的意见和指导，就更需要较小的管理幅度。美国一项财产和人身意外伤害保险调查显示，商业保单处理部门的平均管理幅度是一个管理者对应15名下属，但是索赔服务部门是6名左右。商业保单处理部门的工作比较常规，很少例外情况发生，与生产制造工作类似；索赔服务部门则可能会遇到很多新颖、例外的情况。

还有一个影响因素是员工在工作中相互依赖的程度。如果员工在工作中相互依赖程度较高，那么就需要较小的管理幅度。相互依赖程度较高的工作，员工之间的协调、冲突会较多，需要管理者花更多时间解决这些冲突。同时，员工不是很清楚个人的工作绩效，也需要管理者花更多时间去指导和反馈。

在给定的一个科层制组织中，都会有一个最佳的控制幅度。近年的趋势是拓宽管理幅度。这与各公司降低成本、削减管理费用、加速决策过程、增加决策灵活性、缩短与顾客的距离、对下属授权等趋势是一致的。如果你的下属能够充分了解工作，能够从同事那里得到帮助，那么你就可以更好地控制较宽的管理幅度。

（三）集权与分权

在集权的组织中，所有的决策都是高层管理者做出的，低层管理者只不过是执行高层管理者的指示。职权是与职位相联系，而不是与人相联系的。

集权（centralization）意味着组织中只有处于最高层级的少数人拥有决策的权力。组织大都从集权开始，组织的创始人做出大部分决策，按照自己的想法对公司进行管理。不同程度的分权可能同时存在于组织的不同部分。雀巢是一家食品公司，它将营销的权力分散给当地以保证市场响应，但是对生产、物流和供应链进行集权管理，从而改进成本效益以及避免太多跨组织的复杂性。便利店也将分权和集权用在组织的不同部分。连锁便利店通过信息技术对供应商采购集中决策，提高购买力和效率。同时，将投资决策权下放给当地的投资者，使其能够快速适应当地环境的变化。便利店的领导者可以持续从区域顾问那里获得对产品的培训和指导。

（四）正规化

公司越依赖各种标准协调工作，就变得越标准化。麦当劳、肯德基等快餐连锁店通常具有较高的标准化。它们将标准化工作程序作为协调机制。员工的角色受到精确的定义。汉堡中应该放入多少菜叶、肉饼烤制的时间和温度都有明确规定。存续时间越长的公司越倾向于标准化，因为工作活动变得越来越常规，更容易进入标准化实践。大公司也倾向于标准化，因为涉及的人太多，非正式沟通和直接监督不那么容易实现。

标准化会提高效率，但同样也会带来问题。规则和程度降低了组织的灵活性，因为员工会按照规定工作，即使当时的情况需要他根据顾客的要求做出反应。高度的标准化会降低组织的学习性和创造性。一些工作标准变得特别复杂，按照这些标准去做会降低效率。当在企业中规则和程序占据主导地位时，它们会成为关注的焦点，而不是企业的最终目标——生产产品或服务以及服务主要的利益相关者。很多公司变大或变老时需要克服的挑战就是避免太多的标准化。

第三节 组织结构的设计

一、机械组织与有机组织

机械组织结构（mechanistic structure）的特点是较窄的管理幅度、高度正规化和集权化。坚持指挥链原则确保了一种正式的职权等级，使得每一个成员都有一位上司进行控制和监管。保持较窄的管理幅度使得组织层级逐渐增多，从而表现出高耸型的组织结构。随着组织高层和基层距离的不断扩大，高层管理者会采用更多的规章制度来施加影响。因为高层管理者不能通过直接观察控制基层的组织活动，因此只能通过规章制度来控制员工是否表现出组织期望的行为。

有机组织结构（organic structure）的特点与机械组织结构相反，具有较宽的管理幅度、分散的决策权力以及很少的标准化，这种结构使其可以根据需求进行快速改变。在有机结构中，员工往往是高级技术的专业人士，通常接受过培训，使得他们能够处理各种问题，培训形成了他们的专业行为标准。所以他们只需要很少的正式规则和直接监管。有机组织的集权化程度很低，并且高层管理者很可能缺乏制定某些必要决策所需的专业知识，而专业人士可以对这些问题做出快速应对。

■ 二、常见的组织结构

（一）直线制

直线制是一种比较简单的组织结构。其控制幅度宽，权力集中在一个人手中，员工通常只向雇主汇报；垂直层级少，通常只有 2~3 个垂直层级，雇佣较少的员工，往往只生产一种产品或者提供一种服务。直线制在小型的商业组织中较为常见。假如小马是零售店的老板，自己管理这个零售商店，虽然他聘用了 5 个全职的销售人员、1 个出纳员，还有 1 个专门在周末和假期值班的员工，零售商店的各种决策还是依赖于小马自己。处在危机中的大型组织也会简化其组织结构，以此来集中资源。

直线制组织结构具有最高的灵活性和最低的层级数。但直线制过度依赖于雇主的直接监督，当公司逐渐成长变得庞大和复杂之后，公司的运行会非常困难。因为简单的直线制缺乏正规化，权力又高度集中，往往会在高层堆积过多的信息。随着组织规模的增大，决策速度会减慢。如果管理者对所有问题都保留决策权，组织决策通常会处于停滞状态。当组织开始聘用 50~100 名员工时，集股东和管理者角色为一身的人就很难对所有的事情做决策。这时，如果组织结构还维持简单的直线制，将很难发展壮大。另外，由于过度依赖雇主这个核心，一旦雇主离开或患病，组织的信息和决策中心就被破坏，组织很快就会涣散。

（二）职能制

随着公司的成长，出现一定的层级或经过一段时间之后，公司就会引入职能组织结构，设立一些专职部门，每一部门集合了该方面的专门人才从事专门的工作。常见的组织职能部门如财务、人事、设计、生产、销售等，电子游戏公司的职能部门则可能包括美工、编程、音频、质量保障和设计。这些部门的领导者构成组织的高层权力机构。

职能制有时被称为官僚式组织结构。在日常用语中，"官僚"这个词被看作是贬义的。但官僚组织结构的确有其益处：① 将相似的任务归类交给职能部门完成能够带来规模效应，这种结构可以把专业分工的优势发挥到极致；② 把相似专业和技能的人才集中在一起，可以促成规模经济，减少人员和设备的重叠，员工可以与同事用"共同的语言"进行交流，部门内部易于沟通。

职能制创建了专门的人才库，按照职能分组的员工往往只关注他们的技能，而不是企业的产品、服务或顾客需求。除非轮岗，他们不会对业务有更多的理解。相比其他组织结构类型，职能制通常会有更多冲突，需要更多的部门间协调。不同部门之间的员工要合作完成整个组织的目标，但是每个部门都有自己的部门目标和不同的思维模式。例如，生产部门致力于追求效率目标，并不看重创造力，它的眼光不长远，在它看来，完成工作比工作者的感受更重要；而研究部门可能恰恰相反。不同部门所使用的特殊语言，还会进一步强化这类差异。有时候，生产部门和研究部门的人员根本无法相互理解。在职能制组织结构中，解决这些问题需要大量的正式沟通和协调。

（三）事业部制

事业部制最初是由杜邦在1920年改组杜邦公司时提出的。后来，通用汽车公司总裁斯隆将其设计为更为完善的联邦分权制。许多企业纷纷效仿。1950—1952年美国通用电气公司进行改组，提出了事业部制的组织结构。

组织是由相对独立的事业部或业务单元组成的。事业部制是为了满足企业规模扩展和多样化经营需要而出现的一种组织结构。随着企业的发展，许多企业采取多产品多元化或品牌多元化的经营方式。在这种情况下，传统的直线职能制组织结构显得力不从心，管理成本大大提高。这需要对传统的结构进行调整。企业的第二级机构不是按职能而是按企业的事业，如按产品、区域或顾客来划分事业部。每个事业部有自己的产品和特定的市场，能够完成某种产品或服务的全过程。事业部有较大的生产经营权，实行独立核算，自负盈亏，基本相当于一个独立的企业。在事业部内部能够按照职能制组织结构设计管理部门。

事业部拥有有限的自主权，而且由事业部经理来负责管理该事业部并对其绩效负责。公司总部扮演外部监督者的角色，并提供财务和法律等方面的支援服务。组织内的高级管理部门可以从日常行政管理事务中摆脱出来，成为强有力的决策机构。通过权力下放，各个事业部独立经营核算，可以发挥灵活性和适应能力，按市场和顾客需求组织生产经营活动。

事业部制中的部门可以按照地区、产出（产品或服务）或者客户分组。大型组织应该选择哪种事业部制的类型呢？假设企业只销售一种产品，顾客的需求分散在不同区域，区域之间有不同的规定，那么可以采取区域事业部制的组织结构；如果公司销售几种不同的产品，不同消费者的偏好没有显著差异，区域之间也没有特殊性，则采用产品事业部制的组织结构效果最好。飞利浦因为全世界消费者的消费偏好大致类似，因此采用了产品事业部制的组织结构。世界各地的医院从飞利浦购买相同的医疗器械，而这些产品的生产和销售与飞利浦生活消费品的业务则完全不同。可口可乐、雀巢以及其他很多食品和饮料企业主要按照区域划分事业部，因为世界不同地方的消费者口味和首选的营销策略有所不同。尽管肯德基在世界各地生产的汉堡是类似的，但是在中国会销售更多符合中国消费者口味的食物，如早餐的粥和油条、烧饼、盖浇饭等，这取决于当地传统的饮食习惯。

事业部的问题在于：（1）资源的重复浪费，如生产设备、人员。由于各事业部都有自己的职能部门，造成机构的重叠，成本上升。在职能制中资源能够在整个组织中使用，所以除非事业部足够大，否则资源的利用效率还不如职能制的组织结构。（2）事业部之间的竞争。各事业部往往只顾自己部门的绩效和利益，而忽视公司的整体目标。

（四）矩阵结构

矩阵结构将两种不同的组织设计结合起来。常见的矩阵形式是在产品或项目部门上增加职能的结构。职能部门照常行使管理职能，但公司的业务活动是以项目的形式存在。项目由项目经理负责，他向职能部门经理索要适合的人力资源。每个成员既要接受垂直部门的领导，又要在执行某项任务时接受项目负责人的指挥。矩阵结构违背了统一指挥的组织设计原则。航空和高技术领域的企业常采用矩阵结构。

矩阵结构最早应用在飞机制造和航天器械的生产项目中。职能部门包括研发、工程、安装、测试等，每一个项目都需要全新的产品，例如新型飞机、太空火箭等。在中型咨询公司中，咨询顾问根据业务专业划分为不同的职能团队,如财务、生产、工程、管理咨询小组等。由于咨询顾问的成本较高,优秀的咨询顾问资源稀缺,而咨询公司没有统一的产品,需要根据客户的具体情况进行二次设计,每一个项目都是一个全新的产品,无法通过流水线作业完成,因此提供咨询服务的公司适合采用矩阵结构。

第四节 当代的组织设计

一、网络结构

网络结构是通过几个组织的联盟,设计和开发产品或提供服务。与传统的职能制组织相比,网络组织集合了多个独立的、大都单一职能的企业。网络组织描述的不是一个组织,而是许多组织相互之间网状的联系。这种结构包括几个卫星组织,像蜜蜂窝一样围绕着一个核心企业。核心企业是与客户接触的主体部分,而将大多数产品或服务的交付和支持工作外包给世界各地的卫星组织。

推动网络结构兴起的一个重要原因是一个组织只有很少的核心竞争力。如果一个企业开发了自己的核心竞争力,就可以拆分其他非关键业务,将其外包给在这些业务上拥有核心竞争优势的企业。职能制在竞争较少、市场环境稳定的情况下运转得很好。在技术飞速发展,运作流程日益复杂和多样化的过程中,公司更倾向于建立网络结构的组织。例如很多公司的信息技术没有跟上超高速的变化,因此它们将信息系统整个外包给IBM等一些专门的信息系统服务公司。

网络组织的形态可以用这个口号来体现:"可以租借,何必拥有?"网络组织能够灵活地连接设计者、供应商、制造商、分销商和顾客,在其中每个公司都能够追求它自己独特的竞争力。典型的网络结构可以由当今的电影制作公司来说明。在好莱坞电影的黄金时代,电影是由大型公司制作的。华纳兄弟、20世纪福克斯、米高梅等电影制片公司拥有大型电影制作场地,聘用几千名全职专家,包括设计师、摄影师、剪辑师、导演和演员等。而如今，大多数电影都是由一些个人和小型公司以项目合作的方式制作的，通过一个又一个项目最终完成电影的制作。

网络组织的优势在于其灵活性，管理可以集中在能为组织带来竞争优势的关键活动上，通过外部资源的整合来满足快速变化的需要。但网络组织中核心公司对运营活动缺乏有力的控制。由于生产制造、物流、销售等都依靠独立的承包商来完成，在产品质量、成本等方面的控制力会减弱。网络组织必须具有强势的品牌、高度信任的文化、共享的远见，才可以避免瓦解。

二、当前组织设计中的挑战

（一）灵活就业的员工

一些公司开始重新思考完成工作的方式。由于组织通过精简规模以及结构再造来削减工作岗位，管理者经常会依赖灵活就业的员工来填补岗位的空缺。灵活就业员工是指临时工、自由职业者或合同工，其工作岗位取决于雇主对其服务的需要。现在有一些人也将这些员工称为独立就业的员工队伍，因为这些员工与组织之间不存在相互依赖的关系。

公司越来越擅长围绕短期需求聘用和吸引临时员工，并将更多精力集中于长期留住小规模核心人才团队。我们可以从电影行业看到灵活就业员工的结构设计。电影行业的从业者本质上都是自由职业人，根据需要他们会参与到多个电影项目制作中。为了一部电影聚集在一起，而一旦电影拍摄结束，项目组就会解散，各自再转移到下一个项目中。这种形式在项目型组织中十分普遍。企业也会通过招聘临时员工来满足季节性的工作需要。

（二）全球的组织结构

在组织结构方面是否存在全球性的差异？中国公司的组织结构是否与美国公司的组织结构相似？德国公司的组织结构是否与法国或墨西哥公司的组织结构相似？在商业环境持续全球化过程中，管理者有必要了解这一问题。研究者得出的结论是：全世界组织的结构和战略都是相似的，而各组织内部的行为却保持了其文化的独特性。对组织结构的设计来说，为了实现组织的高效率，需要考虑各国特征对特定设计要素的影响。例如，研究表明，正规化（规章制度和层级）在经济并不那么发达的国家可能会更重要，而对于那些员工职业教育水平和技能水平较高的经济发达国家来说则没有那么重要。在权力距离大的国家,员工对机械式组织结构的接受程度明显高于权力距离小的国家。其他组织结构设计的要素也可能会受到文化差异的影响。

总体来说,无论管理者选择了什么样的组织结构,这种组织设计都应该有助于员工以最佳的方式完成工作。员工在完成工作任务时,组织结构应该能够为他们提供支持并起到促进作用。一个组织的组织结构只是实现目标的手段。

思考题

1. 什么是劳动分工,为什么要进行劳动分工?
2. 几十年前效率最高的组织结构拥有较小的管理幅度,但是今天最大的几个制造公司拥有较宽的管理幅度,为什么?在这种情况下,哪种企业应该使用小的管理幅度?
3. 你现在所处的学校或者组织,使用了哪种协调机制作为控制和引导的手段?这种形式的协调机制为什么被用在这里?
4. 职能制组织结构与矩阵组织结构有什么区别?为什么说矩阵组织结构有效解决了职能制组织结构的横向协调问题?
5. 如果让你建立一个企业,你会使用哪种组织结构?为什么?
6. 什么是网络组织,它的特点是什么?

案例分析

一种新型结构

必须承认,有时候你正在从事的项目(学业、工作或者两者兼备)可能是相当枯燥、单调的。如果你可以按一个魔力按钮,让某个人来做这些枯燥、耗时的事情,那该有多好!在辉瑞公司,对于许多员工来说,这个"魔力按钮"是确确实实存在的。作为一家全球化的制药公司,辉瑞公司始终在寻找各种方法来帮助员工实现更高的效率和效果。该公司负责组织效率的资深董事发现,"我们雇佣哈佛商学院讲授 MBA 课程的教授来帮助我们开发战略和实施创新,但他们实际上是在进行谷歌搜索和制作 PPT"。确实,该公司进行了多次内部研究,以确定本公司宝贵的人才在微不足道的任务上耗费了多少时间。获得的研究结果令人震惊。平均来说,辉瑞公司的员工把自己20%～40%的时间用于辅助工作（撰写文件、打印记录、处理数据、安排会议），而只有60%～80%的时间用于知识工作（战略、创新、人际交往、写作、批判思考）。而且，这个问题并不仅仅存在于公司底层。即便是公司最高层的雇员也受到影响。例如，拿一位负责全球工程的执行董事大卫·卡恩来说，他很享受他的工作——评估外部环境中的房地产风险，管理该公司的生产设施，并且控制一笔高达数百万美元的预算。但是，他并不怎么喜欢核查各种电子数据和制作PPT。不过，如今通过该公司的魔力按钮，这些任务可以由组织外部的人员来完成。

这个魔力按钮是什么？最初被称为未来办公室，后来被重新命名为辉瑞工坊，员工通过点击他们电脑桌面上的一个按钮就可以把单调、耗时的工作任务转走。他们在一份在线表格中描述他们的要求，然后这份表格就会被传送到两家印度服务外包公司中的其中一家。当收到一项要求时，印度公司的某位团队成员就会要求辉瑞公司的这名员工详细阐明对该任务的各项要求和完成时间。然后，该团队成员会发来一份电子邮件，里面记载着该项工作的收费情况。如果辉瑞公司的这名员工决定接受，那么所涉及的费用将由该员工所在的部门支付。对于这种独特的安排，大卫·卡恩表示自己非常乐意与他们合作，而且他更喜欢把他们称为自己的"私人咨询组织"。

66 500小时，这个数字说明了辉瑞工坊给辉瑞公司带来了多少好处。这个数字是使用辉瑞工坊的员工大概已经节省的时间。大卫·卡恩的体验如何？他向印度团队提供了一个复杂的研究项目：该公司增强自己的生产设备时有哪些战略行动能够起效。该团队在1个月内就完成了这份报告，而如果要他自己来完成则可能需要6个月时间。他说道："辉瑞公司给我支付薪水，并不是让我来从事策略性工作，而是从事战略性的工作。"

问题：

1. 请描述和评估辉瑞公司正在通过辉瑞工坊做的事情。

2. 这种方法对组织结构有何影响？无论好的还是坏的，请从组织设计的关键要素来考虑。

3. 你认为这种安排是否适合于其他类型的组织？为什么？它可能还适合于什么类型的组织？

4. 你认为组织结构能够对一个组织的效率和效果发挥什么作用？请予以解释。

第十四章

组织文化

学习目标

- 明确组织文化的积极影响与消极影响。
- 列出决定组织文化的因素。
- 理解组织社会化的过程。
- 熟悉组织文化的理论。

引入案例

戴尔，一家受成本效率和竞争文化驱动的公司，连续十几年都是计算机制造业的遥遥领先者。专家们对它的低成本、制造速度和直销模式赞不绝口。创建者 Michael Dell 捍卫了公司的短期目标，而 Kevin Rollins 则是效率导向的建造者。戴尔的文化强调"赢"，意味着它将以低成本进行竞争和保持领先地位。"在一些组织中发明新事物的就是英雄，但是在戴尔，谁能省钱谁就是英雄。"Rollins 说。

尽管戴尔仍然以低成本高效率生产，但是当惠普和其他竞争者前进的时候，戴尔辉煌的成功已经在迅速流失。理由？戴尔强大的文化蒙蔽了管理者和大多数员工，他们只想到制造低成本计算机，而没有想过任何其他的计算机。但是市场已经转变为偏好风格和创新。"戴尔的文化不是灵感和抱负，只强调执行。"一位行业专家说。一些员工认为戴尔的文化应该改变一下，但是那些胆敢批评公司根深蒂固观念和设想的人很快就沉默了。"很多人表示异议，但是只会说一次。"戴尔一位前任管理者说。

同时，戴尔的财富，包括公众对其文化的评价，都在下降。几年前，戴尔是《财富》杂志上令人敬仰的公司之一；两年后，它已经落在 20 名之后。同样，戴尔 2006 年在加拿大最受敬仰公司排名中排在第五，但是一年后，这个公司已经完全不被提及。这些因素促使创建者 Michael Dell 代替 Kevin Rollins 出任公司的 CEO，一些高层的管理者也离开了公司。"公司太注重短期目标。"Dell 承认。他显然也反复强调戴尔以前的文化不是信仰。Dell 宣称他能扭转公司，而且指出新的观点已经在生效了。当然，一些评论者认为戴尔此次文化的转变是非常巨大的工程。

资料来源：McShane, Glinow. 组织行为学（原书第 5 版）. 吴培冠等译. 北京：机械工业出版社，2012.

第一节　组织文化的内涵

一、组织文化的兴起

20世纪80年代，组织文化成为组织领域研究的热点。研究者将目光转向日本企业，力图探究日本企业崛起的奥秘。顶尖的学术期刊发特辑专门讨论组织文化，这一主题的著作也相继面世。实践领域对文化也倾注了巨大的热情，如《商业周刊》《财富》等商业管理类期刊鼓吹文化是成功的关键。

学术界认为，20世纪80年代先后出版的四部著作《Z理论》《日本的管理艺术》《追求卓越》《企业文化》被称为"新潮四重奏"，宣告了组织文化研究的兴起。这些著作的一个共同观点是："强有力的文化是企业取得成功的驱动力。"尽管目前组织文化的研究热度已经退去，但组织文化仍然是组织管理中最重要的领域之一。

二、组织文化与组织氛围

组织文化还没有一个受到广泛认可的定义。有的学者认为组织文化就是"我们做事的方式"，有的定义为"组织成员所共享的信念系统"，或者是"强烈的、广泛分享的价值观"，或者是"一组符号、仪式和传奇，将组织的主导型价值观传递给员工"，等等。尽管这些定义存在明显的差别，但还是能够从中找出一些共同之处。例如这些定义都提到员工所持有的价值观，价值观是判断是非善恶的标准，价值观会帮助员工理解在组织中哪些行为是组织支持的，哪些行为是不可接受的。参照以上定义，我们可以将组织文化界定为：组织文化是员工共享的价值观，规定了在组织中哪些行为是可接受的，并通过故事、符号等方式来传播。

公司文化的价值观有哪些呢？一个通用的模型包括了七项核心价值观的维度。

(1) 创新。公司在多大程度上鼓励员工尝试、进行冒险。

(2) 稳定。公司在多大程度上强调维持现状、保持安全及可预测。

(3) 尊重他人。公司是否考虑管理决策结果对组织成员的影响。

(4) 结果导向。公司管理层在多大程度上重视结果和效果,而不是实现这些结果的技术与过程。

(5) 关注细节。公司在多大程度上期望员工做事缜密、细致分析和注意细节。

(6) 团队导向。工作在多大程度上是以团队而不是个体进行的。

(7) 进取心。组织成员的进取心、竞争程度如何。

以上每种维度都表现为一个从低到高的连续体。根据这七个维度来评价组织,就能得到一幅组织文化的构成图。对于要识别公司文化并希望确定公司形成哪种文化的领导者来说,这个简要的公司文化模型非常有用。每个组织在文化内容上可能各不相同,如价值观的相对顺序不同,或者存在不同形式的假设。例如戴尔公司将效率和竞争排在创新和审美之前,而苹果公司则将创新和设计排在前列。

承认组织文化是成员共享的认知,并不否认亚文化(subculture)的存在。很多大型组织中都存在一个主流文化及众多的亚文化。在同一个部门中,由于在地理位置上远离组织总部,或由于成员经历了共同的问题、事件、情境,从而形成本部门成员共享的亚文化。亚文化可能保持组织的核心价值观、强化主流文化,也可能由于本部门的特殊情况而与主流文化表现出不同的风格。

当组织的核心价值观得到广泛认同,组织成员对核心价值观的信念坚定时,组织就呈现出强文化(strong culture)的状态。强文化会在组织内部创造一种浓厚的氛围,对员工的行为产生影响。例如,美国的零售业公司 Nordstrom 创建出一种十分强大的服务文化。这家公司的员工对于公司期望自己做的事情十分清楚,这种期望对塑造员工的行为有相当深远的影响。在强文化中,组织的核心价值观是明确的、高度统一的,这种一致性会提高员工的忠诚度和凝聚力,从而降低员工的流动性。

与组织文化相关的一个概念是组织氛围(organizational climate),也有翻译为组织气氛的。有关组织气氛的讨论,可以在心理学家勒温(Lewin)提出的心理气氛(atmosphere)中找到渊源。勒温将团体的心理气氛定义为个体共享的知觉或个体间认知图式的相似程度。

组织文化和组织气氛的相似之处在于两者都关注组织的总体工作氛围。但两个概念在很多地方存在差异。首先，组织气氛的研究大都局限于对组织成员共享知觉的测量上；而组织文化更为广泛，表现形式更为多样，如涉及价值观、信念、基本假设等概念。其次，组织气氛通常指组织内的当前情境，组织气氛是组织文化中基本假设的反映和表现，是组织文化在当前状况的"快照"（snapshot）；组织文化会涉及组织产生和发展过程的历史，通常认为组织文化比组织气氛更难以改变。另外，从方法学上看，组织气氛研究通常采用问卷调查和统计分析的方式，这来自社会科学中偏好量化实证研究的背景，组织气氛的研究大都基于心理学；组织文化的研究则更多采取质性研究的方法，如整体的个案研究及研究者深入企业进行参与观察的方法等，组织文化主要基于人类学和社会学。

三、组织文化的功能

积极的组织文化是组织中正式制度的有益补充，强势的组织文化与规章制度相比更具有渗透力，可以促使成员自觉地约束行为，提高成员行为的一致性和可预测性。具体来说，组织文化有以下积极功能：

（1）导向功能。潜移默化地使员工明白组织的宗旨，增强员工对角色的认知，促进意义建构的过程，使成员接受共同的价值观，引导其行为，实现组织目标。

（2）凝聚功能。有助于增强员工对组织的认同感和归属感，培养员工的自豪感和责任感。由于建立在成员共同的价值观基础上，由此形成的关系相对较为长久稳固。

（3）约束功能。组织文化通过信念、价值观等方式对员工的行为进行约束。与制度和法规的约束不同，组织文化的约束是非正式的、非强制性的约束。

从另一个角度来看，文化的相对稳固对组织来说有时也会成为一种束缚。组织外部环境的变化经常要求组织在战略上做出相应的改变，但现有的组织文化是从某些特定的战略发展而来的，那些已经习惯了现有文化的成员可能会拒绝改变。因此组织文化有时会成为组织变革的障碍。当组织尝试收购一家新的企业或进行企业间合并时，现有的组织文化也会产生负面的作用。组织文化的冲突常常使两个组织的合并达不到预期的效果。在进行企业并购时，高管通常把注意力放在金融财务和法律方面，而很少关注组织文化可能带来的问题。例如一个尚处于创业阶段的小公司被一家规章和等级制度森严的大公司收购时,通常会引发强烈的组织文化冲突。另外,组织文化一方面有助于增强员工行为的一致性和可预测性,但有时特别在强文化的组织中,成员的个性可能会受到压抑,从而阻碍个体创造力的发挥。

因此,组织文化能否发挥有效的积极作用还受到三个权变因素的影响:

(1) 文化与环境的协调一致。第一个权变因素是组织文化与外部环境协调一致的程度。如开篇案例中描述的情形,戴尔的文化优先考虑成本效率,然而这些价值观和假设对市场来说已经不再适合。尽管低成本计算机仍然流行,但消费者越来越青睐创新型、外观时尚的计算机。戴尔拥有强势的组织文化,但这种文化对于外部环境来说已经不是最优。

(2) 组织文化的强度。第二个权变因素是组织文化的强度。很多研究者认为拥有中等强度文化的公司比过于强势文化的公司有效。过于强势的文化容易压制与主流文化有差异的亚文化。亚文化会催生建设性冲突,从而完善创造性思考。从长远来看,亚文化的价值观随着环境的改变可能会成为重要的主流价值观,而过于强势的组织文化会压制亚文化的发展。

(3) 文化的适应性。第三个权变因素是文化的适应性,即组织成员是否容易接受改变。组织要获得持续成功,就需要不断地适应变化的外部环境。在适应性较好的文化中,组织成员能够弹性地调整角色,拥有主人翁精神,乐意接受变化,积极实验新想法和实践,主动承担组织业绩的责任。

第二节 组织文化的理论

一、沙因的文化模型

沙因(Schein)于1949年在斯坦福大学取得社会心理学硕士学位,1952年在哈佛大学获得博士学位,此后任职于麻省理工斯隆管理学院。沙因从层次的角度对组织文化进行解释，认为组织文化包含人工产物（artifacts）、价值观和基本假设（basic assumption）三个层次。三个层次对于组织外部的人来说，可见程度是不同的。

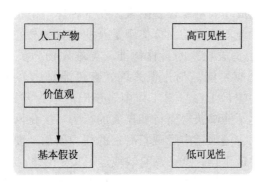

图 14-1　沙因组织文化的三层模型

人工产物是组织文化中最为可见的一部分，包括从组织结构、组织的建筑物、产品、工作场所布局、仪式到员工的着装、行为、语言等。例如员工是在开放的办公环境中工作还是在封闭的房间内工作？员工的着装是随意的还是正式的？在称呼他人时，是直呼其名，还是需要在人名后加上先生、小姐或经理等头衔？这些组织中可见的行为和语言都是组织文化的线索。

第二层是内嵌在组织文化中的价值观。价值观提供了在工作情境中员工应该如何做事的标准。当然这种公开倡导的价值观（espoused value）和实际执行的价值观（in-use value）可能并不一致。例如新员工在入职培训中得知在本公司女性和男性有平等的晋升机会，但是在工作一段时间后，员工发现男性更容易被提拔到管理岗位上。

基本假设是深层次的信念、想法等，它们是潜意识的，很难随意观察到。基本假设随着组织的发展，从组织处理各种事物的方法中发展而来。基本假设涉及对组织内人际关系的看法、组织与外部环境的关系、个人与组织的关系、人的本性、事实与真理的判断标准五方面内容。例如谷歌（Google）的企业文化中有一条基本假设：不作恶（Don't be evil）。

二、迪尔和肯尼迪模型

在《企业文化：企业生活中的礼仪与仪式》一书中，迪尔（Deal）和肯尼迪（Kennedy）认为企业文化包含企业环境、价值观、英雄人物、礼仪和仪式以及文化网络五个要素。这里的企业环境特指由于产品、竞争对手、顾客、技术、政府等因素的影响，企业所面临的市场环境。企业所处的环境是影响企业成功的重要权变因素。在某种环境中企业只有发展出适应的企业文化，才能取得成功。价值观是企业文化的核心。在组织中，价值观界定了"什么是成功"的具体标准。英雄人物为员工提供了角色榜样，这些英雄人物有可能是与生俱来的，有可能是由公司刻意塑造出来的。礼仪是公司期望员工在日常工作中表现出的行为方式，而通过仪式，公司则向员工传达了能够获得支持和嘉奖的行为。文化网络是公司价值观的载体，非正式的沟通渠道中隐藏着潜在的权力阶层。要想了解公司事务的真相或出色地完成工作，就必须有效地运用文化网络。

通过对数百家企业的调查，迪尔和肯尼迪认为可以根据两个因素将组织文化分为四种类型。第一个因素是企业经营活动的风险程度；第二个因素是企业及员工的绩效能够得到反馈的速度。根据这两个因素，组织文化可以分为以下四种类型。

（一）硬汉型文化

在硬汉型文化中，组织所经营的活动风险比较高，同时行动获得反馈的速度也很快。硬汉型文化看重速度，是倾向于年轻人的文化。在这种文化中，英雄人物可以在一夜之间被造就出来，机遇在其中起着重要的作用。硬汉型文化适合那些处于快速变化环境中的组织。同时由于它强调快速反馈，容易使企业陷入短期行为，而忽视长期投资。

（二）拼命干/尽情玩文化

在这种文化中，员工承担的工作风险较低，并能得到快速的反馈。这种文化常见于活跃的销售型组织。销售代表面临的工作风险很低，不会因为一次销售绩效不佳就失去职位，同时又能迅速获得反馈，要么得到订单，要么失败。在这种情况下，只要不断努力（如多拜访顾客、多打电话）就能达成绩效目标。这种文化下的英雄人物通常是那些销售冠军，数量决定了在这种文化中工作的价值。这种文化的缺陷在于过度关注生产和销售更多的产品，员工倾向于注重短期利益。

（三）赌注型文化

在赌注型文化中，任务常常风险大而且反馈很慢。例如开发油田，建造飞机、太空飞船的科研项目，这些都是投资巨大的项目，能否获得成功需要多年之后才能明确。因此在这种文化下，正确的决策意义重大。公司会议是组织中的主要仪式。这种文化下的英雄通常从容不迫、深思熟虑，而且他们能够忍受一段漫长的、几乎没有反馈的时期。赌注型文化有助于科学进步和创造发明的诞生。不过由于回报周期过长，对于企业来说，在等待的过程中会面临资金、市场波动等压力。

（四）过程型文化

最后一种是风险小、反馈慢的文化，常见的组织如银行、大型政府部门、公共事业机构等。这些组织在资金上的风险很小，但工作成效如何却几乎得不到反馈。因此在过程型文化中，员工关注的不是工作的实质内容，而是做事的方式和程序。组织的英雄通常是那些保守式的人物，他们严格按照规定的程序执行工作，而不管这些程序本身是否有意义。在过程型文化中有严格的等级体系，人们非常注重头衔和规范。对于那些需要预先做好计划的工作来说，过程型文化是很适用的。

三、彼得斯和沃特曼模型

彼得斯（Peters）和沃特曼（Waterman）通过长期的管理咨询实践，对美国200多家表现优异的企业进行实地考察，于1982年出版了《追求卓越》一书，认为这些企业具有独特的文化特征，这些特征使他们能够表现优异。

彼得斯和沃特曼在7S管理框架，即战略（strategy）、结构（structure）、系统（system）、人员（staff）、技能（skill）、最高目标（super ordinate goal）和风格（style）的基础上提出了杰出公司组织文化的八大特征，见表14-1。

1. 偏爱行动	5. 深入基层的管理
2. 靠近顾客	6. 业务专注
3. 自治和创业精神	7. 结构简化
4. 依靠员工提高生产力	8. 严密与松散并存

表14-1 杰出公司的组织文化

（1）偏爱行动。成功的企业偏爱行动。对于许多重要决策来说，信息永远无法达到充分完备的地步。如果推迟决策，反而可能使其他企业抢先获得已经出现的商业机会。因此，通常偏爱行动的组织文化导致更好的绩效。

（2）靠近顾客。顾客是当前产品信息的反馈者，是未来产品设想的来源，也是企业当前和未来财务绩效的来源。因此专注于顾客、满足客户的需要是高绩效的来源。

（3）自治和创业精神。成功的企业会打破官僚主义的做法，采取授权做法，鼓励独立和创新的活动。

（4）依靠员工提高生产力。成功的企业应当将员工视为重要的资产，让自己的成员获得成功。尊重员工、信任员工不仅是正当的做法、对企业自身的发展也是有利的。

（5）深入基层的管理。彼得斯和沃特曼总结出在成功的企业中，高层管理者与基本业务单位总是保持着接触，即管理者不应当在紧闭的办公室里进行高高在上的管理，应该经常在基层进行活动。

（6）业务专注。卓越的企业一般不会进入专长之外的领域，在收购和运营中不会涉及与本公司核心业务无关的产业。这在战略上体现为企业应发展自己的核心竞争力，即专注自己最擅长的业务。

（7）结构简化。成功的企业管理层级相对较少。他们发现在一般的公司当中，中层管理人员除了一些"整理"工作，如阻止一些观点向上传递和阻止一些观点向下传递之外，几乎没有起到什么积极作用。如果中层管理者人数减少，亲身实践管理的效果会更好。

（8）严密与松散并存。最后这一点是对前面的一个总结。严密与松散并存是可能的吗？严密是指组织在价值观上具有高度的一致性，共同的文化是强大的黏合剂，将整个企业紧密团结在一起。但另一方面组织在规定上又是松散的，例如允许员工有自治、创业和创新的行为。

四、大内的 Z 理论

大内是第一批对组织文化进行具体分析的研究者之一。他从以下方面对日本企业和美国企业进行了对比：

（1）雇佣制度。首先，从雇佣制度上来看，美国企业的特点是短期的，公司经常出现很高的离职率。而辞职和解雇在日本企业中几乎是没有的。除非到迫不得已的时候，日本企业一般不会裁员。

（2）绩效评估。在美国企业中，由于员工的迅速流动使得公司采取快速评价和晋升的办法，并且绩效考核主要以定量数据为依据，因此在这样的组织文化中，倾向于鼓励员工的短期行为；而在日本企业中，对员工的考核通常是缓慢的，并且除了使用定量指标，同时也会采取定性指标。相应地，员工晋升的速度也很缓慢。

（3）职业生涯。大内还发现在日本企业中，员工的职业路径会横跨几种不同的职能类型，这一做法导致了极为宽泛的职业路径，员工可能在 6~7 个不同的部门中获得工作经验；而在美国企业中，员工的职业发展路径比较狭窄，通常只有在同一个部门中工作的经历，这反映了美国企业所倡导的专业化的价值观。

（4）控制方式。在典型的美国企业中，控制基于正式的组织机制，例如工作描述、权力说明、工作程序和规则等；而在日本企业中控制则通过非正式的规范、共同认可的价值观等含蓄的机制来进行。

（5）决策和责任。日本企业以充分的信息共享和共识为原则，强调群体决策；而在美国企业中，则更推崇个体决策。相应地，在日本企业中，由组织整体来承担群体决策的责任；而在美国企业中由个体来承担个体做出的群体决策责任。

（6）对员工的关心。日本企业中主导的价值观是对员工的全面关心，指不仅要关心员工的工作，还要关心员工的家庭、爱好、信仰等；在典型的美国企业中，对员工的关心仅限于工作场所。大内认为对员工的全面关心可以减少员工的离职现象。

表14-2 大内模型

	日本企业	美国企业
雇佣制度	终身雇佣	短期雇佣
绩效评估	缓慢的	快速的
职业生涯	宽泛的	狭窄的
控制方式	含蓄和非正式	明确和正式
决策	群体	个体
责任	群体	个体
对员工的关心	全面的	狭窄的

五、霍夫斯泰德的文化维度

1965 年，霍夫斯泰德（Hofstede）任职于 IBM 公司欧洲分公司的人力资源研究部门，到1971年，他又回到学校，投身学术界。在1967年至1973年间，他对IBM员工的调查覆盖了全世界70多个国家和地区，样本量达到10万人以上。根据调查的结果，霍夫斯泰德建立了描述国家文化的框架。最初这个框架包含四个维度，分别是权力距离（power distance）、个体主义/集体主义（individualism/collectivism）、男性化/女性化（masculinity/femininity）、不确定性回避（uncertainty avoidance）。近来，基于儒家文化的观点，霍夫斯泰德在原来四个维度的基础上又增加了一个维度：长期导向/短期导向。表14-3向我们展示了美国、加拿大、德国、中国大陆、日本和中国香港在五个维度上的得分。

表14-3 世界6个国家和地区文化维度得分

	权力距离	个体主义	男性化	不确定性回避	长期导向
美国	40	91	62	46	29
加拿大	39	80	52	48	23
德国	35	67	66	65	31
日本	54	46	95	92	80
中国大陆	80	20	66	30	118
中国香港	68	25	57	29	96

资料来源：选自 Hofstede 文化维度，https：//geerthofstede.com/research-and-vsm/dimension-data-matrix/.

权力距离是指人们对社会中权力分配不平等的接受程度。如果社会中的大部分人支持这种不平等的分配，那么该国的权力距离就比较高。在高权力距离的社会中，员工尊敬权威、上级，基层员工轻易不敢对领导提出相反意见，如中国大陆和中国香港地区；而在低权力距离的社会，个体之间的地位平等，员工对权威、上级并不表现出敬畏，如德国、美国和加拿大。

个体主义/集体主义是指人们将自己定义为个体还是群体的一部分。在个体主义文化中，员工通常更关注自己，关注个人任务的完成及与众不同的表现，如美国文化是典型的个体主义文化。在集体主义文化中，个体则寻求在群体中找到认同和归属，建立密切的社会关系。例如，在中国和日本社会中，人们总是尝试融入群体之中，追求稳定和谐的人际关系。

男性化/女性化是指社会主流价值观对自信和物质主义重视的程度，以及社会对性别角色的期望。男性化社会强调自信，追求金钱和物质财富；女性化社会强调人、关系和生活品质。在日本这个比较重视男性化的社会中，女性通常不从事管理工作，处于从属地位，男性则具有主导权。美国和中国在这个维度上都处于中间位置。

不确定性回避是指人们对不确定情境偏好或厌恶的程度，表现为是否通过制定程序和规则来避免不确定性。日本是一个不确定回避程度较高的社会，组织管理的模式是建立大量的工作条例、流程规范等，管理者的决策大都为程序化决策。因此，在日本企业中推行全面质量管理的模式能够获得极大成功。

长期导向/短期导向与儒家文化中的观点有关。长期导向指注重未来，强调节俭和坚持，长幼有序；短期导向注重过去和现在。在长期导向的社会中，如日本、中国大陆、中国香港，人们重视节俭、尊重和服从长辈，而在美国、加拿大和德国则并不重视这些方面。

随着全球化的发展，跨国企业的增多，组织中员工多元化的趋势越来越凸显。霍夫斯泰德的文化维度为理解不同国家的文化提供了指南。意识到不同文化内涵上的差异，了解不同员工的价值观，能够帮助管理者更好地管理多元化的员工，创造高效的国际团队。

第三节 组织文化的管理

一、组织文化的创建

沙因等认为组织文化的产生是组织成员在相当长的一段时期内保持相互间的密切互动，随着组织在经营活动中获得成功，他们不断重复使用的解决问题的方式就会成为组织文化的一部分。这些特定的解决方式可能来自公司的高管，也可能源于公司的基层，可能源于个体，也可能源自某个群体。组织文化是组织创建者的价值观和组织成员自身经验相互作用的结果。但在具有强文化的组织中，价值观念大都来自公司创始人或其他相关的领导者。创始人可能只聘用和留下那些与自己想法、观念相似的员工，他们将自己的思考和感受在社交中灌输给他人。创始人鼓励员工与自己保持一致，并使员工内化其价值观和潜在假设。

首先，组织文化是管理层必须确定的组织价值观，包括组织的战略价值观和文化价值观。战略价值观将组织和环境联系起来，通过评估政治、经济、社会、技术等外部因素，找出组织能够满足市场需要的方向，从而形成对组织环境的基本信念；文化价值观是为了实现组织战略价值观而使员工应当具备的价值观。员工应当重视与组织战略价值观一致的工作行为。

在制定了价值观之后，组织应当建立自己的愿景。愿景是组织在将来一段时间上的景象，描述了战略价值观和文化价值观如何结合起来创造组织的未来。愿景在战略价值观和文化价值观相结合的基础上向员工传递绩效目标。

下一步就是根据组织的价值观采取行动实现组织愿景，即启动战略的实施。这一步包含了很多具体的步骤，如组织设计，招聘与组织价值观匹配的员工，培训员工认同组织的价值观，等等。

最后需要在实施组织战略的过程中不断强化员工的行为，等等。可以采取多种强化的方式，如通过组织中的正式奖赏系统来鼓励期望的行为，建立礼仪规范和仪式，强调对组织愿景实现具有重要意义的行为。在招聘、培训、晋升等人力资源管理环节，所设定的标准都应是组织文化的反映。

在组织文化的维系过程中，有三种力量起着重要作用：高层管理人员、选拔过程和组织社会化。

(1) 高层管理人员。高层管理人员的行为对组织文化有着重要影响。高层管理人员通过自己的言行举止，把行为准则渗透于组织。例如，公司是否鼓励创新和冒险，管理者在多大程度上授权给下属，如何着装是合适的，哪些行为才能获得肯定和嘉奖，等等。

(2) 选拔过程。组织的招聘选拔过程最终是要识别并雇佣那些知识和技能符合组织任务要求的员工。甄选过程是双向选择的，一方面，组织的决策者在进行人员选拔决策时，考虑的是候选者是否适合本组织。最终的入选者在价值观上至少与组织的核心价值观有一致之处。另一方面，招聘和选拔的过程也可以为求职者提供组织的相关信息。求职者若认为自己的价值观与组织的核心价值观有出入，可以选择退出候选人的行列。通过个体被组织吸引、组织选拔员工、不适应组织的员工离开这样一系列过程，使得组织内的成员具有高度的一致性。他们容易对组织事件形成相似的观点和知觉，即成员的相似性可以促成对组织文化的共享知觉。

（3）组织社会化。不管组织的招聘和选拔工作做得有多好，组织文化都难以彻底灌输到员工的心里。新员工适应组织文化的过程被称为社会化。社会化有三个步骤：初始状态、碰撞阶段和调整阶段。每个员工在刚入职时都对新组织有自己的期望和假设。例如大多数新员工会认为耐克是生机勃勃的，认为一家著名的法律事务所是高压力高奖赏的。如果员工的主动性较高，他们就能够较好地调整自我来适应新组织。当新员工入职后，社会化就进入碰撞阶段。这时他们会直接面对期望和现实存在差异的问题。如果期望与现实一致，那碰撞阶段是对原有认知的固化。但很多时候，期望与实际存在差异。差异过大时，成员可能因此而离职。最后新员工要解决在碰撞阶段遇到的问题，就需要进入调整阶段。新员工社会化实际上是符合互动论的一个具体例子。组织中的员工会面对工作环境中许多复杂而又模糊的信息，如正式的政策和实际执行政策的不一致，生产目标和质量目标的冲突，等等。新员工为了适应组织的环境，需要不断调整自己的态度和行为，在此过程中都需要新员工和组织内部人员间的互动。组织也会有促进员工社会化的方案。总体来说，管理层通过强调正规、集体、序列和固定的社会化过程，使新员工的差异逐渐消失，员工会形成标准化、可预测的行为。这些制度化措施在警察、消防等重视制度和命令的组织中很常见。非正式、个体化、多变性和授权的过程可能会让员工对自己的角色和工作方式有新颖的感觉。在研发、广告与摄影等组织中更多依赖这些个性化的手段。

二、组织文化创建的误区

重视组织文化建设是中国企业管理的进步，但是不少组织对文化的特点和本质了解甚少，结果在文化建设中进入了误区。

（1）过分拔高。很多企业在总结企业文化时都强调一些伟大的精神。在塑造企业文化的过程中应该是从企业实际出发，将企业的愿景、价值观等内容的设定与企业的核心业务紧密结合起来。

（2）形式主义。一些企业过于倚重外部形象塑造，如商标、广告语、标识等。这些是企业文化中外部的表现形式，不能舍本逐末，只关注外部形象而忽视内部的管理。例如有些企业为自身设计了一套完整的企业形象识别系统（CIS），从不同层面为企业塑造了一个"思想先进、管理规范"的形象，但是实际接触企业之后才发现他们的管理一片混乱，与其塑造的企业形象大相径庭。

（3）急功近利。文化建设是一个渐进的过程，但众多企业在文化建设中存在着浮躁的情绪。企业文化建设如同搞运动一样，热衷于提炼愿景、使命等口号，印制精美的企业文化手册，却很少将这些内容与日常管理相结合。

（4）盲目照搬。看到别的企业组织文化建设很成功，就简单复制。由于企业各自的条件和所处的环境不同，结果收效甚微。

（5）双重标准。有一些企业中的文化建设主要针对员工，领导人员则置之度外。如有的企业要求员工必须忠诚、节俭，管理者却见异思迁、挥霍浪费；有的要求下属诚信，自己却对客户耍阴谋。这违背了文化建设必须上下一致、内外一致的要求。

三、跨文化管理

跨文化管理是在多元文化情况下，以妥善处理由文化差异产生的矛盾和冲突为主要任务的管理。随着经济全球化的推进，跨国投资经营已经相当普遍。例如并购成为许多企业扩展和国际化的捷径，但并购的"七七"定律是：70%的并购没有实现预期的商业价值，其中70%的并购由于文化整合问题而失败。这被称为外生型多元文化状况。而在规模较大的组织中，由于业务多元化，长期采用分权管理的方式，各部门相对独立，拥有较大的自主权，由此形成了独特的价值观念和行为方式，形成了与母公司有一定差异的亚文化，这被称为内生型多元文化。

对于外生型多元文化的管理，首先需要优选外派管理者。在选拔标准上，除了技术能力外，还应把适应能力、处理人际关系的能力以及文化敏感性等作为重点。在培训中对外派人员应进行一段时间的海外文化适应性训练，使其充分了解当地的文化价值观和行为方式。

对于内生型多元文化的管理，应考虑亚文化与母公司文化的差异和冲突程度。如果核心观念一致，则子公司的文化呈现不同风格是正常的；如果在核心观念上存在较大差异，则需要谨慎分析这种亚文化存在的利弊，判断亚文化是否可以作为对母公司文化的必要补充，或者需要采取措施加强母公司文化对亚文化的渗透，减少亚文化的消极作用。

从员工的层面来说，多元化的维度可以分为两类。第一类是多元化的初级维度，是与生俱来的或社会化早期所受到的影响，如年龄、性别、种族、生理和心理能力等。这些特征是持久不变的东西。第二类是多元化的次级维度。与初级维度的因素相比，次级维度的因素不是持久不变的，如教育程度、收入、婚姻、工作经验等。忽视多元化可能会令组织付出巨大的代价，不仅会导致少数群体被排除在沟通和决策之外，还会导致员工之间的紧张气氛，使生产力降低。重视多元化的一个最重要的积极方面是观念的丰富性。这些新鲜的观念可能带来新产品、新市场和新服务。

思考题

1. 试述沙因的组织文化理论。
2. 组织文化有哪些积极功能和消极功能？
3. 组织文化的创建过程是怎样的？如何避免组织文化建设中的误区？
4. 一些人认为最有效的组织是拥有最强势文化的组织。你怎样理解组织文化的"强度"？你认为拥有强势文化的组织可能会出现什么问题？
5. 在组织文化的人工产物中，列出至少两种你观察到的所在部门或学校的有关内容：（a）组织的故事或传奇；（b）礼仪和典礼；（c）语言；（d）实体结构和标志。
6. 假设组织中的高层管理者要求你寻找一种强化团队合作文化的方式，高层管理者都支持这种合作的价值观，但他们希望组织中的每个人都拥护这种价值观。请你尝试设计四种活动强化这种价值观。

案例分析

Google 的企业文化

1998 年，Google 创始人拉里·佩奇和赛吉·布林在斯坦福大学的学生宿舍内共同开发了全新的在线搜索引擎，然后迅速传播给全球的信息搜索者。Google 目前被公认为全球规模最大的搜索引擎，它提供了简单易用的免费服务，用户可以在瞬间得到相关的搜索结果。

Google 一词源于 Googol，是一个数学术语，表示 1 后面带有 100 个零。Google 公司对这个词做了微小改变，借以反映公司的使命，意在组网上无边无际的信息资源。

Google 于 2006 年发布全球中文名称"谷歌",这是 Google 唯一一个在非英语国家发布的名字。谷歌意为丰收之歌、欢愉之歌,寓意丰富多彩的搜索体验。Google 的英文拼写对熟悉 IT 技术的人来说不会有障碍,但对普通大众来说可能会有所不同。因此创造一个中文名字,可以使不熟悉英文的人也能更方便地找到和使用 Google。

Google 的标识还有一个区别于其他任何一家公司的特征,就是每逢节日或著名人物或事件的纪念日,对 Google 标识的涂鸦,他们称为"doodle"。例如庆祝爱因斯坦的生日,世界杯,中国的端午节、重阳节,画家张大千的诞辰,诗人李白的诞辰,等等。Google 的 doodle 设计者将这些特殊的日子用彩色的 Google 标识来表现这些值得纪念的人和事。用 Google 自己的话说"其他公司都没有这么做过,在 Google 这属于品牌的一部分。这种有趣的方式让我们缅怀过去的事件和著名的人物,同时这也是公司鼓励创新的体现"。

Google 的总部曾坐落于加利福尼亚州的山景城。如今,它只是 Google 在全球的众多办事处之一。虽然各地的办事处不尽相同,但这些工作场所都有以下一些共同点:

从布宜诺斯艾利斯的壁画到苏黎世的滑雪缆车,每个办事处里面都洋溢着浓郁的地方风情,彰显出与众不同的本土特色与个性。

Google 员工都是多人共用一个工作区隔断或工作间,公司里面几乎没有单人办公室。

Google 为每位员工配备了笔记本电脑,供他们随时随地进行编程、收发邮件或记录突如其来的灵感。

Google 公司内部有员工自发形成的各种组织,比如冥想班、电影俱乐部、品酒一族,以及莎莎舞俱乐部等。

公司设有各种风味的餐厅,所有员工都可以享受到富有营养的午餐和晚餐。

各楼层的茶水间摆放了各种零食和饮料,可让 Google 员工一整天都保持精力充沛。

Google 在北京的办公室坐落于中关村的清华科技园,其风格与世界其他国家和地区的类似,在每层楼都有员工休息区,里面有各种饮料、水果、零食。公司为员工提供了装修经费,员工可以按照自己的想法对办公区域进行个性化的设计。

Google 将自己的使命定位为整合全球信息，使人人皆可访问并从中受益。尽管自 1998 年创立以来，Google 的规模已经扩大了很多，但仍坚持营造一种小公司的氛围。午餐的时候，几乎所有人都在公司的餐厅随意就座用餐，与各个不同部门的同事一起愉快地畅谈。Google 秉承一贯的创新理念，而这有赖于每位员工都能够毫无顾忌地交流想法和观点。这就意味着每个员工都是功不可没的贡献者，而且每个人都要在公司身兼数职。由于每个人都知道自己对于 Google 的成功同等重要，因此在周五例会（TGIF）上每个人都会毫不犹豫地向拉里或塞吉提出尖锐的问题，在排球场上也会毫不犹豫地战胜公司高管。Google 员工使用的语言高达数十种，从土耳其语到泰卢固语，包罗甚广。这样形成的团队反映了 Google 为全球用户服务的理念。

资料来源：Google 公司信息，https：//www. google. com/about/philosophy. html? hl = zh-CN；Google 徽标，https：//www. google. com/doodles；Google 起全球惟一非英文名 名定"谷歌"，http：//news. sina. com. cn/o/2006-04-13/08118683910s. shtml

讨论题

1. 在组织文化发展的过程中，领导人起到了什么样的作用？
2. 尝试用本章所学的组织文化理论对 Google 公司的组织文化进行阐述。

第十五章

组织变革

学习目标

- 理解并掌握组织变革的定义与结构。
- 了解组织变革的阻力及其克服方法。
- 了解员工面对组织变革的态度变化过程。
- 理解并掌握组织变革的步骤与模式。
- 掌握组织变革的方法。

引入案例

是"不变革则灭亡",还是"变革即灭亡"?

在理解人类行为和组织行为时,后视偏见是一个巨大的问题。从事后来看,所有事情都变得十分清晰。我们可以用电路城公司(circuit city)的失败作为一个例子。

不久之前,电路城公司还处于欣欣向荣的时期。尽管这家60年前成立的公司长期落后于它的暴发户对手百思买公司,但是在2001年它开始缩小两者之间的差距。事实上,电路城公司的股票在2004年、2005年和2006年的表现均超过了百思买和无线电音响城(radio shack)。然而到了2009年,电路城的股价暴跌到0.2美元,现金流消失了。在无法找到买家之后,电路城关闭了其在美国的567家店铺和在加拿大的765家店铺。34 000名员工失去了工作,这家美国第二大消费类电子产品连锁公司就此消失。

哪里出了问题?专家指出,是两种变革尝试弄巧成拙。第一,电路城制定了一项战略决策,即将店铺位置选在地价比较便宜的地段;第二,2007年,电路城为了控制成本而解雇了3 400名最有经验的销售员工。在这两种情况下,公司都节省了资金,但是却在消费者交通便利和员工士气方面付出了巨大代价。电路城还实施了另一个重大变革。为了效仿那些增长较快的竞争对手的做法,并且认为消费者已经厌倦了"强力推销",电路城在2003年取消了它的销售佣金结构。虽然大多数消费者可能不喜欢那些过于积极的销售人员,但是电路城的这种做法意味着许多最有经验的销售人员可能会另谋高就。

尽管电路城公司可能会因为实施了糟糕的变革而受到重创,但是在导致它失败的原因中,有两个关键因素是其他许多公司也面临的。首先,当然也是最明显的，就是经济形势。模糊的经济衰退征兆尽管在事后看来是明显的，但在2007年并没有多少人注意到。

其次，在全球衰退中苦苦挣扎的众多行业中，零售业是受影响最严重的。单是2008—2009年度，就有许多零售商或者关门大吉，或者宣布破产，这其中包括Eddie Bauer, SSiarper Image, Linens'n Things以及Goody's。其他零售商，如西尔斯和凯马特，仍在苦苦支撑。

人们常说，企业须谨记"不变革则灭亡"，有人在事后分析说："电路城变得骄傲自满——这是个致命的错误。"但是击垮电路城的到底是它没有进行的变革，还是已经实施的变革？

资料来源：斯蒂芬·P. 罗宾斯，蒂莫西·A. 贾奇. 组织行为学（第14版）. 孙健敏，李原，黄小勇，译. 北京：中国人民大学出版社，2012.

当今组织所面临的环境异常复杂和充满不确定性。环境的变动必然会对组织的运作产生冲击，进而促使组织采取各种变革的举措，以解决组织内外环境变化所产生的适应性问题。然而组织变革通常是复杂的，必须耗费大量的时间和精力进行管理，其过程在很多时候是非常折磨人的，甚至会以失败告终，或者只能取得局部的成功，但不论如何，持续地变革已成为时代所趋。对于任何组织而言，现今唯一不变的真理就是变。

第一节　组织变革概述

■ 一、组织变革的定义和结构

变革的英文为change，源于古法文changer，原意为"弯曲"或"转弯"，就像藤蔓或树枝趋向阳光一般，也有人将其翻译为"改变""改革""变迁"。管理学大师彼得·圣吉（Peter Senge）认为，"变革"一词的本质已具有丰富的内涵，包括社会氛围、政治环境、市场结构、科学技术等外部变化，以及为了适应环境改变而产生的内部变化（如组织战略）等。

在组织管理领域，所谓组织变革是指组织为了获得社会认同和生存，而采取外界盛行的制度运作模式，进而获取外界源源不断的资源，以增强其合法性，提高组织长期生存的机会。例如当一些夕阳产业逐渐没落时，经常会导致组织变革的介入。组织变革要顺利进行，需要组织内外环境的相互配合，并通过系统性、计划性甚至革命性的努力，来寻求内部的稳定发展，以适应外在环境的改变，进而有效地达成组织的目标。

组织变革通常包括四个方面：

（1）结构变革：主要针对组织的整体设计以及组织结构的基本要素所进行的改变，包括组织体系、工作结构以及职权关系的调整。

（2）观念变革：包括危机或机会的确认、组织思维逻辑的改变、组织愿景的创造和组织使命的重新定义等。

（3）战略变革：组织面对环境的挑战和冲击，势必要通过战略的改变从而为组织找到更有商机的新政策方案和发展空间，唯如此才有能力和竞争对手抗衡。

（4）文化与能力变革：针对组织环境中各种核心价值、信念、工作规范、行为模式进行的变革，目的在于维持组织内部的共识，提升组织的效能和生产力。

二、组织变革的原因

很多时候，变革是因为组织所处的大环境变化而促发的。环境变化所引起的改变从外部引入，健全的组织会将其视为一种进步的机会。美国通用电气公司在20世纪80年代所进行的企业改造即是一个典型的例子。通用电气公司新任总裁杰克·韦尔奇对当时充满自满的组织进行重组，实施组织扁平化和大量裁减员工，并且进行企业文化的再造。变革也可以是从组织内部引发的。当管理阶层修正或重新设定其战略时，通常会引发一系列的变革。例如欧莱雅发展出一种在大众商品市场更积极的新战略，从而必须重新配置企业的运作方式。

罗宾斯和贾奇总结出六种激发变革的力量，即劳动力队伍性质的变化、技术的进步、经济冲击、竞争的日趋激烈、社会潮流的不稳定性增加以及世界政治的变化（如表15-1所示）。

第十五章 组织变革

表15-1 变革的动力

动　力	具体例子
劳动力队伍的性质	文化更加多元化 人口老龄化 移民数量和业务外包的增长
技术	更快、更便宜、更便于携带的电脑和手持设备 社交网站的出现和发展 人类基因密码的破译
经济冲击	全球房市的起落 金融行业的崩溃 全球衰退
竞争	全球的竞争对手 收购与兼并 政府对商业的更多管制
社会潮流	环保意识的增强 对同性恋和变性员工更宽容的态度 更多的接触和任务多样性
世界政治	医疗成本日益提高 社会对企业及其高管的负面态度 中国市场日益开放

伦德伯格（Lundberg）归纳出一个包含内部条件（internal permitting conditions）、外部条件（external enabling conditions）、催化因素（precipitating conditions）和触动事件（trigger events）四要素的组织变革成因模型（如图15-1所示）。

内部条件指的是客观上允许组织从事变革的资源，包括四个部分：第一是组织剩余资源。组织在进行变革时，需要管理者投入保证正常营运之外的时间、精力和资金。第二是组织的变革准备度，也就是组织成员或利益相关者的开放心态和接受变革的心理准备（包括容忍不确定性带来的焦虑和坚持到底的意志力）。第三是系统的连接度，即在进行变革时组织内部必须具备最低限度的整合。第四是领导者的权力和领导能力，亦即进行变革的组织必须有一个相对稳固的领导团队并具备战略能力，能构思愿景和进行有效沟通。

外部条件是指促成组织从事变革的外在条件，包括两个部分，一是组

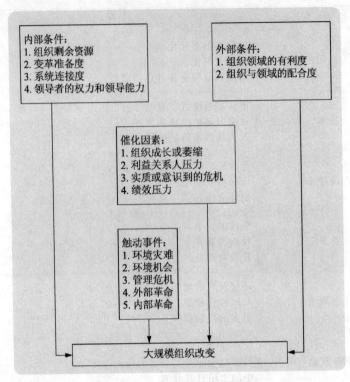

图 15-1　组织变革成因模型

织领域的有利度（包括资源的丰富性、稳定性与分散程度）；二是组织与领域之间的配合度，这种配合度太高或太低都不利于组织进行变革。

催化因素是指组织常常面对的催化变革的外在因素，例如组织结构会受环境影响而呈现出分化与整合的现象。与组织本身有关的催化因素包括：① 因组织的成长或萎缩而在结构上所导致的变革压力；② 由于组织利益相关者权力结构的变化而产生的变革压力；③ 产业科技、竞争者行动或顾客偏好的改变使组织经历的实质性或预想性的危机，从而催生出的变革压力；④ 不寻常的绩效改变（如销售业绩大幅下滑）也会引发变革的动力。

触动事件是指在上述内外部条件的配合下，企业变革的压力逼近临界点后，那些点燃变革之火的"火柴"。触动事件包括：① 环境的灾难，如天灾、严重的不景气、竞争者的战略性行动等；② 环境的机会，如新科技突破、发现新市场、获得新资金等；③ 管理危机，如爆发激烈的管理冲突、高层决策的重大失误或高层人事动荡等；④ 外部革命，如信息技术革命、经济全球化等；⑤ 内部革命，如新接班人、新领导团队的到来等。

三、有效变革项目的特点

有效的计划性变革努力通常是以做一些共同的前期事情为特点的。有效的变革项目通常包括：

(1) 通过让组织成员做好准备并努力克服对变革的抵制来促进变革；
(2) 创造一个对组织未来愿景的共同认识；
(3) 争取对所希望进行的变革的政治支持。

此外，佩雷斯和罗勃逊提出的有关有效变革项目的条件包括：

(1) 变革的主要动力源是组织的成员，而不是某些外部参与者；
(2) 组织的主要成员必须认清变革的必要性，并为变革项目的积极的预期性结果所吸引；
(3) 具备制定改革规范和程序的意愿，以确保组织变得更为有效。

总的来讲，变革需要来自组织内部，组织成员必须充分认识到变革的必要性，相信变革的潜在价值，并愿意改变自己的行为以提高群体或组织的有效性。此外，有效的组织变革必须是全组织范围的，这意味着不能零星地进行变革。

第二节 组织变革的阻力及其克服方法

组织变革的目的在于突破现状、重新改造，以使组织在面对动态变化的环境挑战时，能具有足够的应变能力。然而在推动变革的过程中，组织不可避免地会遇到很多抗拒变革的阻力。为了使变革顺利开展，了解变革组织存在的原因，有效化解抗拒变革的力量，就成为决定组织变革成败的关键。

一、个体方面的变革阻力

尽管变革对于今天组织的生存和发展具有非常重要和关键的意义,但多数人对于变革都存在一种天然的抗拒或排斥,甚至将变革视为威胁,进而阻止变革的发生。组织在推动变革过程中,不论是在结构及观念变革方面,还是在战略变革或文化与能力变革方面,如果没有获得组织内部多数成员的理解、认同和支持,变革过程将会遇到重重阻力,所预期的变革成效也将难以达成。

根据罗宾斯和贾奇的观点,个体方面的阻力包括以下几个方面:

(1) 习惯。习惯是合适、安全、满意的源泉,它使个体适应世界和应对世界。我们通常会依赖习惯或程序化的反应来应付生活的复杂性。但是在面对变革时,这种依靠习惯反应的倾向就会成为一种阻碍变革的力量。当然习惯是否成为抗拒变革的一个来源,在某种程度上取决于个体是否认识到改变自身行为带来的收益。

(2) 性格。个体性格中的某些东西(如依赖性或教条主义)可能使其产生抗拒变革的倾向。高教条主义者的观点是封闭的,因此更可能抗拒变革。而高度依赖他人的人常常缺乏自信,因此可能会一直抗拒变革,直到他们信赖的人(例如上司)支持或认可这种变革。

(3) 安全感。个体的安全需求越高,他们就越有可能抵制变革,因为变革会对他们的安全感产生威胁。

(4) 对未知的恐惧。多数人在面对未知的事物时会感到焦虑。而变革往往会伴随着较高程度的不确定性,由此会导致组织成员陷入怀疑、不安与害怕的状态中,进而对组织变革产生抵触和抗拒。

(5) 选择性的信息知觉和加工。人们倾向于有选择性地知觉事物,以免对他们业已形成的认识和理解形成挑战。一旦个体建立了对现实世界的理解,他们往往会抗拒对它们做出改变。在面对变革时,人们往往只关注自己同意的东西,无视或忘记可能导致其他观点的任何知识,或者曲解信息交流。

(6) 对权力或影响力的威胁。组织中的一些人可能认为变革会对其权力或影响力产生威胁。组织中的权力源于对其他人需要的东西(如信息或资源)的控制。一旦权力确立起来,个体或群体通常就会抗拒他们认为会降低其影响他人能力的变革。

(7) 经济因素。当组织大幅改变原来的工作内容或程序时，组织成员会害怕自身专业知识不够、能力不足而无法胜任新的工作内容或程序。一旦在新工作中无法适应或表现不佳，将会直接影响到升职或加薪。

此外，奥图尔（O'Toole）认为组织在变革过程中，抗拒的阻力不仅是普遍的现象，而且具有破坏变革的作用，因此非常有必要了解组织成员为何会抗拒变革。他针对组织成员抗拒变革的原因，归纳出33项基本假设加以说明（如表15-2所示）。

表15-2 组织成员抗拒变革的33项假设

假设	内容
1. 稳定感	改变不是一种自然的情境
2. 遵循先例	根据现况做出假设；证据不断地改变
3. 惰性	变革需要花费很大的力气
4. 满足感	多数人安于现状
5. 缺乏成熟的心态	预设还未来临的改变情境；对时间的预估不准确
6. 恐惧	人们对于未知的事物都心存恐惧
7. 自利倾向	改变对于他人或许是好的，但对自己却未必有利
8. 缺乏自信	不认为自己有足够的能力面对新的挑战
9. 未来的震慑	对于变革不知所措，因此很自然地抗拒它
10. 徒劳无益的心态	认为所有的改变都是肤浅的，像化妆一样虚假，所以必自找麻烦
11. 知识的缺乏	不知道该如何改变，要改变什么
12. 人性	人性是勇往直前的、喜好竞争的、自私自利的、贪婪的，唯独缺少改革所需要的利他心态
13. 犬儒主义	会怀疑那些变革推动者的心态
14. 刚愎自用	尽管变革听起来似乎不错，但常常对那些可能产生的负面结果心存恐惧
15. 个人的天赋与群体的平庸	泛泛之辈总是无法参透变革推动者的智慧
16. 自我	拒绝承认自己存在需要改变的不当之处
17. 思虑短暂	人们无法延长满足感
18. 目光短浅	无法看到改变在自利以外的其他方面成效

续表

假 设	内 容
19. 梦游	绝大多数的人都过着未经认真思考和审视的生活
20. 盲从	一味地遵从群体思维或社会一致性
21. 集体的幻觉	并不会从经验中学习,也看不见前人之见
22. 沙文主义心态	我们才是对的,而那些要我们有所改变的人则是错的
23. 例外的谬误	变革或许在其他地方管用,但我们则例外
24. 意识形态	我们有着不同的世界观——天生的价值观相互冲突
25. 现存制度优越论	个人或许可以改变,但群体则没有这个需要
26. 自然演化论	自然的演化并非是跳跃式进行
27. 权威的公正性	我们是什么人,竟敢质疑安排我们进入目前情境的领导者
28. 变革缺乏拥护者	少数人在维持现状上所付出的努力,往往胜过大多数人在进行变革上投入的心力
29. 决定论	没有任何人的作为能够造成目的性的改变
30. 科学主义	历史的教训是属于科学的,因此我们无法从中学到什么
31. 习惯	
32. 风俗的专制	倡议变革的人应该受到斥责
33. 人们的愚昧无知	

不过需要指出的是,员工对变革的抗拒并不都是坏的,它也能带来一些积极的结果和收益。员工的抗拒将会促使管理者再次检查和审视其变革方案,以确保方案能够合情合理。在这种情况下,员工们作为检查和平衡系统的重要部分,保证了管理者能正确地计划和实施变革。如果员工合理的抗拒使管理者更加仔细地考虑变革倡议,那么员工们就可以减少管理者的鲁莽决策。

另外,员工抗拒也能帮助确定变革可能造成消极后果的具体领域,这样在严重的问题形成以前,管理者可以采取纠正措施。同时,管理者也被激励去与员工就变革进行深入的交流和沟通。从长远来看,这样会使员工更容易接受和认同变革。员工抗拒也为管理者提供了有关员工对某一问题的关注度的信息,为员工负面情绪提供宣泄的渠道,并且能鼓励员工围绕变革举措进行更多的思考和讨论。如此一来,员工就能更好地理解变革。

二、组织方面的变革阻力

组织方面也存在很多不利于变革开展的阻力,它们包括:

(1) 有限的变革范围。组织变革是一个牵一发而动全身的活动。换言之,组织不可能只对其某个子系统实施变革而不影响其他子系统。因此,在某一子系统中实施的有限变革往往会影响到更大的系统。

(2) 群体惰性。在某些情况下,即使某个个体想主动改变自己的行为,群体规范产生的惰性也会充当制约力量。

(3) 结构惰性。组织一般都拥有能维持稳定的内在机制(如正式的规章制度)。这种结构的惰性在组织需要进行变革时就可能充当负向的作用力,以维持原先的稳定状态。

(4) 组织文化。组织文化在变革中扮演着重要角色。然而文化并不容易修正,而且可能成为抗拒变革的一个主要源头。有效的组织文化的一个重要方面体现在它是否有弹性从而利用机会去变革。无效的组织文化(就组织变革而言)严格地把员工禁锢于旧有文化中,即使它已不再具有适应性。

(5) 对专业知识的威胁。组织模式的变革可能会对某些群体的专业知识造成威胁。

(6) 资源限制。有些组织想维持现状,但其他组织如果有足够资源则会主动求变。变革需要资本、时间和胜任的个体。在任何特定时间内,组织管理者和员工可能已经确定了应做的变革,但受资源所限,只得延期或放弃一些所希望发生的变革。

三、变革阻力的克服方法

变革阻力永远不可能完全消失。但组织和管理者可以学会识别阻力和将阻力最小化。以下是几种常见的克服变革阻力的策略:

(1) 沟通。当人们无法确定结果时,他们就更有可能抗拒变革。有效的沟通能降低流言蜚语和无根据的恐惧,充分的信息有助于员工了解变革的缘由和逻辑等事实,能有效减少员工方面的变革阻力。具体而言,沟通可以从两个方面来消解变革的阻力:一方面,沟通是"推销"变革必要性的重要手段;另一方面,沟通可以减少信息失真等问题的发生,消除员工对变革的误解。

（2）培训。培训在大多数变革策略中都是一个重要的流程。这是因为培训可以帮助员工学习新的知识、技能和行为模式，以促进他们对新系统、新技术的适应。

（3）移情和支持。明白员工怎样体验变革有助于识别出那些受变革困扰的人和理解他们的问题的性质。当员工感到那些变革对他们的问题开放时，他们会更愿意提供信息。这种开放性反过来有助于合作性地解决问题，这可以克服变革障碍。另外，当员工对变革感到忧虑和恐惧时，组织可以通过为他们提供新技术培训、咨询和心理辅导等措施帮助其进行调整。

（4）发展积极的关系。如果员工信任变革实施者，他们就更愿意接受变革。研究发现那些与管理者保持一种积极关系的员工对变革所持的态度也要积极得多。

（5）参与和卷入。或许克服变革阻力的唯一有效手段是让员工直接参与计划和实施变革。这是因为个体很难去抵制他们自己亲自参与制定的变革决策。当参与者可以为决策做出积极贡献时，那么让他们参与变革决策就可以减少变革阻力，并提高他们对变革的认同度和承诺度。

（6）确保公正。确保变革实施过程的公正性可以大大降低变革带来的负面影响。当个体将一种结果视为消极结果时，程序公平就显得尤其重要。因此在实施变革时，非常重要的一点是使员工感觉变革的实施过程是一视同仁和公正的。

（7）选择接受变革的人。个体适应和接受变革的能力与他们的人格有关。有些个体会比其他个体更积极地面对变革。这类个体对变化持有正面的态度，能广泛地吸纳经验，而且行为灵活、愿意冒险。大量研究表明，组织可以通过选择那些接受变革的个体来促进变革的顺利实施。

（8）谈判。谈判是一种交换形式，其中居于支配地位的一方通过许诺利益或资源来换取被支配方按照前者的要求行事。这种策略可以激励那些将非常确定地在变革中损失一些利益的员工。不过它获得的仅仅是服从而非对变革的承诺。

（9）操纵和收买。操纵指的是背地里施加影响，例如封锁不受欢迎的消息，制造舆论以迫使员工接受变革，解释事实以使之显得更有吸引力。收买融合了操纵和参与。它通过征求抵制变革者的首领的意见或者让他们在变革决策中承担重要角色来收买他们。这两种策略的成本较低，而且容易获得反对派的支持。

（10）强制。如果上述所有策略都失败了，领导者将会依赖强制来推行组织变革。强制是指直接向变革抵制者施加压力或威胁。强制的例子包括频繁地监视员工行为来确保不愿意变革和对抗变革的员工服从，持续地提醒人们应尽的义务，威胁使用制裁来强迫员工就范，解雇不支持变革的员工，等等。

综上所述，一个新的变革举措如果想获得组织成员的认同和肯定，首先在变革之前需要加强宣传和沟通，使组织成员预先了解变革计划的内容，化解他们对组织变革的疑虑和恐惧；其次在变革实施过程中，需要鼓励组织成员积极参与变革计划，共同迎接环境变化的挑战，开创未来愿景，同时以人性化的领导方式建立相互信赖的工作团队；最后在变革实施之后，需要使所有成员都能共享变革的果实，并为下一轮变革提前做好准备。

第三节 员工面对变革的态度变化过程

除了领导者与管理者，员工对于变革成功与否起着关键作用。当组织进行变革时，如果员工是被动应对的，将会导致他们身心疲乏和产生抗拒心理；相反，如果员工在变革过程中致力于主动掌握学习机会，不仅会让自己免于被淘汰，更能借由变革而提升自我，并成为促进组织变革的正能量。萨勒诺（Salerno）和布洛克（Brock）针对多数组织的员工在变革过程中可能表现出的态度进行研究，发现员工会发生六个阶段的态度转变。

一、从失落感到安全感

组织刚开始发生变革的时候，无论变革带来的可能后果是积极的还是消极的，多数成员会因为对未来的无知而感到失落和恐惧。他们的思维呈现出谨慎的状态，进而导致行为表现也较为迟钝。为了避免失落感的产生，组织成员需要把恐惧转变成合适的行动，为自己建立安全感、为组织营造安全氛围。

二、从怀疑到接受现实

经过失落阶段后，组织成员有可能会进入怀疑的阶段，也就是对变革的一切产生怀疑。此时成员的情绪表现将会转变成怨恨，思维上则对任何变革议题产生怀疑，进而抵制变革的发生。为了减少怀疑的消极心态，组织成员需要抛弃不必要的幻想，转而寻求准确、有效的变革信息。

三、从不适应到产生动力

当变革的各种形式和措施开始充分展现，并被管理者逐步落实到工作中的时候，组织成员可能会进入不适应的阶段。此阶段情绪表现转变成焦虑，甚至有严重的挫折感，并产生消极、懒散的负面行为，导致工作效率低下。面对新的环境，组织成员难免会产生不适应的状况。在这种情况下唯有实现突破，认识到即便遭遇挫折也要行动起来，才可能将不适应的心理转变成工作动力。

四、从发现到探索

在经过不适应的阶段后，如果组织成员没有形成积极正面的态度，就会进入危险区域，甚至失去前行的动力；相反，如果成员们以积极的思维度过不适应的阶段，将会进入探索阶段。在该阶段，组织成员的情绪表现会转变为期盼，思维变得活跃，行为表现则呈现出动力十足的状态。此时组织成员要面对的课题是，如何学会全面并正确地看待问题，并思考何种行动是最佳的。

五、理解变革的益处

经过探索阶段后，组织成员对变革的内容与流程已经有了充分的理解和认同，而面对变革的挑战会越来越充满信心，进而趋向务实的态度。此时组织成员的情绪转变为自信，工作效率也大幅提升。换句话说，在该阶段中组织成员已能充分理解变革带来的乐趣与成长。

六、体验融合

最后一个阶段是融合阶段。组织成员充分地理解了变革的过去、现在和未来,并深刻地认识到变革的付出和收获。因此,此阶段成员的情绪表现是满足的,思维也呈现清晰的状态。他们对于变革的一切形成宽容的态度,并将变革转化为生活的一部分。

第四节 组织变革的步骤和模式

一、组织变革的步骤

(一) 勒温的组织变革三步骤模型

组织变革并非是一蹴而就的,它必须遵循完整的流程来进行。勒温认为,成功的组织变革应该遵循三个步骤,即解冻、移动与再冻结(如图 15-2 所示),每个阶段存在或涉及不同的管理议题需要应对和解决。

图 15-2 勒温的组织变革三步骤

1. 解冻(unfreezing)阶段

创造变革动力,削弱抗拒力量。组织必须清晰地认识到新的环境已经来临,而过去陈旧的组织运作方式已然过时。因此,组织的管理者必须掌握变革的时机,营造出适合变革的组织环境,以减少来自各方的变革抗拒因素。解冻可以通过以下几种方式来实现(如图 15-3 所示):① 增加推动力(driving forces)——引导行为脱离现状的力量;② 减少抑制力(restraining forces)——阻止脱离现有均衡状态的力量;③ 将上述两种方法配合使用。

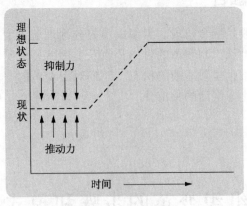

图 15-3　解冻现状

2. 移动（moving）阶段

移动到期望的状态。在这一阶段，组织要认识到组织未来的发展方向是什么，进而实施组织变革，导引组织成员产生新的工作态度和行为。因此，在面对环境的冲击时，组织必须建立起一个有关未来的清晰愿景或目标，并考虑达成该愿景或目标所需的步骤和程序，并将整个组织凝聚起来共同迈向新的未来。

3. 再冻结（refreezing）阶段

让组织稳定和保持在新的状态。当新的组织结构、技术和文化在组织中得到落实后，必须将它们重新冻结，也就是把组织稳定在一个新的均衡状态，确保新的工作方式和环境不会被轻易改变，以强化或支撑组织变革的成效。

（二）富瑞奇和贝尔的五步骤模型

富瑞奇（French）和贝尔（Bell）结合行动研究（action research）提出组织变革的五步骤模型。他们将行动研究视为一种连续性的过程，系统搜集与组织目标相关的数据，再根据数据分析获得的结果来选择变革策略。该模型涉及的五个步骤具体为：① 问题诊断；② 资料分析；③ 资料反馈；④ 采取行动；⑤ 评估成效。这些步骤的详细操作过程见图 15-4。

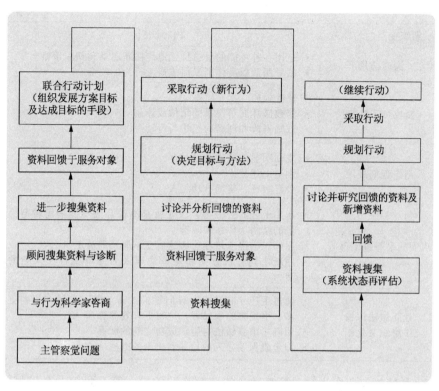

图 15-4 组织变革发展的行动研究模式

(三) 科特的组织变革八步骤模型

在勒温三步骤模型的基础上,哈佛大学教授科特(Kotter)提出成功的变革通常由卓越的领导人带头,并且创建了一种更详细的变革实施方法,认为组织变革可以分八个阶段进行。具体如表 15-3 所示。

表15-3 组织成功进行变革的八大步骤

组织变革的步骤	内容说明
形成危机意识	• 考察市场和竞争形势 • 找出并讨论危机、潜在危机或重要机会
成立领导团队	• 组成一个得力的工作小组负责领导变革 • 促使团队成员团结协作
提出愿景	• 创造愿景以协助引导变革行动 • 拟订达成愿景的相关措施或策略

续表

组织变革的步骤	内容说明
沟通愿景	• 运用各种可能的渠道持续地传播新愿景和相关策略 • 领导团队以身作则以促成员工行为的改变
授权员工参与	• 铲除障碍 • 修改破坏变革愿景的结构或体制 • 鼓励冒险和创新的想法与行动
创造近期战果	• 规划明显的绩效改善目标 • 创造上述战果 • 公开表扬、奖励有功之人
巩固战果并再接再厉	• 运用上升的公信力,改变所有不符合或不能搭配转型愿景的结构、体系和政策 • 雇佣、拔擢或培养能够达成变革愿景的员工 • 用新主题、新方案和变革代理人为变革流程注入新的活力
让新做法深植于组织文化中	• 通过生产导向和顾客导向举措改善业绩,选拔和培养更多、更优秀的领导者,进行更有效的管理 • 明确指出新做法与组织成功之间的联系 • 制定确保领导人的培养和接班的办法

科特的前四个步骤对应着勒温的"解冻"阶段,第五到第七个步骤体现的是"移动",最后一个步骤则对应"重新冻结"。可见,科特的八步骤计划模型为管理者和变革推动者提供了可以用来成功推行变革的更为具体的指导。

二、组织变革的模式

(一)莱维特(Leavitt)的变革模式

莱维特认为组织的变革可以通过下列三种方式来完成:

(1)结构途径(structural approach):譬如借组织系统结构途径统一规章、预算编制等方式来指导政策与程序的改革。这种方式强调组织结构与制度层面的修正,也就是环境发生变化后,目标随之而调整。因此手段不宜僵化,而应适时应对和调整。

(2)技术途径(technological approach):即以工作流程的重新安排为焦点,借由工作方法以及工作技术的改变来达成组织变革的目的。

(3) 行为途径（behavior approach）：即强调态度、激励及行为技能的改变途径，常通过甄选、培训及考核等方式来完成变革。

(二) 变革的系统模式

变革的系统模式描述了组织中六个相互作用的变量：人、文化、任务、技术、设计和战略。人的变量包括组织成员的性格、观念、态度、属性、动机和需要等个体差异性；文化变量反映的是组织成员共有的价值观、信念、期望和规范；任务变量包括工作本身的性质，例如工作是复杂的还是简单的，有新鲜感的还是单调重复性的，结构化的还是非结构化的；技术变量是指解决问题的方法，包括信息技术、自动化装置（如机器人）、制造过程、工具及技术等；设计变量是指正式的组织结构，包括沟通系统、控制、权力和责任；战略变量是指组织的计划过程。

上述这六个变量之间存在着高度的互依性。换言之，一个变量的变化通常会引发另外一个或几个变量的变化。例如，组织战略计划方面的变化会导致组织内人员的重新组合，而重新设计也可能会导致相关技术应用的变化，这些又会影响到相关个体的态度和行为。而所有这些变革都会发生于某一特定的组织文化内。在该文化下，人们可能会拥护或对抗这些变革。可见，组织变革的系统模式有助于管理者和员工全面地考虑诸多变量之间相互交错的关系，让人们认识到，在某种意义上说，组织很难仅仅进行局部的改革而不进行全面改革，如图 15-5 所示。

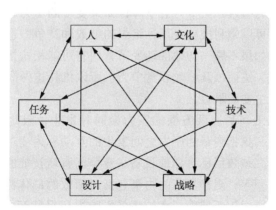

图 15-5　变革的系统模式

(三) 勒温的力场分析模式

勒温提出"力场分析"（force-field analysis）来说明改变现状的力量

与抗拒变革的力量之间的动态平衡关系。勒温认为变革不是事件,而是两种方向相反的作用力之间的动态平衡。力场分析法认为任何情境都是彼此推动的力量间的平衡。情境中的一部分力量——变革的阻力——倾向于维持现状,而各种变革压力与这些力量相反,它们推动着变革。两种力量对绩效的联合作用的效果如图 15-6 所示。

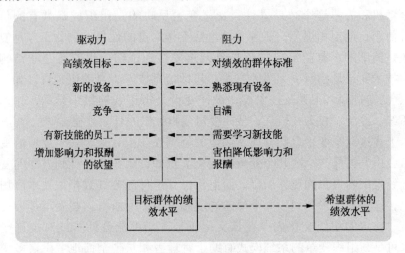

图 15-6　力场分析

如果抗拒变革的压力大于变革的压力,组织经营的先进性和卓越性会逐渐丧失,组织的绩效和竞争力会下降;如果变革的压力大于抗拒变革的压力,则管理层可以顺利推动变革,组织的绩效和竞争力也有可能因此而提高。但管理层如果不顾一切地推动变革,则有可能使抗拒变革的压力转变为抵销的力量,进而损及绩效和竞争力。所以维持这两股力量之间的平衡是变革成功的主要着眼点。

当组织开始变革后,两方面的压力会同时发生,因此产生对抗的状态。变革的压力和抗拒变革的压力之间发生的互动称为变革的力场。驱动变革的力量包括高绩效目标、新的设备、竞争、有新技能的员工、增加影响力和报酬的欲望等;阻抑变革的力量包括对绩效的群体标准、熟悉现有设备、自满、需要学习新技能、害怕降低影响力和报酬等。当组织成员对变革存在心理适应困难的问题时,可以通过沟通、辅导、促进与支持等方式来加以解决。只有通过合适、有效的方法来促使员工充分配合,才能确保组织变革获得成功。

当然，深入分析情境并不一定能保证变革的成功。例如，控制力高的人有一种倾向即增加情境中的变革压力以产生他们所希望的变革。然而增加变革压力尽管可能会带来快速的变革，但也可能导致高成本，例如对个人和群体的强大压力会导致组织混乱和冲突。因此，进行必要变革的最有效的方法是识别出存在的变革阻力，然后集中火力消除它们或尽可能降低它们的负面影响。

总的来讲，力场分析法有两个显著的优点：第一，这种方法强调可以改变和无法改变的因素。如果人们去考虑与他们基本无法控制的力量有关的行动，就属于典型的浪费时间。当个体和群体集中于他们可以部分控制的力量时，那么改变情境的可能性就会增加。第二，管理者和员工被要求分析目前的情境。这样可以提高个体诊断变革压力和阻力的能力，使他们能够更好地理解变革情境的方方面面。

第五节 组织变革的方法

一、欣赏式探询法

欣赏式探询（appreciative inquiry）由大卫·库珀里德（David Cooperrider）于1980年提出，是一种激发集体智慧、创建学习型组织的实用有效的方法。"欣赏"意指心怀肯定、好奇、珍视以及愿意聆听；"探询"是指探索、追寻开放、冒险的未来。欣赏式探询运用肯定式、赏析式的过程来帮助组织发现优势和整合资源，去探寻其正向的核心价值。该方法将组织视为一个有生命的复杂系统，承认组织和个体身上存在未被开发的无限潜能。它认为系统会朝着内心深处最关切、最经常探询的方向成长和突破。该方法通过挖掘与利用富有建设性的问题和尊重个体的潜能来改变那些以解决问题、纠正错误和发号施令为导向的机械管理方法。

欣赏式探询法尤为突出的地方在于它能够鼓舞团队提出"无条件的、积极的问题"（unconditional positive questions）并实践梦想，让所有参与者释放动能。只要能发现这些生命的原动力，就可以让组织和个人重新点燃引擎，鼓励团队去发现优势经验，讨论并建立有效用的方法，而不是先去诊断和修正问题所在，着重发展组织和群体中最美好的一面。这是因为欣赏式探询认为每个组织系统都存在许多待开发的、鼓舞人心的积极资本。

欣赏式探询通常始于一个肯定的话题，经由一系列积极变革的循环而促成。该方法从总结组织优势资源和能力开始，延伸到组织和成员最渴望实现的梦想，然后讨论并设计指导其实现梦想的任务，最后组建团队执行等一系列鼓舞人心的工作。这个过程被称为"4D 循环"（图 15-7）。

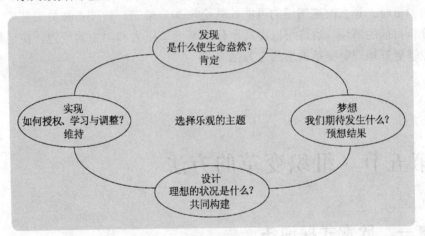

图 15-7　欣赏式探询的 4D 循环

（1）发现（discovery）：组织有与生俱来的自我发展能力。所谓发现，就是要动员整个系统深入探寻组织成功的原因，确定组织从过去走到现在再走向未来最核心的成功要素是什么。

（2）梦想（dream）：组织结合所发现的资源和潜能，创造一个清晰的愿景。

（3）设计（design）：基于实现梦想的最理想模式去设计所需具备的各种条件，并大胆地对组织进行基于网络和伙伴关系的全新设计，保证梦想能够快速实现。

（4）实现（destiny）：组织帮助员工设计自己的方法和手段去实现梦想，激发员工的能量和创造性，从而增强整个系统变革的动力。

在实施欣赏式探询的过程中，需要遵循以下几个原则：① 建构性原则。通过理念共鸣的深度对话，共同构建所经营的组织。② 同时性原则。探询和变革是同时发生而非相互独立的，"探询"的过程会影响"发现"，而各种"发现"（如数据、信息）会成为孕育、解构和建设未来的力量源泉。③ 诗意原则。组织生活的故事不断地被论述，也不断地被共同撰写，进而激励组织继续前进。④ 预期原则。描绘出未来愿景，指导组织、团队的实践，使对未来的预期成为强大的激励力量。⑤ 积极的原则。如果想聚集和保存变革力量，保持一种积极的影响力和社会亲密感（如希望、鼓舞、振奋、友谊、关怀和愉悦感等）是非常重要的。

库帕里德指出，欣赏式探询之所以行之有效，是因为它可以在一个完整的4D循环中激发倾听的自由、了解的自由、梦想的自由、选择的自由、行动的自由和积极的自由。此六种自由能释放所有人的能量，激发出一个不可遏止的能量"大潮"。而通过释放能量，欣赏式探询创造了一个自我永续、积极变革的动量。

二、行动研究法

除提出变革力场分析模式以外，勒温对变革过程还推荐采用行动研究（action research）法。所谓行动研究是一种以数据为基础、以问题为导向的过程。这种方法对变革的基本观点是，有意义的变革应该是一种行动导向（改变态度与行为）和研究方向（测试理论）的组合活动。这是因为，一方面，变革的最终目标是带来改变，所以变革的过程需要是行动导向的，包括诊断现有问题并且应用干预方法来解决问题；另一方面，变革的过程是变革代理人把概念性架构运用到某种真实情境中，所以变革的过程也包括了研究探索。这种探索包括搜集数据以便更有效地诊断问题，并系统地评估概念理论性架构在实践上执行的适当性和影响程度。

行动研究过程包括建立客户—咨询顾问关系、诊断变革的需求、引入干涉、评估和稳定期望的改变等。

（1）建立客户—咨询顾问关系。行动研究通常通过组织外部的变革推动者（如咨询顾问）推动变革。在这种情况下，建立客户—咨询顾问关系是变革进程的起点。咨询顾问需要确定客户是否愿意接受变革，包括人们是否被鼓励参与到变革过程中来，是否对变革持肯定的态度，并且是否具有完成变革过程的能力。

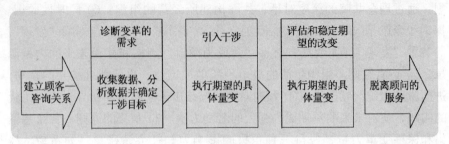

图 15-8　行动研究过程

(2) 诊断变革的需求。如上面所述，行动研究是一个以问题为导向的活动。该活动通过对环境的系统分析来细致地诊断问题。通过搜集和分析处于变化中的组织的数据，顾问可以为变革确定合适的方向。组织诊断也包括员工参与决定适合的变革方法、进行变革的时间表以及确定变革成功的预期标准。

(3) 引入干预。此阶段需要采取一个或多个行动来纠正问题，例如建立更有效率的团队、确立更好的组织结构、重塑组织文化及管理冲突等。干预措施根据其开展的速度可以分为渐进式变革和激进式变革。前者是指组织轻微调整系统并采取小步骤朝着预期的状态前进；后者是指在变革中，系统被快速、精确和大幅度地解体检修和改变。

(4) 评估和稳定期望的改变。根据在诊断阶段建立的标准来评估干涉的有效性。如果变革希望获得期望的结果，那么变革推动者和参与者还需要稳定这种新状态。这类似于勒温所提出的再冻结过程。

三、平行学习结构法

平行学习结构法是建立在行动研究方法基础上的，强调高度参与式的结构安排。它由来自组织中不同层级的成员组成，采用行动研究方式来产生有意义的组织变革。这些参与者以增进组织学习为目的，沿着组织正式层级来开发出一个社交结构。在理想的情况下，参与者在平行学习结构中可以不受来自大型组织的种种体制限制，并具有非常充分的自由，因此能够有效地处理和解决组织中的相关议题。

思考题

1. 组织变革的动因有哪些？

2. 组织变革过程包括哪些阶段？变革过程中可能遇到哪些阻力？如何克服这些阻力？

3. 组织成员面对变革的态度变化过程是怎样的？怎样使组织成员容易接受组织变革？

4. 勒温的力场分析模式是什么？对于组织变革来说，它的优势体现在哪些方面？

 案例分析

优秀员工

艾米丽（Emily）已成为一名优秀的工人，她是一家家具制造工厂的机器操作工。这家家具制造工厂在过去十年间每年以15%～20%的速度增长。工厂里已增加了新的建筑物，新的车间开始运作，建立了新的生产线。但是，通过实施运营，在工厂规划、管理工人的方法或设计生产流程等方面，仍然没有发生有意义的改变。

工厂运营和组织文化根植于传统的西方管理实践和逻辑中，主要以大批量生产和规模经济的认识为基础。在过去的四年多时间里，公司已经增加了产品的数量和种类，并且加大了市场的推广力度。然而，利润却显示出下降的趋势。因此，在他们的战略计划时，管理者开始着重关注产品运营（内部关注），而不是着重强调新的市场战略、新的产品和新的市场份额（外部关注）。他们希望减少制造成本，提高一贯的质量，并且满足送货时间，同时，减少存货并且增加工作弹性。

为了增加工作弹性，低成本交叉培训员工——几个新计划中的一个开始实施。然而，当人力资源的一名代表对艾米丽的上司吉姆（Jim）解释这个计划时，他勉强同意交叉培训大量的工人，但是艾米丽不得参加这个培训计划。

吉姆对人力资源专员解释道，艾米丽操作一台非常复杂的、不容易有效运作的机器。她不得不花费许多时间"小心翼翼"地操作它。他已经试图让其他一些工人操作它，并且试图培训他们，但是，艾米丽是唯一能通过机器说明书生产产品，并且能完成产品日程计划的人。当别的员工试图操作这台机器，担任生产流程中一个关键角色时，或者会遇到一个大的瓶颈，或者生产出大量废品，这给吉姆制造了很多麻烦。

在操作这台机器五年后,艾米丽了解了这台精巧的、复杂的机器的里里外外。她在工作上兢兢业业,不仅具有非常熟练的技能,而且非常关心自己的工作质量。吉姆告诉人力资源专员,他希望所有的工人都像艾米丽一样。尽管操作这台机器是困难的,但艾米丽仍能非常熟练地操作它,生产出在生产流程中下一个工作环节所需的产品配件——没有人能赶上她!

吉姆坚持让艾米丽继续操作这台机器,不让她参加交叉培训计划。人力资源专员感到沮丧。他希望能听从吉姆的指示,但是他不得不执行管理者的命令:"对这些员工进行交叉培训。"

在同一个时期,一名大学生正在艾米丽工作的车间进行一项研究。在和她进行面谈时,艾米丽告诉这名学生,尽管工厂具有员工道德和员工流失率较大这样一些问题,但是她很喜欢在这儿工作。她非常喜欢工厂的计件报酬制度,并且希望自己不必参加最近的"每月计划"。在这个计划里,每名操作工互相了解他们的工作。她告诉这名学生,如果他们试图让其他员工操作这台机器,仅仅会生产出更多的废品。她告诉他,其他员工已经试图学习如何操作这台机器,但是,不能做得像她一样好。

艾米丽好像特别喜欢这名学生,开始对他敞开心扉。她告诉他,操作这台机器根本不困难,只要对这台机器的设计进行几个相当小的改变和较好的维护,实际上每个人都能操作它。她在好几年前已经试图向她的上司解释这个道理,但是吉姆仅仅告诉她:"去做你的工作,把改变交给制造工程师。"她还说,如果在这个过程中稍微细分一下原材料的种类,其他工人将花费更少时间、非常容易地操作她的机器,但是他们太关注速度,希望获得更多的报酬。艾米丽表现出对这些经理们的轻视,甚至开玩笑地说:"经理不了解任何事情。"

资料来源:史蒂文·L. 麦克沙恩,玛丽·安·冯·格里诺. 组织行为学(第 3 版). 井润田,王冰洁,赵卫东译. 北京:机械工业出版社,2007.

问题讨论:

1. 识别这个案例中的变革阻力的来源。
2. 讨论这种阻力是否被证明有理,或者能否被克服。
3. 推荐把在这个事件中或在未来事件中的变革阻力减少到最小的方法。

参考文献

Ashkanasy, N. M. & Daus, C. S. (2002). Emotion in the workplace: The new challenge for managers. *Academy of Management Executive*, 16 (1): 76.

Bauer, T. & Erdogan, B. (2012). An Introduction to Organizational Behavior. http://2012books.lardbucket.org.

French, W. L. & Bell, C. H. (1995). *Organization Development* (5th edition). Englewood Cliffs, NJ: Prentice-Hall.

Joseph, D. L. & Newman, D. A. (2010). Emotional intelligence: An integrative meta-analysis and cascading model. *Journal of Applied Psychology*, 95 (1): 54.

Lundberg, C. (1984). Strategies for organizational transitioning. In J. R. Kimberly & R. E. Quinn (Eds.), *New Futures: The Challenge of Managing Corporate Transitions*. Homewood, IL: Dow Jones-Irwin.

Khanna, V. & Mishra, S. K. (2017). The dark side of emotional intelligence. In A. Stachowicz-Stanusch, W. Amann & G. Mangia (Eds.), *Corporate Social Irresponsibility: Individual Behaviors and Organizational Practices*. Charlotte, NC: IAP.

Rusbult, C. E. & Lowery, D. (1985). When bureaucrats get the blues: Responses to dissatisfaction among federal employees. *Journal of Applied Social Psychology*, 15 (1): 80-103.

安景文, 苗建国. 新编组织行为学. 北京: 北京大学出版社, 2008.

曹威麟, 洪进. 组织行为学. 北京: 北京大学出版社, 2015.

陈国海. 组织行为学简明教程. 北京: 清华大学出版社, 2010.

陈猛, 卞冉, 王丽娜, 等. 情绪智力与工作绩效的关系. 心理科学进展, 2012, 20 (3).

陈兴淋. 组织行为学. 北京：清华大学出版社，北京交通大学出版社，2006.

戴维·迈尔斯. 社会心理学. 侯玉波，乐国安，张智勇，等译. 北京：人民邮电出版社，2014.

丁敏. 组织行为学. 北京：人民邮电出版社，2011.

杜建政，张翔，赵燕. 核心自我评价：人格倾向研究的新取向. 心理科学进展，2007，15 (1).

段锦云，傅强，田晓明，等. 情感事件理论的内容、应用及研究展望. 心理科学进展，2011，19 (4).

樊建芳，张炜，黄琳. 组织行为学. 杭州：浙江大学出版社，2009.

菲利普·津巴多，罗伯特·约翰逊，安·韦伯. 普通心理学：5版. 王佳艺，译. 北京：中国人民大学出版社，2013.

付永刚. 组织行为学. 北京：清华大学出版社，2017.

甘怡群，王纯，胡潇潇. 中国人的核心自我评价的理论构想. 心理科学进展，2007，15 (2).

关培兰. 组织行为学：4版. 北京：中国人民大学出版社，2015.

何跃. 组织行为学. 重庆：重庆大学出版社，2012.

侯玉波. 社会心理学：3版. 北京：北京大学出版社，2013.

黄敏萍，林姿亭，郑伯壎，等. 华人企业组织中的魅力领导：由概念分析到量表建构. 管理学报，2012，29 (4).

黄希庭. 心理学导论：2版. 北京：人民教育出版社，2007.

金盛华，郑建君，辛志勇. 当代中国人价值观的结构与特点. 心理学报，2009，41 (10).

黎建斌，聂衍刚. 核心自我评价研究的反思与展望. 心理科学进展，2010，18 (12).

理查德·格里格，菲利普·津巴多. 心理学与生活：19版. 王垒，王甦，等译. 北京：人民邮电出版社，2016.

李陈，陈午晴. 基本归因错误的文化局限性. 心理科学进展，2006，14 (6).

李洪玉，崔英文，何一粟，等. 核心自我评价研究综述. 心理与行为研究，2014，12 (3).

李晴蕾，王怀勇. 组织中的角色超载. 心理科学进展，2018，26 (11).

李锐，凌文辁，惠青山. 真诚领导理论与启示. 经济管理，2008，30 (5).

李锐，凌文辁. 变革型领导理论研究述评. 软科学，2008，22 (2).

廖春文. 学校组织变革发展整合模式之探讨. 教育政策论坛，2004，7 (2).

林家五，王悦萦，胡宛仙. 真诚领导与仁慈领导对组织公民行为及主管忠诚之差异效果. 本土心理学研究，2012 (38).

凌文辁. 领导与激励. 北京：机械工业出版社，2000.

凌文辁，方俐洛. 心理与行为测量. 北京：机械工业出版社，2004.

凌文辁，柳士顺，谢衡晓，等. 建设性领导与破坏性领导. 北京：科学出版社，2012.

罗洁伶，曾建. 领导者—部属交换关系对员工幸福感之影响. 经营管理论丛（第六届管理与决策2014年学术研讨会特刊），2014.

孟昭兰. 普通心理学. 北京：北京大学出版社，2006.

彭正敏，林绚晖，张继明，等. 情绪智力的能力模型. 心理科学进展，2004，12 (6).

任孝鹏，王辉. 领导—部属交换（LMX）的回顾与展望. 心理科学进展，2005，13 (6).

石易. 组织行为学. 北京：经济管理出版社，2016.

史蒂文·L. 麦克沙恩，玛丽·安·冯·格里诺. 组织行为学：3版. 井润田，王冰洁，赵卫东，译. 北京：机械工业出版社，2007.

斯蒂芬·P. 罗宾斯，蒂莫西·A. 贾奇. 组织行为学：14版. 孙健敏，李原，黄小勇，译. 北京：中国人民大学出版社，2012.

斯蒂芬·P. 罗宾斯，蒂莫西·A. 贾奇. 组织行为学：16版. 孙健敏，李原，译. 北京：中国人民大学出版社，2017.

苏英芳，黄贺. 魅力领导、家长式领导、德性领导与领导效应之研究. 中山管理评论，2006，14 (4).

孙建群，田晓明，李锐. 组织中的建设性偏差：概念界定、形成机制及影响. 心理科学，2016，39 (5).

唐·荷尔瑞格，小约翰·W. 斯劳卡姆，理查德·W. 渥德曼. 组织行为学：8版. 胡英坤，车丽娟，贾秀海，译. 沈阳：东北财经大学出版社，2001.

王登峰，崔红. 中国人人格量表（QZPS）的编制过程与初步结果. 心理学报，2003，35（1）.

王登峰，崔红. 中国人人格量表的信度与效度. 心理学报，2004，36（3）.

王辉，李晓轩，罗胜强. 任务绩效与情境绩效二因素绩效模型的验证. 中国管理科学，2003，11（4）.

王辉，牛雄鹰，S. Law，K. 领导—部属交换的多维结构及对工作绩效和情境绩效的影响. 心理学报，2004，36（2）.

王明辉，王雷. 国外关于情绪劳动的研究述评——以组织行为学为视角. 郑州轻工业学院学报（社会科学版），2008，9（3）.

王沛，冯丽娟. 应聘者印象管理研究述评. 心理科学进展，2006，14（5）.

王雁飞，朱瑜. 组织领导与成员交换理论研究现状与展望. 外国经济与管理，2006，28（1）.

王桢，陈乐妮. 领导者情感的作用机制：一个跨层的整合观点. 心理科学进展，2014，22（1）.

文书生. 西方情绪劳动研究综述. 外国经济与管理，2004，26（4）.

伍叶琴. 组织管理心理学. 重庆：西南师范大学出版社，2005.

徐子健. 组织行为学. 北京：对外经济贸易大学出版社，2005.

许多，张小林. 中国组织情境下的组织公民行为. 心理科学进展，2007，15（3）.

严进. 组织行为学：2版. 北京：北京大学出版社，2012.

杨杰. 组织行为学. 北京：北京大学出版社，2007.

杨杰，凌文辁，方俐洛. 工作场所中越轨行为的定义、特性与分类体系解析. 心理科学进展，2004，12（3）.

叶莲花，凌文辁. 工业与组织心理学中的前瞻性人格. 心理科学进展，2007，15（3）.

余鉴，于俊杰，陈奋霖，等. 主管教练行为对员工知识移转绩效和创新行为之影响——以主管部属交换关系为调节变项. 中华管理评论国际学报，2012，15（4）.

郁阳刚. 组织行为学（理论·实务·案例）：2版. 北京：清华大学出版社，2014.

约翰·W. 纽斯特罗姆，基斯·戴维斯. 组织行为学. 陈兴珠，罗继，等译. 北京：经济科学出版社，2000.

曾维希，张进辅. MBTI人格类型量表的理论研究与实践应用. 心理科学进展，2006，14（2）.

张文峰，叶小松. 欣赏式探询：从肯定开始. 中欧商业评论，2012（5）.

张新国，陈敏. 组织行为学. 武汉：武汉大学出版社，2008.

章志光，金盛华. 社会心理学：2版. 北京：人民教育出版社，2008.

郑伯埙，谢佩鸳，周丽芳. 校长领导作风、上下关系品质及教师角色外行为：转型式与家长式领导的效果. 本土心理学研究，2002，17.

郑全全. 社会认知心理学. 杭州：浙江教育出版社，2008.

钟建安，段锦云. "大五"人格模型及其在工业与组织心理学中的应用. 心理科学进展，2004，12（4）.

庄锦英. 情绪与决策的关系. 心理科学进展，2003，11（4）.